葉幼明注譯
黃沛榮校閱

新譯新序讀本

三民書局印行

國家圖書館出版品預行編目資料

新譯新序讀本／葉幼明注譯.--初版.
--臺北市：三民，民85
面；　　公分.--(古籍今注新
譯叢書)
ISBN 957-14-2388-2 (精裝)
ISBN 957-14-2389-0 (平裝)

1.新序-註釋

122.41　　　　85006404

網際網路位址　http://Sanmin.com.tw

注譯者　葉幼明
校閱者　黃沛榮
發行人　劉振强
著作財產權人　三民書局股份有限公司
臺北市復興北路三八六號
發行所　三民書局股份有限公司
地址／臺北市復興北路三八六號
郵撥／〇〇〇九九九八－五號
印刷所　三民書局股份有限公司
門市部　復北店／臺北市復興北路三八六號
重南店／臺北市重慶南路一段六十一號
初版　中華民國八十五年八月
編號　S 03120①
基本定價　陸元肆角
行政院新聞局登記證局版臺業字第〇二〇〇號

ISBN 957-14-2388-2 (精裝)

刊印古籍今注新譯叢書緣起

劉振強

人類歷史發展，每至偏執一端，往而不返的關頭，總有一股新興的反本運動繼起，要求回顧過往的源頭，從中汲取新生的創造力量。孔子所謂的述而不作，溫故知新，以及西方文藝復興所強調的再生精神，都體現了創造源頭這股日新不竭的力量。古典之所以重要，古籍之所以不可不讀，正在這層尋本與啟示的意義上。處於現代世界而倡言讀古書，並不是迷信傳統，更不是故步自封；而是當我們愈懂得聆聽來自根源的聲音，我們就愈懂得如何向歷史追問，也就愈能夠清醒正對當世的苦厄。要擴大心量，冥契古今心靈，會通宇宙精神，不能不由學會讀古書這一層根本的工夫做起。

基於這樣的想法，本局自草創以來，即懷著注譯傳統重要典籍的理想，由第一部的四書做起，希望藉由文字障礙的掃除，幫助有心的讀者，打開禁錮於古老話語中的豐沛寶藏。我們工作的原則是「兼取諸家，直注明解」。一方面熔鑄眾說，擇善而從；

一方面也力求明白可喻，達到學術普及化的要求。叢書自陸續出刊以來，頗受各界的喜愛，使我們得到很大的鼓勵，也有信心繼續推廣這項工作。隨著海峽兩岸的交流，我們注譯的成員，也由臺灣各大學的教授，擴及大陸各有專長的學者。陣容的充實，使我們有更多的資源，整理更多樣化的古籍。兼採經、史、子、集四部的要典，重拾對通才器識的重視，將是我們進一步工作的目標。

古籍的注譯，固然是一件繁難的工作，但其實也只是整個工作的開端而已，最後的完成與意義的賦予，全賴讀者的閱讀與自得自證。我們期望這項工作能有助於為世界文化的未來匯流，注入一股源頭活水；也希望各界博雅君子不吝指正，讓我們的步伐能夠更堅穩地走下去。

新譯新序讀本 目次

刊印古籍今注新譯叢書緣起
導讀
卷一
雜事第一……三
卷二
雜事第二……三七
卷三
雜事第三……七九

卷四
雜事第四……一一三
卷五
雜事第五……一六一
卷六
刺奢第六……二一三
卷七
節士第七……二三一
卷八
義勇第八……二八九
卷九

善謀上第九……三〇九

卷一〇

善謀下第十……三五五

附錄

一 《新序》佚文（據嚴可均《全漢文》）……四〇五

二 舊本《新序》的序跋……四二五

導讀

一

劉向（西元前七七～前六年），字子政，本名更生，西漢沛（今江蘇省沛縣）人。漢高祖劉邦的同父異母弟劉交的四世孫❶，是西漢後期著名的文學家、經學家和目錄學家。

劉向年十二，即因父劉德為宗正封陽城侯的關係任為輦郎，年二十，擢升為諫大夫。漢宣帝招選名儒俊才，他因通曉事理和會寫文章，與王褒、張子僑等人一同進見對問，獻賦頌數十篇。因獻淮南枕中鴻寶苑祕書，言黃金可成，皇帝命他負責尚方鑄作事，費甚多，方不驗，繫獄當死，以兄劉安民上書贖罪，得緩刑減死。復拜為郎中給事黃門，遷升為散騎諫大夫給事中。漢元帝即位，由於太傅蕭望之、少傅周堪的推薦，擢升為散騎宗正給事中，與蕭、周等同心輔政。因外戚許、史與宦官弘恭、石顯弄權，劉向與蕭望之等想向皇帝稟告罷退他們，還沒有行動，計畫就洩

❶ 從楚元王劉交到劉向的世次為：劉交——劉富——劉辟彊——劉德——劉向，共五代。

漏，反被許、史與弘恭、石顯所讒，向下獄，蕭望之等免官。不久，召為中郎。劉向使其外親上變事，揭發弘恭、石顯的罪惡，為蕭望之等辯白，反而被讒，免為庶人，蕭望之自殺。元帝頗為後悔，於是重用周堪，劉向希望復得進用，又上封事揭露宦官的罪惡，招致外戚許、史與宦官恭、顯更大的怨恨，被廢十餘年。漢成帝即位，顯等伏誅，更生改名為向，召拜為中郎，使領護三輔都水，遷升光祿大夫，詔向領校政府所藏五經祕書。當時，外戚王鳳以大將軍輔政，兄弟七人都封為列侯，劉向乃著《洪範五行傳論》上奏。成帝心知劉向精忠，但終究不能奪回王氏權柄。後以向為中壘校尉，屢次想用劉向做九卿，也因王氏等人的反對而未能遷升，居列大夫的職位前後三十餘年，漢哀帝建平元年卒，年七十二。

劉向為人恬淡簡易，不講究威儀。他擅長經學、文學、天文和算學，據《漢書》本傳（附見〈楚元王傳〉）說：他「專積思於經術，晝誦書傳，夜觀星宿，或不寐達旦」，可見他不僅對前人的學說能刻苦鑽研，而且非常重視對天象的觀察。他是一位經學家與政論家，喜歡搬弄陰陽五行、天人感應的學說，來附會當時的政事。他的奏書大都充斥著陰陽災異之說。不過，他談陰陽災異不是用來對朝廷逢迎取寵，而是用來打擊邪惡，伸張正義，他終極的目的是要維護大漢王朝的政權，鞏固大漢帝國的統治；因此他隨時揭露當時政治的種種的弊端，以圖引起統治者的注意，陰陽災異之說正是他向漢元帝、漢成帝敲起的警鐘。例如，他利用當時的自然變故，兩次向漢成帝上書，要漢成帝注意外戚專權的危險，漢成帝不能聽用，結果他死後僅十三年就發生了王氏篡漢的事故，可見他對當時的政治弊端是很有研究的。此外，劉向的政論文也有不講陰陽災異的，〈諫起昌陵疏〉就是一例。漢成帝營造昌陵，數年不成，制度泰侈，劉向上疏勸諫，追述歷史，指責漢成帝奢靡的錯誤。如其中說：

> 及徙昌陵，增埤為高，積土為山，發民墳墓，積以萬數，營起邑居，期日迫卒，功費大萬百餘，死者恨於下，生者愁於上，怨氣感動陰陽，因之以饑饉，物故流離以十萬數，臣甚憫焉。以死者為有知，發人之墓，其害多矣；若其無知，又安用大？

文字平易樸質，全無陰陽五行災異之說。

劉向又是一位著名的目錄學家。他奉漢成帝之命，校書於天祿閣（皇家圖書館），擔任經傳諸子詩賦的校讎，並負責總其成的工作。他花了二十多年的工夫，把百年之間堆積如山的宮廷藏書加以整理。每校完一書，他就將該書的學術源流，校讎情況加以敘錄，後來將各書的敘錄編為一書，就成為我國最早的一部目錄學專著——《別錄》。該書久已失傳，現存者僅有〈戰國策書錄〉、〈管子書錄〉、〈晏子書錄〉、〈孫卿書錄〉、〈列子書錄〉、〈鄧析書錄〉、〈說苑敘錄〉。劉向校正整理古書，對於保存我國古代文化典籍，發展我國文化起了重要作用。

劉向的著作很多，計有《新序》、《說苑》凡五十篇。《列女傳》八篇，賦三十三篇，《洪範五行傳論》十一篇，〈疾讒〉、〈摘要〉、〈救危〉及〈世頌〉凡八篇，還有《五經通義要義》、《別錄》、《列士傳》、《列仙傳》、《世說》及《漢諫議大夫劉向集》六卷。今存者僅《新序》十卷、《說苑》二十卷、《列女傳》七卷、《洪範五行傳論》及明人輯《劉子政集》。其中文學價值較高的是《新序》與《說苑》。

二

《新序》是劉向編撰的一部類書性質的歷史故事集，是希望「以著述當諫書❷」，向漢成帝「言得失，陳法戒」的著作。

劉向生活的時代是西漢帝國走向衰亡的時期。漢武帝傾盡全國力量，北伐匈奴，南平百越，東定朝鮮，西通西域，開發西南夷。雖取得很大勝利，但漢帝國已元氣大傷，漢初幾十年所積累的財富消耗殆盡。漢武帝晚年「悔征伐之事」，昭、宣之時用兵較少，生產有所恢復，有過中興的局面出現。但漢宣帝本始二年（西元前七二年）又派十五萬騎配合烏孫，討伐匈奴；神爵元年（西元前六一年）又討伐西羌。這次戰爭規模不很大，已費錢四十多萬，弄到大司農的錢用光了還不夠，其他更大規模的戰爭的軍費就可想而知了。

軍費開支這樣龐大，財政這樣困難，但統治者由上到下，反而競為奢侈。漢成帝為了修建陵墓，「功費大萬百餘」（應劭曰：「大萬，億也。大，巨也。」）；一般公侯貴族也是侈靡無度，「黃門名倡丙彊，景武之屬富顯於世，貴戚五侯定陵、富平外戚之家，淫侈過度」（《漢書・禮樂

❷ 譚獻《復堂日記・六》：「舟中閱《新序》，以著述當諫書，皆與封事相發，董生所謂陳古以剌今。」

志》）。

戰爭和統治階級奢侈所耗費的沈重負擔，當然都落在勞苦大眾的肩上。他們就生活於水深火熱之中。漢元帝初元元年（西元前四八年），關中饑饉，或人相食；二年，關中饑，齊地人相食（《漢書・元帝紀》）。漢成帝永始二年（西元前一五年），梁國、平原郡比年傷水災，人相食（《漢書・食貨志》）。這樣的記載史不絕書。漢哀帝時，鮑宣的上書這樣描寫說：

凡民有七亡：陰陽不和，水旱為災，一亡也；縣官重責更賦租稅，二亡也；貪吏並公，受取不已，三亡也；豪強大姓，蠶食亡厭，四亡也；苛吏徭役，失農桑時，五亡也；部落鼓鳴，男女遮列，六亡也；盜賊劫略，取民財物，七亡也。七亡尚可，又有七死：酷吏毆殺，一死也；治獄深刻，二死也；冤陷亡辜，三死也；盜賊橫發，四死也；怨讎相殘，五死也；歲惡饑餓，六死也；時氣疾疫，七死也。民有七亡而無一得，欲望國安，誠難；民有七死而無一生，欲望刑措，誠難。此非公卿守相貪殘成化之所致邪？（《漢書・鮑宣傳》）

可見當時勞苦大眾的生活到了何等悲慘的境地。

元、成兩朝，宦官、外戚交相用事，更是把當時的政治搞得烏煙瘴氣。漢元帝寵任宦官弘恭、石顯，以恭為中書令，以顯為太僕。他們嫉賢害能，拉攏同黨，排除異己，連元帝所器重，並為元帝太傅的名儒蕭望之，當時以研究《易經》著名的學者京房，都死於石顯之手。劉向也因為反對他們而兩次下獄，被禁錮十有餘年。漢成帝時，以帝元舅王鳳輔政，以王鳳為大司馬大將軍錄尚書事。他倚太后，專國權，兄弟七人皆封列侯。河平二年（西元前二七年），王鳳弟王譚、王商、王立、王根、王逢時同日封侯，當時稱為五侯。「公卿見鳳側目而視，郡國守相刺史皆出其門，又以侍中太僕音為御史大夫，列於三公。而五侯群弟，爭為奢侈，賂遺珍寶，四面而至；後庭姬妾，各數十人，僮奴以千百數，羅鐘磬，舞鄭女，作倡優，狗馬馳逐；大治第室，起土山漸臺，洞門高廊閣道，連屬彌望」（《漢書・元后傳》）。「日暮漢宮傳蠟燭，輕煙散入五侯家❸」，可見其權勢之煊赫。劉向為此兩次上書極諫，還專門奏進了《洪範五行傳論》，漢成帝甚感向言而不能從其計，終於在劉向死後不久，就發生了王莽篡漢的事變。劉向《新序》、《說苑》的編著就是針對當時的現實而向漢成帝「言得失，陳法戒」的著作。《漢書》本傳說：「向睹俗彌奢淫，而趙、衛之屬起微賤，踰禮制。向以為王教由內及外，自近者始。故採取《詩》、《書》所載賢妃貞婦，興國顯家可法則，及孽嬖亂亡者，序次為《列女傳》，凡八篇，以戒天子。及采傳記行事，著《新序》、《說苑》凡五十篇奏之。數上疏言得失，陳法戒。書數十上，以助觀覽，補遺闕。上雖不能用，然內嘉其言，常嗟嘆之。」

那麼，《新序》書中「言」了哪些「得失」，「陳」了哪些「法戒」呢？

《新序》成書於漢成帝陽朔元年（西元前二四年）二月癸卯，全書一百八十二章❹。從這些

---

❸ 唐代詩人韓翃〈寒食〉詩云：「春城無處不飛花，寒食東風御柳斜。日暮漢宮傳蠟燭，輕煙散入五侯家。」

❹ 《新序》各本分章不盡一致。王應麟《漢書藝文志考證》說：《新序》「陽朔元年二月癸卯上，總一百八十三

故事及劉向的評論中，他陳述了如下一些「法戒」。

在《新序》中，劉向認為，為政必須寬惠養民，不可急徵暴斂。如〈雜事第四〉「梁嘗有疑獄」章記載了陶朱公論斷獄應當寬厚之後，劉向評論說：「由此觀之，牆薄則亟壞，繒薄則亟裂，器薄則亟毀，酒薄則亟酸。夫薄而可以曠日持久者，殆未有也。故有國畜民施政教者，宜厚之而可耳。」

寬惠養民的具體措施就是省刑罰，薄賦斂。〈雜事第五〉「顏淵侍魯定公於臺」章，記顏淵對魯定公說：「舜工於使人，造父工於使馬；舜不窮其民，造父不盡其馬；是以舜無失民，造父無失馬。」不窮民力乃是「使人」的原則。〈雜事第一〉「趙文子問於叔向」章，記叔向分析中行氏當先亡的原因說：「中行氏之為政也，以苛為察，以欺為明，以刻為忠，以計多為善，以聚斂為良。譬之其猶鞟革者也，大則大矣，裂之道也，當先亡。」聚斂苛刻是亡國的原因。〈雜事第二〉「昔者鄒忌以鼓琴見齊宣王」章，記鄒忌猜中淳于髡的隱語說：「減吏省員，使無擾民也。」要國家安定，首要的就是不擾民。劉向企圖通過這些敘述和評論，讓漢成帝明瞭：刑罰賦稅徭役的輕重，直接影響著國家政權的存亡。

要寬惠養民，做到輕徭薄賦，統治者的奢侈浪費就必須有所節制。《新序》專闢〈刺奢〉一篇，對那些「窮民力，殫民財」的窮奢極欲荒淫無度的統治者，如夏桀、商紂、魏王、趙襄子，

章。」《百子全書》本分一百六十九章，《四部叢刊初編》本分一百七十六章，《叢書集成》本分一百八十二章，鐵華館本分一百八十四章。本書斟酌去取，分一百八十二章。

給予了有力的批判與諷刺，而對那些矜恤民隱，崇儉愛民，「無多斂於百姓」的統治者，如晏子、魏文侯、司城子罕、孟獻子、鄒穆公則作了熱情的贊頌。〈雜事第二〉「楚人有獻魚楚王者」章借楚王之口說：「蓋聞囷倉粟有餘者，國有餓民；後宮多幽女者，下民多曠夫；餘衍之蓄聚於府庫者，境內多貧困之民；皆失君人之道。故庖有肥魚，廄有肥馬，民有饑色。是以亡國之君，藏於府庫。」這是很深刻的歷史經驗教訓的總結。劉向的這些批判與贊頌，皆為有所為而發，明顯是針對當時的現實，向漢成帝指出治國的楷模與鑑戒。

劉向在《新序》中還特別強調，要政治清平，國家富強，就必須舉賢任能，充分發揮賢士的作用。《漢書》本傳說：「向每召見，數言公族者國之枝葉，枝葉落則本根無所庇蔭；方今同姓疏遠，母黨專政，祿去公室，權在外家，非所以彊漢宗，卑私門，保守社稷，安固後嗣也。」劉向深有感於宦官外戚專權，排斥正人君子。因此在《新序》中，對賢士的作用，賢士與國家富強的關係特別重視，用很大篇幅記載了用賢則興，不用賢則亡的歷史故事。如〈節士〉、〈義勇〉、〈善謀〉等篇及〈雜事〉的大部分，都是贊揚賢士的作用與賢士的品德。〈雜事第二〉「昔者唐虞崇舉九賢」章說：「昔者唐虞崇舉九賢，布之於位，而海內大康，要荒來賓，麟鳳在郊。商湯用伊尹，而文武用太公、閎夭，成王任周召，而海內大治，越裳重譯，祥瑞並降，遂安千載，皆由任賢之功也。無賢臣，雖五帝三王，不能以興。」下面還舉出很多歷史事實，有力地證明「夫失賢者其禍如彼，用賢者其福如此」，可見賢能對國家興亡的密切關係。

賢士隨時隨地都有，國君要怎樣才能得到他們呢？劉向認為，關鍵是國君要禮賢下士，賢士才會樂意跟他合作。〈雜事第三〉「燕易王時國大亂」章，載燕昭王敬禮郭隗，於是「樂毅自魏往，鄒衍自齊往，劇辛自趙往，士爭走燕」。人君不敬賢下士，賢士就不肯與他合作。〈雜事第一〉「趙簡子上羊腸之坂」章寫虎會對趙簡子說：「為人君而侮其臣者，智者不為謀，辯者不為使，勇者不為鬥。智者不為謀，則社稷危；辯者不為使，則使不通；勇者不為鬥，則邊境侵。」可見不敬禮賢士，後果是多麼嚴重！其次，人君必須不聽信讒言。如果「使賢者為之，與不肖者議之；使智者圖之，與愚者謀之。不肖嫉賢，愚者嫉智，是賢者之所以隔蔽也」（〈雜事第二〉「昔者唐虞崇舉九賢」章）。作者並舉出魏龐恭「三人成虎」，秦甘茂「三人投杼」的故事說明讒言可畏，最後感嘆說：「故非至明，其孰能無用讒乎？」劉向幾次進用，又幾次下獄，終身居列大夫官，而不得晉升為九卿，都是因為漢元帝、漢成帝聽信讒言。劉向是深深有感於此的，是有他的切膚之痛的。

「人君莫不求賢以自輔，然而國以亂亡者，所謂賢者不賢也」（〈雜事第二〉「昔者唐虞崇舉九賢」章）。因此，提出什麼樣的人才才是真正的賢能就是非常必要的了。劉向認為，首先對賢士不可求全責備，只能用其所長。〈雜事第五〉「甯戚欲干齊桓公」章，寫甯戚以飯牛干齊桓公，桓公大悅，將任之，群臣堅持認為要到衛國去了解一番才可任用，齊桓公說：「不然。問之恐其有小惡，以其小惡，忘人之大美，此人主所以失天下之士也。且人固難全，權用其長者。」劉向贊揚說：「當此舉也，桓公得之矣，所以霸也。」其次，《新序》以大量篇幅提出一系列忠良才智之士，他們各有所長，對國家都作出了一定的貢獻，仁恕如孫叔敖，舉賢如祁奚、樊姬，忠諫如蘧伯玉，諤諤敢言如周舍，信實如柳下惠，愛國如申包胥、燭之武，氣節如蘇武，好學受規諫如趙文子，禮賢下士如晏子，聽取輿論如子產，敦睦邦交如宋就，養賢為富如孟獻子，以不貪為寶如子罕，能言善辯如趙廝養卒，不貪君位如子臧、季札，輔孤如程嬰、杵臼，友愛如衛公子壽，守法如石奢、李離，廉潔如袁旌目，義勇如石他人、仇牧，善謀如酈食其、張良，劉向對他們都予以熱烈的贊揚。因為他們的才智品德，在當時的政治生活中發揮了很大作用，對後世也有良好的影響。即使那些「天子不能臣，諸侯不能友」的高士，劉向認為人君也應該敬禮他們來表明人君對賢士的態度。〈雜事第五〉「齊桓公見小臣稷」章，寫齊桓公「五往而後得見，天下聞之，皆曰：『桓公猶下布衣之士，而況國君乎？』於是相率而朝，靡有不至。桓公之所以九合諸侯，一匡天下者，遇士於是也。」可見其政治影響之巨大。

總之，書中對人君的立身處事提出了一系列重要的原則，確是君人者必須隨時牢記的座右銘。曾鞏《新序・序》說：「蓋向之序此書，於今最為近古，雖不能無失，然遠至舜禹，而次及於周秦以來，古人之嘉言善行，亦往往而在也。」這種批評十分中肯，即使在今天仍有許多值得借鑑的地方。

三

《新序》一書可能不是劉向的創作或輯錄，而是根據中祕書中原有的《新語》一書重新編撰而成。據姚振宗《隋書經籍志考證》說：「案《晉書・陸喜傳》，喜自序曰：『劉向省《新語》而作《新序》。』斯言也，必得之於《別錄》，蓋漢時舊傳有《新語》，因而重編定著為《新序》，猶中祕書有《說苑雜事》，重編為新《說苑》也。」這裡，姚振宗肯定漢時舊傳有《新語》一書，但這本《新語》並非漢初陸賈所撰之《新語》。因為《漢書・陸賈傳》說賈著《新語》十二篇，《隋書・經籍志》著錄僅有二卷，而劉向《新序》原書有三十卷之多，不可能是省十二篇之《新語》而成。故陸喜所說的《新語》，不能斷定為是陸賈所撰的《新語》，恐僅係名稱偶然相同的兩部書。劉向《新序》即是在《新語》的基礎上重新編定而成。所以余嘉錫《四庫提要辨證》引宋本〈說苑敘錄〉後說：「夫謂之採傳記行事，則非其所自作；謂為校中書《說苑雜事》，則當時本有《說苑》之書，向但除其與《新序》重複者，為之條別篇目，令以類相從耳。〈新序敘錄〉雖亡，度其體例當亦與《說苑》相同。」他推測《新序》的成書，與《說苑》一樣也有所本。這種推測是有根據的。

《新序》一書雖是劉向根據舊傳的《新語》重新整理而成，但很多地方劉向作了加工整理。首先是劉向給很多篇章加了必要的評論。如〈雜事第五〉「魯哀公問子夏曰」章，記子夏論學的重要性，故事與《韓詩外傳・卷五》「魯哀公問子夏」章完全相同，而篇末「夫不學，不明古道，而能安國家者，未之有也」幾句，《韓詩外傳》則無，明是劉向所加的評論。有的篇章，劉向就直接提出自己的看法。如〈雜事第四〉「宋康王時」章，篇末「臣向愚以〈洪範傳〉推之，宋史之占非也」一段文字，便直接署名，提出論斷，更是劉向所加。其次，將全部故事大體以類相從，編為若干類，使之成為類書性質的歷史故事集，這想必也是劉向重新編定的結果。

正因為經劉向重新編定，所以雖自《漢書・藝文志》到《四庫全書總目提要》都將此書列入《諸子・儒家類》，但它不同於一般以議論為主的子書，而有其獨具的特點。

第一，它性質雖屬子書，而實則只是一些歷史故事的分類編輯，有些加有劉向的評論，有些則連評論也沒有，只是劈空而起，戛然而止，故事敘述完了，文章也就結束了，因此它本質上只是一部類書性質的歷史故事集。

第二，這些歷史故事不同於正式的史書，它的一個突出的特點是非信實性。它的創作目的在於借助一個故事，讓人領悟出某個道理，受到感染，而不像正史一樣要求信實，因而常常移花接木，張冠李戴。其內容在流傳過程中常有較大的變動，不可按信史去要求它們。如〈雜事第二〉「楚莊王蒞政」章記載的「一鳴驚人」的故事說：

楚莊王蒞政，三年不治，而好隱戲，社稷危，國將亡。士慶問左右群臣曰：「王蒞政，三年不治，而好隱戲，社稷危，國將亡，胡不入諫？」左右曰：「子其入矣。」士慶入，再拜而進曰：「隱有大鳥，來止南山之陽，三年不蜚不鳴，不審其故何也？」王曰：「子其去矣，寡人知之矣。」士慶曰：「臣言亦死，不言亦死，願聞其說。」王曰：「此鳥不蜚，以長羽翼；不鳴，以觀群臣之慝。是鳥雖不蜚，蜚必沖天；雖不鳴，鳴必驚人。」士慶稽首曰：「所願聞已。」王大悅士慶之問，而拜之以為令尹，授之相印。

這個故事，《韓非子・喻老》說入諫者是司馬御座，《呂氏春秋・重言》則說是「成公賈入諫」，《說苑・正諫》又說是蘇從入諫，而且是冒死正諫，沒有以鳥為隱的情節，《吳越春秋》又說入諫者是伍舉。可見這種故事在流傳過程中的隨意性，是它在口頭流傳和許多人集體不斷創新加工的結果。

第三，這種故事既不同於寓言的極度誇張和含有明顯的諷刺教育意義，也不同於小說的純屬虛構和精細描寫。它所記的故事仍保持著歷史記載的形式，多為歷史人物的政治活動、危言莊論，生活瑣事、生活細節都寫得很少。它是根據歷史人物，附會歷史事件，以具有一定情節和形象的記敘方式去影響讀者的一種敘事文學樣式。如〈雜事第二〉「魏龐恭與太子質於邯鄲」章記載的一個故事說：

魏龐恭與太子質於邯鄲，謂魏王曰：「今一人來言市中有虎，王信之乎？」王曰：「否。」曰：「二人言，王信之乎？」曰：「寡人疑矣。」曰：「三人言，王信之乎？」曰：「寡人信之矣。」龐恭曰：「夫市之無虎明矣，三人言而成虎。今邯鄲去魏遠於市，議臣者過三人，願王察之也。」魏王曰：「寡人知之矣。」及龐恭自邯鄲反，讒口果至，遂不得見。

這個故事依據的是真實的歷史人物，說的是為政任賢的大道理，情節簡單，將意思說清楚即止，不作細緻的描寫，是這類故事的共同特點。

第四，它大都以敘述故事為主，雜以議論，將敘事與議論結合，使之既生動，又有明確的主題，表現手法也靈活多樣，使之呈現出千姿百態的面貌。一般說來，《新序》的故事大都是篇幅短小，沒有明確的故事發生的時間地點，只有人物的對話，敘事的部分很少，人物也往往只有姓名，性格單純，近於白描，寫法卻靈活多變。有的全是人物的對話，在對話中展開情節，表現人物和主題。如〈善謀下第十〉「趙地亂」章描寫廝養卒見燕王時的神情談吐說：

> 有廝養卒謝其舍中人曰：「吾為公說燕，與趙王載歸。」舍人中皆笑之曰：「使者往十輩死，若何以能得王？」廝養卒曰：「非若所知。」乃洗沐往見張耳、陳餘，遣行見燕王。燕王問之，對曰：「賤人希見長者，願請一卮酒。」已飲，又問之，復曰：「賤人希見長者，願復請一卮酒。」與之酒，卒曰：「王知臣何欲？」燕王曰：「欲得而王耳。」卒曰：「君知張耳、陳餘何人也？」燕王曰：「賢人也。」曰：「君知其意何欲？」曰：「欲得其王耳。」趙卒笑曰……

這段對話描寫廝養卒的神態寫得十分逼真。有的在敘述之中鉤勒人物，透露人物的內心世界。如〈雜事第一〉「昔者周舍事趙簡子」章寫趙簡子的哭泣說：

> 三年之後，與諸大夫飲酒酣，簡子泣。諸大夫起而出，曰：「臣有死罪，而不自知也。」簡子曰：「大夫反，無罪。昔者吾友周舍有言曰：『百羊之皮，不如一狐之腋；眾人之唯唯，不如

周舍之諤諤。』昔紂昏昏而亡，武王諤諤而昌。自周舍之死後，吾未嘗聞吾過也。故人君不聞其非及聞而不改者亡，吾國其幾於亡矣，是以泣也。」

這一段對話將趙簡子豐富的內心活動刻畫得十分傳神。有的在對比之中，刻畫人物的不同性格，從而更有力地表現故事的主題。如〈刺奢第六〉「孟獻子聘於晉」章說：

魯孟獻子聘於晉，宣子觴之，三徙，鐘石之懸，不移而具。獻子曰：「富哉家！」宣子曰：「子之家孰與我家富？」獻子曰：「吾家甚貧，惟有二士曰顏回、茲無靈者，使吾邦家安平，百姓和協。惟此二者耳，吾盡於此矣。」客出，宣子曰：「彼君子也，以畜賢為富；我鄙人也，以鐘石金玉為富。」孔子曰：「孟獻子之富，可著於《春秋》。」

這些對話互相烘托，把韓宣子、孟獻子的性格作了鮮明的對比，諷刺了韓宣子豪華的生活和庸俗的觀念，頌揚了孟獻子高貴的感情和偉大的人格，表現出劉向尊賢崇儉的思想，著筆不多，表現深刻。《新序》也有很精彩的環境和人物外貌的描寫，如〈節士第七〉「原憲居魯」章描寫原憲的貧困說：

原憲居魯，環堵之室，茨以生蒿，蓬戶甕牖，揉桑以為樞，上漏下濕，匡坐而弦歌。子貢聞之，乘肥馬，衣輕裘，中紺而表素，軒車不容巷，往見原憲。原憲冠桑葉冠，杖藜杖而應門，正冠則纓絕，衽襟則肘見，納屨則踵決。子貢曰：「嘻！先生何病也！」原憲仰而應之曰：「憲聞之，無財之謂貧，學而不能行之謂病。憲，貧也，非病也。若夫希世而行，比周而交，學以為人，教以為己，仁義之慝，輿馬之飾，憲不忍為也。」子貢逡巡，面有愧色，不辭而去。原憲曳杖拖屨，行歌〈商頌〉而反，聲滿天地，如出金石。

這段文字生動地描寫了原憲的貧寒和子貢的闊綽，表現了原憲安貧樂道的性格。

文學是語言的藝術。《新序》的語言，與其他優秀文學作品一樣，有它的明瞭性、準確性與生動性。無論敘述語言、對話語言、議論語言，都簡練而傳神，富有哲理的情趣，並藉以表現人物的品德和修養，揭示人物的內心世界。如〈雜事第四〉「晉文公伐原」章說：

晉文公伐原，與大夫期五日，五日而原不降。文公令去之。吏曰：「原不過三日將降矣，君不如待之。」君曰：「得原失信，吾不為也。」原人聞之，曰：「有君義若此，不可不降也。」遂降。溫人聞之，亦請降。故曰「伐原而溫降」，此之謂也。於是，諸侯歸之，遂侵曹伐衛，為踐土之會，溫之盟，後南破強楚，尊事周室，遂成霸功，上次齊桓。本信由伐原也。

這個簡單的故事，有敘述，有對話，有議論，準確鮮明，完美結合，充分體現了《新序》語言的藝術特色。

這種歷史故事是先秦時期逐漸發展起來的一種獨立的文學體裁。它最初附庸於子書。春秋戰國時期，諸子百家為闡述自己的主張紛紛著書立說，為使其學說主張更有說服力量，非常注重借古以例今的方法。他們有時援引信史，有時借用傳說故事，而使先秦諸子深於取象。這樣的現象在《論語》中即已出現，如〈憲問〉說：「南宮括問於孔子曰：『羿善射，奡盪舟，俱不得其死然。禹、稷躬稼而有天下。』」這裡連舉了四個歷史人物，只是這種徵引過於簡單，沒有具體情節。《孟子》書中提到的歷史人物更多了，內容也更具體了。如〈梁惠王下〉引述的一個故事說：

> 昔者大王居邠，狄人侵之，事之以皮幣，不得免焉；事之以犬馬，不得免焉；事之以珠玉，不得免焉；乃屬其耆老而告之曰：「狄人之所欲者，吾土地也。吾聞之也，君子不以其所養人者害人，二三子何患乎無君，我將去之。」去邠，踰梁山，邑於岐山之下居焉。邠人曰：「仁人也，不可失也。」從之者如歸市。

這就是一個情節完整，初具人物形象的故事。只是這種故事常與孟子的議論雜糅一起，用作例證和比喻而已。至《荀子》、《韓非子》書中就出現了專門記載歷史故事（包括一些寓言故事）的篇章❺，甚至還有專記一個歷史人物的系列故事的，《晏子春秋》就是如此。

---

❺《荀子》三十二篇，最後五篇基本上是歷史故事的輯錄，不同於前二十七篇之為以嚴密的論證見長的論文。如〈宥坐〉就是七則關於孔子的故事構成，全文沒有作者的一句議論。〈哀公〉、〈堯問〉二篇亦屬此類。〈子

這類故事可長可短，可詳可略，體制比較自由；其作者不必身居史官之職，也非著意於修史，故不斤斤計較於史實的真偽，不重實錄而尚新奇，可以大量採摭奇聞軼事甚至神話傳說。正如《隋書・經籍志》所說的那樣：「多抄撮舊史，自為一書，或起自人皇，或斷之近代，亦各其志，而體制不經，又有委巷之說，迂怪妄誕，真偽莫測。」這種靈活、隨意、新穎的形式引起了文人的注意；又由於受到《史記》的成就的影響，故使得兩漢時期專記這類故事的著作興盛起來。有的已脫離子書而形成雜史、雜傳，雜史如陸賈《楚漢春秋》（已佚）、袁康《越絕書》、趙曄《吳越春秋》，雜傳如劉向《列女傳》、《列士傳》、《列仙傳》之類；有的雖未脫離子書，但實際上只是些歷史故事的輯錄，劉向《新序》、《說苑》即屬此類。它不同於正史，也不同於小說，它的出現反映了歷史向小說演進的軌跡，對魏晉六朝筆記小說的產生影響很大。

四

《新序》原書，《隋書・經籍志》、《舊唐書・經籍志》、《新唐書・藝文志》著錄均為三十卷，《宋史・藝文志》已不見著錄。大概在北宋初即已殘缺，經曾鞏綴補校理，才剩十卷，分雜事、

道〉、〈法行〉二篇除前面一段似論似序的文字之外，也基本上是歷史故事的萃集。《韓非子》五十五篇，屬於專門輯錄歷史故事的篇章則有：〈說林上〉、〈說林下〉，〈內儲說上〉、〈內儲說下〉，〈外儲說左上〉、〈外儲說左下〉、〈外儲說右上〉、〈外儲說右下〉。

刺奢、節士、義勇、善謀五類，我們今天見到的就是經過曾鞏綴補校理的這個本子。

《新序》的版本，據邵懿辰撰、邵章續錄的《增訂四庫簡明目錄標注》記載，有：漢魏叢書本、嘉靖丁未何良俊刊本，明袁宏道等刊本、胡維新本、黃丕烈有北宋刊本、明正德五年楚藩刊本、蔣寅昉有宋刊本，《群書拾補》內有校正《新序》若干卷。續錄載有：元刊本、明初刊大字本、明內府本、明翻宋本、明刊劉氏二書本、子書百種本、光緒癸未長洲蔣氏鐵華館影宋刊本、廣漢魏叢書本、四部叢刊本、日本享保二十年尚古堂刊本、日本文政尚古堂刊本。

現在比較常見的本子則有鐵華館影宋刊本、商務印書館《四部叢刊初編》子部縮印江南圖書館藏明翻宋刻本、明東海何良俊刻新安程榮校本、漢魏叢書本、百子全書本。本書即以《四部叢刊初編》本為底本，而以百子全書本等他本相參校，擇善而從的。凡據百子全書本校改的一律不出校語，而據別本校改的則在注釋中說明之。各本均有誤，而《新序》所據的其他古籍不誤者，不徑改動原文，只在注釋中說明某書作某。有些古籍的注釋和類書中保存有一些今本《新序》所無的佚文。這些佚文有的是比較完整的故事，有些只是些片言隻語，但對了解《新序》都有一定的參考價值。現據嚴可均《全漢文》輯錄的《新序》佚文附載於後。同時將曾鞏、何良俊、王謨的序跋附錄於後，以供讀者參考。

注譯者學識有限，錯誤缺點在所難免，敬希專家、學者和廣大讀者批評指正。

葉幼明

一九九六年五月

卷一

雜事第一

【題解】此篇所記，內容駁雜，無一明確中心，故以「雜事」名篇，後四篇同此。

(一)昔者舜❶自耕稼陶漁而躬❷孝友，父瞽瞍頑，母嚚及弟象傲❸，皆下愚不移。舜盡孝道以供養瞽瞍。瞽瞍與象為浚井塗廩之謀❹，欲以殺舜，舜孝益篤❺，出田則號泣，年五十猶嬰兒慕❻，可謂至孝矣。故耕於歷山❼，歷山之耕者讓畔❽；陶於河濱，河濱之陶者器不苦窳❾；漁於雷澤❿，雷澤之漁者分均。及立為天子，天下化之，蠻夷率服。北發渠搜⓫，南撫交阯⓬，莫不慕義，麟鳳在郊。故孔子曰：「孝弟之至，通於神明，光於四海⓭。」舜之謂也。孔子在州里，篤行孝道，居於闕黨⓮，闕黨之子弟畋漁，分有親者得多，孝以化之也。是以七十二子自遠方至，服從其德。魯有沈猶氏者，旦飲羊飽之，以欺市人；公慎氏有妻而淫；慎潰氏奢侈驕佚；魯市之鬻⓯牛馬者善豫賈⓰。孔子將為魯司寇，沈猶氏不敢朝飲其羊，公慎氏出⑰其妻，慎潰氏踰境而徙，魯之鬻馬牛不豫賈，布正以待之也。既為司寇，季孟墮郈費之城⑱，齊人歸所侵魯之地，由積正之所致也。故曰「其身正，不令而行⑲」。

【章旨】此章說明為政者必先以孝弟示範，正己才能正人。

【注釋】❶舜　傳說中的古代帝王。姚姓，有虞氏，名重華，史稱虞舜。❷躬　親自。❸父瞽瞍頑二句　《左傳・僖公二十四年》：「心不則德義之經為頑，口不道忠信之言為嚚。」瞽瞍，人名。頑，愚妄。嚚，奸詐。象，人名。❹浚井塗廩之謀　淘井修穀倉的計謀。據《孟子・萬章》說：舜的父母想殺害舜，叫舜去修繕穀倉，等舜上了屋頂，便撤去梯，放火焚燒穀倉。又叫舜去淘井，又用土填塞井眼。浚，淘掘。塗，用土堵塞。引申為修繕。❺篤　篤厚；純一。❻嬰兒慕　像嬰兒一樣依戀父母。❼歷山　山名。相傳舜耕於歷山，其所在說法不一，一說在今山東省濟南市東南，一名舜耕山，千佛山，有舜祠；一說在今河南省范縣東南，古稱雷澤之地，有舜耕處和陶墟；一說在今山西省永濟縣東南，其地有雷首山，一名歷山，有舜泉；一說在今河北省涿鹿縣西南。即古潘城地，山上有舜廟。此外，山西省翼城縣東南，浙江省永康縣南，安徽祁門，湖南桑植，均有歷山，大都傳為舜蹟。❽畔　田界。❾苦窳　粗劣。❿雷澤　古澤名。又名雷夏澤，在今山東省菏澤縣東北，已湮廢。⓫渠搜　地名。在今內蒙古烏拉特前旗東南。⓬交阯　亦作「交趾」。古地名，指五嶺以南一帶地區。⓭孝弟之至三句　見《孝經・感應章》。⓮闕黨　亦稱闕里。孔子故里。⓯鬻　出售。⓰豫賈　漫天要價。賈，借作「價」。⓱出　休棄。⓲季孟墮郈費之城　事見《左傳・哀公十二年》。季孟，季孫氏、孟孫氏，魯國大夫。墮，通「隳」。毀壞。郈，古邑名。在今山東省東平縣東南。費，古邑名。在今山東省費縣西北。⓳其身正二句見《論語・子路》。

【語譯】從前，舜自從耕田到製陶器捕魚，都親自孝順父母，友愛兄弟。其父瞽瞍愚妄，其母奸詐，其弟象傲慢，都是極為愚劣、不可教誨的人。舜克盡孝道來供養瞽瞍。瞽瞍和象設下淘井和修繕穀倉的計謀，想殺害舜。舜孝敬更加誠篤，出外耕田都號呼哭泣，五十歲還像嬰兒一樣依戀父母，真可說是至孝了。所以舜在歷山耕田，歷山耕田的人都讓田界。在黃河邊製作陶器，河邊製陶器的人器物都不粗劣。在雷澤捕魚，雷澤捕魚的人分魚都很公平。等到舜立為天子，天下都被感化，蠻族夷族相率歸服，北起渠搜，南至交阯，沒有誰不仰慕他的道義，麒麟鳳鳥都出現在郊野。所以孔子說：「孝順父母，友愛兄弟到了極點，可以交通神明，光照四海。」這話說的就是舜啊。

孔子在州里之時，誠篤地奉行孝道，住在闕里，闕里的子弟被感化，打獵捕魚，給有父母的人多分一些，這是孝道感化了他們。因此，七十二弟子從遠方來，服從他的德行。魯國有個沈猶氏，早晨把要出售的羊灌飽水來欺騙市面上的人，公慎氏的妻子淫蕩，慎潰氏奢侈驕縱，貪圖安逸，魯國市集上出售牛馬的人擅長漫天討價。孔子將做魯國的司寇，沈猶氏就不敢在早晨給要出售的羊灌水，公慎氏休棄了他的妻子，慎潰氏則遷徙出境，魯國賣馬牛的人也不敢漫天要價，這是宣示端正來對待他們。孔子已擔任魯國司寇，季孫氏和孟孫氏都毀掉了他們私邑郈和費的城牆，齊人也歸還了他們侵占的魯國土地，這是由於積累正氣所招致的結果。所以說「他本身端正，不發施號令，教化照樣可以推行」。

(二)孫叔敖❶為嬰兒之時，出游，見兩頭蛇，殺而埋之，歸而泣。其母問其故，叔敖對曰：「聞見兩頭之蛇者死，嚮❷者吾見之，恐去母而死也。」其母曰：「蛇今安在？」曰：「恐他人又見，殺而埋之矣。」其母曰：「吾聞有陰德❸者，天報以福，汝不死也。」及長，為楚令尹❹，未治而國人信其仁也。

【章旨】此章說明人能存善心必得天報。

【注釋】❶孫叔敖　人名。春秋時楚人，楚莊王時為令尹。❷嚮　從前。此為剛才之意。❸陰德　暗中施予的恩德。《淮南子・人間》：「有陰德者必有陽報。」❹令尹　官名。其位相當於國相。

【語譯】孫叔敖在童年時，出外遊玩，見到一條兩頭蛇，將其殺死埋掉。回家對其母哭泣。其母問他為什麼哭。孫叔敖說：「我聽說見到兩頭蛇的人會死掉，剛才我見到了兩頭蛇，恐怕我會離開母親而死去。」其母說：「蛇現在在哪裡？」孫叔敖回答說：「我恐怕別人又見到牠，已經殺死埋掉了。」其母說：「我聽說在暗中施人恩德的人，天會以福報答他，你不會死的。」等到孫叔敖長大，做了楚國的令尹，還未上任治民，國人就相信他的仁德了。

(三)禹❶之興也以塗山❷，桀❸之亡也以末喜❹；湯❺之興也以有莘❻，紂❼之亡也以妲己❽；文武❾之興也以任姒❿，幽王⓫之亡也以褒姒⓬；是以《詩》正〈關睢〉⑬而《春秋》褒伯姬⑭也。樊姬，楚國之夫人也，楚莊王⑮罷朝而晏⑯，問其故。莊王曰：「今旦與賢相語，不知日之晏也。」樊姬曰：「賢相為誰？」王曰：「為虞丘子⑰。」樊姬掩口而笑，王問其故，曰：「妾幸得執巾櫛⑱以侍王，非不欲專貴擅愛也，以為傷王之義，故所進與妾同位者數人矣。今虞丘子為相數十年，未嘗進一賢。知而不進，是不忠也；不知，是不智也；安得為賢？」明日朝，王以樊姬之言告虞丘子。虞丘子稽首⑲曰：「如樊姬之言。」於是辭位而進孫叔敖⑳。孫叔敖相楚，莊王卒以霸，樊姬與有力焉。

【章　旨】此章言為政者有一位賢明的妻子十分重要。

【注　釋】❶禹　夏禹。姒姓，名文命，治水有功，受舜禪，為夏朝第一個君主。❷塗山　塗山氏。禹之妻。❸桀　夏桀。名履癸，暴虐無道，湯伐桀，桀走鳴條，被流放到南巢而死，夏朝滅亡。❹末喜　一作「妺喜」。有施氏女，桀之妃子。❺湯　商湯。子姓，名履，一名天乙，伐滅夏桀，建立商朝。❻有莘　指有莘氏女。湯的妃子。❼紂　商紂。名受，號帝辛，暴斂重刑，百姓怨望，為周武王所伐滅。❽妲己　有蘇氏女。紂的妃子。❾文武　周文王、周武王。文王，姬姓，名昌，商紂時為西伯。武王，名發，文王之子，伐紂滅商，建立周朝。❿任姒　太任、太姒。太任，文王母。太姒，武王母。⓫幽王　周幽王。名宮涅，暴虐荒淫，為犬戎所滅，西周亡。⓬褒姒　幽王后。褒國女，姒姓。⓭詩正關睢　《詩序》說：「〈關睢〉，后妃之德也，風之始也，所以風天下而正夫婦也。」《詩》，指《詩經》。〈關雎〉，《詩・周南》篇名。⓮春秋褒伯姬　《春秋穀梁傳・襄公三十年》：「婦人以貞為行者也，伯姬之婦道盡矣，詳其事，賢伯姬也。」《春秋》，魯國史書，為孔子所修訂。伯姬，魯宣公女，宋共公夫人，宋共公死，伯姬守節三十三年，死於火災。⓯楚莊王　楚國國君。名旅，春秋五霸之一。⓰晏　晚。⓱虞丘子　人名。曾任楚國令尹。⓲執巾櫛　拿著巾櫛。即為妻妾之意。櫛，梳篦之總稱。⓳稽首　叩頭。舊時所行的跪拜禮。⓴孫叔敖　人名。曾任楚國令尹。

【語譯】 禹的興起是因為塗山氏，桀的覆亡是因為末喜；湯的興起是因為有莘氏，紂的覆亡是因為妲己；周文王、周武王的興盛是因為太任和太姒，周幽王的覆亡是因為褒姒。因此，《詩經》以〈關雎〉為醇正而置於篇首，《春秋》也褒揚伯姬遵守婦道。

樊姬是楚莊王的夫人。楚莊王退朝晚了，樊姬問其緣故。楚莊王說：「今天與賢相說話，不知不覺就晚了。」樊姬問道：「賢相是誰？」楚莊王回答說：「是虞丘子。」樊姬掩著口笑了起來。楚莊王問她為什麼笑，樊姬說：「我有幸做了大王的夫人，不是不想獨占做夫人的尊貴和獨得大王的寵愛，只是認為這樣做有損於大王的仁義，所以我薦舉了跟我的地位相同的有好幾個了。現在虞丘子為相數十年，未曾薦舉一個賢者，知道有賢人而不薦舉，是不忠心；不能認識賢人，是不明智。這種人怎麼能是賢相呢？」第二天早朝的時候，楚莊王將樊姬的話告知虞丘子。虞丘子叩頭說：「恰如樊姬說的那樣。」於是辭去了相位，薦舉出孫叔敖自代。孫叔敖做楚相，楚莊王終於成就了霸業，樊姬也是一起出了力的。

(四)

衛靈公❶之時，蘧伯玉❷賢而不用，彌子瑕❸不肖❹而任事，衛大夫史鰌❺

患之，數以諫靈公而不聽。史鰌病且死，謂其子曰：「我即死，治喪於北堂❻。吾不能進蘧伯玉而退彌子瑕，是不能正君也。生不能正君者，死不當成禮，置屍北堂，於我足矣。」史鰌死，靈公往弔，見喪在北堂，問其故，其子具以父言對靈公。靈公蹴然❼易容❽，寤然❾失位❿，曰：「夫子生則欲進賢而退不肖，死且不懈，又以尸諫，可謂忠而不衰矣。」於是，乃召蘧伯玉而進之以為卿；退彌子瑕，徙喪正堂，成禮而後返，衛國以治。史鰌，字子魚，《論語》所謂「直哉史魚⓫」者也。

【章　旨】此章贊揚史鰌對衛靈公的耿耿忠心。

【注　釋】❶衛靈公　春秋時衛國國君，名元。❷蘧伯玉　名瑗，春秋時衛國大夫。❸彌子瑕　衛靈公寵信的臣下。❹不肖　不才；不正派。❺史鰌　字子魚，亦稱史魚，春秋時衛國大夫，以正直敢諫著稱。❻治喪於北堂　不治喪於正堂，言偏不成禮。北堂，古代居室在北邊的房子，為婦女盥洗之處。❼蹴然　驚恐不安貌。❽容　容貌；臉色。❾寤然　覺醒貌。❿位　坐位；坐席。⓫直哉史魚　《論語・衛靈公》：「子曰：『直哉史魚，邦有道如矢，邦無道如矢。』」

【語　譯】衛靈公的時候，蘧伯玉賢能而不被任用，彌子瑕無才能而被重用，衛國大夫史鰌很憂慮此事，多次勸諫衛靈公，衛靈公不聽。史鰌重病將死，對他的兒子說：「我假如死了，就在北堂辦理喪事。我不能使蘧伯玉進用，使彌子瑕廢棄，這就是不能糾正君主的過失。活著不能糾正君主過失，死了就不能舉行正常的喪禮，將屍體放置在北堂，對我來說就足夠了。」史鰌死後，衛靈公來弔喪，見喪禮在北堂舉行，就問其緣故。史鰌的兒子將他父親的話全部告知衛靈公。衛靈公驚恐不安地變了臉色，突然醒悟似地離開了座位，說：「先生活著就想進用賢能，廢免不才，死了還不懈怠，又用屍體來勸諫我，這可說是忠愛不衰了。」於是，召喚蘧伯玉而進升他為卿，廢免彌子瑕，把喪禮遷到正堂舉行，喪禮完成才返回宮裡。衛國因此治理得很好。史鰌，表字子魚，就是《論語》所稱贊的「鯁直啊史魚」的那個人。

(五)晉大夫祁奚❶老❷，晉君❸問曰：「孰可使嗣❹？」祁奚對曰：「解狐可。」君曰：「非子之讎邪？」對曰：「君問可，非問讎也。」晉遂舉解狐。後又問：「孰可以為國尉❺？」祁奚對曰：「午也可。」君曰：「非子之子邪？」對曰：「君問可，非問子也。」君子謂祁奚能舉善矣。稱❻其讎，不為諂；立其子，不為比❼，《書》曰「不偏不黨，王道蕩蕩❽」，祁奚之謂也。外舉不避仇讎，內舉不回親戚，可謂至公矣。唯善故能舉其類。《詩》曰「唯其有之，是以似之❾」，祁奚有焉。

【章　旨】此章贊揚祁奚公而忘私。

【注　釋】❶祁奚　春秋時晉國大夫，此時官為中軍尉。❷老　告老退休。❸晉君　指晉悼公。❹嗣　繼承；接替。❺國尉　官名。晉國在將軍下設國尉。❻稱　舉；薦舉。❼比　朋比；勾結為奸。❽不偏不黨二句　見《尚書・洪範》。不偏不黨，原作「無偏無黨」。黨，結黨營私。蕩蕩，平坦寬廣貌。❾唯其有之二句　見《詩經・小雅・裳裳者華》。朱熹《詩集傳》：「維其有之於內，是以形之於外者，無不似其所有也。」唯，原作「維」。

【語　譯】晉國大夫祁奚告老退休。晉悼公問道：「誰可以接替你的職位？」祁奚回答說：「解狐可以。」晉悼公說：「解狐不是你的讎人嗎？」祁奚回答說：「君主是問誰可以接替，不是問誰是我的讎人。」晉悼公就提拔了解狐。後來晉悼公又問：「誰可以做國尉？」祁奚回答說：「祁午可以。」晉悼公說：「祁午不就是你的兒子嗎？」祁奚回答說：「君主是問誰可以做國尉，不是問誰是我的兒子。」有德行的人認為祁奚可以說是能薦舉賢能了。薦舉他的讎人，不算諂媚；薦舉他的兒子，不算朋比為奸。《尚書》說「不偏私，不結黨，王道平坦寬廣」，這說的就是祁奚啊。從外部薦舉，不遺棄讎人，從內部薦舉，不迴避親戚，可以說是最公正了。只有賢能的人才能薦舉他的同類。《詩經》說「只因他內有美德，因此，表現在外就與其美德相似」，祁奚就有這種美德呢。

(六)楚共王❶有疾，召令尹曰：「常侍❷筦蘇❸與我處，常忠我以道，正我以義。吾與處，不安也；不見，不思也。雖然，吾有得也，其功不細，必厚爵❹之。申侯伯❺與處，常縱恣吾，吾所樂者，勸吾為之；吾所好者，先吾服之；吾與處，歡樂之；不見，戚戚❻也。雖然，吾終無得也，其過不細，必亟遣之。」令尹曰：「諾。」明日，王薨❼，令尹即拜筦蘇為上卿，而逐申侯伯出之境。曾子❽曰「鳥之將死，其鳴也哀；人之將死，其言也善❾」，言反其本性，共王之謂也。故孔子曰「朝聞道，夕死可矣❿」，於以開後嗣，覺來世，猶愈沒身不寤者也。

【章　旨】此章說明正直之士對國家有益，邪惡之人對國家有害，並贊揚國君能補過。

【注　釋】❶楚共王　春秋時楚國國君，名審。❷常侍　指經常奉侍國君左右的近臣。❸筦蘇　人名。❹爵　官爵。這裡用作動詞，給予官爵。❺申侯伯　人名。楚共王寵幸的近臣。❻戚戚　憂思貌。❼薨　古代稱諸侯死亡。❽曾子　指曾參。春秋時魯國人，孔子弟子。❾鳥之將死四句　見《論語・泰伯》。❿朝聞道二句　見《論語・里仁》。

【語　譯】楚共王有疾，召令尹來，對他說：「經常奉侍我的筦蘇跟我在一起，常用正道忠告我，用正義輔正我，我跟他在一起，心裡惴惴不安；不見他，我也不會想他。雖然如此，我跟他在一起，總有所得。他的功勞不小，一定要厚賞爵祿。申侯伯和我在一起，常常慫恿放縱我。我喜歡的，他就勸我去做；我愛好的，他就率先使用它。我跟他在一起，感到高興；不見他，心裡就不暢快。即使這樣，我終究無所得。他的罪過不細，一定趕緊打發他離開。」令尹答應說：「好。」第二天，楚共王死了。

令尹立即封筦蘇為上卿，而將申侯伯驅逐出境。

孔子弟子曾參說「鳥將死的時候，其鳴叫聲悲涼；人將死的時候，他說的話善良」，這是說此時恢復了他們的本性。這話說的就是楚共王啊。所以孔子說「早晨得知真理，當晚就死去都可以」。在這種時候用善言開導後嗣，啟發未來的人，比死了還不覺悟要強得多哩。

(七)昔者魏武侯❶謀事而當，群臣莫能逮❷，朝而有喜色。吳起❸進曰：「今者有以楚莊王❹之語聞者乎？」武侯曰：「未也。莊王之語奈何？」吳起曰：「楚莊王謀事而當，群臣莫能逮，朝而有憂色。申公巫臣❺進曰：『君朝而有憂色，何也？』莊王曰：『吾聞之：諸侯自擇師者王，自擇友者霸，足己而群臣莫之若❻者亡。今以不穀❼之不肖，而議於朝，且群臣莫能逮，吾國其幾❽於亡矣。吾是以有憂色也。』莊王之所以憂，而君獨有喜色，何也？」武侯逡巡❾而謝曰：「天使夫子振❿寡人之過也，天使夫子振寡人之過也！」

【章旨】此章說明為政者必須謙虛謹慎，不可遇事便沾沾自喜。

【注釋】❶魏武侯　戰國時魏國國君，名擊。❷逮　及；趕上。❸吳起　戰國時衛國人。著名政治家、軍事家。初仕魯，後仕魏文侯，為將，拔五城，為西河守以拒秦，為魏相公叔所忌，奔楚，楚悼王用為令尹，明法令，捐不急之官，務在富國強兵，楚悼王死，遇害。❹楚莊王　楚國國君。春秋五霸之一，名旅。❺申公巫臣　春秋時楚國人。屈氏，字子靈，封於申，故稱申公，後奔晉。❻莫之若　「莫若之」的倒裝。❼不穀　古代侯王自稱的謙詞。❽幾　近；接近。❾逡巡　遲疑徘徊，欲行又止之貌。❿振　整頓。引申為補救。

【語　譯】從前，魏武侯與群臣議事而出的主意恰當，群臣沒有誰能趕上，早朝時面有得意之色。吳起上前說：「現在有人把楚莊王的話講給您聽嗎？」魏武侯說：「沒有。楚莊王的話怎麼樣？」吳起說：「楚莊王和群臣議事，主意恰當，群臣沒有誰能趕得上，早朝時面有憂色。申公巫臣上前說：『君主早朝而面有憂色，為什麼？』莊王說：『我聽說：諸侯自己選擇老師的可以成就王業，自己選擇朋友的可以成就霸業，自我滿足而認為群臣沒有誰像他的就會滅亡。現在，以我這樣的才疏學淺，群臣尚且沒有誰能趕上我，我的國家大概將接近滅亡了吧！所以我才會擔憂。』楚莊王認為可憂的事，而君主卻偏偏有喜色，為什麼呢？」魏武侯遲疑了一陣子，向吳起謝過說：「這是上天使先生來補救我的過失啊，這是上天使先生來補救我的過失啊！」

(八)衛國逐獻公❶，晉悼公❷謂師曠❸曰：「衛人出❹其君，不亦甚乎？」對曰：「或者其君實甚也。夫天生民而立之君，使司牧❺之，無使失性。良君將賞善而除民患，愛民如子，蓋之如天，容之若地。民奉其君，愛之如父母，仰之如日月，敬之如神明，畏之若雷霆。夫君，神之主也，而民之望也。天之愛民甚矣。豈使一人肆❻於民上，以縱其淫❼而棄天地之性乎？必不然矣。若困民之性，乏神之祀，百姓絕望，社稷❽無主，將焉用之？不去何為？」公曰：「善。」

【章　旨】此章說明危害人民的當權者必然會遭到人民的唾棄。

【注　釋】❶獻公　春秋時衛國國君，名衎。被國人驅逐出國十二年，後返國復位三年而死。❷晉悼公　春秋時晉國國君，名周。❸師曠　春秋時晉國著名音樂家。師，樂師。❹出　使之出。引申為驅逐。❺司牧　治理；管理。❻肆　放縱。❼淫　邪惡；過分。❽社稷　土神和穀神。比喻國家。

【語　譯】衛國人驅逐衛獻公出國。晉悼公問師曠說：「衛國人驅逐他們的君主，不是太過分了嗎？」師曠回答說：「這大概是他們的君主實在太過分了吧。上天降生人民，給他們設立君主，使君主來管理他們。不要使他們失去本性。好君主就獎勵善良，消除人民的憂患，像愛護兒子一樣愛護人民，像天一樣覆蓋他們，像地一樣容載他們。人民奉侍他們的君主，愛戴他就像愛戴父母一樣，仰慕他就像仰慕日月一樣，像尊敬神明一樣尊敬他，像畏懼雷霆一樣畏懼他。君主是神的主祭人，人民的希望。上天愛護人民是很深厚的，哪裡能容許一個人在人民之上胡作非為，放縱他的邪欲，讓人民喪失天地給予的本性呢？一定不會這樣！假若君主困擾人民的本性，乏絕對神的祭祀，百姓絕望，使國家無人主祭，這樣的君主哪裡還需要他呢？為什麼不驅逐呢？」晉悼公說：「說得好。」

(九)趙簡子❶上羊腸之坂❷，群臣皆偏袒❸推車，而虎會❹獨擔戟❺行歌不推車。簡子曰：「寡人上坂，群臣皆推車，會獨擔戟行歌不推車，是會為人臣侮其主。為人臣侮其主，其罪何若？」虎會對曰：「為人臣而侮其主者，死而又死。」簡子曰：「何謂死而又死？」虎會曰：「身死，妻子又死，若是謂死而又死。君既已聞為人臣而侮其主者之罪矣；君亦聞為人君而侮其臣者乎？」簡子曰：「為人君而侮其臣者何若？」虎會對曰：「為人君而侮其臣者，智者不為謀，辯者不為使，勇者不為鬥。智者不為謀，則社稷❻危；辯者不為使，則使不通；勇者不為鬥，則邊境侵。」簡子曰：「善。」乃罷群臣不推車；為士大夫置酒，與群臣飲，以虎會為上客。

【章　旨】此章說明君主必須尊重賢士，賢士才會為之出力。

【注　釋】❶趙簡子　春秋末年晉國上卿，名鞅。❷羊腸之坂　即羊腸坂。地名，在今山西省壺關縣東南。坂，山坡。❸偏袒　解衣袒露一臂。袒，脫衣露體。❹虎會　人名。❺擔戟　橫扛著戟。戟，古代兵器，是有尖刃的戈。❻社稷　土神和穀神。比喻國家。

【語譯】趙簡子乘車上羊腸坂，群臣都解衣露出一臂來推車，只有虎會橫扛著戟，唱著歌，不去推車。趙簡子說：「我上山坡，群臣都來推車，唯獨虎會扛著戟，唱著歌，不來推車。這是虎會為人臣而侮辱他的君主。為人臣而侮辱他的君主，該當何罪？」虎會回答說：「為人臣而侮辱他的君主，死上加死。」趙簡子說：「什麼叫死上加死？」虎會說：「本人死，妻子兒女也跟著死，這就叫死上加死。君主既然已經聽到為人臣而侮辱他的君主的罪行了，您也聽說過做別人君主而侮辱他的臣下的後果嗎？」趙簡子說：「為人君主而侮辱他的臣下的後果怎麼樣呢？」虎會回答說：「做人君主而侮辱他的臣下的人，有才智的人不為他謀劃，有才辯的人不為他出使，有勇力的人不為他戰鬥。有才智的人不為他謀劃，那麼國家就危殆；有才辯的人不為他出使，那麼各國使節就不能交往；有勇力的人不為他戰鬥，那麼邊境就會被侵犯。」趙簡子說：「說得好。」就叫群臣停止推車，還為士大夫擺酒設宴，跟群臣一道飲酒，以虎會為上客。

(一〇)昔者周舍❶事趙簡子❷，立趙簡子之門，三日三夜。簡子使人出問之曰：「夫子將何以令我？」周舍曰：「願為諤諤❸之臣，墨❹筆操牘❺，隨君之後，司❻君之過而書之，日有記也，月有效也，歲有得也。」簡子悅之，與處。居無幾何❼而周舍死，簡子厚葬之。三年之後，與諸大夫飲酒酣，簡子泣。諸大夫起而出，曰：「臣有死罪，而不自知也。」簡子曰：「大夫反，無罪。昔者吾友周舍有言曰：『百羊之皮，不如一狐之腋❽；眾人之唯唯❾，不如周舍之諤諤。』昔紂❿昏而亡，武王諤諤而昌。自周舍之死後，吾未嘗聞吾過也。故人君不聞其非及聞而不改者亡，吾國其幾⓫於亡矣，是以泣也。」

【章　旨】此章說明君主必須有敢於直言諍諫的臣下，才能聞過改正。

【注　釋】❶周舍　人名。❷趙簡子　名鞅，春秋末晉國上卿。❸諤諤　直言貌。❹墨　用為動詞，將筆醮墨。❺牘　古代寫字用的木片。❻司　同「伺」，探察。❼居無幾何　過了沒有多久。❽腋　胳肢窩。這裡指狐腋下的毛皮，純白輕軟。❾唯唯　恭敬順從，隨聲附和。❿紂　商紂王。商朝最後的君主，暴虐無道，被周武王伐滅。⓫幾　接近。

【語　譯】從前，周舍在趙簡子手下做事，在趙簡子門前站了三天三晚。趙簡子派人出來問他說：「先生將拿什麼來指使我？」周舍說：「願意做一個敢於直言的臣下，將筆醮著墨，拿著木片，探察君主的過錯，將它記錄下來，每天記一點，一個月就見成效，一年就有收穫。」趙簡子聽了很高興，常跟他在一起。過了沒有多久，周舍死了，趙簡子豐厚地埋葬了他。三年之後，趙簡子跟其他那些大夫一起飲酒，喝得正高興，趙簡子掉下了眼淚。那些大夫站了起來，走了出去，說：「我們有死罪，可是我們還不知哪裡得罪了您呢！」趙簡子說：「諸位大夫都回來，你們沒有罪。從前，我的一個朋友周舍有話說：『一百張羊皮，還比不上一張狐腋；很多人隨聲附和，不如周舍直言諍諫。』以前，商紂王昏聵糊塗亡了國，周武王有直言之臣就興旺。自從周舍死了之後，我就從沒有聽到過我的過錯。大凡人君聽不到他的過錯和聽到了而不改正的人就會亡國，我的國家大概接近於亡滅了吧！因此我就哭了。」

(二)魏文侯❶與士大夫坐，問曰：「寡人何如君也？」群臣皆曰：「君，仁君也。」次❷至翟黃❸，曰：「君，非仁君也。」曰：「子何以言之？」對曰：「君伐中山❹，不以封君之弟，而以封君之長子，臣以此知君之非仁君。」文侯怒而逐翟黃，翟黃起而出。次至任座❺，文侯問：「寡人何如君也？」任座對曰：「君，仁君也。」曰：「子何以言之？」對曰：「臣聞之，其君仁者其臣直；向❻翟黃之言直，臣是以知君仁君也。」文侯曰：「善。」復召翟黃入，拜為上卿。

【章　旨】此章說明只有容得直言諍諫的君主才是仁君。

【注　釋】❶魏文侯　戰國時魏國國君，名斯。❷次　依次序。❸翟黃　人名。❹中山　周諸侯國名。春秋時為白狄別族鮮虞人所居之地，戰國時為中山國，被趙武靈王所滅。其地在今河北省定縣、唐縣一帶。❺任座　人名。❻向　從前。這裡是剛才的意思。

【語　譯】魏文侯跟士大夫們坐在一起，問道：「我是一個怎樣的君主呢？」群臣都說：「君主是仁愛的君主。」按次序輪到翟黃回答，翟黃說：「您不是仁愛的君主。」魏文侯說：「先生憑什麼這樣說呢？」翟黃回答說：「君主進攻中山國，奪得的土地，不拿來封給君主的弟弟，而拿來封給君主的大兒子，我憑這一點就知道您不是仁愛的君主。」魏文侯大怒，要驅逐翟黃，翟黃站起來走了出去。依次輪到任座。魏文侯問道：「我是怎樣的君主？」任座回答說：「您是仁愛的君主。」魏文侯說：「你憑什麼這樣說呢？」任座回答說：「我聽說，君主是仁愛的，臣下就鯁直。剛才翟黃的話直言不諱，我因此知道您是仁愛的君主。」魏文侯說：「你說得好。」又召喚翟黃進來，任命他做上卿。

㈢中行寅❶將亡，乃召其太祝❷而欲加罪焉，曰：「子為我祝，犧牲❸不肥澤耶？且齋戒❹不敬耶？使吾國亡，何也？」祝簡❺對曰：「昔者吾先君中行穆子❻，皮車❼十乘，不憂其薄也，憂德義之不足也。今主君有革車百乘，不憂德義之薄也，唯患車不足也。夫舟車飾，則賦斂厚；賦斂厚則民怨謗詛矣。且君苟以為祝有益於國乎，則詛亦將為損。世亡矣，一人祝之，一國詛之，一祝不勝萬詛，國亡，不亦宜乎！祝其何罪？」中行子乃慚。

【章　旨】此章說明君主只有關心百姓，國家才能鞏固，祈禱是無益的。

【注　釋】❶中行寅　人名。春秋時晉國荀林父之後，荀林父擔任過晉軍中行，因以中行為氏，世為晉卿，傳至中行寅，為智、韓、趙、魏四家所滅。❷太祝　官名。祭祀時掌管祝辭祈禱等事務。❸犧牲　供祭祀用的純色全體牲畜。❹齋戒　古人在祭祀前沐浴更衣，不飲酒，不吃葷，不與妻妾同寢，整潔身心，以表示虔敬。❺簡　人名。❻中行穆子　即荀吳。穆子是他的諡號。❼皮車　即革車。作戰用的兵車。

【語　譯】中行寅即將滅亡的時候，就喚來他的太祝，想加罪於他，說：「你為我禱告神靈，是祭祀時犧牲不肥美呢？還是我齋戒不虔誠呢？卻使我國家滅亡，這是為什麼呢？」太祝名叫簡的回答說：「從前，我們先君中行穆子，只有兵車十輛，他不憂慮兵車太少，只憂慮恩德道義不夠。現在，主君有兵車百輛，不憂慮恩德道義不豐厚，只憂慮兵車不夠。車船裝飾豪華，就必然使賦斂繁重；賦斂繁重，百姓必然怨聲載道而誹謗詛咒。況且主君若認為禱告對國家有益，那麼，詛咒也將會有損害，世代將要滅亡了。一個人祝禱，一國的人詛咒。一個人的祈禱抵不過一萬人的詛咒，國家滅亡，不是自然的事嗎？我太祝有什麼罪呢？」聽了這番話，中行寅才感到有點慚愧。

(三)秦欲伐楚，使使者往觀楚之寶器。楚王聞之，召令尹❶子西❷而問焉，曰：「秦欲觀楚之寶器，吾和氏之璧❸，隨侯之珠❹，可以示諸❺？」令尹子西對曰：「不知也。」召昭奚恤❻而問焉，昭奚恤對曰：「此欲觀吾國得失而圖之，不在寶器，在賢臣。珠玉玩好之物，非寶重者。」王遂使昭奚恤應之。昭奚恤發精兵三百人，陳於西門之內，為東面之壇⑦一，為南面之壇四，為西面之壇一。秦使者至，昭奚恤曰：「君，客也，請就上位東面。」令尹子西南面，太宗⑧子敖⑨次之，葉公子高⑩次之，司馬⑪子反⑫次之，昭奚恤自居西面之壇，稱曰：「客欲觀楚國之寶器，楚國之所寶者，賢臣也。理⑬百姓，實倉廩，使民各得其所，令尹子西在此。奉珪璧⑭，使諸侯，解忿悁⑮之難，交兩國之歡，使無兵革之憂，太宗子敖在此。守封疆，謹境界，不侵鄰國，鄰國亦不見⑯侵，葉公子高在此。理師旅，整兵戎，以當彊敵，提枹⑰鼓，以動百萬之眾，所使皆趨湯火，蹈白刃，出萬死不顧一生之難，司馬子反在此。懷霸王之餘議，攝治亂之遺風，昭奚恤在此。唯大國⑱之所觀。」秦使者懼然⑲無以對，昭奚恤遂揖而去。秦使者反，言於秦君曰：「楚多賢臣，未可謀也。」遂不伐楚。《詩》云「濟濟多士，文王以寧⑳」斯㉑之謂也。

【章　旨】此章說明國家最寶貴的是賢臣，賢臣眾多，敵國就不敢入侵。

【注　釋】 ❶令尹　楚國官名。地位與國相相同。❷子西　人名。春秋時楚平王之子，楚昭王之兄。❸和氏之璧　即和氏璧。先秦時期著名璧玉，因是卞和所獻，故稱和氏璧。❹隨侯之珠　即隨侯珠。亦戰國時著名珠寶，因是隨侯所得，故稱隨侯珠。❺示諸　給人看。諸，「之乎」的合音詞。❻昭奚恤　戰國時楚國名將。與子西、葉公子高等人不同時，可見這不是真實歷史故事。❼東面之壇　位於西而面朝東的壇。下南面、西面同此。❽太宗　官名。❾子敖　人名。❿葉公子高　姓沈。名諸梁，字子高，封於葉，故稱葉公子高。⓫司馬　官名。⓬子反　人名。⓭理　治理。⓮珪璧　古代諸侯朝會祭祀時用作符信的玉器，長五寸。珪，同「圭」。⓯忿悁　怨怒；憤恨。⓰見　被。表示被動的助動詞。⓱枹　同「桴」。鼓槌。⓲大國　猶言「貴國」。對別的國家的尊稱。⓳戄然　震驚貌。⓴濟濟多士二句　見於《詩‧大雅‧文王》。濟濟，眾多貌。文王，周文王。姓姬，名昌，商紂王時為西伯。㉑斯　此。

【語　譯】 秦國想進攻楚國，派遣使者到楚國去看寶器。楚王聽到這個消息，召喚令尹子西來問道：「秦國想看楚國的寶器，我們的和氏璧、隨侯珠，可以拿出來給他們看嗎？」令尹子西回答說：「我不知道。」楚王又召喚昭奚恤來問這件事。昭奚恤回答說：「這是想看看我國政治的得失而圖謀我們，不在寶器，在是否有賢臣。珠玉是用來賞玩的東西，不是最貴重的。」楚王就派遣昭奚恤去應付秦使。昭奚恤出動精兵三百人，陳列在西門之內，築了面朝東的壇一個，面朝南的壇四個，面朝西的壇一個。秦國使者到來，昭奚恤說：「您是客人，請上朝東的尊位就坐。」令尹子西在面朝南的壇上就位，太宗子敖挨著子西，葉公子高挨著子敖，司馬子反挨著子高。昭奚恤自己在面朝西的壇上就位，說道：「客人想觀看楚國的寶器。楚國認為最寶貴的是賢臣。治理百姓，充實倉廩，使人民都各得其所，有令尹子西在此。捧著圭璧，出使諸侯，消除憤怨，結下交情，使兩國沒有兵戎相見的憂患，有太宗子敖在此。固守封疆，警衛邊界，不侵犯鄰國，也不被鄰國侵犯，有葉公子高在此。治理軍事，整頓部隊，來抵禦敵國進攻，提起鼓槌，調動百萬大軍，使他們都可以赴湯蹈火，冒著白刃子，使戰士經歷萬死不顧生命，有司馬子反在此。心懷霸王剩餘的論議，吸取治世遠留的風範，有我昭奚恤在此。貴國想看什麼就盡情看吧！」秦國使者震驚得沒有什麼話可以回答，昭奚恤於是拱手而去。秦國使者回去，向秦君報告說：「楚國多賢臣，不可以圖謀他們。」於是就取消了進攻楚國的計畫。《詩經》說：「有眾多的賢士，周文王賴以得到安寧。」說的就是這個呢。

(四)晉平公❶欲伐齊，使范昭❷往觀焉。景公❸賜之酒，酣，范昭曰：「願請君之樽❹酌。」公曰：「酌寡人之樽，進之於客。」范昭已飲，晏子❺曰：「徹樽，更之！」罇觶❻具矣，范昭佯醉不悅而起舞，謂太師❼曰：「能為我調成周❽之樂乎？吾為子舞之。」太師曰：「冥臣❾不習。」范昭趨而出。景公謂晏子曰：「晉，大國也，使人來，將觀吾政也。今子怒大國之使者，將奈何？」晏子曰：「夫范昭之為人，非陋而不識禮也，且欲試吾君臣，故絕之也。」景公謂太師曰：「子何以不為客調成周之樂乎？」太師對曰：「夫成周之樂，天子之樂也。若調之，必人主舞之。今范昭，人臣也，而欲舞天子之樂，臣故不為也。」范昭歸，以告平公曰：「齊未可伐也，臣欲試其君，而晏子識之；臣欲犯其禮，而太師知之。」仲尼⑩聞之曰：「夫不出於樽俎⑪之間，而知千里之外，其晏子之謂也，可謂折衝⑫矣，而太師其與焉。」

【章　旨】此章說明國家有賢臣，敵國就不敢侮辱，也不敢侵犯。

【注　釋】❶晉平公　春秋時晉國國君，名彪。❷范昭　人名。晉卿。❸景公　齊景公。春秋時齊國國君，名杵臼。❹樽　酒杯。❺晏子　名嬰，字平仲。齊國大夫，歷事齊靈公、齊莊公、齊景公三世，以賢能著稱，與管仲齊名。❻罇觶　古代飲酒用的器皿。❼太師　古代樂官之長。❽成周　即西周的東都洛邑。故址在今洛陽市東郊。❾冥臣　樂師為盲人，故自稱冥臣。冥，昏暗。❿仲尼　孔子。名丘，字仲尼。⓫樽俎　盛酒食的器具。借指宴席。俎，切肉的砧板。⓬折衝　使敵人的戰車後徹。衝，衝車；戰車。

【語　譯】晉平公想進攻齊國，派遣范昭到齊國去觀察情況。齊景公賜給他酒宴，酒喝得正高興，范昭說：「希望用您的酒杯斟酒。」齊景公說：「斟滿我的酒杯，進獻給客人。」范昭喝完了這杯酒，晏子說：「徹去這隻酒杯，另換一隻。」酒杯擺好了，范昭假裝喝醉了酒，很不高興地準備起舞，他對齊國太師說：「能給我演奏成周的樂章嗎？我為你跳個舞。」太師回答說：「盲臣不太熟練。」范昭就快步走了出去。

齊景公對晏子說：「晉國是大國，它派遣使者來，想要觀察我國的政務。現在，你激怒了使者，將怎麼辦呢！」晏子說：「范昭這個人啊，不是淺陋不懂禮節的人，他這樣做是想試探我國君臣，所以我才拒絕了他。」齊景公對太師說：「你為什麼不給客人演奏成周的樂章呢？」太師回答說：「成周的樂章是天子的樂章。假如演奏它，只有君主才能合樂起舞。現在，范昭是人臣，而想配合天子的樂章舞蹈，所以我不演奏。」范昭回到晉國，對晉平公說：「齊國不可以進攻。我想試探它的君主，卻被晏子識破；我想冒犯它的禮節，卻被太師看出。」

孔子聽到這件事，說：「沒有離開筵席之間，而能知道千里之外的事，這就是說晏子的呢，可以說是折回了敵國進攻的兵車，這件事太師也是有功勞的。」

(一五)晉平公浮西河❶，中流而歎，曰：「嗟乎！安得賢士與共樂此者？」船人固桑❷進對曰：「君言過矣。夫劍產于越❸，珠產江漢，玉產昆山❹，此三寶者，皆無足而至。今君苟好士，則賢士至矣。」平公曰：「固桑來❺，吾門下食客者二千餘人，朝食不足，暮收市租；暮食不足，朝收市租。君尚可謂不好士乎？」固桑對曰：「今夫鴻鵠高飛沖天，然其所恃者六翮❻耳。夫腹下之毳❼，背上之毛，增去一把，飛不為高下。不知君之食客，六翮邪？將腹背之毳也？」平公默然而不應焉。

【章　旨】此章說明君主好士，賢士必會歸附，然而士的能力亦有良、劣之別，不可一概而論。

【注　釋】❶西河　指黃河流經山西省西部的一段。❷固桑　人名。❸于越　地名。有兩說：《淮南子・原道》注：「于，吳也。」于越即吳越。又《漢書・貨殖傳》注引孟康說：「于越，南方越名也。」又引顏師古說：「于，發語聲也。」于越即越。❹昆山　崑崙的省稱，亦稱昆岡。在今新疆西藏之間。《史記・李斯列傳》正義說：「昆岡在于闐國東北四里，其岡出玉。」❺來　表語氣的助詞。相當於今語「啊」。❻翮　羽莖。代指鳥翼。❼毳　鳥獸的細毛。

【語　譯】晉平公泛舟西河，船到河中不覺歎息，說：「哎呀！怎麼才能得到賢士與我共享這種快樂啊！」船夫固桑上前回答說：「君主的話錯了！寶劍出產在越國，珍珠出產在長江漢水，璧玉出產在崑崙，這三種寶物，都沒有腳，卻都來到您跟前。現在，您假如愛好賢士，那麼賢士就會來了。」晉平公說：「固桑啊！我門下的食客有二千多人，早餐不夠吃，我得前一天晚上收取市租；晚餐不夠吃，我得當天早上收取市租；還能說我不好士嗎？」固桑說：「那些天鵝高飛沖天，然而牠們憑仗的就只是翅膀上的六根大羽毛。腹下的那些絨毛，背上的那些細毛，增加或者減去一把，飛翔不會因此而增高或者降低。不知道您的食客，是天鵝翅膀上的大羽毛呢？還是腹背上的細毛呢？」晉平公沈默不語，答不上話來。

(六)楚威王❶問於宋玉❷曰：「先生其有遺行❸邪？何士民眾庶不譽之甚也？」

宋玉對曰：「唯❹，然，有之。願大王寬其罪，使得畢其辭。客有歌於郢❺中者，其始曰下里巴人❻，國中屬❼而和者數千人；其為陽陵採薇❽，國中屬而和者數百人；其為陽春白雪❾，國中屬而和者數十人而已也；引商刻角❿，雜以流徵⓫，國中屬而和者不過數人。是其曲彌高者，其和彌寡。故鳥有鳳而魚有鯨。鳳鳥上擊于九千里，絕浮雲，負蒼天，翺翔乎窈冥⓬之上。夫糞田之鴳，豈能與之斷天地之高哉！鯨魚朝發崑崙⓭之墟⓮，暴鰭於碣石⓯，暮宿於孟諸⓰。夫尺澤之鯢⓱，豈能與之量江海之大哉？故非獨鳥有鳳而魚有鯨也，士亦有之。夫聖人瑰意奇行，超然獨處，世俗之民又安知臣之所為哉！」

【章　旨】此章說明賢士總有奇言異行，不易被人了解，因而必遭遇別人的排擠毀謗。

【注　釋】❶楚威王　戰國時楚國國君，名商。❷宋玉　戰國時著名辭賦家。按楚威王當早於宋玉，《文選》宋玉〈對楚王問〉作「楚襄王」。❸遺行　可遺棄之行。指品行有缺點。❹唯　答應的聲音。❺郢　楚國都城。在今湖北省江陵縣城西北。❻下里巴人　楚國比較低級的樂曲名。❼屬　連綴；接續。❽陽陵採薇　楚國難度適中的樂曲名。《文選》作「陽阿薤露」。❾陽春白雪　楚國比較高雅的樂曲名。❿引商刻角　《文選》作「引商刻羽」。商、角，我國古代五聲音階宮、商、角、徵、羽中的兩個音級。⓫徵　古代五聲之一。⓬窈冥　深遠幽暗。這裡指高空。⓭崑崙　崑崙山。在今新疆西藏之間。⓮墟　大丘。⓯碣石　古山名。在今河北省昌黎縣西北。⓰孟諸　古大澤名。在今河南省商丘市東北。⓱鯢　兩棲動物。俗名娃娃魚。

【語譯】楚威王問宋玉說：「先生的行為有不檢點之處吧？為什麼士民眾人如此極度不稱許你呢？」宋玉回答說：「嗯，對，有這種情況。希望大王寬恕我的罪過，使我能夠把話說完。有一個在楚國郢都唱歌的外地人，他開始唱的曲子叫下里巴人，國都裡跟著他唱的有數千人；當他唱陽陵採薇的時候，國都裡跟著他唱的還有數百人；當他唱陽春白雪的時候，國都裡跟著他唱的只有數十人；他高歌商聲，細吟角聲，又把流利的徵聲配合進去，國都裡跟著他唱的就只有幾個人了。這就是樂曲越高雅，跟著唱的人就越少。所以鳥中有鳳鳥，魚中有鯨魚。鳳鳥飛到九千里高的高空，穿過浮雲，背挨蒼天，在深遠幽暗，高不可測的空中飛翔。那糞田裡的鴳鳥哪裡能夠跟牠判斷天地的高度呢？鯨魚早晨從崑崙山出發，在碣石山露出牠的背脊，晚上在孟諸澤中休息。那小沼澤中的鯢魚，哪裡能夠跟牠衡量江海的廣大呢？所以不只是鳥有鳳鳥，魚有鯨魚，士人中也有這種情況。聖人有瑰異的思想，奇特的行為，離世脫俗而獨居世間，世俗之人又怎麼能認識我的所作所為呢？」

（一七）晉平公❶閒居，師曠❷侍坐。平公曰：「子生無目眹❸，甚矣子之墨墨❹也！」師曠對曰：「天下有五墨墨，而臣不得與一焉。」平公曰：「何謂也？」師曠曰：「群臣行賂以采名譽，百姓侵冤，無所告訴，而君不悟，此一墨墨也。忠臣不用，用臣不忠，下才處高，不肖臨賢，而君不悟，此二墨墨也。奸臣欺詐，空虛府庫，以其少才，覆塞其惡，賢人逐，奸邪貴，而君不悟，此三墨墨也。國貧民罷❺，上下不和，而好財用兵，嗜欲無厭，諂諛之人，容容❻在旁，而君不悟，此四墨墨也。至道不明，法令不行，吏民不正，百姓不安，而君不悟，此五墨墨也。國有五墨墨而不危者，未之有❼也。臣之墨墨，小墨墨耳，何害乎國家哉！」

【章　旨】此章說明國君昏庸，忠臣不用，邪夫顯進，國家就有危險。

【注　釋】❶晉平公　春秋時晉國國君，名彪。❷師曠　春秋時晉國著名音樂家。師，太師，名曠。❸眹　眼珠；瞳人。❹墨墨　形容極其昏暗。❺罷　同「疲」。❻容容　和同不立異，隨聲附和。❼未之有　「未有之」的倒置。

【語　譯】晉平公閒居休息，師曠陪坐一旁，晉平公說：「你生下來就沒有眼珠子，你的昏暗也是夠厲害的了。」師曠回答說：「天下有五種昏暗，我一種也夠不上。」晉平公說：「這說的是什麼意思呢？」師曠說：「群臣公行賄賂，沽名釣譽，百姓被侵犯，蒙冤屈，無處可以控告訴說，可是國君不了解，這是第一種昏暗。忠臣不被任用，任用的不是忠臣，下等才質反居高位，無才者凌駕賢良，可是國君不了解，這是第二種昏暗。奸臣欺詐，使國家府庫空虛，他們使用那僅有的一點點才能，來掩飾他們的罪惡，賢人被驅逐，奸邪得尊貴，可是國君不了解，這是第三種昏暗。國家貧窮，人民疲困，上下不和睦，可是貪財好戰，嗜欲無法滿足，阿諛奉承的人在旁隨聲附和，而國君不了解，這是第四種昏暗。最高的道理不明確，法律禁令不實行，官吏不端正，百姓不安定，而國君不了解，這是第五種昏暗。國家有這五種昏暗而不危亡的，這是沒有的事。我的昏暗是關係個人的小昏暗，對國家有什麼危害呢！」

(六)趙文子❶問於叔向❷曰：「晉六將軍❸，孰先亡乎？」對曰：「其中行❹氏乎！」文子曰：「何故先亡？」對曰：「中行氏之為政也，以苛為察，以欺為明，以刻為忠，以計❺多為善，以聚斂為良。譬之其猶鞟革❻者也，大則大矣，裂之道也，當先亡。」

【章旨】此章說明國無賢良，貪殘聚斂，必定滅亡。

【注釋】❶趙文子　即趙武。文子是諡號，春秋時晉國六卿之一。❷叔向　春秋時晉國大夫。羊舌氏，名肸。❸晉六將軍　春秋時晉國六卿：范、中行、智、韓、趙、魏六家。晉國有上、中、下三軍，每軍皆設將、佐，六卿分別擔任三軍將、佐，故又稱晉六將軍。❹中行　即荀氏。荀林父曾任晉軍中行，故又以官為氏，晉六卿之一。❺計　計簿。此指計簿所記的收入。❻鞟　去毛的獸皮。用作動詞，將獸皮去毛。革，皮革。

【語譯】趙文子問叔向說：「晉國六位將軍，誰當最先滅亡呢？」叔向回答說：「大概是中行氏吧！」趙文子說：「為什麼會先亡呢？」叔向說：「中行氏處理政務，把苛刻當作明察，把欺騙當作明智，把刻薄當作忠誠，把收入多作為會辦事，把會搜刮作為賢能。譬如那給皮革去毛的人，去毛不止，皮革大是大了一點，但這是導致皮革破裂的緣故啊！所以中行氏定會先亡。」

(一九)楚莊王❶既討陳靈公❷之賊❸，殺夏徵舒❹，得夏姬❺而悅之，將近之。申公巫臣❻諫曰：「此女亂陳國，敗其群臣，嬖女❼不可近也。」莊王從之。令尹❽又欲取❾，申公巫臣諫，令尹從之。後襄尹❿取之。至恭王⓫，與晉戰於鄢陵⓬，楚兵敗，襄尹死⓭，其屍不反，數求晉，不與，夏姬請如⓮晉求屍，楚方遣之。申公巫臣將使齊，私說夏姬，與謀。及夏姬行，而申公巫臣廢⓯使命，道亡，隨夏姬之晉。令尹將徙⓰其族，言之於王曰：「申公巫臣諫先王以無近夏姬，今身廢使命，與夏姬逃之晉，是欺先王也，請徙其族。」王曰：「申公巫臣為先王謀則忠，自為謀則不忠，是厚於先王而自薄也，何罪於先王？」遂不徙。

【章　旨】此章說明臣下雖有過失，但是其忠心不容否定。

【注　釋】❶楚莊王　春秋五霸之一。楚國國君，名旅。❷陳靈公　春秋時陳國國君，名平國。❸賊　指夏徵舒。陳靈公與他的兩個大夫孔寧、儀行父同時與夏姬私通，還侮辱夏徵舒，結果陳靈公被夏徵舒射死，孔寧、儀行父跑到楚國，請楚莊王出兵伐陳，殺夏徵舒，陳國也幾乎亡國。事見《左傳・宣公九年、十年》。❹夏徵舒　陳國大夫夏御叔之子，陳國大夫。❺夏姬　鄭穆公之女，陳大夫夏御叔之妻，夏徵舒之母。❻巫臣　屈氏。字子靈，亦稱屈巫，為申縣之尹，故又稱申公巫臣。❼嬖女　受寵幸的女子。❽令尹　楚國官名。此時楚國令尹是孫叔敖。據《左傳・成公二年》，想娶夏姬的是子反，此時官為右軍將。❾取　同「娶」。❿襄尹　人名。名襄老，因他擔任過連尹，故稱連尹襄老，簡稱襄尹。⓫恭王　楚國國君，名審。恭，字亦作「共」。⓬鄢陵　地名。即今河南省鄢陵縣。⓭襄尹死　據《左傳・宣公十二年》載，連尹襄老死於晉楚邲之戰，此作死於鄢陵之戰，與傳不合。⓮如　往。⓯廢　棄。據《左傳・成公二年》載：申公巫臣是在出使齊國後，於返國途中遣副使回國復命，自己跑到鄭國迎娶夏姬，一道奔晉。⓰徙　將有罪的人遷徙到邊遠地區。相當於後世的流放。《左傳・成公二年》說是子反請求禁錮其族，即永不敘用之意，亦與此不合。

【語譯】楚莊王已經討伐刺殺陳靈公的賊人，殺了夏徵舒，得到夏姬，很喜歡她，想跟她親近。申公巫臣進諫說：「這個女人擾亂了陳國，腐蝕了陳國一批臣子。這種受人喜愛的淫亂女人不可親近。」楚莊王聽從了他的意見。令尹又想娶她，申公巫臣進諫，令尹也聽從了他的意見。後來連尹襄老娶了夏姬。到楚恭王的時候，楚國跟晉在鄢陵交戰，楚國戰敗，連尹襄老戰死。他的屍體被晉人奪去，未能撿回來，多次要求晉國退還，晉人不肯答應。夏姬請求到晉國去尋找屍體。楚國正準備派遣她去，恰巧申公巫臣也將奉命出使齊國。他心裡愛上了夏姬，私下與她商議一起逃離楚國。等到夏姬動身出發，申公巫臣未完成他出使的任務，半道上逃亡，跟隨夏姬到了晉國。令尹將要把他的家族遷徙到邊遠地區，就向楚王報告說：「申公巫臣勸諫先王不要親近夏姬。現在，他本人廢棄使命，跟隨夏姬逃跑到晉國去，這是欺騙先王，請求將其家族遷徙。」楚恭王說：「申公巫臣為先王謀劃是忠心的，給自己謀劃才不忠心。這是對先王好，只對自己不好，他對先王有什麼罪呢？」就沒有將其家族遷徙。

卷二

雜事第二

【題解】同前。

(一)昔者唐虞[1]崇舉九賢[2]，布[3]之於位，而海內大康，要荒[4]來賓，麟鳳在郊。商湯[5]用伊尹[6]，而文武[7]用太公[8]、閎夭[9]，成王[10]任周召[11]，而海內大治。越裳[12]重譯[13]，祥瑞並降，遂安千載，皆由任賢之功也。無賢臣，雖五帝[14]三王[15]，不能以興。齊桓公[16]得管仲[17]，有霸諸侯之榮；失管仲，而有危亂之辱。虞[18]不用百里奚[19]而亡，秦繆公[20]用之而霸；楚[21]不用伍子胥[22]而破，吳闔閭[23]用之而霸；夫差[24]非徒不用子胥也，又殺之，而國卒以亡。燕昭王[25]用樂毅[26]，推弱燕之兵，破強齊之讎，屠七十城；而惠王[27]廢樂毅，更代以騎劫[28]，兵立破，亡七十城，此父用之，子不用，其事可見也。故闔閭用子胥以興，夫差殺之而以亡；昭王用樂毅以勝，惠王逐之而敗，此的的然若白黑。秦[29]不用叔孫通[30]，項王[31]不用陳平[32]、韓信㉝，而皆滅，漢用之而大興，此未遠也。夫失賢者其禍如彼，用賢者其福如此，人君莫不求賢以自輔，然而國以亂亡者，所謂賢者不賢也。或使賢者為之，與不肖者議之；使智者圖之，與愚者謀之；不肖嫉賢，愚者嫉智，是賢者之所以隔蔽也，所以千載不合者也。或不肖用賢而不能久也，或久而不能終也，或不肖子廢賢父之忠臣，其禍敗難一二錄也。然其要在於己不明而聽眾口，譖愬㉞不行，斯為明也。

【章旨】此章總論國家用賢則興，不用則亡。

【注釋】❶唐虞　指唐堯虞舜。傳說中的古代帝王。❷九賢　據《史記·五帝本紀》，為禹、棄、契、皋陶、垂、益、伯夷、夔、龍九人。❸布　分布。這裡是「分別安排」的意思。舜舉禹治水土，棄為后稷，契為司徒，皋陶為大理，垂主百工，益主虞，伯夷主禮，夔主樂，龍為納言。❹要荒　要服、荒服。據《尚書·禹貢》，古代王畿以外，每五百里為一區劃，按遠近分為五服：侯服、甸服、綏服、要服、荒服。要服、荒服為王畿以外極遠之地。❺商湯　商湯王。子姓，名履，一曰天乙，伐滅夏桀，建立商朝。❻伊尹　商湯之臣。名摯，佐湯伐夏，被尊為阿衡（宰相）。❼文武　周文王、周武王。❽太公　即太公望。姜姓，呂氏，名尚，周文王遇之於渭濱，說：「吾太公望子久矣。」因號為太公望，立為師，後佐周武王伐紂滅商，建立周朝，封於齊，為齊國始祖。❾閎夭　西周初年輔佐武王伐紂的大臣。❿成王　周成王。周武王之子，名誦。⓫周召　周公、召公。

周公，姬姓，名旦，周文王之子，周武王之弟，封於魯，為魯國始祖。召公，姬姓，名奭，周初大臣，封於燕，為燕國始祖。⑫越裳　古南海國名。相傳周公制禮作樂，越裳以三象重譯而獻白雉。⑬重譯　經幾次輾轉翻譯。⑭五帝　有幾種說法，《史記．五帝本紀》以黃帝、顓頊、帝嚳、堯、舜為五帝。⑮三王　指夏禹王，商湯王，周文王。⑯齊桓公　春秋五霸之一。齊國國君，姜姓，名小白。⑰管仲　名夷吾，字仲。齊桓公臣，佐齊桓公霸諸侯，一匡天下，管仲死後，齊桓公信任豎刁、易牙等人，齊桓公一死，五公子爭立，導致齊國大亂。⑱虞　春秋時諸侯國名。⑲百里奚　春秋時虞國大夫。晉滅虞，入秦，與蹇叔等輔佐秦穆公霸西戎。⑳秦繆公　即秦穆公。春秋時秦國國君，嬴姓，名任好。㉑楚　春秋時諸侯國名。㉒伍子胥　名員。春秋時楚國人，其父兄伍奢、伍尚被楚平王所殺，他逃到吳國，輔佐吳王闔閭伐楚，五戰入郢，鞭平王之屍以報父兄之讎，後被吳王夫差所殺。㉓闔閭　即吳王闔閭。春秋時吳國國君，姓姬，名光。㉔夫差　即吳王夫差。春秋時吳國國君，吳王闔閭之子，後吳國被越王句踐伐滅，夫差自殺。㉕燕昭王　戰國時燕國國君。姬姓，名平，其父燕王噲傳位給其相子之，引起內亂，被齊國攻破，昭王繼位，卑身厚幣，招納賢士，士爭相歸往，國勢漸強，後派樂毅將兵攻破齊國。㉖樂毅　戰國時魏人。自魏至燕，燕昭王任為上將，總領趙、楚、韓、魏五國兵伐齊，攻占七十餘城，只有莒和即墨未攻下。昭王死，惠王即位，中齊國反間計，不用樂毅，樂毅奔趙，齊國因興兵大破燕軍，盡復失地。㉗惠王　燕惠王。戰國時燕國國君，燕昭王之子。㉘騎劫　燕將。燕惠王用他代替樂毅，結果燕軍被齊軍打敗，騎劫被殺。㉙秦　這裡指秦王朝。㉚叔孫通　西漢初人。初為秦博士，後從項羽，又歸劉邦。劉邦稱帝，他訂定朝儀。西漢朝制典禮，多由他訂立。㉛項王　即項羽。名籍，秦末起兵吳中，率軍與秦兵九戰滅秦，自封西楚霸王，後被劉邦戰敗自殺。㉜陳平　西漢初人。初從項羽，不被重用，歸劉邦，佐劉邦戰敗項羽，封曲逆侯。㉝韓信　西漢初人。初從項羽，不被重任，歸劉邦，拜為大將，佐劉邦戰敗項羽，封淮陰侯，後被殺。㉞譖愬　《論語．顏淵》：「浸潤之譖，膚受之愬，不行焉，可謂明也已矣。」意思說：像水一樣慢慢浸濕的讒言和有切膚感受的誣告都行不通，可以說是見事明白了。譖，誣陷。愬，同「訴」。控訴；讒毀。

【語譯】從前，唐堯和虞舜推崇選拔了九位賢臣，分別安排在適合職位，天下非常安定，要服荒服的人都來稱臣賓服，麒麟鳳鳥都出現在郊野。商湯王任用伊尹，周文王、周武王任用太公望和閎夭，周成王任用周公旦、召公奭，天下非常太平，越裳國都不遠千里、幾經翻譯來朝見。各種象徵吉祥的事物都降臨，於是國家安定了千年之久。這都是任用賢能的功效。沒有賢臣，即使五帝三王，也不能興盛。齊桓公得到管仲，就有稱霸諸侯的榮耀；失去管仲，就有危亡混亂的恥辱。虞國不用百里奚亡了國，秦穆公用了他就稱霸西戎；楚國不用伍子胥，就被吳國攻破，吳王闔閭用了他，就成了霸主；吳王夫差不只是不用伍子胥，又殺了他，而吳國終於滅亡。燕昭王任用樂毅，率領弱小的燕國的軍隊，打敗了強大的齊國這個讎敵，攻破它七十座城。燕惠王廢掉樂毅不用，用騎劫去更換代替他，燕兵立即被戰敗，亡失了占領的七十座城。這是父親用樂毅，兒子不用，那事實是看得清楚的。所以，吳王闔閭用伍子胥就興盛，吳王夫差殺了他就滅亡；燕昭王用樂毅就勝利，燕惠王驅逐他就失敗，這是像黑與白一樣清楚明白的。秦朝不用叔孫通，項羽不用陳平、韓信，都滅亡了，漢高祖用了他們而十分興旺，這更是不遠久的事實。

失去賢者其禍敗如彼，任用賢者其福澤如此。君主沒有誰不想尋求賢士輔助自己，然而國家往往因此混亂滅亡，這是他們認為的賢士並不是賢士啊；或者是派賢士去做事，又跟一些不才之輩去商議；使明智的人去考慮，又跟一些愚蠢的人去謀劃，無才之輩嫉妒賢能，愚蠢的人嫉妒智者，這就是賢者被阻障遮蔽的原因，也是君主與賢士遇合千載難逢的原因。有時不才的君主也任用賢士，可是不能持久；有時也能任用一陣子，可是不能有始有終；有時是不才的兒子廢棄他賢明的父親的忠臣；所以那禍亂敗亡的事實是難以一件兩件的記錄下來的。然而它的關鍵在於他自己不賢明而又聽信一般人的譖言。誣陷毀謗都不聽信，這就是賢明了。

(二)魏龐恭❶與太子❷質❸於邯鄲❹，謂魏王曰：「今一人來言市中有虎，王信之乎？」王曰：「否。」曰：「二人言，王信之乎？」曰：「寡人疑矣。」曰：「三人言，王信之乎？」曰：「寡人信之矣。」龐恭曰：「夫市之無虎明矣，三人言而成虎。今邯鄲去魏遠於市，議臣者過三人，願王察之也。」魏王曰：「寡人知之矣。」及龐恭自邯鄲反，讒口果至，遂不得見。

【章　旨】此章說明讒言必然造成對賢能的危害。

【注　釋】❶龐恭　人名。❷太子　魏國太子。❸質　用作動詞。作人質；做抵押。❹邯鄲　戰國時趙國國都。今河北省邯鄲市。

【語　譯】魏國的龐恭跟隨魏太子到趙國邯鄲去做人質。龐恭對魏王說：「現在，有一個人來說市集上有老虎，大王相信嗎？」魏王說：「不相信。」龐恭說：「兩個人說，大王相信嗎？」魏王說：「我有點懷疑了。」龐恭又說：「三個人都說，大王相信嗎？」魏王說：「我相信了。」龐恭說：「市集上沒有老虎是明擺著的，三個人一說，就變成了真有虎。現在，邯鄲離開魏國，比市集遠，而議論我的人超過三個，我希望大王明察。」魏王說：「我知道了。」等到龐恭從邯鄲回來，說壞話的人果然來了，於是龐恭就沒有見到魏王。

㈢甘茂❶，下蔡❷人也，而入秦，數有功，至武王❸，以為左丞相，樗里子❹為右丞相。樗里子及公孫子❺，皆秦諸公子也，其外家❻韓也。數攻韓，秦武王謂甘茂曰：「寡人欲容車至周室者，其道乎韓之宜陽❼。」欲使甘茂伐韓，取宜陽，以通道至周室。甘茂曰：「請約魏，與伐韓。」令向壽❽輔行。甘茂既約，魏許甘茂，還至息壤❾，謂向壽曰：「子歸，言之王，魏聽臣矣，然願王勿伐也。」向壽歸，以告王，王迎甘茂於息壤，問其故。對曰：「宜陽，大縣也。名為縣，其實郡也。今王倍❿數險，行千里攻之，難。昔者曾參⓫之處鄭⓬，人有與曾參同名姓者殺人，人告其母曰：『曾參殺人。』其母織自若也。頃然，一人又來告之，其母曰：『吾子不殺人。』有頃，一人又來告，其母投杼⓭下機踰牆而走。夫以曾參之賢，與其母信之也，然三人疑之，其母懼焉。今臣之賢也不若曾參，王之信臣也，又不如曾參之母之信曾參也。疑臣者非特⓮三人也，臣恐大王投杼也。

魏文侯⑮令樂羊⑯將而攻中山⑰，三年而拔之，樂羊反而語功，文侯示之謗書一篋。樂羊再拜稽首曰：『此非臣之功也，主君之力也。』今臣羈旅⑱也，樗里子、公孫子二人挾韓而議，王必信之，是王欺魏而臣受韓之怨也。」王曰：「寡人不聽也。」使伐宜陽，五月而宜陽未拔，樗里子、公孫子果爭之，武王召甘茂，欲罷兵。甘茂曰：「息壤在彼。」王曰：「有之。」因悉起兵，使甘茂將，擊之，遂拔宜陽。及武王薨，昭王⑲立，樗里子、公孫子讒之，甘茂遇罪，卒奔齊。故非至明，其孰能毋用讒乎！

【章　旨】此章說明只有賢明的君主才能不聽信讒言而使臣下立功。

【注　釋】❶甘茂　戰國時楚人。仕於秦，秦武王時，官至左丞相，領兵攻下宜陽，秦武王遂得至周。❷下蔡　地名。楚邑，故址在今安徽省壽縣北。❸武王　指秦武王。戰國時秦國國君，名蕩，秦惠王子。❹樗里子　戰國時秦國公子。秦惠王之弟，名疾，能言善辯，滑稽多智，號為「智囊」。歷仕秦惠王、秦武王、秦昭王，官至右丞相。❺公孫子　《戰國策・秦策二》作「公孫衍」。❻外家　母親的本家。❼宜陽　戰國時韓地。今河南省宜陽縣。❽向壽　人名。❾息壤　地名。其地所在無考。❿倍　通「背」。背靠著；面對著。⓫曾參　春秋時魯人。孔子弟子。⓬鄭　《戰國策・秦策二》作「費」。魯國地名。⓭杼　織布的梭子。⓮非特　不獨；不只。⓯魏文侯　戰國時魏國國君，名斯。⓰樂羊　戰國時魏將。⓱中山　戰國時國名。其地在今河北省定縣、唐縣之間。⑱羈旅　在外作客的人。⑲昭王　秦昭王。戰國時秦國國君，名則，一名稷。

【語　譯】甘茂是楚國下蔡人，向西到了秦國，多次有戰功，到秦武王時，用他做左丞相，樗里子做右丞相。樗里子和公孫子都是秦國的公子，他們的母親是韓國人。秦國多次進攻韓國，秦武王對甘茂說：「我想開闢一條容得車輛的道路通到周王室去，那條道路要通過韓國的宜陽。」秦武王想使甘茂進攻韓國，奪取宜陽，打通通往周王室的道路。甘茂說：「請允許跟魏國訂個盟約，跟它一道進攻韓國。」於是秦武王讓向壽做助手輔助甘茂一道去魏國。甘茂與魏國訂立盟約後，魏國答應甘茂攻韓，回到息壤，甘茂對向壽說：「你回去對武王說，魏國已經答應我了，然而希望大王不要進攻韓國了。」向壽回國把甘茂的話告訴了秦武王，秦武王到息壤迎回甘茂，問他說這話的緣故。甘茂回答說：「宜陽是個大縣，名義叫縣，實際是個郡。現在，大王面對多處險阻，行走千里之遠去進攻它，難以成功。從前，曾參住在費邑，有一個跟曾參同名同姓的人殺了人，有人去告訴他母親說：『曾參殺了人。』曾參的母親還像原來一樣織布不管。一會兒，又一個人來告訴她，曾參母親說：『我兒子不會殺人。』又過了一會兒，又一個人來告訴她，曾參母親丟下梭子，走下織布機，翻過圍牆就逃跑。憑著曾參的賢能與母親對他的信任，然而三個人把似是而非的消息一說，他母親也懷疑起來。現在，我的賢能不如曾參，大王信任我，也不如曾參母親信任曾參。懷疑我的人遠遠不止三個，我恐怕大王也會像曾參母親一樣丟下梭子逃跑。魏文侯命樂羊將兵進攻中山國，三年攻下了它，樂羊回國後誇耀戰功，魏文侯就將一箱子說他壞話的文件給他看。樂羊拜了兩拜，叩頭說：『這不是我的功勞，而是主君的力量。』現在，我是一個羈留國外的人，樗里子、公孫子挾持著對韓國的私心來議論我，大王一定聽信，停止攻韓，這就是大王欺騙了魏國，我也會招致韓國的怨恨。」秦武王說：「我一定不聽信讒言。」就派遣甘茂將兵進攻宜陽，五個月宜陽還未攻下，樗里子、公孫子果然有了意見，秦武王召喚甘茂，想收兵。甘茂說：「息壤還在那裡呢！」秦武王說：「我沒有忘記這件事。」因而全部出動軍隊，使甘茂統帥，進攻宜陽，於是把宜陽攻了下來。等到秦武王一死，秦昭王即位，樗里子、公孫子再進讒言，甘茂得罪，逃跑到齊國。所以，不是特別賢明，誰能不聽信讒言呢！

(四)楚王❶問群臣曰：「吾聞北方各國畏昭奚恤❷，亦誠何如？」江乙❸答曰：「虎求百獸食之，得一狐。狐曰：『子毋敢食我也。天帝令我長百獸❹，今子食我，是逆帝命也。以我為不信，吾為子先行，子隨我後，觀百獸見我無不走。』虎以為然，隨而行，獸見之皆走，虎不知獸畏己而走也，以為畏狐也。今王地方五千里，帶甲❺百萬，而專任之於昭奚恤也，北方非畏昭奚恤也，其實畏王之甲兵也，猶百獸之畏虎也。」故人臣而見畏者，是見君之威也。君不用，則威亡矣。

【章旨】此章說明臣下只有得到君主的任用，才有威望。

【注釋】❶楚王 《戰國策．楚策》作「荊宣王」。即楚宣王。戰國時楚國國君，名良夫。❷昭奚恤 戰國時楚國名將。❸江乙 戰國時魏人。有智謀，仕於楚。❹長百獸 為百獸之長。❺帶甲 披甲。代指軍隊。甲，鎧甲。古代戰士的防護衣。

【語譯】楚王問群臣說：「我聽說北方人害怕昭奚恤，真相到底怎麼樣？」江乙回答說：「老虎尋找各種野獸來當食物，得到一隻狐狸。狐狸說：『你不敢吃我的。天帝命令我做百獸之長，如果你吃掉我，就是違抗天帝的命令。你若認為我說的話不可信，那麼我走在你前面，你跟隨在我後面，看看各種野獸看見我沒有不逃跑的。』虎認為說得對，隨著狐走，野獸看到牠們都逃跑。老虎不知道野獸是害怕自己而逃跑，還認為是害怕狐呢！現在，大王的國土五千里見方，披甲的戰士上百萬，而全都交給昭奚恤掌管指揮。北方各國不是害怕昭奚恤，而是害怕大王的甲兵呢！就如同野獸害怕老虎一樣。」所以，人臣被別人畏懼，這正好顯示了君主的威望。君主如果不任用，臣下的威望也就消失掉了。

(五) 魯君使宓子賤❶為單父❷宰，子賤辭去，因請借善書者二人，使書憲書❸教品❹，魯君予之。至單父，使書，子賤從旁引其肘❺，書醜，則怒之；欲好書，則又引之。書者患之，請辭而去，歸以告魯君。魯君曰：「子賤苦吾擾之，使不得施其善政也。」乃命有司❻，無得擅徵發單父，單父之化大治。故孔子曰：「君子哉子賤！魯無君子者，斯安取斯❼！」美其得也。

【章旨】此章說明要讓臣下發揮作用，君主就不能從旁掣肘。

【注釋】❶宓子賤　春秋時魯人。名不齊，孔子弟子。❷單父　魯邑名。故城在今山東省單縣南。❸憲書　關於法令的文書。❹教品　關於教諭的文字。❺肘　上臂下臂連接的部分。❻有司　官吏。古代設官分職，各有專司，故稱有司。❼君子哉子賤三句　見《論語．公冶長》。原作「君子哉若人！魯無君子者，斯焉取斯！」斯，這。前「斯」字指這個人，後「斯」字指這種品德。

【語譯】魯君使宓子賤做單父的邑宰，宓子賤辭別離去，趁便請求借兩個會寫字的人，使他們書寫法令教諭一類文書，魯君答應了他。到了單父，使他們書寫，宓子賤就從旁拉他們的胳膊肘，寫得不好，就責備他們；他們想要好好寫，宓子賤又去拉他們的臂膀。寫字的人感到很煩惱，請求告辭而去，回去把這件事告知魯君。魯君說：「宓子賤怕我去干擾他，使他不能施行他的善政。」就告知主管官吏，不能擅自徵調單父的人力物力。單父的教化因此非常良好安定。所以孔子說：「宓子賤是個君子啊！如果魯國沒有君子，他從哪裡得到這些美德來效法呢！」這是贊揚宓子賤的品德！

(六)楚人有獻魚楚王者，曰：「今日漁獲，食之不盡，賣之不售，棄之又惜，故來獻也。」左右曰：「鄙哉辭也！」楚王曰：「子不知！漁者仁人也。蓋❶聞囷倉❷粟有餘者，國有餓民；後宮多幽女❸者，下民多曠夫❹；餘衍之蓄聚於府庫者，境內多窮困之民；皆失君人❺之道。故廚庖有肥魚，廄❻有肥馬，民有餓色。是以亡國之君，藏於府庫。寡人聞之久矣，未能行也。漁者知之，其以此諭❼寡人也，且今行之。」於是乃遣使恤❽鰥寡❾而存❿孤獨⓫，出倉粟，發幣帛而振⓬不足，罷去後宮不御者⓭，出而妻⓮鰥夫。楚民欣欣大悅，鄰國歸之。故漁者壹獻餘魚，而楚國賴之，可謂仁智矣。

【章　旨】此章說明君主要善於體察別人說話的用意。

【注　釋】❶蓋　句首語氣詞。無實義。❷囷倉　糧倉。圓曰囷，方曰倉。❸幽女　被幽蔽的宮女。❹曠夫　成年而無妻的男子。❺君人　做人的君主。❻廄　馬圈。❼論　用作使動詞，「使人知曉」的意思。❽恤　撫恤；周濟。❾鰥寡　老而無妻曰鰥，老而無夫曰寡。❿存　省問；慰問。⓫孤獨　幼而無父曰孤，老而無子曰獨。⓬振　同「賑」。救濟。⓭不御者　帝王未親近過的。⓮妻　用作動詞，給人為妻。

【語　譯】楚國有個獻魚給楚王的人說：「今天打魚所得，吃牠吃不完，賣牠賣不掉，丟棄牠又可惜，所以來獻給您。」楚王左右的人說：「這話說得真粗野！」楚王說：「你們不知道！這個打魚的是個仁愛的人。我聽說過，糧倉裡糧食有多餘的，國家就有饑餓的民眾；後宮裡幽居的宮女太多，百姓就有很多人沒有妻子；府庫裡有多餘蓄積的，國境裡就多貧困的百姓；這些都違背做人君主的原則。所以，廚房裡有肥魚，馬圈裡有肥馬，老百姓就會有饑餓之色。因此，亡國的君主定會把財富藏在府庫裡。我聽到這個道理很久了，還沒有能實行。打魚的人懂得這個道理，大概是用這個辦法來使我知曉吧。現在，我將要實行它了。」於是，就派遣使者去撫恤年老無偶的，慰問孤兒和年老無子的，放出糧倉的糧食，散發財物布帛來救濟貧困的人，遣散後宮裡沒有親近過的婦女，放出去嫁給沒有妻子的人。楚國人民都十分高興，鄰國也歸服楚國。所以打魚的人一進獻多餘的魚，整個楚國都仰仗他。這可以說是仁愛而聰明的人了。

(七)昔者鄒忌❶以鼓琴見齊宣王❷，宣王善之。鄒忌曰：「夫琴所以象政❸也。」遂為王言琴之象政狀及霸王之事，宣王大悅，與語三日，遂拜以為相。齊有稷下❹先生，喜議政事。鄒忌既為齊相，稷下先生淳于髡❺之屬七十二人，皆輕忌，以謂設以辭❻，鄒忌不能及。乃相與俱往見鄒忌。淳于髡之徒禮倨❼，鄒忌之禮卑。淳于髡等曰：「狐白之裘，補之以弊羊皮，何如？」鄒忌曰：「敬諾❽，請不敢雜賢以不肖。」淳于髡曰：「方內而員釭❾，如何？」鄒忌曰：「敬諾，請謹門內，不敢留賓客。」淳于髡等曰：「三人共牧一羊，羊不得食，人亦不得息，何如？」鄒忌曰：「敬諾，減吏省員，使無擾民也。」淳于髡等三稱，鄒忌三知之如應響❿。淳于髡等辭屈而去。鄒忌之禮倨，淳于髡等之禮卑。故所以尚干將莫邪⓫者，貴其立斷也；所以貴騏驥⓬者，為其立至也；必且歷日曠久乎，絲氂⓭猶能挈⑭石，駑馬亦能致遠。是以聰明捷敏，人之美材也。子貢⑮曰「回也聞一以知十⑯」，美敏捷也。

【章　旨】此章說明才能敏捷的重要。

【注　釋】❶鄒忌　戰國初齊人。以鼓琴說齊威王，任為國相。❷齊宣王　戰國時齊國國君。名辟彊，齊威王之子。據《史記‧田敬仲完世家》，此為齊威王時事。齊威王，名因齊。❸象政　象徵政治。❹稷下　古地名。在齊國都城臨淄稷門。齊國於此設立學宮，成為戰國時各派學者薈萃的中心。❺淳于髡　戰國時齊人。以博學、滑稽、善辯著稱，遊稷下，任為大夫。❻設以辭　製作一些微妙的隱語。❼倨　傲慢。❽敬諾　好。敬，表敬副詞。說話時用以表示尊敬對方。諾，答應之聲。❾方內而員釭　比喻兩件事不相容。內，應作「枘」。榫頭。員，通「圓」。釭，古代車轂內外口的鐵圈，用以穿軸。這裡泛指接榫的孔。❿應響　應和的回聲。⓫干將莫邪　古劍名。相傳春秋時吳人干將與妻莫邪善鑄劍，鑄有二劍，一名干將，一名莫邪。⓬騏驥　千里馬。⓭氂　氂牛尾毛。⓮挈　通「鍥」。刻。⓯子貢　姓端木，名賜，孔子弟子。⓰回也聞一以知十　見《論語‧公冶長》。回，顏回，字淵，孔子弟子。

【語　譯】從前，鄒忌憑藉彈琴見到齊宣王，齊宣王認為他琴彈得好。鄒忌說：「琴可以用來象徵政治。」於是，他對齊宣王講琴聲能夠象徵政治的道理及關於建立霸業、王業的事情，齊宣王非常高興，跟他談了三天，於是，就封他做了國相。

齊有稷下許多先生，喜歡談論政事。鄒忌已經做了國相，稷下先生淳于髡之徒七十二人都輕視鄒忌，以為設製一些微妙的隱語，鄒忌一定猜不透。大家就一道去見鄒忌，淳于髡等人禮節傲慢，鄒忌禮節卑謙。淳于髡等人說：「白狐毛的皮衣，給它補上一塊爛羊皮，怎麼樣？」鄒忌說：「好，不敢在賢人中混雜不才的人。」淳于髡說：「榫頭是方的，鑿孔是圓的，怎麼樣？」鄒忌說：「好，家門之內一定謹慎，不敢隨便留賓客。」淳于髡等人說：「三個人共同放牧一隻羊，羊得不到吃的，人也不得休息，怎麼樣？」鄒忌說：「好，減少官吏，節省人員，使不去擾害人民。」淳于髡三次用隱語提問，鄒忌三次都猜中，如同回聲應和聲音一樣。淳于髡等人無話可說了，便告辭而去。鄒忌的禮節傲慢，淳于髡等人禮節卑謙。

所以，人們推崇干將莫邪的原因，是看重它能立即割斷東西；看重千里馬的原因，是因為牠們能立刻到達遠處。一定要曠日持久的話，絲蠶氂牛尾毛都能刻劃石塊，劣馬也能抵達遠處。因此，聰明敏捷是人的美好的才質。子貢說：「顏回聽到一點，就能推知十點。」這正是贊美才智敏捷啊！

(八)昔者燕相得罪於君，將出亡，召門下諸大夫曰：「有能從我出者乎？」三問，諸大夫莫對。燕相曰：「嘻！亦有士之不足養也。」大夫有進者曰：「亦有君之不能養士，安有士之不足養者？凶年饑歲，士糟粕不厭❶，而君之犬馬有餘穀粟；隆冬烈寒，士短褐❷不完❸，四體不蔽，而君之臺觀，帷幨❹錦繡，隨風飄飄而弊。財者君之所輕，死者士之所重也。君不能施君之所輕，而求得士之所重，不亦難乎！」燕相遂慚，遁逃不復敢見。

【章旨】此章說明要得到士的幫助，必須平日尊重士，照顧士。

【注釋】❶厭　通「饜」。飽。❷褐　粗毛或粗麻織的短衣。泛指貧苦人的衣服。❸完　完好。❹㡘　帷幔；門簾。通「簾」。

【語譯】從前，燕國的相得罪了君主，將要出國逃亡，召集他門下的那些大夫說：「有人能跟從我逃亡的嗎？」問了三次，那些大夫都沒有回答。燕相說：「唉！原來士人裡面也有不值得奉養的！」大夫中有一位上前說：「也有不能養士的君主，哪裡有不值得奉養的士呢？饑荒年歲，士人糟粕也吃不飽，可是君主的狗馬有餘穀剩粟；嚴寒的冬天，士人粗麻布短衣也不完好，身體也遮蔽不了，可是君主的臺榭宮觀，門簾都是錦繡製成，隨風飄飄而敗壞。財貨是君主所輕視的，死亡是士人所看重的。君主不能施捨您所輕視的財貨，可是要求得到士人所看重的死，這不是太難了嗎？」燕相感到慚愧，就逃跑了，再不敢和大家見面。

(九)晉文公❶出獵，前驅❷曰：「前有大蛇，高如隄，阻道竟❸之。」文公曰：「寡人聞之，諸侯夢惡則修德，大夫夢惡則修官，士夢惡則修身，如是而禍不至矣。今寡人有過，天以戒寡人，還車而反。」前驅曰：「臣聞之，善者無賞，怒者無刑，今禍福已在前矣，不可變，何不遂驅之？」文公曰：「不然。夫神不勝道，而妖亦不勝德。禍福未發，猶可化也。」還車反，宿齋三日，請於廟④曰：「孤⑤少犧⑥不肥，幣不厚，罪一也；孤好弋⑦獵，無度數⑧，罪二也；孤多賦斂，重刑罰，罪三也。請自今以來者，關市⑨無征，澤梁⑩毋賦斂，赦罪人，舊田半稅，新田不稅。」行此令未半旬⑪，守蛇吏夢天帝殺蛇，曰：「何故當聖人之道為？而⑫罪當死。」發夢視蛇，臭腐矣。謁之，文公曰：「然。夫神果不勝道，而妖亦不勝德，奈何其無究理而任天也？應之以德而已。」

【章旨】此說明改過修德就能戰勝妖邪。

【注釋】①晉文公　春秋時晉國國君。名重耳，春秋五霸之一。②前驅　前導。前面開路的人。③竟　盡。④廟　祖廟。祭祀祖先的處所。⑤孤　古代侯王的謙稱。意謂少德之人。⑥少犧　古代祭祀用的純色牲畜。單用羊豬為少牢，純色者為少犧。⑦弋　用帶有絲繩的箭射鳥。⑧度數　法度禮數。⑨關市　關卡市集。⑩澤梁　在沼澤河流中攔水捕魚的設備。⑪旬　十天叫一旬。⑫而　你。代詞。

【語譯】晉文公出外打獵，前面開路的人說：「前面有條大蛇，高如堤岸，把路全都堵死了。」晉文公說：「我聽說：諸侯夢見壞事就修養德行，大夫夢見壞事就盡忠職守，士人夢見壞事就加強自我修養。像這樣做，禍害就不會來了。現在我有過錯，天帝就用這個蛇來告誡我，掉轉車子回去吧。」開路的人說：「我聽說，高興的人不給賞賜，激怒的人不給懲罰。現在禍福已經在面前了，不可改變了，為什麼不驅車闖過它呢？」晉文公說：「不是這樣。神靈勝不過道義，妖邪勝不過德行，禍福還沒有完全顯露，還是可以改變的。」掉轉車頭就返回來了。

晉文公齋戒了三天，到祖廟裡請罪說：「我祭祀的羊豬不肥壯，財幣不豐厚，這是我的第一樁罪過。我喜歡射鳥打獵，沒有節制，這是我的第二樁罪過。我賦稅多，刑罰重，這是第三樁罪過。請從今以後，關卡市集不抽稅，沼澤的魚梁也不收稅，赦免罪犯，舊田收半稅，新田不收稅。」頒行這項命令不到五天，守蛇的官吏夢見天帝殺死了大蛇，還說：「為什麼擋住聖君前進的道路呢？你的罪該當死。」守蛇吏醒來，趕去看蛇，那蛇已經發臭腐爛了。守蛇吏將此事報告晉文公，晉文公說：「是這樣，神靈果然勝不過道義，妖邪也勝不過德行。為什麼不探究事理而去聽憑天意呢？只要用德行去應付就行了。」

(10)梁君❶出獵，見白雁群，梁君下車，彀弓❷欲射之。道有行者，梁君謂行者止，行者不止，白雁群駭，梁君怒，欲射行者。其御❸公孫龔下車撫矢曰：「君止。」梁君忿然作色而怒曰：「龔不與❹其君，而顧與他人，何也？」公孫龔對曰：「昔齊景公❺之時，天大旱三年，卜之曰：『必以人祠，乃雨。』景公下堂頓首曰：『凡吾所以求雨者，為吾民也。今必使吾以人祠，乃且雨，寡人將自當之。』言未卒，而天大雨方千里者，何也？為有德於天而惠於民也。今主君以白雁之故而欲射人，襲謂主君言無異於虎狼。」梁君援其手，與上車歸，入廟❻門，呼萬歲曰：「幸哉今日也！他人獵皆得禽獸，吾獵得善言而歸。」

【章　旨】此章說明君主要樂於聽取臣下勸諫，改過從善。

【注　釋】❶梁君　梁國君主。戰國時魏國遷都大梁後，亦稱梁。❷彀弓　張滿弓。❸御　駕駛車馬。這裡指駕車的人。❹與　幫助。❺齊景公　春秋時齊國國君，名杵臼。❻廟　這裡指王宮的前殿。

【語　譯】梁國國君出外打獵，見到一群白雁。梁君走下車來，拉滿弓，正想射擊，路上有過路的人，梁君叫過路的人停止前進，過路的人不停止，白雁群受驚飛走。梁君很生氣，想要射擊過路的人。他的御者公孫襲忙走下車來，按住箭說：「君主不要射。」梁君憤怒得變了臉色，怒氣沖沖地說：「公孫襲不幫助他的君主，卻反而幫助他人，這是為什麼？」公孫襲回答說：「從前，齊景公的時候，天大旱三年，卜卦的結果說：『一定要用活人祭祀，才下雨。』齊景公走下堂來，叩頭說：『我求雨的原因就是為了我的人民。現在一定要使我用活人祭祀，才會下雨，我就親自來充當祭品吧！』話還沒有說完，天就下起大雨來，千里見方的地方都下了雨，這是為什麼呢？因為他對天有德行，對人民有恩惠。現在您因為白雁的緣故，卻想射死人，我公孫襲認為您的言行跟虎豹豺狼沒有差別。」梁君拉著他的手，跟他一道登上車回來，進入廟門，高呼萬歲，梁君高興地說：「今天真幸運啊！別人打獵，都只得到禽獸，我打獵，卻得到善言回來了。」

(二)武王❶勝殷❷，得二虜❸而問焉，曰：「而❹國有妖乎？」一虜答曰：「吾國有妖，晝見星而雨❺血，此吾國之妖也。」一虜答曰：「此則妖也。雖然，非其大者也。吾國之妖，其大者，子不聽父，弟不聽兄，君令不行，此妖之大者也。」

【章　旨】此章說明君令不行，國家就會危險。

【注　釋】❶武王　周武王，名發。伐紂滅商，建立周朝。❷殷　即商。湯滅夏，建立商朝，傳至盤庚，遷都殷，因此商又稱殷。❸虜　俘虜。❹而　你們。代詞。❺雨　下雨。動詞。

【語　譯】周武王戰勝了殷商，抓了兩個俘虜，周武王問他們說：「你們國家有妖孽嗎？」一個俘虜回答說：「我們國家有妖孽，大白天出現星星，天下血雨，這就是我們國家的妖孽。」一個俘虜回答說：「這是妖孽。雖然如此，卻還不是大妖孽。我們國家的妖孽，那大的是：兒子不聽從父親，弟弟不聽從兄長，君主的命令不能貫徹執行，這才是最大的妖孽啊！」

(三)晉文公❶出田❷，逐獸，碭❸入大澤，迷不知所出。其中有漁者，文公謂曰：

「我，若❹君也，道安從出？我且厚賜若。」漁者曰：「臣願有獻。」公曰：「出澤而受之。」於是遂出澤。公令曰：「子之所以教寡人者何等也？願受之。」漁者曰：「鴻鵠❺保河海之中，厭而欲移徙之小澤，則必有丸❻繒❼之憂；黿❽鼉❾保深淵，厭而出之淺渚，則必有羅網釣射之憂；今君逐獸，碭入至此，何行之太遠也？」文公曰：「善哉！」謂從者記漁者名。漁者曰：「君何以名為？君其尊天事地，敬社稷❿，固四國⓫，慈愛萬民，薄賦斂，輕租稅者，臣亦與⓬焉。君不敬社稷，不固四國，外失禮於諸侯，內逆民心，一國流亡，漁者雖得厚賜，不能保也。」遂辭不受，曰：「君亟⓭歸國，臣亦反吾漁所。」

【章　旨】此章說明國君政治清明，人民得到的好處比賞賜更多。

【注　釋】❶晉文公　春秋時晉國國君。名重耳，春秋五霸之一。❷田　通「畋」。打獵。❸碭　溢出。❹若　你。代詞。❺鴻鵠　即天鵝。❻丸　彈丸。❼繒　同「矰」。繫有絲繩的箭。❽黿　大鼈。頭有疙瘩，俗稱癩頭黿。❾鼉　鼉龍。又名豬婆龍、揚子鱷。❿社稷　土神和穀神。⓫四國　四方。⓬與　參與。⓭亟　趕快。

【語　譯】晉文公出外打獵，追趕野獸，深入一個大沼澤，迷了路，不知出來的道路。沼澤中有個漁夫，晉文公告訴他說：「我是你的君主，告訴我哪裡是出澤的道路？我將重重地賞賜你。」漁夫說：

「我希望進言。」晉文公說：「出了大澤就接受你的意見。」於是就出了大澤。晉文公下令說：「你有什麼指教呢？我願意接受。」漁夫說：「天鵝安全地住在江河湖海之中，感到厭倦，想要移居遷徙到小沼澤，那一定有彈丸和矰繳的憂患；癩頭黿和豬婆龍安全地住在深潭裡，感到厭倦，出來游到淺水的小洲上，那一定有羅網釣射的憂患。現在君主追逐野獸，深入大澤，來到此地，為什麼走得這麼遠呢？」晉文公說：「說得好啊！」他吩咐跟從的人記下漁夫的名字。漁夫說：「您為什麼要記下我的名字呢？您如果尊敬天，事奉地，重視國家，鞏固邊境，慈愛萬民，減輕賦斂，減輕租稅，我也就能一起得到好處；您不敬奉土神穀神，不鞏固國家四境，外對各國諸侯無禮貌，內不順從老百姓的心願，全國人民四出流亡，我漁夫即使得到厚賞，也是不能保住的。」就推辭不肯受賞，說：「您趕快回國都去，我也返回到我捕魚的地方去。」

(三)晉文公逐麋而失之，問農夫老古❶曰：「吾麋何在？」老古以足指曰：「如是往。」公曰：「寡人問子，以足指何也？」老古振衣❷而起曰：「一❸不意❹人君如此也！虎豹之居也，厭閑❺而近人，故得；魚鼈之居也，厭深而之❻淺，故得；諸侯厭眾而亡其國。《詩》云：『維鵲有巢，維鳩居之❼。』君放❽不歸，人將君❾之。」於是文公恐，歸，遇欒武子❿。欒武子曰：「獵得獸乎？而有悅色。」文公曰：「寡人逐麋而失之，得善言，故有悅色。」欒武子曰：「其人安在乎？」曰：「吾未與來也。」欒武子曰：「居上位而不恤⓫其下，驕也；緩令急誅⓬，暴也；取人之言而棄其身，盜也。」文公曰：「善！」還載老古與俱歸。

【章　旨】此章說明君主聽其言，必用其人。

【注　釋】❶老古　人名。❷振衣　抖動衣。❸一　副詞。表示強調。相當於「實在」、「竟然」之意。❹不意　料想不到。❺閑　通「閒」。安閒；寂靜。❻之　往。動詞。❼維鵲有巢二句　見《詩・召南・鵲巢》。❽放　放縱。❾君　一作「居」。❿欒武子　即欒書。諡武子，春秋時晉國大夫。其活動時間晚於晉文公四十餘年，可見本篇實為寓言。⓫恤　體恤。⓬誅　誅殺；懲罰。

【語　譯】晉文公追逐麋鹿，卻讓牠跑掉了，就問農夫老古說：「我的麋鹿哪裡去了？」老古用腳指了指說：「從這裡往前。」晉文公說：「我問你事情，你用腳指，這是為什麼？」老古抖抖衣服，站起來說：「實在沒有料想到做人君的會像這樣呢！虎豹居住深山，卻討厭安靜，跟人接近，故被人捕獵；魚鼈居住深淵，卻討厭水深，要游到淺水裡去，所以被人捕捉。諸侯討厭民眾，卻亡失了國家。《詩經》上說：『鵲兒做了巢，斑鳩占據它。』您放逸在外，不回去，恐怕別人會占據您的君位呢。」於是，晉文公感到恐懼，立即回國都，路上遇到欒武子。欒武子說：「您打獵得到了野獸嗎？臉色喜孜孜的。」晉文公說：「我追趕麋鹿，讓牠跑掉了，卻聽到了有益之言，所以喜孜孜的。」欒武子說：「那個人在哪裡？」晉文公說：「我沒有讓他一塊兒來。」欒武子說：「居在上位而不體恤他的下屬，就是驕縱；法令遲緩，誅殺卻很急迫，就是暴虐；聽取了別人的話，卻不用他，就是盜竊。」晉文公說：「說得好。」返回去請老古上車，和他一道回來了。

(四)扁鵲❶見齊桓侯❷，立有間❸，扁鵲曰：「君有疾，在腠理❹，不治將恐深。」桓侯曰：「寡人無疾。」扁鵲出，桓侯曰：「醫之好利也，欲治不疾以為功。」居❺十日，扁鵲復見，曰：「君之疾在肌膚，不治將深。」桓侯不應。扁鵲出，桓侯不悅。居十日，扁鵲復見，曰：「君之疾在腸胃，不治將深。」桓侯不應。扁鵲出，桓侯又不悅。居十日，扁鵲復見，望桓侯而還走❻。桓侯使人問之，扁鵲曰：「疾在腠理，湯熨❼之所及也；在肌膚，鍼石❽之所及也；在腸胃，大劑❾之所及也；在骨髓，司命之所無奈何也❿。今在骨髓，臣是以無請也。」居五日，桓侯體痛，使人索扁鵲，扁鵲已逃之秦矣，桓侯遂死。故良醫之治疾也，攻之於腠理，此事皆治之於小者也。夫事之禍福，亦有腠理之地，故聖人蚤⓫從事矣。

【章旨】此章說明防微杜漸的重要。

【注　釋】❶扁鵲　戰國時名醫。原名秦越人，家於盧國，又名盧醫。❷齊桓侯　指齊太公田和之子齊桓公田午。《韓非子・喻老》作「蔡桓侯」。❸間　空隙。形容時間過了一會。❹腠理　皮下肌肉之間的空隙和皮膚的紋理。❺居　過了；停留了。❻還走　掉轉身就跑。❼湯熨　做熱敷。湯，通「燙」。❽鍼石　用以治病的石針。以石為針，刺患處。鍼，「針」的本字。❾大劑　水藥。《韓非子・喻老》作「火齊」。齊，通「劑」。火劑，即湯藥。❿司命之所無奈何也　《韓非子・喻老》作「司命之所屬，無奈何也」。司命，掌管生死命運的神。

⓫蚤　通「早」。

【語　譯】扁鵲會見齊桓侯，站了一會兒，扁鵲說：「您有疾病，還在表皮之下，不治療，恐怕會加深。」齊桓侯說：「我沒有病。」扁鵲告辭出去，齊桓侯說：「這個醫師真好利，想治療我這沒病的人來邀功請賞。」過了十天，扁鵲又會見齊桓侯，說：「您的病還在肌膚之間，不治療，將會加深。」齊桓侯不吭聲，扁鵲告辭出去，齊桓侯不高興。過了十天，扁鵲又會見齊桓侯，說：「您的病到了腸胃，不治療，將會更加深。」齊桓侯不吭聲，扁鵲告辭出來，齊桓侯又不高興。又過了十天，扁鵲又去見齊桓侯，遠遠望了齊桓侯一眼，掉轉身就跑。齊桓侯使人問他原因，扁鵲說：「疾病在表皮，做做熱敷就可治好；在肌膚之間，用石針刺還可以達到；在腸胃裡，湯藥還可以治療；到了骨髓裡面，就連掌管生死命運的神都無可奈何的了。現在病到了骨髓，我因此就不再請求治療了。」過了五天，

齊桓侯一身疼痛，使人尋找扁鵲，扁鵲已經逃到秦國去了。齊桓侯就病死了。

所以，良醫治病，疾病還在表皮就要趕快治療。這是事故在細微的時候就要注意治理的例子。事情的禍福，也像疾病有在表皮之處的時候，所以聖人要趁早從事治理。

(五)莊辛❶諫楚襄王❷曰：「君王左州侯❸，右夏侯，從新安君，與壽陵君同軒❹，淫衍侈靡，而忘國政，郢❺其危矣。」王曰：「先生老惛❻歟？妄為楚國妖歟？」莊辛對曰：「臣非敢為楚妖，誠見之也，君王卒近此四子者，則楚必亡矣。辛請留於趙以觀之。」於是不出十月，王果亡巫山❼江漢❽鄢❾郢之地。於是王乃使召莊辛，至於趙。辛至，王曰：「嘻！先生來邪！寡人以不用先生言，至於此，為之奈何？」莊辛曰：「君王用辛言則可；不用辛言，又將甚乎此。庶人❿有稱曰：『亡羊而固牢⓫，未為遲；見兔而呼狗，未為晚。』湯武⓬以百里王，桀紂⓭以天下亡，今楚雖小，絕長繼短⓮，以千里數，豈特⓯百里哉！且君主獨不見夫青蛉⓰乎？六足四翼，蜚⓱翔乎天地之間，求蚊虻而食之，時⓲甘露而飲之，自以為無患，與民無爭也。不知五尺之童子，膠絲竿，加之乎四仞⓳之上，而下為蟲蛾⓴食已。青蛉，猶其小者也，夫爵㉑俛㉒啄白粒，仰棲茂樹，鼓其翼，奮其身，自以為無患，與民無爭也。不知公子王孫，左把彈，右攝丸，定操持，審參連㉓，故晝遊乎茂樹，夕和乎酸鹹。爵，猶其小者也，鴻鵠嬉遊乎江漢，息留乎大沼，俛啄鰋㉔鯉，仰奮陵衡㉕，脩㉖其六翮而陵清風，飄搖㉗高翔，一舉千里，自以為無患，與民無爭也。不知弋者選其弓弩，脩其防翳，加繒繳㉘其頸，投乎百仞之上，引纖繳，揚微波㉙，折清風而殞㉚。故朝遊乎江河，而暮調乎鼎俎。鴻鵠，猶其小者也，蔡侯㉛之事故是也。蔡侯南遊乎高陵㉜，北徑㉝乎巫山，逐麋麕麞鹿，彍㉞谿子㉟，隨時鳥，嬉遊乎高蔡㊱之囿，溢滿無涯，不以國家為事。不知子發㊲受令宣王㊳，厄以淮水，填以巫山，庚子之朝，纓㊴以朱絲㊵，臣㊶而奏之乎宣王也。蔡侯之事，猶其小者也，今君主之事，遂以左州侯，右夏侯，從新安君與壽陵君，淫衍侈靡，康樂遊娛，馳騁乎雲夢㊷之中，不以天下與國家為事。不知穰侯㊸方與秦王㊹謀，寘之以黽厄㊺，而投之乎黽塞之外。」而襄王大懼，形體掉栗㊻，曰：「謹受令。」乃封莊辛為成陵君，而用計焉，與舉淮北之地十二諸侯㊼。

【章旨】此章說明國君接近嬖佞，嬉遊無度，不關心國事，國家就有滅亡的危險。

【注釋】❶莊辛　楚人。楚莊王之後，故以莊為氏。❷楚襄王　即楚頃襄王。楚懷王之子，名橫。❸州侯與「夏侯」、「新安君」、「壽陵君」，皆楚頃襄王寵臣。❹軒　古代一種有圍棚的車，為卿大夫及諸侯夫人所乘。

❺郢　楚國國都，在今湖北省江陵縣。❻惛　昏暗；糊塗。❼巫山　今四川省巫山縣。❽江漢　長江漢水。❾鄢　鄢水。在今湖北省宜城縣。❿庶人　無官爵的平民百姓。⓫牢　關養牲畜的圈。⓬湯武　商成湯、周武王。⓭桀紂　夏桀王、商紂王。⓮絕長繼短　猶言「截長補短」。⓯特　只。副詞。⓰青蛉　即蜻蜓。⓱蜚　通「飛」。⓲時　窺伺；伺候。⓳仞　八尺為仞。⓴蛾　同「蟻」。㉑爵　通「雀」。㉒俛　同「俯」。㉓參連　古代五種射法之一。《周禮・地官・保氏》「三日五射」疏：「參連者，前放一矢，後三矢連續而去也。」㉔鰋　即鮎魚。㉕仰奮陵衡　《戰國策・楚策》作「仰嚙蔆衡」。奮，奮飛。陵衡，山陵衡嶽。泛指大山。㉖脩　同「修」。㉗麃搖　同「飄搖」。㉘繒繳　繫有絲繩，用以射鳥的短箭。繒，同「矰」。古代一種射鳥用的繫著絲繩的短箭。繳，古代射鳥時繫在箭上的絲繩。㉙波　借作「磻」。銳利的石鏃。㉚殞　死亡。㉛蔡侯　《戰國策・楚策》作「蔡靈侯」。春秋時蔡國國君，名般。㉜高陵　高丘。《戰國策・楚策》作「高陂」。㉝徑　經過。㉞彍　拉滿弓。㉟谿子　弓弩名。㊱高蔡　地名。在今河南省上蔡縣。㊲子發　楚大夫。㊳宣王　楚宣王。戰國時楚國國君，名良夫。據《史記・楚世家》：子發當為公子棄疾，宣王當為靈王。㊴纓　繫縛。動詞。㊵朱絲　紅繩。㊶臣　用作動詞。作為俘虜。㊷雲夢　大澤名。㊸穰侯　戰國時秦昭王之母宣太后之弟。姓魏名冉，封於穰，故稱穰侯。㊹秦王　秦昭王。名則，一名稷。㊺寘之以黽厄　《戰國策・楚策》作「填黽塞之內」。白起破楚，兵入黽塞，南拔郢都，故言內。楚王奔至成陽，在黽塞之北，故下句言外。寘，同「置」。黽厄，厄塞；黽塞。即河南平靖關。㊻掉栗　因恐懼而顫抖。㊼與舉淮北之地句　《戰國策・楚策》作「與淮北之地也」，無「十二諸侯」四字。

【語　譯】莊辛勸諫楚襄王說：「大王左邊是州侯，右邊是夏侯，後面跟隨著新安君，與壽陵君同乘一輛軒車，過分地荒淫奢侈，忘記了國家的政事，郢都是很危險的了。」楚襄王說：「先生是老糊塗了呢？還是要無根據地製造楚國的妖孽呢？」莊辛回答說：「我不敢製造楚國的妖孽，我的確看到了它的危險結局。大王終究要親近這四個人，那麼楚國必定會滅亡，我莊辛請求留在趙國來觀察它。」於是莊辛閉門不出。十個月後，楚襄王果然失掉了巫山、長江漢水一帶、鄢水、郢都的土地。於是，楚襄王派人到趙國去召喚莊辛回來。

莊辛回到楚國，楚襄王說：「唉！先生回來了嗎？我不聽用先生的話，以致到了這步田地。我將怎麼辦才好呢？」莊辛說：「大王聽我的話，還可以挽救；不聽我的話，還將有比這個更厲害的呢。商老百姓有句俗話說：『丟失了羊，就加固羊圈，不算為遲；看見兔子，再呼喚獵犬，還不算晚。』商湯王、周武王憑藉百里之地，王了天下，夏桀、商紂據有天下，卻亡了國。現在楚國雖然狹小，截長補短，難道只是百里嗎？況且，大王難道沒有看到那蜻蜓嗎？牠六隻腳，四隻翅膀，在天地之間飛翔，尋找蚊虻來吃，等候甘露才喝。自己認為應該沒有禍患，跟別人也沒有爭執。卻不知道身高五尺的兒童，給裝有絲網的竹竿粘上膠，從幾丈高的上空捕住牠，丟在地上給蟲蟻吃掉。蜻蜓還算是小的。那雀兒低頭啄食白色米粒，仰身棲息在密茂的樹林，鼓動牠的翅膀，抖動牠的身體，自己以為應該沒有災禍，跟別人也沒有爭執。卻不知道王孫公子們，左手拿著彈弓，右手拿著彈丸，穩定活動，選好射法。所以白天在密茂的樹林裡遊息，晚上就跟酸醎調和，成了美味佳肴。雀兒還算是小的。天鵝在長江漢水嬉遊，在大沼澤裡歇息停留，低頭啄食鮎魚鯉魚，仰首奮飛在高丘峻嶺，修整牠的翅膀而駕馭著清風，自由自在，高高飛翔，一飛即可千里，自己認為應該沒有禍患，跟別人也沒有爭執。卻不知道打鳥的射手選好了他的弓弩，修好了他的隱蔽物，把繫有絲繩的箭射中牠的脖頸，在幾十丈高的高空射中牠，讓牠牽引著細細的絲繩，抖動著微小的箭頭，從清風裡折跌下來，死在地上。所以牠早晨在江河裡嬉遊，晚上就到了鼎俎裡烹調了。天鵝還算是小的，蔡侯的事件也是這樣。蔡侯南面遊到高丘，北面經過巫山，追趕著麋麢麞鹿等野獸，拉滿谿子弓，追趕著依時令活動的鳥，在高蔡的園囿裡嬉戲遊耍，志得意滿，其樂無邊，不把國家當作一回事。卻不知道將軍子發正在接受楚宣王的命令，用淮水困厄，用巫山堵塞，庚子日的早晨，用紅繩子綑縛著，作為俘虜獻給了楚宣王。蔡侯的事情還算是小的，現在大王的事情，就因為左邊是州侯，右邊是夏侯，後面跟隨著新安君與壽陵君，過分地荒淫奢侈，歡樂遊玩，在雲夢澤中放馬馳騁，不把天下國家當作一回事。卻不知道穰侯魏冉正在跟秦王謀劃，用黽厄塞來堵塞，把您驅趕到黽厄塞之外。」

楚襄王聽了，非常恐懼，全身顫抖，說：「我恭敬地接受你的教誨。」就封莊辛做成陵君，而聽用他的計謀，和他一起攻下了淮北的土地和十二個諸侯國。

(一六)魏文侯❶出遊，見路人反裘❷而負芻❸。文侯曰：「胡為反裘而負芻？」對曰：「臣愛其毛。」文侯曰：「若❹不知其裡盡而毛無所恃❺邪？」明年，東陽❻上計❼，錢布十倍，大夫畢❽賀。文侯曰：「此非所賀我也。譬無異於路人反裘而負芻也。將愛其毛，不知其裡盡，毛無所恃也。今吾田地不加廣，民士不加眾，而錢十倍，必取之士大夫也。吾聞之，下不安者，上不可居也，此非所以賀我也。」

【章旨】此章說明剝削太過，必動搖國家根本，而影響安定。

【注　釋】❶魏文侯　戰國初魏國國君，名斯。❷裘　皮衣。❸芻　餵牲口的草。❹若　你。❺恃　依靠；附著。❻東陽　魏邑。其地相當於今河北太行山以東地區。❼上計　年終時，地方官本人或遣吏至京上計簿，將全年人口、錢糧、盜賊、訟獄等事報告朝廷。❽畢　全；都。

【語　譯】魏文侯出外遊玩，看見路上有人反披著皮衣，背著牧草。魏文侯說：「為什麼反披著皮衣來背牧草？」那人回答說：「我愛惜那毛。」魏文侯說：「你不知道衣裡子完了，毛也沒了依託了嗎？」第二年，東陽縣送來年終計簿，錢幣收入是往年的十倍，大夫全都來祝賀。魏文侯說：「這不是應該祝賀我的事，譬如跟那個過路人反披著皮衣來背牧草沒有差別，他愛惜那皮衣的毛，卻不知道皮衣裡完了，毛也就無所依託了。現在，我的田地沒有擴大，士民也沒有加多，可是錢幣的收入增加十倍，一定是從士大夫那裡奪取來的。我聽說，下面不安定，在上位的也不能安居，這不是應該祝賀的事呢。」

（一七）楚莊王❶問於孫叔敖❷曰：「寡人未得所以為國是❸也。」孫叔敖曰：「國之有是，眾非之所惡❹也，臣恐王之不能定也。」王曰：「不定，獨在君乎？亦在臣乎？」孫叔敖曰：「國君驕士，曰『士非我，無逌❺貴富』，士驕君，曰『國非士，無逌安強』。人君或至失國而不悟，士或至饑寒而不進，君臣不合，國是無逌定矣。夏桀、殷紂不定國是，而以合其取捨者為是，以為不合其取捨者為非，故至亡而不知。」莊王曰：「善哉！願相國與諸侯士大夫共定國是，寡人豈敢以褊❻國驕士民哉！」

【章　旨】此章說明只有君臣合作，才能定國是，治好國家。

【注　釋】❶楚莊王　春秋時楚國國君。名旅，春秋五霸之一。❷孫叔敖　春秋時楚國人。莊王時，任令尹。❸國是　國家大計；國家的是非準則。❹惡　厭惡；憎恨。❺逌　通「由」。❻褊　狹小。

【語　譯】楚莊王向孫叔敖問道：「我還沒有找到用來確定國家大計的辦法。」孫叔敖說：「國家有了正確的是非準則，是所有堅持錯誤觀點的人所憎惡的，我恐怕大王不能確立。」楚莊王說：「國家大計不能確立，責任只在於君主呢？還是也在臣下呢？」孫叔敖說：「國君對士傲慢，說『士人沒有我，就無由得到富貴』，士人對國君傲慢，說『國家沒有士人，就無由安定強大』。人君有的到國家滅亡了，還不覺悟，士人有的到了挨餓受凍，卻不被進用，君主臣下不合作，國家大計就無由確立了。夏桀、商紂不確立國家大計，卻把合於他們個人取捨標準的定為正確準則，認為不合乎他們個人取捨標準的就是錯誤，所以招致亡國還不知道呢！」楚莊王說：「說得好啊！希望相國跟諸侯士大夫一起確立國家大計，我哪裡敢憑著這狹小的國家而對士民傲慢呢？」

(八)楚莊王蒞政❶，三年不治，而好隱戲❷，社稷危，國將亡。士慶❸問左右群臣曰：「王涖政，三年不治，而好隱戲，社稷危，國將亡，胡❹不入諫？」左右曰：「子其入矣。」士慶入，再拜而進曰：「隱有大鳥，來止南山之陽，三年不蜚❺不鳴，不審其故何也？」王曰：「子其去矣，寡人知之矣。」士慶曰：「臣言亦死，不言亦死，願聞其說。」王曰：「此鳥不蜚，以長羽翼，不鳴，以觀群臣之慝❻。是鳥雖不蜚，蜚必沖天，雖不鳴，鳴必驚人。」士慶稽首❼曰：「所願聞已。」王大悅士慶之問，而拜之以為令尹❽，授之相印。士慶喜，出門，顧左右笑曰：「吾王，成王也。」中庶子❾聞之，跪而泣曰：「臣尚❿衣冠御郎⓫十三年矣，前為豪矢⓬，而後為藩蔽⓭，王賜士慶相印而不賜臣，臣死將有日矣。」王曰：「寡人居泥塗中，子所與寡人言者，內不及國家，外不及諸侯，如子者可富而不可貴也。」於是乃出其國寶璧玉以賜之。曰：「忠信者，士之行也，言語者，士之道路也。道路不修治，士無所行矣。」

【章旨】此章說明士只有對君主提出治國大政，才能身居高位。

【注釋】❶蒞政　親臨執政。蒞，臨。❷隱戲　隱語遊戲。❸士慶　人名。❹胡　何。❺蜚　通「飛」。❻慝　邪惡。❼稽首　叩頭。即跪拜禮。❽令尹　楚國官名。為最高軍政長官，相當於國相。❾中庶子　官名。掌管諸侯卿大夫的庶子的教育管理。❿尚　主管。特指掌管帝王私人事務。⓫御郎　官名。負責更值宿衛。⓬豪矢　嚆矢。即響箭。豪，借為「嚆」。⓭藩蔽　屏障。

【語譯】楚莊王親臨執政，三年不處理政務，而愛好隱語的遊戲。土神穀神面臨無人祭祀的危險，國家將要覆亡。士慶問左右那些臣子說：「大王親臨執政，三年不處理政事，而愛好隱語的遊戲，土神穀神面臨無人祭祀的危險，國家將要覆亡，為什麼不進宮勸諫？」左右那些人說：「你進宮去吧！」士慶進入王宮，拜了兩拜，上前說：「有個隱語說，有一隻大鳥，飛來落在南山的南面，三年不飛也不鳴，不詳知是什麼緣故。」楚莊王說：「你走吧，你要說的，我都知道了。」士慶說：「我說也是死，不說也是死。願意聽聽大王對這個隱語的解說。」楚莊王說：「這隻鳥三年不飛，為的是讓羽毛長豐滿，三年不鳴，為的是觀察群臣的邪惡。這隻鳥雖然不飛，一飛必定衝入雲天；雖然不鳴，一鳴必定驚人。」士慶叩頭說：「這是我所希望聽到的。」楚莊王聽了士慶的問話，非常高興，就封了他做令尹，授予他宰相的印章。士慶高興起來，走出宮門，看著左右的人笑著說：「我們的大王已經是一個成熟的君王了。」

中庶子聽到這件事，跪在楚莊王跟前，哭著說：「我給您掌管衣帽車駕擔任更值宿衛十三年了，走在您的前面，做您開路的響箭；走在您的後面，就做您的屏障。大王賜給士慶相印，卻不賜我，我的死期就不遠了。」楚莊王說：「我好比龍還在泥塗中沒有飛天的時候，你跟我說的，對內沒有談到國家，對外沒有談到諸侯。像你這種人，只可以富有，不可以居高位。」於是就拿出國寶璧玉賞賜給他，說：「忠信，是士人的品行，語言，就好比是士人的道路。道路不修理，士人就沒路可走了。」

(一九)靖郭君❶欲城薛❷，而客多以諫，君告謁者❸無為客通事。於是有一齊人曰：「臣願一言，過一言，臣請烹。」謁者贊❹客，客曰：「海大魚。」因反走。靖郭君曰：「請少進。」客曰：「否，臣不敢以死戲。」靖郭君曰：「嘻，寡人毋得已，試復道之。」客曰：「君獨不聞海大魚乎？網弗能止，繳❺不能牽，碭❻而失水陸居，則螻蟻得意焉。且夫齊，亦君之水也，君已有齊，奚以薛為？君若無齊，城薛，猶且無益也。」靖郭君大悅，罷民，弗城薛也。

【章旨】此章說明臣子的利益與國家的利益是一致的。

【注釋】❶靖郭君　戰國時齊國相田嬰的封號。❷薛　靖郭君封地。故城在今山東省滕縣南。❸謁者　通接賓客的近侍。❹贊　引見；引導。❺繳　古代射鳥時繫在箭上的絲繩。這裡指釣竿上的絲繩。❻碭　通「蕩」。沖蕩。

【語譯】靖郭君想要給薛邑築城，賓客多數都來勸阻。靖郭君告訴負責傳達的謁者說：「不要給賓客通報。」於是，有一個齊國人說：「我希望說一句話，超過一句話，我願意接受烹的處罰。」謁者引見了他，他見到靖郭君後說：「海大魚。」說完，轉身就走。靖郭君說：「請你稍加說明。」賓客說：「不，我不敢拿死來開玩笑。」靖郭君說：「唉，我沒聽明白，不能休止，請再作說明。」客人說：「你難道沒有聽說過海裡的大魚嗎？魚網不能制服牠，釣竿的絲繩也拉牠不動，一沖蕩到陸地，失去了水，那麼螻蟻就能痛快地吃牠。現在，齊國就是您的水，您已經有了齊國，憑什麼還要給薛築城呢？您假如沒有齊國，即使給薛築城，還是沒有好處的。」靖郭君聽了，非常高興，停止了百姓的勞役，不給薛築城了。

(三)齊有婦人，極醜無雙，號曰無鹽女❶。其為人也，臼頭❷深目，長壯大節，昂鼻結喉，肥項少髮，折腰出胸，皮膚若漆，行年三十，無所容入，衒嫁不售❸，流棄莫執。於是乃拂拭短褐❹自詣❺宣王❻，願一見，謂謁者❼曰：「妾，齊之不售女也。聞君王之聖德，願備後宮之埽除❽，頓首司馬門❾外，唯王幸許之。」謁者以聞，宣王方置酒於漸臺❿，左右聞之，莫不掩口而大笑曰：「此天下強顏⓫女子也。」於是宣王乃召而見之，謂曰：「昔先王為寡人取妃匹⓬，皆已備有列位矣。寡人今日聽鄭衛之聲⓭嘔吟感傷，揚激楚⓮之遺風。今夫人不容鄉里，布衣而欲干⓯萬乘之主⓰，亦有奇能乎？」無鹽女對曰：「無有，直竊慕大王之美義耳。」

王曰：「雖然，何喜？」良久，曰：「竊嘗喜隱⑰。」王曰：「隱，固寡人之所願也。試一行之。」言未卒，忽然不見矣，宣王大驚，立發隱書⑱而讀之，退而惟之，又不能得。明日，復更召而問之，又不以隱對，但揚目銜齒，舉手拊⑲肘曰：「殆哉！殆哉！」如此者四。宣王曰：「願遂聞命。」無鹽女對曰：「今大王之君國也，西有衡⑳秦之患，南有強楚之讎，外有三國之難，內聚姦臣，眾人不附，春秋㉑四十，壯男不立，不務眾子而務眾婦，尊所好而忽所恃，一旦山陵崩弛㉒，社稷不定，此一殆也。漸臺五重，黃金白玉，琅玕龍疏㉓，翡翠珠璣，莫落㉔連飾，萬民罷㉕極，此二殆也。賢者伏匿於山林，諂諛強於左右，邪偽立于本朝，諫者不得通入，此三殆也。酒漿流湎㉖，以夜續朝，女樂俳優㉗，從橫大笑，外不脩諸侯之禮，內不秉國家之治，此四殆也。故曰：『殆哉！殆哉！』於是宣王掩然㉘無聲，意入黃泉㉙，忽然而昂，喟然㉚而嘆，曰：「痛乎無鹽君之言，吾乃今一聞寡人之殆！寡人之殆幾㉛不全。」於是立停漸臺，罷女樂，退諂諛，去彫琢，選兵馬，實府庫，四闢㉜公門㉝，招進直言，延及側陋㉞，擇吉日，立太子，進慈母，顯隱女，拜無鹽君為王后，而國大安者，醜女之力也。

【章旨】此章說明無論何人，只要對君主提供中肯的意見，君主就應該聽從，並且尊重他。

【注釋】❶無鹽女　戰國時齊國無鹽邑人。名鍾離春，貌極醜，三十未嫁，自謁齊宣王，宣王納為后。❷臼頭　形容頭頂低陷似臼。臼，春米器。❸衒嫁不售　四處宣揚要出嫁也嫁不出去。衒，炫耀；張揚。❹褐　粗毛或粗麻織的短衣。泛指貧苦人的衣服。❺詣　往。❻宣王　齊宣王。戰國時齊國國君，姓田，名辟疆。❼謁者　通接賓客的近侍。❽備後宮之掃除　願意充當妃嬪的委婉說法。❾司馬門　帝王宮殿的外門。❿漸臺　臺名。⓫強顏　厚顏；不知羞恥。⓬妃匹　配偶。⓭鄭衛之聲　春秋戰國時期在鄭國和衛國流行的民間新音樂。⓮激楚　戰國時楚國樂曲名。⓯干　求。⓰萬乘之主　指擁有萬輛兵車的大國君主。⓱隱　隱語；謎語。⓲隱書　專講謎語的書。⓳拊　拍；擊。⓴衡　通「橫」。強橫。㉑春秋　年齡。㉒山陵崩弛　死的委婉說法。㉓琅玕籠疏　琅玕製作的窗櫺。琅玕，美石。籠，《列女傳》作「櫳」。窗上櫺木。疏，窗。㉔莫落　連綿不絕。㉕罷　同「疲」。㉖流湎　沈溺於酒。㉗俳優　古代以樂舞作諧戲的藝人。㉘掩然　寂靜的樣子。㉙黃泉　地下深處。也指葬身之地。㉚喟然　嘆氣的樣子。㉛幾　近。㉜闢　開。㉝公門　君主之門。㉞側陋　有才德而居於卑賤地位的人。

【語譯】齊國有個婦女，極其醜陋，醜得世界上沒有第二個，大家稱她為「無鹽女」。她的長相是：頭頂下陷像春臼，雙目深陷，個子高大，肢節粗壯，鼻子上挺，喉嚨長結，脖頸肥大，頭髮稀疏，腰部曲折，胸部突出，皮膚漆黑，年紀三十歲，還沒有地方容許她進去，張揚著要出嫁，卻無人迎娶。於是，無鹽女就拍了拍粗布短衣的灰塵，親自來到齊宣王那裡，希望見他一見。無鹽女告訴負責傳達的謁者說：「我，是一個嫁不出去的姑娘，聽說了大王的聖德，願意充當後宮裡的負責掃除的宮女。現在在宮門外叩頭，希望大王答應我的請求。」負責傳達的謁者把她的話稟告了齊宣王，齊宣王正在漸臺擺設酒宴，左右的人聽了，沒有誰不掩著口哈哈大笑說：「這是天下最不要臉的姑娘了。」

於是，齊宣王就召見了她，告訴她說：「從前，我死去的父王給我娶下了妃嬪，各個職位的人都具備了。今天，我正在聽鄭國、衛國民間流行的新音樂，低聲吟唱，倍感傷懷，正想張揚一下「激楚」樂曲的那種高亢激昂的遺風。現在，你不能被鄉里的平民百姓所容納，卻想要干謁能出萬乘兵車的大國君主，請問你也有什麼奇特的才能嗎？」無鹽女回答說：「沒有，只是私心仰慕大王的美好的德義而已。」齊宣王說：「即使如此，你喜愛什麼？」無鹽女沈默了很久，說：「曾經喜愛隱語。」齊宣王說：「隱語，本來也是我所希望的，你試一試給我看。」話還沒有說完，無鹽女忽然不見了。齊宣王大吃一驚，立即打開隱書來讀，退朝之後也想著它，還是找不出答案。第二天，再一次召見她，問她，她又不把昨天的隱語回答齊宣王，只是揚起眼睛，咬著牙齒，舉起手，拍著臂肘說：「危險啊！危險啊！」這樣反覆做了四次。齊宣王說：「我願意聽完你的意見。」

無鹽女回答說：「現在大王做國君，西面有橫行無忌的秦國的災禍，南面有強大的楚國這個讎敵，境外有燕趙韓三國的患難，國內聚集著姦臣，百姓大眾不親附大王。年紀四十歲了，已成年的太子沒有冊立，不專心教育那些兒子，只專心和婦女們在一起，尊貴您所喜好的，而忽視您所依靠的，一天您不幸去世，國家就會不安定，這是第一個危險。您修的漸臺有五層高，裝飾著黃金白玉，琅玕製作的窗檽，翡翠珠璣，接連不斷地裝飾著，而萬民百姓疲憊不堪，這是第二個危險。賢能的人隱伏躲藏在深林巖穴之中，諂媚逢迎的人在您左右氣焰囂張，奸邪虛偽的立在朝廷之上，想要進諫的人不得通報進入，這是第三個危險。沈湎在飲酒作樂之中，夜以繼日，婦女倡樂，雜耍藝人放肆地在您左右大聲歡笑，對外不講求跟諸侯交往的禮節，對內不掌管國家的政務，這是第四個危險。所以我說『危險啊！危險啊！』」

於是，齊宣王默默地不吱聲，從目前想到了身後，忽然昂起頭，深深地嘆了口氣，說：「無鹽女的話說得多麼疼痛啊！我今天才第一次聽到我的危險。我的危險幾乎到了不能保全國家了。」於是，立即停止漸臺的宴飲，罷去婦女倡樂，屏退諂媚逢迎的小人，撤去一切雕琢裝飾，選拔精兵壯馬，充實倉廩府庫，四面開闢大門，招進直言極諫之士，延請那些有才德而身居卑賤的人，選擇良辰吉日，冊立太子，進奉賢良的母親，榮顯不出名的良女，封無鹽女為王后，齊國得到十分安定的局面，這是醜女的力量啊。

卷二

雜事第三

【題解】同前。

(一)梁惠王❶謂孟子❷曰：「寡人有疾❸，寡人好色❹。」孟子曰：「王誠好色，於王❺何有❻？」王曰：「若之何好色可以王？」孟子曰：「大王❼好色。《詩》曰：『古公亶父，來朝走馬。率西水滸，至于岐下。爰及姜女，聿來相宇❽。』大王愛厥❾妃，出入必與之偕，是時，內無怨女❿，外無曠夫⓫。王若好色，與百姓同之，民唯恐王之不好色也。」王曰：「寡人有疾，寡人好勇。」孟子曰：「王若好勇，於王何有？」王曰：「若之何好勇可以王？」孟子曰：「《詩》曰：『王赫斯怒，爰整其旅，以按徂旅，以篤周祜，以對于天下⓬。』此文王之勇也。文王一怒而安天下之民，今王亦一怒而安天下之民，民唯恐王之不好勇也。」

【章　旨】此章說明關鍵在與民同好惡。

【注　釋】❶梁惠王　即魏惠王。戰國時魏國國君，名罃。魏遷都大梁後，亦稱梁。❷孟子　即孟軻。戰國時著名思想家，儒家學派的代表人物。按《孟子・梁惠王下》作「齊宣王」。❸疾　毛病。❹色　女色。❺王　成就王業。❻何有　「何難之有」的意思。朱熹《四書集註》說：「何有，言不難也。」❼大王　指周文王的祖父古公亶父。❽古公亶父六句　見《詩・大雅・緜》。率，循。滸，水邊。岐，岐山，在陝西省岐山縣東。爰，語首助詞，無義。姜女，即太姜。太王之妃。聿，語首助詞，無義。相，看；觀察。宇，屋宇。❾厥　其；他的。❿怨女　已到婚齡尚無合適配偶的女子。⓫曠夫　成年而無妻的男子。⓬王赫斯怒五句　見《詩・大雅・皇矣》。赫斯，猶「赫然」。發怒的樣子。斯，助詞。按，遏止；抑制。篤，厚；增添。祜，福。

【語　譯】梁惠王告訴孟子說：「我有一個毛病，我喜好女色。」孟子說：「大王真的喜好女色，這對於成就王業有什麼難的呢？」梁惠王說：「為什麼喜好女色就可以成就王業呢？」孟子說：「以前的周太王喜好女色，《詩經》上說：『古公亶父一大清早便跑著馬，沿著西邊漆水的河岸，來到岐山之下。帶著他的妻子姜氏女，都來這裡察看住處。』周太王愛他的妃子，出出進進都一定同她在一起。當這個時候，沒有找不著丈夫的老處女，也沒有找不著妻子的單身漢。大王假如喜好女色，就跟百姓一道喜好，老百姓就只耽心大王不好女色呢！」

梁惠王又說：「我有個毛病，我喜好勇力。」孟子說：「大王假若喜好勇力，這對於成就王業有什麼難的呢？」梁惠王說：「為什麼喜好勇力就可以成就王業呢？」孟子說：「《詩經》上說：『我王勃然一發怒，就將軍隊整頓好，來抑制侵略莒國的敵人，來增添周國的福澤，來報答各國對周國的期許。』這就是周文王的勇力。周文王一發怒就安定了天下的百姓。現在大王也一發怒就安定天下的百姓，百姓就只怕大王不喜好勇力呢！」

(二)孫卿❶與臨武君❷議兵於趙孝成王❸前，王曰：「請問兵要❹。」臨武君對曰：「上得天時，下得地利，後之發，先之至，此用兵之要術也。」孫卿曰：「不然。臣之所聞，古之道，凡戰，用兵之術，在於一民❺。弓矢不調，羿❻不能以中。六馬不和，造父❼不能以御遠；士民不親附，湯武不能以勝。故善用兵者，務在於善附民❽而已。」臨武君曰：「不然。夫兵之所貴者，勢利也，所上者，變詐攻奪也，善用之者奄忽❾焉莫知所從出，孫吳❿用之，無敵於天下。由此觀之，豈必待附民哉！」孫卿曰：「不然。臣之所言者，王者之兵，君人之事也。君之所言者，勢利也，所上者，變詐攻奪也。仁人之兵，不可詐也，彼可詐者，怠慢者也，落單⓫者也，君臣上下之間渙然⓬有離德者也。若以桀⓭詐桀，猶有幸焉，若以桀詐堯，譬之若以卵投石，若以指繞沸，若羽蹈烈火，入則焦沒耳，夫又何可詐也？故仁人之兵，鋌則若莫邪⓮之利刃，嬰⓯之者斷，銳則若莫邪之利鋒，當之者潰，圓⑯居而方止，若盤石⑰然，觸之者隴種⑱而退耳，夫又何可詐也？故仁人之兵或將，三軍同力，上下一心，臣之於君也，下之於上也，若子之事父也，若弟之事兄也，若手足之捍頭目而覆胸腹也，詐而襲之與先驚而後擊之，一也，夫又何可詐也？且夫暴亂之君，將誰與至哉？彼其所與至者，必其民也。民之親我，驩⑲然如父母，好我芳如椒蘭⑳，反顧其上，如灼黥㉑，如仇讎，人之情雖桀跖㉒，豈有肯為其所惡而賊㉓其所好者哉？是猶使人之孫子自賊其父母也。《詩》曰：『武王載旆，有虔秉鉞，如火烈烈，則莫我敢曷㉔。』此之謂也。」孝成王、臨武君曰：「善。請問王者之兵。」孫卿曰：「將率者，末事也，臣請列王者之事，君人之法。」

【章旨】此章說明王者之師在於得民心。

【注釋】❶孫卿　即荀況。戰國時著名思想家，著有《荀子》一書。❷臨武君　楚國將領，姓名不詳。❸趙孝成王　戰國時趙國國君，名丹。❹兵要　用兵的要領。❺一民　使民心一致。❻羿　相傳為有窮氏部落的首領，擅長射箭。❼造父　周穆王時人，擅長駕駛車馬。❽附民　使民親附。❾奄忽　迅疾；急遽。❿孫吳孫武、吳起。春秋戰國時著名軍事家。孫武著有《孫子兵法》，吳起著有《吳子》。⓫落單　疲弱不堪。單，借作「癉」。疲病。⓬渙然　離散的樣子。⓭桀　夏桀，暴君。⓮莫邪　古時寶劍名。相傳為春秋時吳人莫邪所鑄。⓯嬰　觸犯；遭遇。⓰圜　與下「方」皆指軍隊紮營的陣勢。⓱盤石　即「磐石」。扁厚的大石。⓲隴種　戰敗後狼狽逃竄的樣子。⓳驩　同「歡」。⓴椒蘭　香椒蘭草。都是芳香之物。㉑黥　古代在臉上刺字的一種刑罰。㉒桀跖　夏桀、盜跖。盜跖，相傳為春秋時魯國大盜。㉓賊　殘害。㉔武王載旆四句　見《詩・商頌・長發》。武王，勇武的君王。這裡指商湯。旆，大旗。虔，虔誠；恭敬。秉，拿。鉞，大斧。曷，通「遏」。制止；阻攔。

【語　譯】孫卿和臨武君在趙孝成王跟前議論用兵作戰。趙孝成王說：「請問用兵作戰的要領。」臨武君說：「上得到天時，下得到地利，在敵人之後發兵，在敵軍之前抵達，這就是用兵的重要方法。」孫卿說：「不是這樣。我所聽說的古代的學說，凡戰爭，用兵的方法在於凝聚民心。弓與箭調製不好，即使后羿也不能用它射中；六匹馬步調不和協，即使造父也不能駕馭牠們到達遙遠的目的地；士大夫和百姓不親近歸附，商湯王和周武王也不能用他們去戰勝敵軍。所以，善於用兵的人，注意力集中在使民親附自己罷了。」

臨武君說：「不是這樣。用兵所看重的是勢和利，所崇尚的是機變巧詐，攻擊奪取。善於使用它的人，迅急出現，使敵軍不知道是從哪裡出來的。孫武、吳起使用它，在天下沒有敵手。由此看來，難道一定要等待使民親附嗎？」孫卿說：「不是這樣。我所說的，是王者的軍隊，是為人君主的大事。你所說的，是勢和利；你所崇尚的，是機變巧詐，攻擊奪取。仁愛之人的軍隊，是不可以欺詐的。那些可以欺詐的，是怠慢不嚴肅的人，是疲弱不堪的人，是君臣上下之間渙散而離心離德的人。假若用夏桀去欺詐像夏桀那樣的人，那還有僥倖取勝的可能；假如用夏桀去欺詐唐堯那樣的聖君，譬如像用雞蛋去擊石頭，像用手指去攪動沸水，像把羽毛投入烈火，丟進去就立即會燒焦化沒，那又哪裡可以欺詐呢？所以，仁愛之人的軍隊，快速挺進，就如同莫邪劍的鋒利的刀刃，遭遇它的就會割斷；銳利就如同莫邪劍的鋒利，抵擋它的就會崩潰。紮營結寨，無論是圓陣還是方陣，都像磐石般不可動搖，碰上它的人就會狼狽敗退呢，那又哪裡可以欺詐呢？所以，仁愛之人的軍隊或將領，總是三軍同力，上下一心。臣下對於君主，下位的人對於上位的人，如同兒子事奉父親一樣，如同弟弟事奉兄長一樣，如同手足捍衛腦袋眼睛和遮覆胸部腹部一樣。用詐巧去襲擊它，與先驚動而後去攻擊它，情況一樣，那又哪裡可以欺詐呢？並且暴虐胡為的君主，將與誰去作戰呢？他所與之去作戰的人，一定是他的百姓。百姓親近我，高高興興如同對待父母，喜歡我，如同芳香的香椒蘭草，回過頭去看他們的君上，如火燒過和受過黥刑的人一樣面目可憎，如同仇人一樣可恨。人之常情，即使是夏桀與盜跖那樣的人，哪裡有肯於幫助他們所厭惡的人去殘害他們所喜好的人的呢？這就如同使人家的子孫去殘害他們自己的父母了。《詩經》上說：「英武的商湯載著大旗，虔誠地拿著大斧，如同大火熊熊燃燒，沒有誰敢來遏制我。』說的就是這種情況呢。」

趙孝成王、臨武君聽了，說：「說得好。請問王者的軍隊。」孫卿說：「將帥是次要的，請讓我陳述王者的事情，做人君主的法則。」

(三)昔者秦魏為與國❶，齊楚約而欲攻魏，魏使人求救於秦，冠蓋❷相望，秦救不出。魏人有唐且❸者，年九十餘，謂魏王曰：「老臣請西說秦，令兵先臣出，可乎？」魏王曰：「敬諾❹。」遂約車❺而遣之。且見秦王，秦王曰：「丈人❻罔然❼乃遂至此，甚苦矣。魏來求救數矣，寡人知魏之急矣。」唐且答曰：「大王已知魏之急而救不至，是大王籌策之臣❽失之也。且夫魏，一萬乘之國也，稱東藩❾，受冠帶，祠春秋❿者，為秦之強足以為與也。今齊楚之兵已在魏郊矣，大王之救不至，魏急則且割地而約齊楚⓫，王雖欲救之，豈有及哉？是亡一萬乘之魏，而強二敵之齊楚也，竊以為大王籌策之臣失之矣。」秦王懼然⓬而悟，遽發兵救之，馳騖而往。齊楚聞之，引兵而去，魏氏復故。唐且一說，定彊秦之策，解魏國之患，散齊楚之兵，一舉而折衝⓭消難，辭之功也。孔子曰：「言語：宰我子貢⓮。」故《詩》曰：「辭之集矣，民之洽矣；辭之懌矣，民之莫矣⓯。」唐且有辭，魏國賴之，故不可以已⓰。

【章旨】此章說明辭令的重要。

【注　釋】❶與國　友好的國家。❷冠蓋　官吏的衣冠車蓋。借指官吏。這裡指求救的使者。冠，禮帽。蓋，車蓋。❸唐且　人名。《戰國策・魏策》、《史記・魏世家》作「唐雎」。❹敬諾　好。敬，表敬副詞。諾，答應之聲。❺約車　備辦車乘。❻丈人　老人的通稱。❼罔然　迷惑的樣子。❽籌策之臣　出謀劃策的臣下。❾藩藩國；屬國。❿祠春秋　在春秋時節按時祭祀。⓫約齊楚　與齊楚締結盟約。⓬懼然　驚恐的樣子。⓭折衝　折轉敵人的戰車。即擊退敵軍。衝，衝車。戰車的一種。⓮言語宰我子貢　見《論語・先進》。按這句話為孔子弟子所記，不是孔子說的話。宰我，名予，字子我，魯國人。子貢，姓端木，名賜，字子貢，衛國人。皆孔子弟子。⓯辭之集矣四句　見《詩・大雅・板》。集，《詩》作「輯」。和順。洽，融洽。懌，悅懌。莫，安定。⓰已　止。

【語　譯】從前，秦魏二國結為友好國家，齊楚二國締結縱約想進攻魏國，魏國派遣人到秦國求救，來往的使者絡繹不絕，秦國的救兵還是沒有出動。魏國有個名叫唐且的人，年紀九十多歲了，告訴魏王說：「我老臣請求西去遊說秦國，叫秦國的救兵比我還早點出動，可以嗎？」魏王說：「很好。」就備辦車馬派他出發了。

唐且見到秦王，秦王說：「老先生迷迷糊糊地，卻遠遠地來到這裡，非常辛苦了。魏國來求救已經好幾次了，我已知道魏國的危急了。」唐且回答說：「大王既然已經知道了魏國的危急而救兵不去，這是大王出謀劃策的臣下的失誤。況且魏國是一個能出動一萬輛兵車的大國，它自稱為秦國東方的屬國，接受秦國賜與的冠帶，春秋二季按時祭祀為秦國祈禱，為的是秦國強大，足夠作為魏國的友好國家。現在，齊楚二國的軍隊已經到了魏國的郊外，大王的救兵又不去，魏國危急了就將會割讓土地與齊楚二國締結盟約，到那時，大王雖然想要去救它，難道還來得及嗎？這是丟失一個能出兵車萬輛的魏國，又增強了齊楚兩個敵國，我私下認為大王出謀劃策的臣下失誤了。」秦王驚恐地覺醒了，立刻發兵去救魏國，車馬奔馳而去。齊楚二國聽到這個消息，率領軍隊離開了魏國，魏國恢復了原來的平靜。

唐且一出動遊說就確定了秦國的策略，解除了魏國的憂患，驅散了齊楚二國的軍隊，一次舉動就擊敗敵軍，消除魏國的災難，這都是辭令的功效啊！孔夫子說：「擅長言詞的是宰我、子貢。」《詩經》上說：「言辭和順啊，百姓就融洽；言辭悅美啊，百姓就安定。」唐且有好的辭令，魏國仰仗它轉危為安，所以辭令是不可以不講究的。

(四)燕易王時❶，國大亂，齊閔王❷興師伐燕，屠❸燕國，載其寶器而歸。易王死，及燕國復，太子立為燕王，是為燕昭王❹。昭王賢，即位，卑身厚幣以招賢者，謂郭隗❺曰：「齊因孤❻國之亂，而襲破燕。孤極知燕小力少，不足以報，然得賢士與共國以雪先王之醜，孤之願也，先生視可者，得身事之。」隗曰：「臣聞古之人君有以千金求千里馬者，三年不能得，涓人❼言於君曰：『請求之。』君遣之。三月，得千里馬，馬已死，買其骨五百金，反以報君。君大怒曰：『所求者生馬，安用死馬，捐五百金！』涓人對曰：『死馬且市❽之五百金，況生馬乎？天下必以王為能市馬，馬今至矣。』於是不朞年❾，千里馬至者二。今王誠欲必致士，請從隗始。隗且見事，況賢於隗者乎？豈遠千里哉！」於是昭王為隗築宮而師之，樂毅❿自魏往，鄒衍⓫自齊往，劇辛⓬自趙往，士爭走燕。燕王弔死問孤，與百姓同甘苦，二十八年，燕國殷富，士卒樂軼⓭輕戰。於是遂以樂毅為上將軍，與秦楚三晉⓮合謀以伐齊，樂毅之策，得賢之功也。

【章　旨】此章說明欲得賢士，必須敬禮賢士。

【注　釋】❶燕易王時　按燕國內大亂，被齊湣王攻破，乃在易王之子燕王噲之時，此云「燕易王時」，有誤。燕易王，戰國時燕國國君。❷齊閔王　即齊湣王。戰國時齊國國君，名地。❸屠　攻破某地大肆屠殺。❹燕昭王　戰國時燕國國君。燕王噲之子，名平。❺郭隗　人名。燕國人。❻孤　古代王侯自稱。❼涓人　宮中主灑掃清潔的人。因泛指親近的內侍。❽市　買。❾朞年　一年。❿樂毅　戰國時燕國名將，中山國人。⓫鄒衍　戰國時齊國人，著名思想家。⓬劇辛　戰國時趙國人。仕燕，參與謀劃伐齊事宜。⓭軼　通「佚」。安樂。⓮三晉　指韓趙魏三國。

【語　譯】燕易王的時候，燕國大亂，齊閔王出兵進攻燕國，攻破燕國後大肆屠殺，用車裝載燕國的寶器運回去。燕易王死後，等到燕國恢復平靜，太子即位做燕王，就是燕昭王。

燕昭王賢明，即君位之後，降尊屈己，用厚重的財幣來招聘賢能的人，告訴郭隗說：「齊國趁著我們國家的混亂而襲破了燕國，我很知道燕國弱小，力量單薄，不足夠用來報雪恥辱。然而能夠與賢士一道享有燕國，來洗雪先王的恥辱，這是我很希望的。先生看到可以侍奉的人，使我能親自侍奉他。」郭隗說：「我聽說，古代的人君中有一個用千金尋求千里馬的人，三年沒有找到。一個親近的內侍向這位君主說：『請讓我去尋找。』這位君主派遣他去了，找了三個月，得到了一匹千里馬，這匹千里馬已經死了，用五百金買了牠的骨頭，拿回來報告這位君主。這位君主大發雷霆，說：『我所尋找的是活馬，哪裡用得著死馬？白白丟了五百金。』近侍說：『死千里馬尚且用五百金買了牠，何況活千里馬呢？天下的人一定認為大王是真能買千里馬的人，千里馬現在就會來了。』於是不到一年，就來了兩匹千里馬。現在大王真的想要招致賢士，就請從我郭隗開始。我郭隗尚且被您奉事，何況比我郭隗賢能的人呢？他們還會以千里為遠而不來嗎？」於是，燕昭王為郭隗建築了一所宮館，尊他為老師。這樣，樂毅從魏國前來，鄒衍從齊國前來，劇辛從趙國前來，士人爭先恐後地投奔燕國。燕昭王弔慰死者家屬，慰問孤獨鰥寡，與百姓一道同甘共苦，經過二十八年，燕國殷實富裕，士卒安樂不怕死。於是，就用樂毅做上將軍，與秦國、楚國、韓國、趙國、魏國一起謀劃來進攻齊國。這是樂毅的主意，也是得到賢能的功效呢。

(五)樂毅❶為昭王❷謀，必待諸侯兵，齊乃可伐也。於是仍使樂毅使諸侯，遂合連四國❸之兵以伐齊，大破之，閔王❹亡逃，僅以身脫，匿莒❺。樂毅追之，遂屠七十餘城，臨淄❻盡降，唯莒、即墨❼未下，盡復收燕寶器而歸，復易王之辱❽。

樂毅謝罷諸侯之兵，而獨圍莒、即墨。時田單⑨為即墨令，患樂毅善用兵，田單不能詐也，欲去之，昭王又賢，不肯聽讒。會昭王死，惠王⑩立，田單使人讒之惠王，惠王使騎劫⑪代樂毅，樂毅去之趙，不歸燕。騎劫既為將軍，田單大喜，設詐，大破燕軍，殺騎劫，盡復收七十餘城。是時，齊閔王已死，田單得太子於莒，立為齊襄王⑫，而燕惠王大慚，自悔易樂毅以致此禍，惠王乃使人遺樂毅書曰：「寡人不佞⑬，不能奉順君志，故君捐國而去，寡人不肖⑭明矣。敢謁⑮其願而君弗肯聽也，故使使者陳愚志，君誠諭之。語曰：『仁不輕絕，智不輕怨。』君於先王，世之所明知也。寡人望有非，則君覆蓋之，不虞君明棄之也；望有過，則君教誨之，不虞君明罪之也。寡人之罪，百姓弗聞，君微出，明怨以棄寡人，寡人必有罪矣，然恐君之未盡厚矣。諺曰：『厚者不損人以自益，仁者不危軀以要⑯名。』故覆人之邪者，厚之行也；救人之過者，仁之道也。世有覆寡人之邪，救寡人之過，非君，惡⑰所望之！今君受厚德於先王之成尊，輕棄寡人以快心，則覆邪救過，難得於君矣。且世有厚薄，故施異；行有得失，故患同。今寡人任不肖之罪，而君有失厚之累，於為君擇無所取。國有封疆，猶家之有垣牆，所以合好覆惡也。室不能相和，出訟鄰家，未為通計⑱也。怨惡未見而明棄之，未為盡厚也。寡人雖不肖，未如殷紂⑲之亂也，君雖未得志，未如商容⑳、箕子㉑之累㉒也。然不內盡寡人，明怨於外，恐其適㉓足以傷高義而薄於行也。非然，苟可以成君之高，明君之義，寡人雖惡名，不難受也。本以為明寡人之薄而君不得厚，揚寡人之毀而君不得榮，是一舉而兩失也。義者不毀人以自益，況傷人以自損乎！願君無以寡人之不肖，累往事之美。昔者柳下季㉔為理㉕於魯，三絀㉖而不去，或曰：『可以去矣。』柳下曰：『苟與人異，惡往而不絀乎！猶且絀也，寧故國耳。』柳下季不以絀自累，故自前業不忘，不以去為心，故遠近無議。寡人之罪，國人不知，而議寡人者天下。諺曰：『仁不輕絕，知㉗不簡㉘功。』簡功棄大者仇也，輕絕厚利者怨也，仇而棄之，怨而累之，宜在遠者，不望之乎君。今寡人無罪，君豈怨之乎？願君捐忿和怒，追順先人以復教寡人。寡人意君之曰：『余將快心以成而㉙過，不顧先王以明而惡。』使寡人進不得循初，退不得變過，此君所制，唯君圖之。此寡人之愚志，敬以書謁之㉚。」樂毅使人獻書燕王，報曰：「臣不肖，不能奉承王命，以順左右之心，恐抵斧鉞之罪，以傷先王之明，有害足下㉛之義，故遁逃自負以不肖之罪，而不敢有辭說。今王數㉜之以罪，恐侍御者㉝不察先王之所以畜臣之理，不白乎臣之所以事先王之心，故不敢不以書對。臣聞賢聖之君，不以祿私親，功多者授之；不以官隨愛，而當者處之。故曰『察能而授官者，成功之君也；論行而結交者，立名之士也』。臣以所學，觀先王舉措，有高世之心，故假節於魏㉞，以身得察於燕。先王過舉，擢之賓客之中，立之群臣之上，不謀父兄，以為亞卿㉟，臣自以為奉令承教，可幸無罪，故受命而不辭。先王命臣曰：『我有積怨，深怒於齊，不量輕弱，欲以齊為事。』臣對曰：『夫齊者，霸王之餘業，戰勝之遺事，閑㊱於兵革㊲，習於戰攻。王若欲攻之，必與天下圖之。圖之莫若徑結趙，且淮北宋地，楚魏之願也。趙若許約，楚魏盡力，四國攻之，齊可大破也。』王曰：『善。』臣乃受命，具符節，南使趙，顧反，起兵攻齊，以天之道，先王之靈，河北之地隨先王而舉之，濟上之兵受命而勝之，輕卒銳兵，長驅至齊，齊王遁逃走莒，僅以身免，珠玉貨寶，車甲珍器，皆收入燕，大呂[38]陳於元英[39]，故鼎[40]反於歷室[41]，齊器設於寧臺[42]，薊丘之植[43]植[44]於汶[45]篁[46]。五伯[47]以來，功業之盛，未有及先王者也。先王以為快其志，以臣不損令，故裂地而封臣，使比小國諸侯。臣聞聖賢之君，功立不廢，故著於春秋[48]；蚤知之士，名成而不毀，故稱於後世。若先王之報怨雪醜，夷[49]萬乘之齊，收八百年之積，及其棄群臣[50]之日，餘令詔後嗣之義法，執政任事，循法令，順庶孽[51]，施及萌[52]隸[53]，皆可以教後世。臣聞善作者不必善成，善始者不必善終。昔伍子胥[54]說聽於闔閭[55]，吳為遠跡至郢[56]，夫差[57]不是也，賜之鴟夷[58]，沈之江[59]。故夫差不計先論之可以立功也，沈子胥而不悔；子胥不蚤[60]見王之不同量也，故入江而不化。夫免身而全功，以明先王之跡，臣之上計也；離虧辱之誹，墮[61]先王之明，臣之大恐也。臨不測之罪，以幸為利，義之所不敢出也。臣聞君子絕交無惡言，去臣無惡聲。臣雖不肖，數奉教於君子。臣恐侍御者親交之說，不察疏遠之行，故敢以書謝。」

【章　旨】此章說明聽信讒言，不信任賢士，必致敗軍辱國，後悔無及。

【注　釋】❶樂毅　戰國時中山國人。仕燕為上將軍，破齊七十餘城。❷昭王　燕昭王。戰國時燕國國君，燕王噲太子，名平。❸四國　指趙、楚、韓、魏四國。❹閔王　齊閔王。戰國時齊國國君，名地。❺莒　齊邑，今山東省莒縣。❻臨淄　戰國時齊國國都，今屬山東省淄博市。❼即墨　戰國時齊邑，在今山東省平度縣東南。❽易王之辱　按齊破燕為燕易王之子燕王噲之時，此作「易王之辱」，誤。易王，燕易王。戰國時燕國國君。❾田單　戰國時齊國人。❿惠王　燕惠王，燕昭王之子。⓫騎劫　戰國時燕國將領。⓬齊襄王　齊閔王之子，名法章。⓭不佞　不才。自謙之詞。⓮不肖　不才。自謙之詞。⓯謁　陳述。⓰要　求取。通「徼」。⓱惡　何。⓲通計　通達的辦法。⓳殷紂　即商紂王。⓴商容　殷紂時人，為紂所貶。㉑箕子　殷紂諸父。封於箕，故稱箕子。紂暴虐，箕子諫不聽，乃披髮佯狂為奴，為紂所囚。㉒累　憂患；危難。㉓適　只。副詞。㉔柳下季　即柳下惠。春秋時魯國大夫展禽，字季，因食邑柳下，故稱柳下季。諡惠，故又稱柳下惠。㉕理　獄官；法官。㉖絀　通「黜」。貶斥；廢退。㉗知　同「智」。㉘簡　輕忽；怠慢。㉙而　你。㉚敬以書謁之　此指燕惠王與樂毅書。按《戰國策・燕策》作燕王喜與樂間書。劉向當別有所本，未知孰是，今仍其舊。㉛足下　下稱上或同輩相稱的敬詞。㉜數　責備；數說。㉝侍御者　侍從的人。實為指稱燕王的婉辭。猶言「左右」。㉞假節於魏　樂毅曾仕魏，為魏使燕，留在燕國，故云。假，借。節，符節。古代使臣出使的憑證。㉟亞卿　職位次於正卿的官員。㊱閑　通「嫻」。熟練。㊲兵革　兵器甲冑等軍備。代指戰爭。㊳大呂　齊國鐘名。㊴元英　燕國宮殿名。㊵故鼎　原來燕國的鼎，齊閔王伐燕時劫去。㊶歷室　燕國宮殿名。㊷寧臺　燕國臺名。㊸薊丘之植　薊丘的旗幟。薊丘，燕國國都，在今北京市附近。植，旗幟之屬。㊹植　插立。㊺汶　汶水，在今山東省。㊻篁　竹林。㊼五伯　即五霸。一般指春秋時期的齊桓公、晉文公、宋襄公、秦穆公、楚莊王。㊽春秋　本指魯國史書，這裡泛指一般歷史書。㊾夷　夷滅；平服。㊿棄群臣　死亡的委婉說法。(51)庶孽　泛指妾所生之子，指嫡長子以外的其他兒子。52萌　通「氓」。民。53隸　奴隸。54伍子胥　名員。春秋時楚國人，被人陷害，逃到吳國，仕吳為大夫。55闔閭　春秋時吳國國君。56郢　春秋時楚國國都。西元前五〇五年，吳伐楚，入郢。57夫差　春秋時吳國國君，闔閭之子。58鴟夷　皮製口袋。59江　長江。據《史記・伍子胥列傳》，伍子胥與吳王夫差政見不合，吳王賜之屬鏤之劍勒令自殺，自殺後，又用鴟夷革囊盛其屍，浮之江中。60蚤　通「早」。61墮　同「隳」。毀壞。

【語　譯】樂毅替燕昭王謀劃，一定要等待諸侯的兵力，齊國才可以進攻。於是，燕昭王就派遣樂毅出使諸侯，就聯合趙、楚、韓、魏四國的兵力來進攻齊國，大破齊軍，齊閔王出奔逃跑，僅僅能夠活命，躲藏在莒邑。樂毅帶兵追擊齊軍，攻破了齊國七十餘座城邑，國都臨淄也都投降，只有莒和即墨沒有攻下，把燕國被齊國掠奪的寶器全部收集運回燕國，洗雪了燕易王的恥辱。樂毅讓各諸侯的兵力撤了回去，獨自率燕軍包圍莒和即墨。當時，齊國田單做即墨令，憂慮樂毅善於用兵，田單不能用計謀對付他，想去掉他，燕昭王又很賢明，不肯聽信讒言。剛好這時燕昭王去世，燕惠王即位，田單派人向燕惠王進讒言，燕惠王果真派騎劫去替代樂毅，樂毅離開軍隊去了趙國，不回燕國。騎劫做了將軍以後，田單非常高興，用巧計大破燕軍，殺了騎劫，全部收復燕軍占領的七十餘座城邑。這個時候，齊閔王已經死去，田單在莒邑找到齊閔王的太子法章，立他做了齊襄王。燕惠王感到十分慚愧，後悔更換了樂毅，以至於招來這場災禍。燕惠王就派人送給樂毅一封信說：

「我沒有才能，不能夠順從您的意願，所以您拋棄燕國，去到趙國。我的沒有才幹是很明顯的了。我膽敢告訴您我想再任用您的願望，您也會不肯聽信。所以我派遣使者送這封信陳述我愚笨的想法，希望您能夠了解。古話說：『仁愛的人不輕易拒絕別人，智慧的人不輕易怨恨別人。』您對於先生的忠誠，是世人所明白知曉的。我希望有失誤時，您能遮蓋它，卻沒有想到您明顯地拋棄我；我希望有過錯時，您能教誨我，卻沒有想到您公開地怪罪我。我的罪過，國內百姓沒聽說，您潛逃出國，明顯地公開怨恨我，拋棄我。我一定是有罪過了，然而恐怕您也未做到完全厚道。俗話說：『厚道的人不損害別人而自己得益，仁愛的人不危害自身以求取名譽。』所以掩蓋別人的邪惡是厚道的行為，挽救別人的過失是仁愛的表現。世上要是有掩蓋我的邪惡，挽救我的過失的人，不是您，我還指望誰呢？現在您在先王那裡得到厚重的恩德，成為受人尊敬的人，輕易地拋棄我以圖一時痛快，那麼掩蓋邪惡，挽救過失的幫助，我就難以從您這裡得到了。況且，世人的關係有厚有薄，所以施捨就不同；行為有得有失，所以禍患就相同。現在，我承受了不才的罪名，您也有失去厚道的牽累，我為您選擇，這實在是不足取的。國家有邊界，如同一個家庭有牆垣，是用來和合友好，掩蓋邪惡的。一個家庭不能相互和睦，到鄰居家裡去訴訟是非，這不是通達的辦法。怨恨厭惡未表現出來，就公開地遺棄別人，這不算是完全厚道。我雖然沒有才能，也還未至像商紂王一樣的暴亂；您雖不得志，也還未至像商容、箕子一樣的危難。然而您對內不盡力於我，對外公開怨恨我，這恐怕只會損害您高尚的道義，而使您的行為不厚道。不是這樣，假如可以成就您的高尚，表明您的道義，我即使遭受壞名聲，也是不難承受的。本想用來表明我的鄙薄，可是您也得不到厚道的名聲，本想宣揚我的恥辱，可是您也得不到榮耀，這是一件對彼此都不利的事。講道義的人不毀壞別人，使自己得益，何況損傷別人，也損傷自己呢？希望您不要因為我的不賢明，連累過去事情的美好。從前，柳下季在魯國擔任獄官，三次被罷免也不離開魯國。有個人說：『您可以離開魯國了！』柳下季說：『假如我的做法跟別人不同，到哪裡去不會被罷免呢？都是被罷免，我寧願在故國呢！』柳下季不因為被罷免而背上包袱，所以從前的事業自己不忘記；不把離去放在心上，所以遠近的人都沒有非議。我的罪過，燕國人並不知道，可是議論我的人遍布天下。諺語說：『仁愛的人不輕易棄絕別人，智慧的人不怠慢功業。』怠慢功業，拋棄大義，是仇視的表現；輕易斷絕，看重利害，是怨恨的表現。仇視而拋棄我，怨恨而連累我，應該在關係疏遠的人，不希望出現在您的身上。現在，我沒有罪過，您難道還怨恨我嗎？希望您捐棄忿怨，講求和好，像從前順從先生一樣，再來教導我。我料想您一定會說：『我將使我心意痛快來成就你的過失，不顧念先王來公開你的罪惡』，使我向前不能達到原來的想法，往後不得改變過失，這由您所控制，希望您好好想一想。這是我的愚笨的想法，誠懇地用書信稟告您。」

樂毅也派人獻給燕惠王一封信說：

「我不才，不能敬承大王的命令，來順從您的心願，恐怕犯下刀斬斧斫的罪過，來損傷先王的英明，危害足下的義氣，所以逃亡到這裡，寧肯自己承受不賢明的罪名，也不敢有言辭陳說。現在大王用罪過來責備我，我恐怕侍奉您的人不了解先王畜養我的道理，不明白我事奉先王的心意，所以就不敢不用書信來回答了。我聽說，賢能聖明的君主，不拿爵祿私自賞給他親信的人，功勳多的就授給他；不用官職隨意贈給自己心愛的人，那些才能恰當的人就占有它。所以說：『考察了別人的能力即授予官職是成就功業的君主，研究了別人的行為才跟他結交是樹立名節的士人。』我用我學的知識，觀察先王的舉動措施，有超出世上一般君主的心思，所以我在魏國借用出使的符節，到燕國來親自得到先王的考察。先王過分地抬舉，把我從賓客之中提拔出來，居群臣之上，沒有跟同姓的大臣商量，就任命我做亞卿。我自己認為奉承先王的法令，接受先王的教導，可以僥倖沒有罪過，所以也就接受任命而不推辭。先王命令我說：『我對齊國有很久很深的仇恨，不考慮地位輕微，國力薄弱，一心把對齊國的仇恨當作大事。』我回答說：「齊國是霸主之國餘留的基業，戰勝之國遺下的事業，對戰爭很熟練，對戰勝攻奪很習慣，大王假如想要進攻它，一定要與天下諸侯一同商量對付它，商量的辦法不如去聯結趙國，況且淮水以北宋國原有的土地，楚國和魏國十分希望得到。趙國假如答應簽訂盟約，楚國、魏國也同心合力，四國聯合進攻它，齊國可以完全被攻破。」大王說：「好！」我就接受任命，備辦出使的符節，南向出使趙國。回到燕國，就起兵進攻齊國。憑藉上天的保佑，先王的英靈，黃河以北的土地，隨著先王的到來而被攻克，濟水邊的兵力，接受先王的命令就打了勝仗，輕快精銳的部隊，長驅直入，一直打到齊國。齊王出逃，跑到莒邑，僅僅能夠活命。珍珠寶玉，財貨寶物，車馬甲冑，珍貴器物，全部繳獲，運回燕國。大呂鐘陳列在元英殿，原來的寶鼎重返歷室，齊國的器物陳設在寧臺，薊丘的旗幟插到了汶水的竹林之上。自從春秋五霸以來，功業的強盛，沒有比得上先王的。先王覺得痛快地實現了他的心願，認為我沒有損害先王的威令，所以就割了一塊土地封給我，使我能與小國諸侯的地位相當。我聽說，賢能聖明的君主，功業建立而不敗壞，所以他的事業能載入史冊；先知的士人，名聲成功而不毀損，所以他的名聲在後世著稱。像先王的報復怨恨，洗雪恥辱，平服能出動兵車萬輛的齊國，收集齊國八百年的積蓄，等到他離開群臣死去的那一天，留下的法令昭示後世子孫為政的法度，執行政務，擔任事務，遵循法令，安排庶子，恩澤及於百姓與奴隸，這些都可以用來教導後世。我聽說，善於發起的不一定善於把事情辦成功，善於開始的不一定善於終結。從前，伍子胥的言詞被吳王闔閭聽信，吳王的勢力可遠達郢都；吳王夫差聽不進伍子胥的話，賜給他一個皮革囊，把他的屍體沈入長江。所以吳王夫差不考慮伍子胥原先的意見可以建立功業，把伍子胥沈入長江而不後悔；伍子胥不能早點看出吳王夫差與吳王闔閭兩人才量不相同，所以被投入長江而不悔悟。免除自身災禍，保全功業，來表明先王的功業，這是我的上策；遭遇詆毀屈辱的誹謗，毀壞先王的英明，這是我最害怕的結局。面對不可逆料的罪過，還以僥倖去謀求私利，從義理上說，我是不會這樣做的。我聽說，君子斷絕交情也不說毀壞朋友的話，離開故國的臣下不說敗壞故國聲譽的話。我雖然不賢明，多次從君子那裡承受過教誨。我恐怕您聽信左右親信和交友的話，不了解我這被疏遠之人的行為，所以膽敢寫了這封信來答謝您。」

(六)齊人鄒陽❶客游於梁❷，人或讒之於孝王❸，孝王怒，繫而將欲殺之。鄒陽客游，見讒自冤，乃從獄中上書，其辭曰：「臣聞忠無不報，信不見疑❹，臣常以為然，徒虛語爾。昔者荊軻❺慕燕丹❻之義，白虹貫❼日，太子畏之；衛先生❽為秦畫長平之計❾，太白食昴❿，昭王⓫疑之。夫精變天地，而信不諭兩主，豈不哀哉！今臣盡忠竭誠，畢義願知，左右不明，卒從吏訊，為世所疑，是使荊軻、衛先生復起，而燕秦不悟也，願大王熟察之。昔者玉人獻寶，楚王誅之⓬；李斯⓭竭忠，胡亥⓮極刑⓯。是以箕子佯狂⓰，接輿避世⓱，恐遭此變也。願大王熟察玉人、李斯之意，而後楚王、胡亥之聽，無使臣為箕子，接輿所歎。臣聞比干⓲剖心，子胥鴟夷⑲，臣始不信，乃今知之。願大王熟察之，少⑳加憐焉。諺曰：『有白頭而㉑新，傾蓋㉒而故。』何則㉓？知與不知也。昔者樊於期逃秦之燕，藉荊軻首以奉丹之事㉔；王奢去齊之魏，臨城自剄以卻齊而存魏㉕。王奢、樊於期非新於齊秦而故於燕魏也，所以去二國死兩君者，行合於志而慕義無窮也。是以蘇秦㉖不信於天下，為燕尾生㉗；白圭㉘戰亡六城，為魏取中山㉙。何則？誠有以相知也。蘇秦相燕，燕人惡之於燕王，燕王按劍而怒，食之以駃騠㉚，白圭顯於中山，中山人惡之於魏文侯，投以夜光之璧㉛。何則？兩主二臣剖心析肝相信，豈移於浮辭㉜哉！故女無美惡，居宮見妒；士無賢不肖，入朝見嫉。昔司馬喜臏於宋，卒相中山㉝；范睢拉脅折齒於魏，卒為應侯㉞。此二人者，皆信必然之畫㉟，捐朋黨之私，挾孤獨之交，故不能自免於嫉妒之人也。是以申徒狄㊱蹈流之河，徐衍㊲負石入海，不容於世，義不苟取，比周㊳於朝，以移主上之心。故百里奚㊴乞食於道路，穆公㊵委㊶之以政，甯戚飯牛車下，而桓公任之以國㊷。此二人者，豈藉宦於朝，假譽於左右，然後二主用之哉？感於心，合於行，堅於膠漆，昆弟㊸不能離，豈惑於眾口哉！故偏聽生姦，獨任成亂。昔魯聽季孫之說，逐孔子[44]；宋信子冉[45]之計，逐墨翟[46]。夫以孔墨之辯，而不能自免，何則？眾口鑠金，積毀銷骨。是以秦用由余而霸中國[47]，齊用越人子臧[48]而強威宣[49]。此二國豈拘於俗，牽於世，繫奇偏之辭[50]哉？公聽共觀，垂名當世。故意合則胡越[51]為兄弟，由余、子臧是也；不合則骨肉為仇讎，朱[52]、象[53]、管、蔡[54]是也。今人主如能用齊秦之明，後宋魯之聽，則五伯[55]不足侔[56]，三王[57]易為比也。是以聖王覺悟，捐子之[58]之心，能不說於田常[59]之賢，封比干之後[60]，脩孕婦之墓[61]，故功業覆於天下。何則？欲善無猒[62]也。夫晉文公親其讎而強霸諸侯[63]，齊桓公用其仇而一匡天下[64]。何則？慈仁殷勤誠加於心，不可以虛辭借也。至夫秦用商鞅之法，東弱韓魏，立強天下，而卒車裂商君[65]；越用大夫種之謀，擒勁吳，霸中國，卒誅其身[66]。是以孫叔敖三去相而不悔[67]，於陵仲子[68]辭三公[69]，為人灌園。今世主誠能去驕傲之心，懷可報之意，披心腹，見情素[70]，隳肝膽[71]，施德厚，終與之窮通[72]，無變於士，則桀[73]之狗可使吠[74]堯[75]，蹠[76]之客可使刺由[77]，況因萬乘之權，假聖王之資乎！然則荊軻之沈七族(78)，要離燔妻子(79)，豈足為大王道哉！明月之珠，夜光之璧，以闇投人於道路，眾無不按劍相眄(80)者，何則？無因至前也。蟠(81)木根柢輪囷(82)離奇(83)，而為萬乘(84)器者，以左右先為之容(85)也。故無因而至前，雖出隨侯之珠(86)，夜光之璧，祇(87)足以結怨而不見得，故有人先游(88)，則以枯木朽株，樹功而不忘。今使天下布衣窮居之士，雖蒙堯舜之術，挾伊(89)管(90)之辯，素無根柢之容，而欲竭精神，開忠信，輔人主之治，則人主必襲按劍相眄之跡矣。是使布衣不得當枯木朽株之資也。是以聖王制世御俗，獨化(91)於陶鈞(92)之上，能不牽乎卑亂之言，不惑乎眾多之口，故秦皇帝任中庶子(93)蒙嘉(94)之言，以信荊軻之說，故匕首竊發。周文王校獵涇渭，載呂尚而歸，以王天下(95)。秦信左右而弒，周用烏集(96)而王。何則？以其能越攣拘(97)之語，馳域外(98)之議，獨觀於昭曠(99)之道也。今人主沈於諂諛之辭，牽於帷牆(100)之制，使不羈(101)之士與牛驥同皁(102)，此鮑焦之所以忿於世，而不留於富貴之樂也。臣聞盛飾以朝者，不以私行義，砥礪(103)名號者，不以利傷行。故里名勝母，而曾子不入(104)；邑號朝歌，墨子回車(105)。今使天下寥廓(106)之士，籠於威重之權，脅於勢位之貴，回面汙行以事諂諛之人，求親近於左右，則士有伏死堀穴巖藪之中耳，安有盡精神而趨闕下⑩⑦者哉！」書奏孝王，孝王立出之，卒為上客。

【章　旨】此章說明只有信任賢士，賢士才能為之盡力。

【注　釋】❶鄒陽　西漢初齊人。初仕吳，吳王濞謀反，鄒陽上書勸諫，不聽，復遊梁，為梁孝王上客。❷梁　西漢初國名。❸孝王　梁孝王劉武。漢文帝子，漢景帝同母弟。❹見疑　被懷疑。見，表被動的助動詞。❺荊軻　戰國末衛國人。❻燕丹　即燕太子丹。丹為質於秦，秦王待他不好，逃歸燕，加以秦正蠶食諸侯，威脅燕國，丹派荊軻行刺秦王，不成，荊軻被殺。❼貫　穿過。❽衛先生　秦國人。❾長平之計　白起攻趙，在長平大破趙軍，想趁機滅趙，派衛先生請秦昭王增兵，范雎從中破壞，事因不成。長平，趙地，在今山西省高平縣西北。❿太白食昴　金星侵蝕昴宿。太白，即金星。食，同「蝕」。昴，星宿名。二十八宿之一。⓫昭王　秦昭王。戰國時秦國國君，名稷。⓬昔者玉人獻寶二句　春秋時卞和得一玉璞，獻給楚武王，武王派治玉的人去看，說是石，武王以欺騙罪砍斷卞和的右腳，武王死，文王即位，卞和又去獻璞，文王又以欺騙罪刖其左腳，文王死，成王即位，卞和抱著璞在山中哭，成王派人去加工，果得美玉，即「和氏璧」。⓭李斯　戰國末楚人，仕於秦，輔佐秦始皇統一天下，官至丞相，後被秦二世所殺。⓮胡亥　即秦二世。秦始皇之子。二世荒淫無道，李斯勸諫，不聽，反聽趙高讒言，將李斯腰斬於咸陽，夷滅三族。⓯極刑　死刑。⓰箕子佯狂　商紂王無道，箕子諫，不聽，箕子即披髮裝瘋。箕子，商紂王叔父，名胥餘，封於箕，故稱箕子。佯，假裝。⓱接輿避世　楚昭王時，政令無常，接輿就裝瘋，時人稱為楚狂。接輿，春秋時楚國隱士，姓陸名通。避世，逃避亂世而隱居不仕。⓲比干　商紂王時賢臣，極力勸諫商紂王，被剖心而死。⓳子胥鴟夷　伍子胥諫吳王夫差伐齊，被賜死，將其屍裝入皮口袋丟入長江。子胥，伍子胥。鴟夷，皮口袋。⑳少　稍。㉑而　如。㉒傾蓋　形容兩車緊靠以致車蓋傾斜。蓋，車蓋。車上遮陽擋雨的傘。㉓何則　為什麼呢。則，同「哉」。㉔樊於期逃秦之燕二句　秦將樊於期逃到燕國，秦王殺其全家，並懸賞捉拿。荊軻刺秦王，要求得到他的頭作為進獻的禮物，樊於期就自殺了。之，往。奉，獻給；助成。丹之事，燕太子丹派荊軻刺秦王的事。㉕王奢去齊之魏二句　齊臣王奢逃到魏國，齊攻魏，王奢登城對齊將說，不要因他連累魏國，就自殺了。自剄，割頸自殺。卻，退。㉖蘇秦　戰國時洛陽人。著名縱橫家，曾佩六國相印，後失信於諸國，唯燕國信任他，使他為相。㉗尾生　傳說極守信用的人。據說他與一女子相約於橋下見面，女子還沒來，大水驟至，他抱橋而死。㉘白圭　戰國時中山國將。曾失六城，中山君要殺他，他跑到魏國，替魏文侯攻取了中山國。㉙中山　戰國時國名。今河北省定縣、唐縣一帶。㉚食之以駃騠　表示敬重而不信誹謗。食，拿東西給人吃。駃騠，駿馬名。㉛夜光之璧　即夜光璧。寶玉名。㉜浮辭　謠言；無根據的話。㉝司馬喜臏於宋二句　司馬喜在宋受臏刑，後三次做中山國的相。臏，古代刑罰。割去膝蓋骨。司馬喜，戰國時宋國人。㉞范睢拉脅折齒於魏二句　范睢隨中大夫賈須使齊，齊襄王賜給他牛酒與金十斤，賈須懷疑他出賣魏國機密，回國後將此事告知魏相魏齊，魏齊派人毒打范睢，打斷肋骨和牙齒，後范睢化名張祿，逃至秦國，遊說秦昭王，任為相，封應侯。范睢，戰國時魏國人。㉟畫　計畫。㊱申徒狄　商朝末年人。恨道不行，負石自投於河。㊲徐衍　周末人。不滿亂世，負石自沈於海。㊳比周　結成朋黨。㊴百里奚　秦穆公時大夫，本虞國人。據應劭說，他聽說秦穆公賢明，想去秦國，缺乏路費，就乞食而往。㊵穆公　秦穆公。春秋時秦國國君，名任好，五霸之一。㊶委　任命。㊷甯戚飯牛車下二句　甯戚經商至齊，餵牛時唱了一首表達懷才不遇之情的歌，齊桓公聽了，就提拔他做了大夫。甯戚，春秋時衛國人。桓公，齊桓公。名小白，春秋五霸之一。飯，餵。㊸昆弟　兄弟。㊹昔魯聽季孫之說二句　孔子為魯司寇，齊人送給季孫斯一組女子樂隊，季孫斯三天不上朝，並要魯定公去看，孔子就離開了魯國。魯，魯國，今山東省曲阜縣。季孫，這裡指季桓子季孫斯。㊺子冉　人名。㊻墨翟　春秋戰國之際的思想家，墨家學派創始人，宋國人。㊼秦

用由余而霸中國　秦穆公用由余為謀臣，謀伐西戎，益國十二，開土千里，使秦穆公稱霸。由余，春秋時晉國人，寄居西戎。㊽子臧　人名。事跡不詳。㊾強威宣　使威宣強大。威，齊威王。宣，齊宣王。㊿奇偏之辭　一面之辭。(51)胡越　形容相距極遠，關係疏遠。胡，我國古代對北方少數民族的稱呼。越，周代國名。在今浙江一帶。(52)朱　丹朱。帝堯之子，頑凶不肖。(53)象　帝舜的後母弟，與其父母多次謀害舜。(54)管蔡　管叔、蔡叔。周文王之子，周公之弟，曾與武庚叛亂，周公殺武庚與管叔，流放蔡叔。(55)五伯　即五霸。一般指春秋時齊桓公、晉文公、宋襄公、秦穆公、楚莊王。(56)侔　相等。此為「相提並論」之意。(57)三王　指夏禹王、商湯王、周文王。(58)子之　戰國時燕王噲的相。極得信任，燕王噲傳位給他，引起混亂，齊國趁機進攻，燕幾乎亡國。(59)田常　又叫陳恆。春秋時齊國人，殺齊簡公，立齊平公，專國政。(60)封比干之後　據說周武王伐紂後，曾封比干之子。(61)脩孕婦之墓　紂曾剖孕婦之腹，周武王為之修墓以示撫慰。脩，同「修」。(62)猒　同「饜」。滿足。(63)夫晉文公親其讎句　晉文公為公子時，寺人披奉晉獻公之命去殺他，只斬掉他一隻衣袖，後晉文公回國做了國君，呂甥、郤芮要殺他，寺人披求見，晉文公接見了他，他向晉文公告密，晉文公才得免於難而成就霸業。晉文公，春秋時晉國國君，名重耳，五霸之一。讎，指寺人披。(64)齊桓公用其仇句　管仲曾為公子糾射齊桓公，射中帶鉤，後齊桓公用管仲為相，成為霸主。齊桓公，春秋時齊國國君，名小白，五霸之一。仇，指管仲。匡，正。(65)車裂商君　商鞅變法，觸犯舊貴族利益，秦孝公死後，商鞅被處車裂之刑。車裂，古代酷刑，用牛或馬駕車分裂人的肢體。(66)越用大夫種之謀四句　文種與范蠡輔佐越王句踐滅吳雪恥，稱霸諸侯，句踐成功後，范蠡逃亡，文種被殺。大夫種，春秋時越國大夫文種。(67)孫叔敖三去相而不悔　《史記．循吏列傳》：孫叔敖「三得相而不喜，知其材自得之也；三去相而不悔，知非己之罪也」。孫叔敖，楚國人，三次做過楚國的相。(68)於陵仲子　即陳仲子。戰國時齊國人，其兄戴為齊相，仲子以為不義，去齊至楚，居於於陵，故名於陵仲子。楚王聞其賢，以黃金百鎰聘為相，仲子不許，又逃去為人灌園。(69)三公　輔助國君掌握軍政大權的三個最高官員。此指相。(70)情素　真情實意。素，同「愫」。(71)隳肝膽　推心置腹的意思。隳，據王先謙《漢書補注》：「㯳」應作「輪」。72窮通　窮困與顯達。窮，指處境困難。通，環境順利，地位顯要。73桀　夏桀，暴君的典型。74吠　狗叫。75堯　傳說中的上古帝王，聖君的典型。76跖　春秋時魯國人。著名大盜，稱盜跖。77由　許由，堯時的高士。78七族　上至曾祖，下至曾孫。一說是：父之族，姑之子，姊妹之子，女之子，母之姓，從子，妻父母。79要離燔妻子　公子光殺吳王僚而自立，僚子慶忌在吳，公子光派要離去刺殺，要離請公子光加罪於他，執其妻，燒死，揚其灰。要離，春秋時吳國人。燔，燒。80眄　斜視。81蟠　屈曲。82輪囷　盤結彎曲的樣子。83離奇　奇怪的樣子。84萬乘　指天子。85容　容飾；加工雕飾。86隨侯之珠　即隨侯珠。相傳隨侯曾救活一條大蛇，後來大蛇銜來一顆大珠報答他。87祇　只。88游　游揚。隨處稱揚其美，使之名聲遠播。89伊　伊尹。商湯王臣，輔佐商湯伐桀滅夏，建立商朝。90管　管仲。齊桓公臣，輔佐齊桓公稱霸諸侯。91獨化　獨自制裁，不輕信人言。92陶鈞　泥水匠運轉陶鈞製造陶器。陶，陶工；泥瓦匠。鈞，陶工製陶器時用的能旋轉的工具。93中庶子　官名。太子的屬官。94蒙嘉　秦始皇寵臣。荊軻至秦，送千金重禮給蒙嘉，通過他介紹，秦始皇召見荊軻，荊軻才有機會用匕首行刺。95周文王校獵涇渭三句　呂尚未遇時，釣於渭濱，周文王出獵，見到他，載與俱歸，後呂尚輔佐周武王伐紂滅商，建立周朝。校獵，用木柵遮阻，獵取禽獸。涇渭，涇水、渭水，在今陝西省。呂尚，姓姜。封於呂，故以呂為氏。96烏集　像烏鴉一時集合。指素不相識。97攣拘　束縛拘泥。98域外　疆域之外。指不受限制。99昭曠　光明寬廣。100帷牆　帷帳屏風之內。指妻妾和左右親信。牆，屏風。101不羈　不可束縛。102皁　餵牛馬的槽。103砥礪　磨刀石。用為動詞，磨鍊加工之意。104故里名勝母二句　里名勝母，曾子以為不順，就不進入。里，古代地方村落，二十五家為一里。曾子，名參。字子輿，魯國人，孔子弟子，以孝著稱。105邑號朝歌二句　墨子主張非樂，認為朝歌不好，所以回車不進去。邑，都邑。大曰都，小曰邑。朝歌，商故都，在今河南湯陰南。墨子，名翟。先秦時著名思想家，墨家學派創始人。106寥廓　高遠的樣子。107闕下　宮闕之下。借指帝王所居之處。闕，皇宮門前兩邊的樓。

【語譯】齊人鄒陽到梁國去想找官做，有人向梁孝王講他的壞話，梁孝王很生氣，囚禁並將要殺掉他。鄒陽客居梁地，被人進讒言，自己感到冤屈，就從監獄寫了封信給梁孝王。信是這樣寫的：

「我聽說，忠誠沒有不得好報，誠實就不會被人懷疑，我經常認為是這樣，現在才知道這不過是空話罷了。從前，荊軻仰慕燕太子丹的義氣為他行刺秦王，天上出現白色長虹貫穿太陽，燕太子丹卻認為是不祥徵兆而畏懼；衛先生為秦國謀劃乘長平之勝一舉滅趙的計畫，天上出現金星侵蝕昴宿，秦昭王也認為是不祥預兆而懷疑。精誠感動天地而使之出現變異，可是信實卻不能使兩位君主知曉，難道還不可哀痛嗎？現在我竭盡忠誠，用盡我的道義，希望大王了解我，可大王左右的人不明察，終於聽從獄吏來審訊我，被世人懷疑我，這就等於讓荊軻、衛先生復活，可是燕國、秦國還是不能覺醒一樣，希望大王仔細考察一下這一點。從前，玉人卞和獻出寶璞，楚王懲罰了他；李斯竭盡忠心，胡亥判處他死刑。因此，箕子要假裝瘋癲，接輿要逃避亂世，就是害怕遇上這種變故。希望大王仔細考察玉人卞和，秦相李斯的用意，不要像楚王、胡亥那樣聽信讒言，不要使我被箕子、接輿所嘆息。我聽說，比干被挖心而死，伍子胥被皮革囊盛屍投入長江，我起初不相信，現在我知道是真的了。希望大王仔細考察，對我稍加憐憫。俗話說：『不相知的人，直至頭髮白了，還是和新交一樣，彼此不了解；相知的人，即使路上偶然相遇，停車交談，就像結識多年的老朋友一樣。』為什麼呢？是相互了解與不相互了解的緣故。從前，樊於期從秦國逃跑到燕國，把頭借給荊軻來協助燕太子丹進行行刺秦王的事業；王奢離開齊國逃跑到魏國，站在城上自殺來退卻齊軍，保存魏國。王奢、樊於期並非跟齊國、秦國是新交，跟燕國、魏國是老朋友，他們離開齊秦二國，卻為燕魏兩國君主犧牲的原因，是因為這種行為合於他們的意願而仰慕無窮的義氣。因此，蘇秦不被天下人所信任，卻成為燕國最被信任的尾生；白圭為中山打仗，損失六座城邑，卻替魏國奪取了中山國。為什麼呢？是真能互相了解的緣故。

蘇秦擔任燕國丞相，燕國有人向燕王講他的壞話，燕王手握寶劍生氣，殺了良馬給蘇秦吃；白圭因為攻取中山得到尊顯，中山國有人向魏文侯講他的壞話，魏文侯反而把夜光璧賞賜給他。為什麼呢？這兩國的君主，兩個臣下，推心置腹，互相信任，難道能被無根據的謠言動搖嗎？所以，女子不管美好還是醜陋，入居宮廷就要被妒忌；士人不管是賢能還是無才幹，進入朝廷就要被嫉妒。從前，司馬喜在宋國受了臏刑，終於成為中山國的國相；范雎在魏國被打斷肋骨，打掉牙齒，終於在秦國封了應侯。這兩個人都堅信自己認為可行的計畫，拋棄呼朋結黨的私心，堅持獨立耿介的交往，所以自身不能免去嫉妒的人的陷害。因此申徒狄要投身於黃河，徐衍要負石投入大海。不被世人容納，依道義又不能在朝廷裡苟合取容，結黨營私，來動搖主上的心意。所以百里奚在道路上乞食，秦穆公就把政務委任給他，甯戚在車下餵牛，齊桓公就把國事交他擔任。這兩個人難道是憑藉在朝廷做官，憑藉左右的人講好話，這樣之後兩國君主才任用他們嗎？在心中有共同感受，在行為上互相投合，比膠和漆還堅實，兄弟都不能離間，難道能被眾人之口所迷惑？所以偏聽一面之辭就產生姦邪，專任一個人就構成禍亂。從前，魯定公聽信季孫斯的話驅逐孔子，宋君聽信子冉的計策驅逐墨翟。憑著孔子、墨翟的才辯而不能自免於讒言，為什麼呢？眾多的口進讒言，金子也可以熔化，積累讒言多了，可以銷毀骨骼。因此秦國任用由余，就稱霸中原，齊國任用越人子臧，使齊威王、齊宣王兩代強盛。這秦齊兩國君主哪裡能被時俗拘束，被世人牽連，被離奇偏私的言辭束縛呢？公正地聽取，全面地觀察，在當代就留下名聲。所以意氣投合，那麼如同胡人越人，雖相隔千里萬里，卻可以成為兄弟，由余、子臧就是如此。意氣不相投，那麼即使骨肉兄弟，也可以成為仇敵，丹朱、象、管叔、蔡叔就是如此。現在，人主假如能使用齊、秦二國的明察，不像宋國、魯國一樣聽信讒言，那麼五霸也不足以跟他同列，要和三王相比，也不會有什麼困難了。因此聖明的君主覺醒明白，能捐棄燕相子之的用心，能夠不喜歡田常那樣的賢能，封賞比干那種賢臣的後代，修理孕婦那種無辜受害者的墳墓，所以功業覆蓋天下。為什麼呢？他們愛好善良而永不自滿。晉文公親近他的仇人寺人披，其強大稱霸諸侯，齊桓公任用他的仇人管仲，其功業匡正天下。為什麼呢？慈善仁愛，殷勤懇切，把誠信放在心坎，不能夠用虛浮的言辭更換的。至於秦國使用商鞅的辦法，東面削弱了韓國、魏國，立即在天下稱強，而終於車裂了商鞅；越國使用大夫文種的計謀，消滅了強勁的吳國，稱霸中原，終於殺掉了他。因此，孫叔敖三次丟掉相位也不後悔，於陵仲子辭去三公的高位，去替人澆水淋菜。現在，世上的君主真的能夠去掉驕傲的想法，懷抱可以報答的心意，披露出真實胸懷，表現出真情實意，推心置腹，施予的仁德深厚，始終與他們同艱苦，共命運，對士的態度不改變，那麼即使像暴君夏桀的狗也可以使牠去吠聖君堯帝，壞人盜跖的門客也可以使他去行刺高士許由，何況是憑藉能出動兵車萬輛的天子的權勢，憑藉聖明帝王的資本呢？這樣一來荊軻刺秦王不成，被沈滅七族，要離為刺慶忌，讓公子光燒死妻兒子女，哪裡值得跟大王一提呢？明月珠，夜光璧這樣的寶物，暗地裡在道路上投到別人跟前，一般人沒有不手按寶劍，斜視著你的。為什麼呢？是因為它無緣無故來到跟前。彎曲的樹根，盤結彎曲，離奇古怪，能夠成為天子的器用，是因為左右的人先為它雕琢裝飾了一番。所以，沒有原因就來到跟前，雖然拿出隨侯珠、夜光璧，只足夠用來結下仇怨而不會被人感激恩德。所以有人先為之稱揚遊說，那麼枯死的木，朽爛的樹根，也可以建立功勞而不被人遺忘。現在，天下那些身為平民，居家窮困的士人，雖然抱有唐堯虞舜的治術，懷有伊尹管仲的才辯，素來沒有像樹根那樣有人容飾，卻想要竭盡精神，拿出忠信，來輔助人主的政治，那麼人主一定會採用手按寶劍而側目斜視的做法。這就是使布衣之士不能成為枯木朽株那樣的有用的資質的原因。因此，聖明的帝王統治時代，駕馭世俗，跟泥瓦匠運轉陶鈞製造陶器一樣獨自制裁，而不被卑下混亂的言詞牽累，不被眾多的讒言所迷惑。所以秦始皇帝聽任中庶子蒙嘉的話，相信了荊軻的遊說，使行刺的匕首在無意中發難；周文王在渭水邊打獵，車子載著呂尚一道歸來，而成就了享有天下的王業。秦始皇相信左右之人，幾乎被人殺死，周文王用了烏合之眾，卻成就王業。為什麼呢？因為他們能超越拘泥固執的言詞，馳騁不受限制的議論，獨自看到光明寬廣的大道。現在，主上被阿諛奉承的言辭所沈溺，被妻妾近侍的控制所牽制，使懷有不可拘繫的才能的士人，跟牛馬同槽而食，這就是鮑焦忿恨世俗而不留戀富貴的快樂的原因。我聽說，盛裝入朝的人，不用私情玷汙大義；建立美名的人，不因私利傷害品行。所以里的名字叫勝母，講究孝道的曾參就不肯進入；城邑的名字叫朝歌，主張非樂的墨翟就要掉轉車頭。現在，想使天下那些志向遠大的士人，被威勢重大的權力所籠絡，被勢大位高的尊貴所脅迫，掉轉面孔，改變態度，使行為汙濁，來事奉那些阿諛奉承的人，以求得跟君主左右之人親近，那麼士人只有隱藏老死在洞穴山巖藪澤之中罷了，哪會竭盡精神，投奔到大王的宮闕之下的呢？」

這封信呈獻給梁孝王，梁孝王立即從監獄釋放他，終於成為梁孝王最尊貴的賓客。

卷四

雜事第四

【題解】同前。

(一)管仲❶言齊桓公❷曰：「夫墾田剏❸邑，闢土殖穀，盡地之利，則臣不若甯戚❹，請置以為田官。登降揖讓，進退閑❺習，臣不如隰朋❻，請置以為大行❼。蚤❽入晏出，犯君顏色❾，進諫必忠，不重富貴，不避死亡，則臣不若東郭牙❿，請置以為諫臣。決獄折中⓫，不誣無罪，不殺無辜，則臣不若弦甯⓬，請置以為大理⓭。平原廣囿⓮，車不結軌⓯，士不旋踵⓰，鼓之而三軍之士，視死若歸，則臣不若王子成甫⓱，請置以為大司馬⓲。君如欲治國強兵，則此五子者足矣。如欲霸王，則夷吾在此。」夫管仲能知人，桓公能任賢，所以九合諸侯，一匡⓳天下，不用兵車，管仲之功也。《詩》曰：「濟濟多士，文王以寧⓴。」桓公其似之矣。

【章　旨】此章說明臣能知人，主能擇賢，就能成就霸王之業。

【注　釋】❶管仲　春秋時齊國人。名夷吾，字仲，輔佐齊桓公霸諸侯，一匡天下。❷齊桓公　春秋時齊國國君。字小白，五霸之一。❸刱　同「創」。❹甯戚　齊桓公時大夫。❺閑　同「嫻」。熟練。❻隰朋　齊桓公時大夫。❼大行　掌管接待賓客的官吏。❽蚤　通「早」。❾顏色　面容；臉色。❿東郭牙　春秋時齊國人。⓫折中　調和二者，取其中正，無所偏頗。⓬弦甯　人名。⓭大理　掌管刑法的官。⓮囿　古代帝王養禽獸的園子。《呂氏春秋．審分覽．勿躬》作「域」。⓯結軌　車不回走，故軌跡不交結。結，交。⓰旋踵　旋轉足跟，向後退卻。踵，足跟。⓱王子成甫　人名。⓲大司馬　掌管軍政的官員。⓳匡　糾正。⓴濟濟多士二句　見《詩．大雅．文王》。濟濟，眾多貌。

【語　譯】管仲對齊桓公說：「開墾田地，創建都邑，開發土地，種植穀物，充分利用土地的利益，那麼我不如甯戚，請任用他做田官。登階降階等揖讓周旋的禮節，一進一退等禮的熟悉，我不如隰朋，請任用他做大行人官。清早入朝，很晏退朝，敢於冒犯君主的容色，上前勸諫一定盡忠心，不貪圖富貴，不逃避死亡，我不如東郭牙，請任用他做諫臣。決斷訟獄，折中是非，不冤枉無罪的人，不濫殺無辜的人，我不如弦甯，請任用他做大理官。在平坦遼闊的原野地域，戰車不交結軌跡，士兵不臨陣轉向，戰鼓一響，三軍的戰士視死如歸，我不如王子成甫，請任用他做大司馬官。您如果只想治好國家，使兵力強大，那麼用這五個人就足夠了。如果想要稱霸諸侯，成就王業，那麼我管夷吾就在這裡。」

管仲能識別人才，齊桓公能任用賢能，他多次會合諸侯，匡正天下，而不必動用武力的原因，都是管仲的功勞呢。《詩經》上說：「眾多的賢士啊，周文王憑藉他們得到安定。」齊桓公也類似周文王呢。

(二)有司❶請吏於齊桓公，桓公曰：「以告仲父❷。」有司又請，桓公曰：「以告仲父。」若是者三。在側者曰：「一則告仲父，二則告仲父，易哉為君！」桓公曰：「吾未得仲父，則難；已得仲父，曷為其不易也？」故王者勞於求人，佚於得賢。舜舉眾賢在位，垂衣裳❸，恭己❹無為❺而天下治。湯文❻用伊呂❼，成王❽用周邵❾，而刑措❿不用，兵偃⓫而不動，用眾賢也。桓公用管仲，則小也，故至於霸而不能以王。故孔子曰：「小哉管仲之器⓬！」蓋善其遇桓公，惜其不能以王也。至明主則不然，所用大矣。《詩》曰：「濟濟多士，文王以寧⓭。」此之謂也。

【章　旨】此章說明君主能任用賢能，則身逸而國治。

【注　釋】❶有司　古代設官分職，各有專司，故稱掌理其事的官吏為有司。❷仲父　齊桓公對管仲的尊稱。仲是管仲的字，父是事之如父，故稱仲父。❸垂衣裳　拖著長大的衣服。形容從容不迫的樣子。❹恭己　指帝王以端正嚴肅的態度約束自己。❺無為　指以德政感化人民，不施用刑罰。❻湯文　指商湯王、周文王。❼伊呂　指伊尹、呂尚。❽成王　周成王。周武王之子，名誦。❾周邵　指周公旦、邵公奭。❿措　棄置。⓫偃　止息。⓬小哉管仲之器　見《論語・八佾》。原作「管仲之器小哉」。器，器量。⓭濟濟多士二句　見上章⓴。

【語譯】官吏向齊桓公請求增加屬吏，齊桓公說：「把此事告知仲父。」又有官吏來請求，齊桓公又說：「將此事告知仲父。」像這樣的事連續發生兩次。在齊桓公旁邊的人說：「第一次說告知仲父，第二次又說告知仲父，做君主真是容易啊！」齊桓公說：「我沒有得到仲父以前就很艱難，已經得到仲父，為什麼不容易呢？」

所以帝王對於訪求賢人是很勞苦的，得到賢才以後就安逸了。帝舜薦舉眾多賢才在官位，他自己就拖著長大的衣裳，端正嚴肅地約束自己，用德政感化人民，不用刑罰就天下太平。商湯王、周文王任用伊尹、呂尚，周成王任用周公、邵公，而把刑罰棄置不用，軍隊休息而不出動，都是因為任用了眾多賢人的緣故。齊桓公任用管仲，還是渺小的，所以只達到霸諸侯，卻不能用來成就王業。所以孔子說：「管仲的器量真狹小啊！」這是贊賞他遭遇了齊桓公，惋惜他不能用來成就王業。至於英明的君主就不是這樣，他們任用眾多的賢人。《詩經》上說：「很多很多的人才啊，周文王憑藉他們就得到安寧。」說的就是這種情況呢。

(三)公季成❶謂魏文侯❷曰：「田子方❸雖賢人，然而非有土之君也，君常與之齊禮❹。假❺有賢於子方者，君又何以加之？」文侯曰：「如子方者，非成所得議也。子方，仁人也。仁人也者，國之寶也；智士也者，國之器❻也；博通士也者，國之尊也。故國有仁人，則群臣不爭；國有智士，則無四鄰諸侯之患；國有博通之士，則人主尊；固非成之所議也。」公季成自退於郊三日，請罪。

【章旨】此章說明君主能尊敬仁人智士，則國安主尊。

【注釋】❶公季成　人名。疑即魏文侯之弟季成。❷魏文侯　戰國時魏國國君，名斯。❸田子方　戰國時魏國人。名無擇，與段干木齊名，魏文侯曾向他請教。❹齊禮　相見的禮節相等。指不以臣下對待他。❺假　假若；假設。❻器　器物。代指對國家有用的人才。

【語譯】公季成告訴魏文侯說：「田子方雖然是個賢人，但他不是一國之君，您經常用平等的禮節來待他。假若有比田子方還賢能的人，您又用什麼更隆重的禮節對待他呢？」魏文侯說：「像田子方這樣的人，不是你公季成可以妄加議論的。田子方是仁愛的人。仁愛的人是國家的珍寶，智慧之士是國家的器物，淵博的通曉事理的士人是國家的尊貴。所以國家有仁愛之人，群臣就不爭執；國家有智慧之士，就沒有四鄰諸侯的禍患；國家有淵博的通曉事理的士人，君主就尊貴。這些本來不是你公季成可以妄加議論的。」公季成自己退避到郊外三天，主動向魏文侯請罪。

(四)魏文侯弟曰季成，友曰翟黃❶，文侯欲相之，而未能決❷，以問李克❸。克對曰：「君若置相，則問樂商❹與王孫苟端❺孰賢。」文侯曰：「善。」以王孫苟端為不肖，翟黃進之；樂商為賢，季成進之；故相季成。故知人則哲❻，進賢受上賞，季成以知賢，故文侯以為相。季成、翟黃皆近臣親屬也，以所進者賢別之，故李克之言是也。

【章　旨】此章說明只有進賢方可以擔任重要職位。

【注　釋】❶翟黃　人名。❷決　決斷；下決心。❸李克　即李悝。戰國時魏國人，為魏文侯相，行盡地力之教，使魏國富強。整理諸國刑法，編成《法經》六篇。❹樂商　人名。❺王孫苟端　人名。❻哲　明智。《尚書・皋陶謨》：「知人則哲。」

【語　譯】魏文侯的弟弟叫季成，朋友叫翟黃，魏文侯想用他們做國相，卻還未決斷用哪一個，將此事詢問李克。李克回答說：「您想任命國相，就只要問樂商和王孫苟端哪個賢能就可以了。」魏文侯說：「說得好。」他認為王孫苟端沒有才幹，是翟黃推薦的；認為樂商賢能，是季成推薦的；所以任命季成做國相。

所以能了解人就是明智，薦舉賢能就接受上等獎賞。季成因為了解賢能，所以魏文侯用他做國相。季成、翟黃都是魏文侯的近臣和親屬，用他們推薦的人是否賢能來識別他們的才幹，所以李克的話是對的。

（五）孟嘗君❶問於白圭❷曰：「魏文侯名過於桓公❸，而功不及五伯❹，何也？」

白圭對曰：「魏文侯師子夏❺，友田子方❻，敬段干木❼，此名之所以過於桓公也。卜❽相則曰『成❾與黃❿孰可』，此功之所以不及五伯也。以私愛妨公舉，在職者不堪⓫其事，故功廢；然而名號顯榮者，三士⓬翊⓭之也。如相三士，則王功成，豈特⓮霸哉！」

【章　旨】此章說明不僅要尊敬賢能，還要善於任用賢能。

【注　釋】❶孟嘗君　即戰國時齊國貴族田文。封於薛，號孟嘗君，以好客著稱，門下食客至數千人。❷白圭　戰國時人。名丹，字圭，善治水。❸桓公　齊桓公。春秋五霸之一，姓姜，名小白。❹五伯　即五霸。一般指齊桓公、晉文公、宋襄公、秦穆公、楚莊王。❺子夏　春秋時衛國人。姓卜，名商，字子夏，孔子弟子，為魏文侯師。❻田子方　戰國時魏國人，名無擇。❼段干木　戰國時魏國人。❽卜　選擇。❾成　季成，魏文侯之弟。❿黃　翟黃，魏文侯之友。⓫堪　能承擔；勝任。⓬三士　指子夏、田子方、段干木。⓭翊　輔助。⓮特　只。副詞。

【語　譯】孟嘗君向白圭問道：「魏文侯的名聲超過了齊桓公，可是他的功業趕不上春秋五霸，這是為什麼呢？」白圭回答說：「魏文侯像對老師一樣事奉卜子夏，把田子方看做朋友，尊敬段干木，這就是他的名聲超過齊桓公的原因；選擇國相就只說『季成與翟黃誰可以』，這就是他的功業趕不上春秋五霸的原因。因私人的親密關係妨礙公正的選拔，選拔出來的在職的官員就不能承擔他們的工作，所以事情就辦理不好，功業建立不起來。但是他的名聲稱號卻很顯赫榮耀，就是那三個士人幫助了他。如果任用那三個士人做相，那麼王天下的功業都可以成功，哪裡只是霸諸侯呢！

(六)晉平公❶問於叔向❷曰：「昔者齊桓公九合諸侯，一匡❸天下，不識其君之力乎？其臣之力乎？」叔向對曰：「管仲善制割❹，隰朋❺善削縫❻，賓胥無❼善純緣❽，桓公知衣而已，亦其臣之力也。」師曠❾侍，曰：「臣請譬之以五味❿，管仲善斷割之，隰朋善煎熬之，賓胥無善齊⓫和之，羹以熟矣，奉而進之，而君不食，誰能彊之？亦君之力也。」

【章　旨】此章說明賢人在位，國家強盛，皆國君任用賢能的功勞。

【注　釋】❶晉平公　春秋時晉國國君，名彪。❷叔向　春秋時晉國大夫。羊舌氏，名肸。❸匡　正。❹制割　裁剪。❺隰朋　齊桓公時大夫。❻削縫　修剪縫合。❼賓胥無　人名。❽純緣　衣服的鑲邊。用作動詞，縫製鑲邊。❾師曠　春秋時晉國著名樂師，名曠。❿五味　指酸、苦、甘、辛、鹹。這裡泛指滋味。⓫齊　通「劑」。調味。

【語　譯】晉平公向叔向問道：「從前，齊桓公九次會合諸侯，匡正天下，不知道是君主的力量呢？還是臣下的力量呢？」叔向回答說：「以縫衣來作比，管仲善於裁剪，隰朋善於修整縫合，賓胥無善於縫製鑲邊，齊桓公只知道穿衣罷了，那都是臣下的力量呢。」師曠正陪坐在一旁，說：「我請求用滋味來作比喻，管仲善於切割，隰朋善於煎熬，賓胥無善於調和，菜羹已經做好了，把它奉獻給國君，國君卻不肯吃，誰能夠強迫他吃呢？這也是國君的力量啊。」

(七)昔者齊桓公與魯莊公❶為柯之盟❷，魯大夫曹劌❸謂莊公曰：「齊之侵魯，至於城下，城壞壓境，君不圖與❹！」莊公曰：「嘻！寡人之生不若死。」曹劌曰：「然則君請當其君，臣請當其臣。」及會，兩君就壇，兩相❺相❻揖，曹劌手劍援刃而進，迫桓公於壇上，曰：「城壞壓境，君不圖與！」管仲曰：「然則君何求？」曹劌曰：「願請汶陽❼田。」管仲謂桓公曰：「君其許之。」桓公許之，曹劌請盟，桓公遂與之盟。已盟，標劍❽而去。左右曰：「要❾盟可倍❿。曹劌可讎，請倍盟而討曹劌。」管仲曰：「要盟可負而君不負，曹劌可讎而君不讎，著信天下矣。」遂不倍，天下諸侯翕然⓫而歸之。為鄄之會⓬，幽之盟⓭，諸侯莫不至焉。為陽穀之會⓮，貫澤之盟⓯，遠國皆來。南伐強楚，以致菁茅之貢⓰；北伐山戎⓱，為燕開路⓲；三存亡國，一繼絕世，尊事周室，九合諸侯，一匡天下，功次三王，為五伯長，本信起乎柯之盟也。

【章　旨】此章說明國君講信用的重要。

【注　釋】❶魯莊公　春秋時魯國國君。姓姬，名同。❷柯之盟　事見《春秋公羊傳・莊公十三年》。柯，齊邑，在今山東省東阿縣西南。❸曹劌　魯國大夫，曾輔助魯莊公敗齊師於長勺。❹與　同「歟」。語氣詞。❺相　賓相；贊禮的人。❻相　互相。❼汶陽　春秋時魯國地，時為齊國侵占。❽標劍　把劍放在地上。標，《春秋公羊傳》作「摽」，落。❾要　要挾。❿倍　同「背」。背叛。⓫翕然　聚合一起的樣子。⓬鄄之會　事見《春秋・莊公十四年》。鄄，春秋衛邑，在今山東省鄄城縣。⓭幽之盟　事見《春秋・莊公十六年》。幽，宋地。⓮陽穀之會　事見《春秋・僖公三年》。陽穀，齊邑名。古城在今山東省陽穀縣北。⓯貫澤之盟　事見《春秋・僖公二年》。貫澤，宋地，在今山東省曹縣南。⓰菁茅之貢　齊伐楚責貢菁茅。事見《左傳・僖公四年》。菁茅，楚國特產植物，祭祀時用以濾去酒糟以供祭祀，是楚國向周王進貢的禮物。⓱北伐山戎　事見《春秋・僖公十年》。山戎，我國古代北方民族，居於今河北東部。⓲為燕開路　事見《史記・齊太公世家》。山戎伐燕，齊桓公救燕，燕莊公送齊桓公入齊境。齊桓公說：「諸侯相送不出境，吾不可以無禮於燕。」就割讓燕君所至的地方給燕國。燕，春秋時國名。姬姓，召公奭之後。

【語　譯】從前，齊桓公與魯莊在柯地盟會，魯國大夫曹劌告訴魯莊公說：「齊國侵犯魯國，到了魯國的城下。城牆崩壞就可以壓著魯國的邊界線，您不考慮這件事嗎？」魯莊公說：「唉！我活著還不如死了好哩。」曹劌說：「那麼，請您盡國君的本分，讓我來盡臣下的本分。」

等到開會，兩國國君登上壇臺，兩國的賓相互相拱揖，曹劌手握寶劍，拔出鋒刃來，上前，在壇上脅迫齊桓公，說：「魯國的城牆崩塌下來都要壓著邊境線了，您不考慮這件事嗎？」管仲說：「那麼，您有什麼要求呢？」曹劌說：「希望把汶陽一帶的田地歸還魯國。」管仲對齊桓公說：「您允許他吧！」齊桓公允許他了。曹劌請求訂立盟約，齊桓公就跟他訂了盟約。訂立盟約以後，曹劌丟下劍就離開了。齊桓公左右的人說：「要挾的盟約可以背棄，曹劌可以讎視，請您背棄盟約，討伐曹劌的罪行。」管仲說：「要挾的盟約可以辜負，可是君王不辜負；曹劌可以仇視，可是君王不仇視，就可以向天下表明君王的誠信了。」齊桓公於是不背棄盟約。

從此，天下諸侯不約而同地歸順齊桓公。在鄄地召開會議，在幽地訂立盟約，諸侯沒有不到會的。在陽穀召開會議，在貫澤訂立盟約，遠方的國家都來與會。南方討伐強盛的楚國，讓它交納菁茅這種貢物；北方討伐山戎，為燕莊公劏地開路。齊桓公三次保存了滅亡的國家，一次延續了絕滅的世族，尊敬地事奉周朝王室，多次會合諸侯，匡正天下，功業僅比三王差一點，成為春秋五霸之首，推其本原，信任是從柯地訂立的盟約開始的。

(八)晉文公❶伐原❷，與大夫期❸五日，五日而原不降，文公令去之。吏曰：「原不過三日將降矣，君不如待之。」君曰：「得原失信，吾不為也。」原人聞之，曰：「有君義若此，不可不降也。」遂降。溫❹人聞之，亦請降。故曰「伐原而溫降」，此之謂也。於是諸侯歸之，遂侵曹伐衛❺，為踐土之會❻、溫之盟❼，後南破強楚❽，尊事周室，遂成霸功，上次❾齊桓，本信由伐原也。

【章　旨】此章說明君主必須講信任，才能取信於人，使人信服。

【注　釋】❶晉文公　春秋時晉國國君。名重耳，五霸之一。❷原　古國名。姬姓，在今河南省濟源縣西北。❸期　限期；約定。❹溫　周畿內國名。故城在今河南省溫縣境。本姓蘇，建都於溫，故亦稱溫。❺侵曹伐衛　事見《左傳・僖公二十八年》。曹，春秋時國名。在今山東菏澤、定陶、曹縣一帶。衛，春秋時國名。在今河南省汲縣。❻踐土之會　事見《左傳・僖公二十八年》。是年，晉文公率諸侯之師，敗楚師於城濮，五月，諸侯結盟於踐土。踐土，春秋鄭國地名。在今河南省原陽縣西南。❼溫之盟　事見《左傳・僖公二十八年》。❽南破強楚　指魯僖公二十八年晉文公敗楚師於城濮事。此說「後」，時間有誤。❾次　按順序敘列，後者對前者稱次。

【語　譯】晉文公進攻原，跟大夫約定為期五天，過了五天，可是原人不投降，晉文公下令撤離原。軍吏說：「原人不過三天就會投降了，您不如等待一下。」晉文公說：「得到原，失去信任，我不做這樣的事。」原人聽到這個話，說：「有個這樣講信義的君主，不可以不投降。」就投降了。溫人聽到這個消息，也請求投降。所以說「進攻原，溫人就投降」，說的就是這件事。於是，諸侯都歸順晉文公，就侵犯曹國，討伐衛國，在踐土開會，在溫訂盟，後來向南攻破強盛的楚國，尊敬地事奉周朝王室，就成就了霸主的事業，緊接在齊桓公之後。推其本原，是由討伐原地開始建立信用的。

(九)昔者趙❶之中牟❷叛，趙襄子❸率師伐之，圍未合而城自壞者十堵❹，襄子擊金❺而退士。軍吏曰：「君誅中牟之罪而城自壞，是天助也，君曷❻為去之？」襄子曰：「吾聞之於叔向❼曰『君子不乘人於利，不迫人於險』，使之城而後攻。」中牟聞其義，乃請降。《詩》曰：「王猶允塞，徐方既來❽。」此之謂也。襄子遂滅知氏❾，并代❿，為天下彊，本由伐中牟也。

【章　旨】此章說明不乘人之危，就能得到別人的信任。

【注　釋】❶趙　春秋時晉國貴族，後韓，趙、魏三家分晉，列為諸侯，為戰國時趙國。❷中牟　春秋晉國地名。在今河南省湯縣西。❸趙襄子　春秋時晉國的卿。趙簡子趙鞅之子，名毋卹。❹堵　土牆。牆長高各一丈為一堵。❺金　軍中樂器。指金鉦，用以止眾。❻曷　同「何」。❼叔向　春秋時晉國大夫。羊舌氏，名肸。❽王猶允塞二句　見《詩．大雅．常武》。猶，同「猷」。謀。允塞，的確充實。允，信。塞，實。徐方，即徐國。古諸侯國名，在今安徽省泗縣。❾知氏　春秋時晉國貴族，至戰國初知伯荀瑤時，向韓、趙、魏三家索地，趙不與，知伯與韓、魏共圍趙。趙襄子與韓魏合謀，反滅知伯，分其地。事詳《史記．趙世家》。❿代　戰國時國名。在今河北省蔚縣一帶，為趙襄子所并滅。事見《史記．趙世家》。

【語　譯】從前，晉國貴族趙氏的屬邑中牟背叛趙氏，趙襄子統率軍隊去討伐它，還沒有合圍，中牟的城牆就自動崩塌了十方丈。趙襄子趕緊鳴鉦撤退士兵，軍吏說：「您討伐中牟的叛逆之罪，城牆自動崩壞，這是老天的幫助，您為什麼反而撤離呢？」趙襄子說：「我從叔向那裡聽說『君子不在對己有利時乘人之危，不在危險的境地逼迫別人』，讓中牟人修好城牆再去進攻它。」中牟人聽說趙襄子這樣講仁義，就請求投降了。《詩經》上說：「君王的謀略的確充實，還未作戰，徐國人就來歸順了。」說的就是這種情況。趙襄子就消滅知伯，吞併代國，成為天下的強大勢力，推其本原，就是由討伐中牟開始的。

(一〇)楚莊王❶伐鄭❷，克之，鄭伯❸肉袒❹，左執旄旌❺，右執鸞刀❻，以迎莊王曰：「寡人無良，邊陲❼之臣，以干❽天之禍，是以使君王昧焉❾，辱到弊邑❿，君如憐此喪人，錫⓫之不毛之地⓬，唯君王之命。」莊王曰：「君之不令⓭臣交易⓮為言，是以使寡人得見君之玉面也，而微⓯至乎此。」莊王親自手旌左右麾⓰軍，還舍七里。將軍子重⓱進諫曰：「夫南郢之與鄭，相去數千里，諸大夫死者數人，斯役⓲死者數百人，今剋而不有，無乃失民力乎？」莊王曰：「吾聞之，古者盂⓳不穿，皮不蠹，不出四方，以是見君子重禮而賤利也。要⓴其人，不要其土，人告從而不赦，不祥也。吾以不祥立乎天下，菑㉑之及吾身，何日之有矣。」

既而晉人之救鄭者至，請戰，莊王許之。將軍子重進諫曰：「晉，強國也，道近力新，楚師疲勞，君請勿許。」莊王曰：「不可。強者我避之，弱者我威之，是寡人無以立乎天下也。」遂還師以逆㉒晉寇，莊王援枹㉓而鼓之，晉師大敗。晉人來，渡河而南，及敗，奔走欲渡而北，卒爭舟而以刃擊引㉔，舟中之指可掬也。莊王曰：「嘻！吾兩君之不相能㉕也，百姓何罪？」乃退師以軼㉖晉寇。《詩》曰：「柔亦不茹，剛亦不吐，不侮鰥寡，不畏強禦㉗。」莊王之謂也。

【章旨】此章說明國君不可欺弱畏強，必須寬恕降服的，打擊頑強的。

【注釋】❶楚莊王　春秋時楚國國君。名旅，五霸之一。❷鄭　春秋時國名。在今河南省新鄭縣。❸鄭伯　鄭為伯爵諸侯國，故國君稱鄭伯，此時國君為鄭襄公，名堅。❹肉袒　脫衣露體。古人謝罪時以此表示恐懼。❺旄旌　以犛牛尾作竿飾的旗。❻鸞刀　有鈴的刀。本祭祀時割牲用，此表示服罪。❼陲　邊界。❽干　犯。❾昧焉　冒犯著。指冒犯風塵，不畏辛苦。❿弊邑　弊陋的地方。對自己國家的謙稱。⓫錫　賜。⓬不毛之地　草木不生的貧瘠之地。⓭令　善。⓮交易　交替往來。⓯微　暗暗地；不知不覺地。⓰麾　同「揮」。⓱子重　即公子嬰齊。楚莊王之弟。⓲斯役　即廝役。幹粗雜活的奴隸。泛指為人驅使的奴僕。⓳盂　盛食物的器皿。⓴要　求。㉑菑　同「災」。㉒逆　迎。㉓枹　同「桴」。鼓槌。㉔引　牽引。指拉住船舷的手。㉕能　和睦；友好。㉖軼　突過。謂使晉軍能突過河水逃去。㉗柔亦不茹四句　見《詩・大雅・烝民》。茹，吃。強禦，橫暴有勢力的人。

【語　譯】楚莊王討伐鄭國，打敗了它。鄭伯脫衣露體，左手拿著繫有犛牛尾毛的旗子，右手拿著繫有鸞鈴的刀子，走到楚莊王跟前，說：「我不好，得罪貴國守邊界的臣下，觸犯了天降的災禍，因此君王冒著風塵，來到我國這個蔽陋的地方。您如果憐憫我這個亡國的人，賜給我一塊寸草不生的地方，現在只憑君王發布命令。」楚莊王說：「您的那些不善良的臣下往來交替地說壞話，因此使我有機會見到您的尊面，而不知不覺中就到了這裡來。」楚莊王親自手執旌旗左右指揮軍隊，退回去七里駐紮。將軍子重上前勸諫說：「我們郢都跟鄭國，相距幾千里，那些大夫死了幾個，一般的雜役死了幾百個，現在攻克了它而不去占領，這恐怕是白白地喪失民力啊！」楚莊王說：「我聽說，古時的人盛食物的器皿不穿破，皮裘不被蟲子咬，就不要出使到四方各國去。憑這個可以看出君子是重視禮義而輕視財利的。只要求他的人歸服，不要求占有他的土地，別人已經宣告服從，可是仍不赦免，這是不吉祥的。我以不吉利的情況在天下立身行事，災禍的來到我的身上，就不會有多少日子了。」

沒過多久，晉國援救鄭國的軍隊到了，向楚莊王請求交戰，楚莊王答應了他們。將軍子重上前勸諫說：「晉國是強國，離這裡路程近，戰鬥力旺盛；楚國軍隊士卒疲勞，請您不要答應作戰。」楚莊王說：「不可以。強暴的人我迴避他，弱小的人我威脅他，這樣，我就沒有什麼可以拿來在天下立身行事了。」就回轉軍隊來迎擊晉國的進犯，楚莊王親自拿著鼓槌子擊戰鼓，晉軍大敗而逃。晉國人來的時候，渡過黃河向南；等到失敗逃跑，想渡過黃河向北回去，士卒爭船，用刀砍攀住船舷的手，船中的手指堆得可以用手捧起來了。楚莊王說：「唉！我們兩個國家的君主不相友好，老百姓有什麼罪呢？」就退回追擊的軍隊，讓晉軍突過黃河退了回去。

《詩經》上說：「柔弱的不吃下，剛強的不吐掉，不欺侮鰥寡，不畏懼強暴。」說的就是楚莊王啊！

(二)晉人伐楚，三舍❶不止，大夫曰：「請擊之。」莊王曰：「先君之時，晉不伐楚，及孤❷之身而晉伐楚，是寡人之過也，如何其辱諸大夫也？」大夫曰：「先君之時，晉不伐楚，及臣之身而晉伐楚，是臣之罪也，請擊之。」莊王俛❸泣而起拜諸大夫，晉人聞之曰：「君臣爭以過為在己，且君下❹其臣猶如此，所謂上下一心，三軍同力，未可攻也。」乃夜還師。孔子聞之曰：「楚莊王霸，其有方矣。下士以一言而敵還，以安社稷，其霸，不亦宜乎！」《詩》曰：「柔遠能邇，以定我王❺。」此之謂也。

【章旨】此章說明國君能尊賢下士，就能使敵國畏懼。

【注釋】❶舍　古時行軍三十里為一舍。❷孤　古時侯王對自己的謙稱。❸俛　低頭。❹下　謙讓；居人之下。❺柔遠能邇二句　見《詩・大雅・勞民》。柔，安。能，親善。邇，近。

【語譯】晉國人進攻楚國，進入楚國境界九十里，還不停止。楚國大夫說：「請攻擊他們。」楚莊王說：「先君的時候，晉國人不進攻楚國，到我本人在位，晉國卻來進攻，這是我的過錯，怎麼能屈辱諸位大夫去作戰！」楚國大夫說：「先君的時候，晉國不進攻楚國，等到我們親身輔佐大王，晉國卻來進攻楚國，這是我們大夫的過錯，請您下令攻擊他們。」楚莊王低頭哭泣，站起身來拜謝諸位大夫。晉國人聽到這件事，說：「君臣爭著以為過錯是在自己，並且君主對他的臣下謙讓還能如此卑下，這就是所說的上下一心，三軍同力呢。這不可以進攻。」就連夜撤軍回去了。

孔夫子聽到這件事，說：「楚莊王稱霸，是有道理的。他尊賢下士，用一句話就使敵軍撤去，來安定國家。他的稱霸，不是應該嗎？」《詩經》上說：「安定遠方的國家，親善鄰近的國家，來安定我們的周室。」說的就是楚莊王這種情況。

(三)晉文公將伐鄴❶，趙衰❷言所以勝鄴，文公用之而勝鄴，將賞趙衰。趙衰曰：「君將賞其末乎？賞其本乎？賞其末，則騎乘者❸存，賞其本，則臣聞之郤虎❹。」公召郤虎曰：「衰言所以勝鄴，遂勝，將賞之，曰：蓋聞之子，子當賞。」郤虎對曰：「言之易，行之難。臣言之者也。」公曰：「子無辭。」郤虎不敢固辭，乃受賞。

【章旨】此章贊揚不竊人之功的美德。

【注　釋】❶鄴　春秋時齊邑。後屬晉，故城在今河北省臨漳縣北。❷趙衰　名子餘。春秋時晉文公臣，從晉文公出亡十九年，後佐晉文公定霸業，其子孫也為晉卿。❸騎乘者　騎馬乘車作戰的將士。❹郄虎　人名。

【語　譯】晉文公將出兵進攻鄴城，趙衰談了用來戰勝鄴城的辦法，晉文公採用了他的辦法，果然攻下了鄴城，晉文公將要獎勵趙衰。趙衰說：「您是獎賞次要的呢？還是獎賞根本的呢？獎賞次要的，那麼有騎馬乘車去衝鋒陷陣的將士在那裡；獎賞根本的，那麼那個辦法是我從郄虎那裡聽到的。」晉文公召喚來郄虎，說：「趙衰說了他用來戰勝鄴的辦法，就打了勝仗，我準備獎賞他，他說，是從你那裡聽說的，你應該受獎賞。」郄虎回答說：「說出它容易，實行它難。我不過是說出它的人而已。」晉文公說：「你不要推辭。」郄虎不敢堅決推辭，於是接受獎賞。

(三)梁❶大夫有宋就❷者嘗為邊縣❸令❹，與楚鄰界。梁之邊亭❺與楚之邊亭皆種瓜，各有數：梁之邊亭人劬❻力，數❼灌其瓜，瓜美；楚人窳❽而稀灌其瓜，瓜惡。楚令因以梁瓜之美怒其亭瓜之惡也，楚亭人心惡梁亭之賢己，因往夜竊搔❾梁亭之瓜，皆有焦死者矣。梁亭覺之，因請其尉❿，亦欲竊往報搔楚亭之瓜。尉以請宋就。就曰：「惡⓫！是何可，構怨禍之道也。人惡亦惡，何褊⓬之甚也！若我教子，必每暮令人往竊為楚亭夜善灌其瓜，勿令知也。」於是梁亭乃每暮夜竊灌楚亭之瓜，楚亭旦而行瓜，則又皆以灌矣，瓜日以美，楚亭怪而察之，則乃梁亭也。楚令聞之，大悅，因具以聞楚王，楚王聞之，惄然⑬愧，以意自閔⑭也。告吏曰：「徵⑮搔瓜者，得無有他罪乎？此梁之陰讓也。」乃謝⑯以重幣，而請交於梁王。楚王時稱則祝⑰梁王以為信，故梁楚之歡由宋就始。語曰：「轉敗而為功，因禍而為福。」老子⑱曰：「報怨以德。」此之謂也。夫人既不善，胡足效哉！

【章旨】此章說明以德報怨是睦鄰的關鍵。

【注釋】❶梁　即魏。戰國七雄之一，魏惠王遷都大梁，故稱。❷宋就　人名。❸邊縣　邊境上的縣。❹令　縣官，轄區萬戶以上稱令。❺亭　古時地方行政機構。十里一亭，亭有長。❻劬　勤勞。❼數　多次；屢次。❽窳　懶惰。❾搔　抓搔；用指甲劃。❿尉　官名。主管軍事。⓫惡　嘆詞。表示驚訝。⓬褊　狹窄。指器量狹小。⓭惄然　憂思羞愧的樣子。⓮閔　通「憫」。憂鬱。⓯徵　尋求；訪查。⓰謝　謝罪；致歉。⓱時稱則祝　賈誼《新書・退讓》作「時則稱說」，當從之。⓲老子　即老聃。先秦時著名思想家，道家學派創始人，楚國苦縣人，曾為周藏書室史官，著有《老子》。

【語譯】梁國大夫有一個叫宋就的人，曾經做邊境縣邑的縣令，這個縣與楚國相鄰接界。梁國邊境的一個亭與楚國邊境上的一個亭都種瓜，各方的瓜都有一套種植的辦法：梁國邊境亭裡的人勤勞用力，多次灌溉他們的瓜，瓜長得好；楚國人懶惰，很少灌溉他們的瓜，瓜長得不好。楚國邊縣的縣令因為梁亭的瓜長得好，自己邊亭的長得不好，很生氣，楚國邊亭的人心裡嫉恨梁人的瓜比自己的好，因而夜晚前去暗中抓壞梁人的瓜，有的都枯死了。梁亭人發覺這一情況，因而請求他們的尉，也想暗中去報復抓壞楚亭人的瓜。尉將這件事請示宋就。宋就說：「咦！這怎麼可以呢！這是結下仇怨災禍的做法。人家做壞事，你也跟著做壞事，為什麼心胸狹隘到這種程度呢？假如讓我教導你們，一定每天晚上派人去，暗中替楚亭的人在夜晚好好地灌溉他們的瓜，不讓他們知道。」於是，梁亭的人每天晚上暗中去灌溉楚亭人的瓜。早上，楚亭人一早到瓜田去，卻都已經澆灌好了，瓜也一天天地長得好。楚亭人感到奇怪，去了解原因，卻是梁亭人替他們澆灌的。楚國邊縣縣令聽到這件事，非常高興，於是把情況全都報告楚王。楚王聽到此事，感到慚愧，心裡很難過，告訴有關官吏說：「訪查那些抓壞梁瓜的人，難道他們沒有其他的罪行嗎？這是梁國人暗中相讓哩。」就用厚禮去向梁人道歉，並向梁王請求結交。楚王時時稱說梁王，認為他講信用。故梁楚兩國的友好關係，就是由宋就開始的。

古話說：「失敗可以轉化為有功，災禍可以因而成為福澤。」老子說：「用恩德來報答仇怨。」說的就是這種情況。人家既然不好，又哪裡值得去效法呢？

(四)梁嘗有疑獄，群臣半以為當罪，半以為無罪，雖梁王亦疑。梁王曰：「陶❶之朱公❷以布衣❸富侔❹國，是必有奇智。」乃召朱公而問曰：「梁有疑獄，獄吏半以為當罪，半以為不當罪，雖寡人亦疑，吾子決是，奈何？」朱公曰：「臣，鄙❺民也，不知當❻獄。雖然，臣之家有二白璧，其色相如也，其徑相如也，其澤相如也，然其價，一者千金，一者五百金。」王曰：「徑與色澤相如也，一者千金，一者五百金，何也？」朱公曰：「側而視之，一者厚倍，是以千金。」梁王曰：「善！」故獄疑則從去，賞疑則從與，梁國大悅。由此觀之，牆薄則亟壞，繒❼薄則亟裂，器薄則亟毀，酒薄則亟酸。夫薄而可以曠日持久者，殆未有也。故有國畜民施政教者，宜厚之而可耳。

【章　旨】此章說明為政要寬厚而不刻薄。

【注　釋】❶陶　地名。在今山東省定陶縣境。❷朱公　即春秋時越國大夫范蠡。他既佐越王句踐滅吳，即棄官遠至陶，稱朱公，以經商致富，子孫經營繁息，遂至巨萬。按范蠡時魏尚未稱王，此寓言，不可拘泥。❸布衣　平民。❹侔　相等。❺鄙　邊邑。❻當　判斷；判決。❼繒　絲織物的總稱。

【語　譯】魏國曾經有一個疑難案件，群臣一半人認為應判有罪，一半人認為沒有罪，即使魏王自己也不能決定。魏王說：「陶地的朱公憑著普通百姓的身分，富裕卻和國家相等，他必定有不凡的智慧。」就召喚朱公來，問他說：「魏國有件疑難案件，一半的獄官認為該判罪，另一半卻認為不該判罪，即使我也不敢確定。你來判斷這件案子，該怎麼辦？」朱公說：「我是鄙陋的百姓，不懂得判決案件。

雖然如此，我的家裡有兩塊白色璧玉，它們的顏色相同，它們的直徑相等，它們的光澤相似，然而它們的價值，一個值一千金，一個只值五百金。」魏王說：「直徑與顏色、光澤都相同，一個抵一千金，一個只抵五百金，這是為什麼呢？」朱公說：「側著看它們，有一個厚一倍，因此就值一千金。」魏王說：「說得好！」所以，案件有疑難，可治罪可不治罪的，就不治罪；獎賞有疑難，可獎勵可不獎勵的，就獎勵。魏國人非常高興。

由此看來，牆薄了就很快崩壞，繒薄了就很快裂坼，器皿薄了就很快毀壞，酒薄了就很快酸掉，薄而可以經歷時日、堅持長久的，大概是沒有的。所以享有國家、養育人民、施行政教的人，應該厚道就可以了。

(五)楚惠王❶食寒菹❷而得蛭❸，因遂吞之，腹有疾而不能食。令尹❹入問曰：「王安得此疾也？」王曰：「我食寒菹而得蛭，念譴之而不行其罪乎？是法廢而威不立也，非所以使國聞❺也；譴而行其誅乎？則庖宰❻食監❼法皆當死，心又不忍也。故吾恐蛭之見也，因遂吞之。」令尹避席再拜而賀曰：「臣聞天道無親，惟德是輔，君有仁德，天之所奉也，病不為傷。」是夕也，惠王之後❽蛭出，故其久病心腹之疾皆愈。天之視聽，不可不察也。

【章　旨】此章說明待人寬厚，對人對己都有好處，一定能得到天助神佑。

【注　釋】❶楚惠王　戰國初楚國國君，名章。❷菹　醃菜。❸蛭　水蛭，俗稱馬蟥。❹令尹　楚國官名。相當於「相」。❺聞　名聲；名譽。用作動詞，提高威望。❻庖宰　廚師總管。庖，廚師。❼食監　管理飲食的官員。❽後　指肛門。

【語　譯】楚惠王吃冷醃菜，碰到一條馬蟥，就把牠吞了下去，於是肚子很不舒服，不能吃東西。令尹進宮問道：「大王怎麼得了這個病呢？」楚惠王說：「我吃冷醃菜，碰到一條馬蟥，心想：只譴責他們，不治他們的罪嘛，則王法廢棄，國家的威權就不能樹立，這不是用來使國家提高威望的辦法；譴責他們，治他們的罪嘛，那麼廚師總管、管理飲食的官員，依法律都當得到死罪，心裡又不忍。所以我恐怕這條馬蟥被人看見，於是就吞了下去。」令尹離開座席，拜了兩拜，祝賀說：「我聽說，老天爺不會親私，只輔助有仁德的人。您有仁德，正是老天爺所尊奉的，您的病情將無妨礙。」這天晚上，馬蟥就隨著楚惠王的糞便排出，原來患了很久的心腹之疾也都痊愈了。上天的視聽舉動是不可不仔細考察的。

(六)鄭人游於鄉校❶，以議執政❷之善否。然明❸謂子產❹曰：「何不毀鄉校？」子產曰：「胡為？夫人朝夕游焉，以議執政之善否，其所善者，吾將行之；其所惡者，吾將改之。是吾師也，如之何毀之？吾聞為國忠信以損怨❺，不聞作威以防怨，譬之若防川❻也，大決❼所犯，傷人必多，吾不能救也。不如小決之使導，吾聞而藥❽之也。」然明曰：「蔑也乃今知吾子❾之信可事也，小人❿實不材。若果行此，其鄭國實賴之，豈惟二三臣！」仲尼⓫聞是語也，曰：「以是觀之，人謂子產不仁，吾不信也。」

【章旨】此章說明為政要重視輿論的監督作用，不能壓制輿論而獨斷專行。

【注釋】❶鄉校　鄉間的公共場所，既是學校，又是鄉人聚會議事的地方。❷執政　猶言施政。❸然明　春秋時鄭國大夫鬷蔑的字。❹子產　春秋時鄭國大夫公孫僑的字，執掌鄭國政治二十餘年。❺損怨　減少怨恨。❻防川　堵塞河流。❼決　指堤防潰決。❽藥　作動詞用，醫治。❾吾子　對人相親愛的稱呼，等於說「我的先生」。❿小人　然明對自己的謙稱。⓫仲尼　孔子的字。

【語譯】鄭國人在鄉校裡遊息，來議論政府施政的好壞。然明告訴子產說：「為什麼不毀掉鄉校？」子產說：「為什麼呢？那些人早晚在那裡遊息，來議論施政的好壞。他們認為好的，我就繼續實行它；他們認為不好的，我就將改正它。這是我的老師呢，為什麼要毀掉它呢！我聽說過治理國家，要用忠誠信實來減少民怨，沒聽說過作威作福來防止怨恨。譬如像防止河水泛濫一樣，被大決口的洪水侵襲的地區，受害的人必定很多，我沒有辦法挽救。不如將大壩決個小口，引導流水，使它通暢。我從鄉校裡聽到政治上的缺點，反而可以慢慢的整治它呢。」然明說：「我鬷蔑今天才知道先生您的確是個值得事奉的人，我確實沒有才幹。如果這個做法果真實行，我們鄭國確實需要依賴它，哪裡只是我們這幾個人呢？」

孔子聽到了子產這番話，說：「從子產的話看來，別人說子產不仁德，我是不相信的。」

(七)桓公❶與管仲❷、鮑叔❸、甯戚❹飲酒，桓公謂鮑叔：「姑為寡人祝乎！」鮑叔奉酒而起曰：「祝吾君無忘其出而在莒❺也，使管仲無忘其束縛而從魯❻也，使甯戚無忘其飯牛於車下❼也。」桓公避席再拜曰：「寡人與二大夫皆無忘夫子之言，齊之社稷必不廢矣。」此言常思困隘之時，必不驕矣。

【章　旨】此章說明得志之後不忘記窮困之時，就可以避免驕傲。

【注　釋】❶桓公　齊桓公。❷管仲　齊國大夫，名夷吾。❸鮑叔　齊國大夫，名叔牙。❹甯戚　齊國大夫。❺出而在莒　齊國內亂，鮑叔牙奉公子小白出奔莒，後來回國奪得君位，立為齊桓公。出，出奔。❻束縛而從魯　齊國內亂時，管仲、召忽奉公子糾奔魯，魯派兵送公子糾回國，想奪取君位，齊桓公先回國，派兵打敗魯國，逼魯國殺了公子糾，把管仲作為罪犯送回齊國。❼飯牛於車下　甯戚本衛國人，經商至齊，在車下餵牛時唱歌被齊桓公聽到，而被任用。

【語　譯】齊桓公與管仲、鮑叔牙和甯戚一起喝酒，齊桓公對鮑叔牙說：「你隨便為我說點祝福的話吧。」鮑叔牙捧著酒杯站起身來說：「祝願我們的君主不要忘記出奔在莒國的時候，使管仲不要忘記被綁縛從魯國押送回來的時候，使甯戚不要忘記在車下餵牛的時候。」齊桓公離開座席，拜了兩拜，說：「我與管仲、甯戚兩個大夫都不忘記先生您的話，我們齊國就不會滅亡了。」

這就是說經常想想受困厄的時候，就不會驕傲了。

(六)桓公❶田❷，至於麥丘❸，見麥丘邑❹人，問之：「子何為者也？」對曰：「麥丘邑人也。」公曰：「年幾何❺？」對曰：「八十有❻三矣。」公曰：「美哉壽乎！子其以子壽祝寡人。」麥丘邑人曰：「祝主君，使主君甚壽！金玉是賤，人為寶。」桓公曰：「善哉！至德不孤，善言必再，吾子其復之。」麥丘邑人曰：「祝主君，使主君無羞學，無惡下問，賢者在傍，諫者得人。」桓公曰：「善哉！至德不孤，善言必三，吾子一❼復之。」麥丘邑人曰：「祝主君，使主君無得罪於群臣百姓。」桓公佛然❽作色曰：「吾聞之，子得罪於父，臣得罪於君，未嘗聞君得罪於臣者也。此一言者，非夫二言之匹也，子更之。」麥丘邑人坐拜而起曰：「此一言者，夫二言之長也。子得罪於父，可以因姑姊叔父而解之，父能赦之；臣得罪於君，可以因便辟❾左右而謝之，君能赦之。昔桀得罪於湯，紂得罪於武王，此則君之得罪於其臣者也，莫為謝，至今不赦。」公曰：「善！賴國家之福，社稷之靈，使寡人得吾子於此。」扶而載之，自御以歸，禮之於朝，封之以麥丘而斷政焉。

【章　旨】此章說明為政要重人賤寶，任賢使能，並須得到群臣百姓的愛戴與擁護。

【注　釋】❶桓公　齊桓公。❷田　通「畋」。打獵。❸麥丘　地名。齊邑，在今山東省商河縣境。❹邑　古代地區單位。九夫為井，四井為邑。❺幾何　多少。❻有　通「又」。用於整數與零數之間的連詞。❼一　王謨《漢魏叢書》作「其」，與上文同。❽怫然　生氣的樣子。❾便辟　得到君主寵信的近臣。

【語　譯】齊桓公出外打獵，到達麥丘，見到一個麥丘當地的人。齊桓公問他：「你是哪裡人？」那個人回答說：「我是麥丘本地的人。」齊桓公說：「年紀多大了？」那個人回答說：「八十三歲了。」齊桓公說：「真是高壽啊！你就用你的高壽來祝福我吧。」那個麥丘邑的人說：「祝福主君，使主君壽命很長，輕視金玉，以人為寶。」齊桓公說：「說得好啊！最高的德行是不孤單的，好的話語是必定有第二次的，您再祝福一次吧。」那個麥丘邑的人說：「祝福主君，使主君不以學習為羞恥，不厭惡向不如自己的人請教，賢能的人侍立身旁，進諫的官員能得到適當的人選。」齊桓公說：「說得好啊！最高的德行是不孤單的，最好的話語是必定有第三次的，您就再祝福我一次吧。」那個麥丘邑的人說：「祝福主君，使主君不得罪於群臣百姓。」齊桓公氣沖沖地變了臉色，說：「我只聽說兒子得罪於父親，臣下得罪於君主，還從未聽到過君主會得罪於臣下的。這一句話就不能和前面那兩句話相比，你換一句吧。」那個麥丘邑人坐在席上拜了一拜，挺起身來說：「這一句話還是那兩句話的綱領呢。兒子得罪了父親，可以通過姑姊叔父去解釋，父親可以原諒他的錯；臣下得罪了君主，可以通過左右親信去說情，君主是能夠赦免他的罪。從前，夏桀王得罪了商湯王，商紂王得罪了周武王，這是君主得罪於他的臣下，沒有任何人為他謝罪，到現在還不被赦免哩。」齊桓公說：「說得好！依賴國家的福澤，土神穀神的保佑，使我在這裡遇到先生。」就扶著他坐在車上，齊桓公親自趕車載他回去，在朝廷上禮敬他，把麥丘封給他，讓他協助處理決定國家的事務。

(九)哀公❶問孔子曰：「寡人生乎深宮之中，長於婦人之手，寡人未嘗知哀也，未嘗知憂也，未嘗知勞也，未嘗知懼也，未嘗知危也。」孔子辟席❷曰：「吾君之問，乃聖人之問也。丘❸，小人也，何足以言之？」哀公曰：「否，吾子就席。微吾子，無所聞之矣。」孔子就席曰：「然。君入廟門，升自阼階❹，仰見榱棟❺，俯見几筵❻，其器存，其人亡，君以此思哀，則哀將安不至矣。君昧爽❼而櫛冠❽，平旦❾而聽朝❿，一物不應，亂之端也，君以此思憂，則憂將安不至矣。君平旦而聽朝，日昃⑪而退，諸侯之子孫必有在君之門廷者，君以此思勞，則勞將安不至矣。君出魯之四門，以望魯之四郊，亡國之墟⑫，列必有數矣，君以此思懼，則懼將安不至矣。丘聞之，君者舟也，庶人者水也，水則載舟，水則覆舟，君以此思危，則危將安不至矣。夫執國之柄，履民之上，懍乎⑬如以腐索御奔馬。《易》曰『履虎尾⑭』，《詩》曰『如履薄冰⑮』，不亦危乎！」哀公再拜曰：「寡人雖不敏⑯，請事斯語矣。」

【章旨】此章說明國君必須居安思危，了解別人的勞苦，思念祖宗創業的艱難，想到君舟民水的道理。

【注釋】❶哀公　魯哀公。春秋時魯國國君，名蔣。❷辟席　即「避席」。古時席地而坐，避席即離開座席，目的是表示敬意。❸丘　孔子的名。❹阼階　殿堂的東階。❺欀棟　椽子與正梁。指屋頂。❻几筵　擺設供品的小桌子。❼昧爽　黎明。天未全明之時。❽櫛冠　梳頭戴帽。即梳洗之意。❾平旦　清晨。天大亮的時候。❿聽朝　指國君上朝處理政事。⓫昃　太陽偏西。⓬墟　廢墟。⓭懍乎　危懼的樣子。⓮履虎尾　見《周易・履卦》。⓯如履薄冰　見《詩・小雅・小旻》。⓰敏　聰慧。

【語譯】魯哀公問孔子說：「我生長在深宮內院之中，在婦人的手中長大，我從來不知道什麼是悲哀，從來不知道什麼是憂愁，從來不知道什麼是勞苦，從來不知道什麼是恐懼，從來不知道什麼是危難。」孔夫子離開座席說：「我們君主提出的問題是聖明君主才會想到的問題，我孔丘是個渺小的人，哪裡夠資格談論呢？」魯哀公說：「不。您回到座席去，除了先生您，我就沒有地方能聽到答案了。」

孔子回到座席，說：「好的，我就遵命。您進入祖廟的大門，從東邊的臺階走上去，抬頭看到屋頂的椽子與正樑，低頭看到擺設供品的小桌子，那器物還存在，人卻已經死去了，您如果從已故的祖先去體會悲哀，悲哀哪裡會不產生的呢？您在天快亮時就起床梳洗，天一亮就上朝處理政事，如果有一件事情處理得不妥當，就會引起混亂，您從這裡想到憂愁，憂愁哪裡會不來的呢？您天亮就上朝，到太陽偏西的時候才退朝，別國諸侯的子孫一定有在你的朝廷來做事的，您從這裡想到工作的勞苦，勞苦的感覺哪裡會不產生的呢？您走出魯國首都的四座城門，來瞭望魯國四面的郊野，亡國的廢墟，數目必定不少，您從這裡來想想亡國的恐懼，恐懼哪裡會不降臨的呢？我孔丘聽說，君主好比舟，百姓好比水，水能把舟浮載，水也能使舟傾覆，您從這裡想想翻舟的危險，危險的感覺哪裡會不產生的呢？掌握一個國家的權柄，站在人民之上，提心弔膽如同用一根腐朽的繩索駕馭一匹奔馳的駿馬。《周易》上說『踩著了老虎的尾巴』，《詩經》上說『好像踩在河流薄薄的冰片上』，不是太危險了嗎？」

魯哀公拜了兩拜，說：「我雖然不聰敏，請讓我慢慢實踐先生說的這些話。」

(三)昔者齊桓公出遊於野，見亡國故城郭氏之墟❶，問於野人❷曰：「是為何墟？」野人曰：「是為郭氏之墟。」桓公曰：「郭氏者曷為墟？」野人曰：「郭氏者善善❸而惡惡❹。」桓公曰：「善善而惡惡，人之善行也，其所以為墟者何也？」野人曰：「善善而不能行，惡惡而不能去，是以為墟也。」桓公歸，以語❺管仲，曰：「其人為誰？」桓公曰：「不知也。」管仲曰：「君亦一郭氏也。」於是桓公招野人而賞焉。

【章　旨】此章說明為政者能識別善惡而不能實行，也會招致亡滅。

【注　釋】❶墟　廢墟，遺址。❷野人　鄉下人。❸善善　以善為善。前善字為動詞的意動用法。❹惡惡　厭惡邪惡。❺語　告訴。

【語　譯】從前，齊桓公到郊野去遊玩，看見一座滅亡的國家的故城郭氏的遺址，向一個鄉下人問道：「這是什麼遺址？」鄉下人說：「這是郭氏的遺址。」齊桓公說：「郭氏的故城為什麼會成為廢墟呢？」鄉下人說：「郭氏愛好好人好事，厭惡壞人壞事。」齊桓公說：「愛好好人好事，厭惡壞人壞事，這是人的好品行，他的國家為何會成為廢墟呢？」鄉下人說：「愛好好人好事，卻不能實行，厭惡壞人壞事，卻不能除去，因此他的國家會成為廢墟。」

齊桓公回去，把他和鄉下人的談話告訴管仲。管仲說：「那個人是誰？」齊桓公說：「不知道。」管仲說：「您也是一個郭氏罷了。」於是，齊桓公把鄉下人找來，給他賞賜。

(三)晉文公田於虢❶，遇一老夫而問曰：「虢之為虢久矣❷，子處此故❸矣，虢亡，其有說乎？」對曰：「虢君斷則不能，諫則無與❹也。不能斷，又不能用人，此虢之所以亡。」文公以輟❺田而歸，遇趙衰❻而告之。趙衰曰：「今其人安在？」君曰：「吾不與之來也。」趙衰曰：「古之君子，聽其言而用其人，今之君子，聽其言而棄其身，哀哉！晉國之憂也。」文公乃召賞之。於是晉國樂納善言，文公卒以霸。

【章旨】此章說明虛心納諫，並能獎勵進諫的人，國家就能興旺。

【注釋】❶虢　周所封諸侯國，春秋時為晉所滅。❷虢之為虢久矣　虢原在今陝西省寶雞市，為周文王弟虢仲封地，稱西虢，周平王東遷，西虢徙於上陽，稱南虢，故云。❸故　舊；久。❹與　贊同。即接納。❺輟　停止；中止。❻趙衰　春秋時晉文公臣。字子餘，佐文公定霸業，子孫世為晉卿。

【語譯】晉文公到虢地打獵，遇到一個老人家，晉文公問他說：「虢建虢立國，歷時很久了，你居住在這裡也很久了，你對於虢國滅亡，有什麼看法嗎？」老頭回答說：「虢君不能果敢決斷事情，別人進諫也不接納。不能決斷，又不能用人，這就是虢國滅亡的原因。」晉文公因聽了這些話，就中止打獵回來了。路上，晉文公遇見趙衰，就將此事告訴了他。趙衰說：「現在那個人在哪裡？」晉文公說：「我沒有跟他一塊兒來。」趙衰說：「古時候的君子，聽了別人的話就任用他，現在的君子，採納了別人的意見，卻把他捨棄了，真可悲啊！這是晉國的憂患呢。」晉文公就把那位老人家召喚來，給他賞賜。於是，晉國人都樂於貢獻善言，晉文公終於成就了霸業。

(三)晉平公❶過九原❷而歎曰：「嗟乎！此地之蘊❸吾良臣多矣。若使死者起也，吾將誰與歸乎！」叔向❹對曰：「其趙武❺乎！」平公曰：「子黨❻於子之師也。」對曰：「臣敢言趙武之為人也，立若不勝❼衣，言若不出於口，然其身舉士於白屋❽下者四十六人，皆得其意，而公家甚賴之。及文子之死也，四十六人皆就賓位，是其無私德也，臣故以為賢也。」平公曰：「善。」夫趙武，賢臣也，相晉，天下無兵革者九年。《春秋》❾曰：「晉趙武之力。」盡得人也。

【章旨】此章說明進賢無私，就是國家的賢臣。

【注釋】❶晉平公　春秋時晉國國君，名彪。❷九原　山名。在今山西省新絳縣北，晉國大夫的墓地所在。❸蘊　藏。此指埋葬。❹叔向　晉國大夫。羊舌氏，名肸。❺趙武　晉國的卿，卒諡文子。❻黨　偏私。❼勝　承擔；承受。❽白屋　古代平民的住房。不施彩繪，故稱。❾春秋　此指《春秋穀梁傳》。襄公十三年說：「无侵伐八年，善之也，晉趙武、楚屈建之力也。」

【語譯】晉平公經過九原山，感嘆說：「這個地方埋葬我的良臣已經很多了。假如死了的人可以復活，我將跟誰一道歸去呢？」叔向回答說：「那該是趙武吧！」晉平公說：「你偏私於你的老師啊！」

叔向回答說：「我膽敢說說趙武的為人，他站著好像承受不了衣服，說話好像不是出自他的口中，然而他親自從平民的房舍裡薦舉了四十六個賢人。這四十六個人都發揮出了他們的才能，公家也依賴著他們。等到趙文子去世的時候，這四十六人去弔唁，都站立在賓位，這就是表明他跟趙武無私人的恩德。所以我認為他很賢明。」晉平公說：「說得好。」

趙武是一個賢明的臣下。他輔相晉國，天下九年都沒有戰爭，《春秋》上說：「這是趙武的力量。」這種力量就來自他得到很多的人才。

(三)葉公諸梁❶問樂王鮒❷曰：「晉大夫趙文子❸為人何若？」對曰：「好學而受規諫。」葉公曰：「疑未盡之矣。」對曰：「好學，智也，受規諫，仁也。江出汶山❹，其源若甕口，至楚國，其廣十里，無他故，其下流多也。人而好學受規諫，宜哉其立也。《詩》曰：『其惟哲人，告之話言，順德之行❺。』此之謂也。」

【章旨】此章說明好學受規諫，就是仁智之人。

【注釋】❶葉公諸梁　人名。葉，春秋時楚邑，在今河南省葉縣。諸梁，楚人，姓沈，名諸梁，字子高，封於葉，故稱葉公。❷樂王鮒　人名。晉臣。❸趙文子　即趙武。春秋時晉卿，文子是他的謚號。❹汶山　即岷山。在今四川省松潘縣北，為長江黃河分水嶺，岷江嘉陵江發源地。古人認為長江發源於岷山。❺其惟哲人三句　見《詩・大雅・抑》。惟，《詩經》作「維」。哲人，明達而有才智之人。話言，善言。

【語　譯】葉公沈諸梁問晉國的欒王鮒說：「晉國大夫趙文子的為人怎麼樣？」欒王鮒回答說：「他為人好學，樂於接受規勸進諫。」葉公說：「恐怕還沒有完全說出他的優點吧？」欒王鮒回答說：「好學就是智慧，接受規諫就是仁愛。長江發源於岷山，它的源頭只像甕口那麼大，流到楚國，就有十里寬闊，沒有別的原因，流向江裡的支流很多。人能夠好學而接受規諫，他能有建樹是應該的。《詩經》上說：『只有聖哲的人，告訴他善言，他就順著德性去行動。』說的就是趙文子這種人呢。」

(四) 鍾子期❶夜聞擊磬❷聲者而悲，旦召問之曰：「何哉，子之擊磬若此之悲也？」對曰：「臣之父殺人而不得❸，臣之母得而為公家隸，臣得而為公家擊磬，臣不睹臣之母，三年於此矣。昨日為舍市❹而睹之，意欲贖之，無財，身又公家之有也，是以悲也。」鍾子期曰：「悲在心也，非在手也，非木非石也，悲於心而木石應❺之，以至誠故也。」人君苟能至誠動於內，萬民必應而感移。堯舜之誠，感於萬國，動於天地，故荒外❻從風，鳳麟翔舞，下及微物，咸得其所。《易》曰：「中孚豚魚，吉❼。」此之謂也。

【章　旨】此章贊美誠篤的重要。

【注　釋】❶鍾子期　春秋時楚國人，精通音律。❷磬　樂器名。以玉、石或金屬為材料製作，形狀如矩。❸不得　《呂氏春秋・季秋紀・精通》作「不得生」，下文「得」亦皆作「得生」，當從之。❹舍市　居住在市集。❺應　感應。❻荒外　八荒之外。指荒遠的地區。❼中孚豚魚吉　見《周易・中孚・卦辭》。中孚，卦名。孔穎達《周易正義》說：「中孚，卦名也，信發於中，謂之中孚。魚者蟲之幽隱，豚者獸之微賤，人主內有誠信，則雖微隱之物，信皆及之矣，莫不得所而獲吉，故曰豚魚吉也。」豚，小豬。

【語　譯】鍾子期夜晚聽到敲磬的聲音十分悲傷，第二天早晨，喚擊磬的人來問道：「你擊磬的聲音如此悲傷，這是為什麼呢？」擊磬人回答說：「我的父親殺了人，不得活命，我的母親得活命，可是成為了公家的奴隸，我得活命，也為公家擊磬。我沒有看見過我的母親，到現在三年了。昨天我住到市集去，看到了她，心裡想要為她贖罪，家裡沒有錢，我自身也是屬於公家的，因此悲傷。」鍾子期說：「悲傷是在心裡的，不是在手上的，也不是木椎，不是石磬。可是悲在心中而木椎石磬能感應它，因為發於至誠的緣故。」

人君如果能夠有至誠在內心發動，萬民百姓必定相感應，受到感動而潛移默化。唐堯虞舜的誠心感動了萬國，感動了天地，所以八荒極遠之外的人都像草一樣隨風而動，鳳鳥麒麟飛翔舞蹈，甚至微小的東西都各得其所。《周易》上說：「誠信發於內心，豚和魚都可被感化，吉利。」說的就是這種情況。

(三五)勇士一呼，三軍皆辟❶，士之誠也。昔者楚熊渠子❷夜行，見寢石，以為伏虎，關弓❸射之，滅矢飲羽❹。下視，知石也，卻❺復射之，矢摧❻無跡。熊渠子見❼其誠心，而金石為之開，況人心乎！唱而不和❽，動而不隨，中必有不全者矣。夫不降席❾而匡❿天下者，求之己也。孔子曰：「其身正，不令而行；其身不正，雖令不從⓫。」先王之所以拱揖⓬指揮而四海賓⓭者，誠德之至，已形于外。故《詩》曰：「王猶允塞，徐方既來⓮。」此之謂也。

【章　旨】此章說明君主有了誠心，就能感化天下，不令而行。

【注　釋】❶辟　通「避」。躲避。❷熊渠子　熊渠。楚國的祖先，生當周夷王之時。子，楚國子爵，故稱熊渠子。❸關弓　彎弓；拉開弓。關，通「彎」。❹飲羽　指整支箭都射了進去，連箭尾的羽毛部分都陷入石中。羽，箭尾的羽毛。❺卻　後退。❻摧　折斷。❼見　「現」的本字。顯露；表現。❽和　應和。❾降席　走下坐席。降，下。❿匡　正。⓫其身正四句　見《論語・子路》。⓬拱揖　拱手作揖。形容從容不迫。⓭賓　服從；歸順。⓮王猶允塞二句　見《詩・大雅・常武》。猶，同「猷」。謀劃。允，信；誠。塞，充實。徐方，古諸侯國名。故址在今安徽省泗縣。

【語　譯】勇士大聲一呼，三軍都要退避，這是士人的誠心所產生的力量。從前，楚國的祖先熊渠子夜晚出外，見到一塊臥倒的石頭，誤認為是一隻蹲伏著的老虎，拉開弓就射，箭沒入石中，連箭尾的羽毛部分也陷入進去。下去一看，才知道是石塊，退了回來再去射它，箭都折斷了，石頭上連一點痕跡也沒有。熊渠子發揮出他的誠心，金石都為他裂開，何況是人心呢？

一個人唱歌無人應和，舉動無人跟隨，他的內心必定有不夠完美的地方。人主不走下坐席就能匡正天下，這是從他自己的內心探索的結果。孔子說：「他自身端正，不下令也能實行；他自身不端正，即使三令五申也沒有人聽從。」古代先王從容不迫地指揮天下，而四海之內都歸順的原因，是他誠信的德行達到了至極，已經表現在外了。所以《詩經》上說：「周王的謀略的確充實，徐國已經來歸順了。」說的就是這種情況呢。

(二六) 齊有彗星❶，齊侯❷使祝❸禳❹之。晏子❺曰：「無益也，祇❻取誣❼焉。天道不諂❽，不貳❾其命，若之何禳之也？且天之有彗，以除穢也。君無穢德，又何禳焉？若德之穢，禳之何損❿？《詩》云：『惟此文王，小心翼翼。昭事上帝，聿懷多福。厥德不回，以受方國⓫。』君無違德，方國將至，何患於彗？《詩》曰：『我無所監，夏后及商。用亂之故，民卒流亡⓬。』若德之回亂，民將流亡，祝史⓭之為，無能補也。」公說⓮，乃止。

【章 旨】此章說明君主的禍福決定於德行的好壞，禱告是無益的。

【注 釋】❶彗星 亦稱孛星。俗名掃帚星，以曳長尾如彗，故名。古人以彗星出現為不吉祥。❷齊侯 即齊景公。齊為侯爵，故稱齊侯。❸祝 男巫。祠廟中司祭禮之人。❹禳 去邪除惡的祭祀。❺晏子 即晏嬰。字平仲，春秋時齊國大夫。❻祇 只；僅。❼誣 欺；罔。❽諂 疑。❾貳 王引之《經義述聞》以為當作「貣」。貣即忒，差錯。❿損 減損。⓫惟此文王六句 見《詩．大雅．大明》。翼翼，恭敬的樣子。聿，語首助詞。無義。懷，思；求。厥，其。回，邪。方國，四方的國家。⓬我無所監四句 不見於《詩經》。《左傳．昭公二十六年》杜預注：「逸詩也。言追監夏商之亡，皆以亂故。」監，借作「鑑」。鑑戒；鏡鑑。夏后，夏代的君主。指夏桀王。后，古代天子和列國諸侯皆稱后。商，指商紂王。用，因。⓭祝史 古司祝的官。因作辭以祀神，故稱祝。以其執書以事神，故稱史。⓮說 同「悅」。

【語 譯】齊國出現彗星，齊景公派遣祝人去禱祭消災。晏子說：「沒有幫助的，僅僅用來欺騙人。上天的規律是不可懷疑的，他的命令是不會有差錯的，怎麼能用禱祭來消災呢？況且上天出現彗星，是用來掃除汙穢的。您如果沒有汙穢的德行，又何必去禱祭呢？假如德行有汙穢，禱祭它有什麼益處呢？《詩經》上說：『只有這周文王，小心翼翼。恭敬地奉事上帝，求來很多福澤。他的德行不邪僻，接受了四方各國的歸順。』您沒有違背仁德，四方的國家都將來歸順，又何必擔憂彗星出現？古《詩》還說：『我沒有地方可以借鑒，只有夏朝的君主桀和商紂王。因為他們胡作非為的緣故，老百姓終於四出流亡。』假如德行邪僻不正，老百姓將四出流亡，祝史的禱祭，不能有什麼補益。」齊景公很高興，就停止禱祭。

(三七)宋景公❶時，熒惑❷在心❸，懼，召子韋❹而問曰：「熒惑在心，何也？」子韋曰：「熒惑，天罰也；心，宋分野❺也。禍當君身。雖然，可移於宰相。」公曰：「宰相，所使治國也，而移死焉，不祥，寡人請自當也。」子韋曰：「可移於民。」公曰：「民死，將誰君乎？寧獨死耳。」子韋曰：「可移於歲❻。」公曰：「歲饑民餓，必死。為人君欲殺其民以自活，其誰以我為君乎？是寡人之命固盡矣，子無復言矣。」子韋還走，北面❼再拜曰：「臣敢賀君！天之處高而聽卑，君有仁人之言三，天必三賞君，今夕星必徙舍，君延壽二十一歲。」公曰：「子何以知之？」對曰：「君有三善，故三賞，星必三舍，舍行七星，星當一年，三七二十一，故曰延壽二十一年。臣請伏於陛❽下以司❾之，星不徙，臣請死之。」公曰：「可。」是夕也，星徙三舍，如子韋言。老子❿曰能「受國之不祥，是謂天下之王⓫」也。

【章旨】此章說明國君能愛護臣民，就能得到上天的保佑。

【注釋】❶宋景公　春秋時宋國國君，名頭曼。宋，古國名。武王滅商，封紂庶兄微子於舊都商丘，號宋公，為宋國，轄地在今河南東部及山東、江蘇、安徽三省之間。❷熒惑　即火星的別名。❸心　星宿名。二十八宿之一。❹子韋　人名。宋國的司星官。❺分野　古代天文學家將天上的二十八宿跟地上的州國相對應，就天文說，稱分星；就地理說，稱分野。如心是宋國的分星，宋則是心宿的分野。❻歲　指一年的收成、年景。❼北面　面向北。舊時君見臣，南面而坐，故北面為人臣見君主的方位。❽陛　殿壇的臺階。❾司　同「伺」。守候。❿老子　先秦時著名思想家，道家學派創始人，名聃，楚國苦縣人，曾為周藏書室史官，著有《老子》。⓫愛國之不祥二句　見《老子・第七十八章》。

【語　譯】宋景公的時候，熒惑星處在心宿的位置，宋景公害怕，召來司星官子韋問道：「熒惑星處在心宿的位置，這是為什麼呢？」子韋說：「熒惑星是上天降罰的先兆；心宿是宋國的分野，災禍就應在您的身上。雖然如此，可以把它轉移到宰相身上。」宋景公說：「宰相是我派去治理國家的，而把死亡轉移到他的身上，不吉祥，我請求自己來承擔它。」子韋說：「可以轉移到百姓身上。」宋景公說：「老百姓都死了，我將去做誰的君主呢？寧肯我一個人去死。」子韋說：「可以移轉到一年的收成。」宋景公說：「年歲饑荒，百姓饑餓，一定餓死。做人的君主，想殺死他的百姓而讓自己活下去，有誰把我作為他們的君主呢？這是我的壽命本來當盡了，你不要再說了。」

子韋回轉身跑了幾步，面向北，拜了兩拜，說：「我膽敢祝賀您，上天雖高高在上，卻能了解下情，您有仁愛之人的話三句，上天一定獎賞您三次，今天晚上熒惑星一定會移動停留的位置，您延長壽命二十一歲。」宋景公說：「你憑什麼知道會這樣呢？」子韋回答說：「您有三次善言，所以有三次獎勵，熒惑星必定移動三次位置。移動一次走過七個星宿，一個星宿相當一年，三七二十一，所以說延長壽命二十一年。我請求蹲伏在您的臺階之下來伺察它，熒惑星若不遷徙，我願意為此而死。」宋景公說：「可以。」這天晚上，熒惑星三次移動位置，就像子韋所說的那樣。老子說，能夠「承受國家的不吉祥，這就叫做是天下的王」了。

(六)宋康王❶時，有爵❷生鸇❸於城之陬❹，使史占之曰：「小而生巨，必霸天下。」康王大喜，於是滅滕❺伐薛❻，取淮北之地，乃愈自信，欲霸之亟成，故射天笞地，斬社稷而焚之，曰：「威嚴伏天地鬼神。」罵國老之諫者，為無頭之棺❼，以示有勇，剖傴者❽之背，鍥❾朝涉之脛❿，而國人大駭。齊聞而伐之，民散城不守，王乃逃兒侯⓫之館，遂得病而死。故見祥而為不可祥，反為禍。臣向⓬愚以〈鴻範⓭傳〉推之，宋史之占非也。此黑祥，傳所謂黑眚⓮者也，猶魯之有鸜鵒⓯為黑祥也，屬於不謀，其咎⓰急也。鸇者黑色，食爵，大於爵害，爵也攫擊⓱之物，貪叨⓲之類，爵而生鸇者，是宋君且行急暴擊伐貪叨之行，距諫以生大禍，以自害也。故爵生鸇於城陬者，以亡國也，明禍且害國也。康王不悟，遂以滅亡，此其效也。

【章　旨】此章說明暴虐無道，必然亡國殺身。

【注　釋】❶宋康王　戰國時宋國國君。名偃，自立為王，暴虐無道，被齊、魏、楚三國攻滅，三分其地。❷爵　通「雀」。小鳥。❸鸇　猛禽。❹陬　隅；角落。❺滕　古諸侯國名。在今山東省滕縣。❻薛　古諸侯國名。在今山東省滕縣南。❼棺　《戰國策》及《新書》都作「冠」，當據以改正。❽傴者　曲背的人。❾鍥　截斷。❿脛　小腿。⓫兒侯　人名。⓬向　即劉向。以下為劉向的議論。⓭鴻範傳　《尚書大傳・洪範五行傳》內有「時則有黑眚黑祥」之語。⓮眚　災異。⓯魯之有鸜鵒　魯昭公二十五年有鸜鵒到魯國築巢，事見《左傳》。鸜鵒，即八哥。⓰咎　災禍。⓱攫擊　抓取搏擊。⓲叨　同「饕」。貪。

【語　譯】宋康王的時候，有一隻小雀在城的角落生下一隻鸇，宋康王派祝史占卜它的吉凶，說：「小鳥卻生出大鳥，必定能稱霸天下。」宋康王非常喜歡，於是吞滅滕國，進攻薛國，奪取淮北的土地，就更加自信，想霸業趕快成功，所以用箭射天空，用竹板責擊大地，斬伐土神穀神的牌位來燒掉，說：「我的威嚴可以降伏天地鬼神。」痛罵年尊望重的進諫的人，製作些不覆蓋頭部的帽子，以表示自己勇武。解剖駝背人的背脊，砍斷早晨徒步渡水人的小腿，宋國人都驚駭到極點。齊湣王聽到這些事，就進攻宋國，宋國百姓逃散，城池守不住，宋康王就逃跑到兒侯的館舍，於是得病死了。所以見到祥瑞而做些不吉祥的事，祥瑞反而成為災禍。

我劉向愚昧地用〈洪範傳〉來推斷，宋國祝史的占卜是錯誤的。這是黑色的祥瑞，就是《洪範傳》所說的黑色的災禍，如同魯國有鸜鵒築巢是黑色的祥瑞一樣，屬於不予理會，災禍就立即發生的情況。

鸇是黑色的鳥，吃小雀，它的害處比雀大，而雀是抓取搏擊的物類，貪婪無厭的動物。小雀生出鸇鳥來，這是宋康王將要實行急劇殘暴，攻打他國，貪婪無厭的行為，他拒絕納諫，而產生大禍，到最後卻危害了自己。所以小雀在城的角落生出來鸇來，是亡國的預兆，表明災禍將要危害國家。宋康王不覺悟，就因此滅亡，這就是它的效驗。

卷五

雜事第五

【題解】同前。

(一)魯哀公❶問子夏❷曰：「必學而後可以安國保民乎？」子夏曰：「不學而能安國保民者，未嘗聞也。」哀公曰：「然則五帝❸有師乎？」子夏曰：「有。臣聞黃帝❹學乎大真❺，顓頊❻學乎綠圖❼，帝嚳❽學乎赤松子❾，堯❿學乎尹壽⓫，舜⓬學乎務成跗⓭，禹⓮學乎西王國⓯，湯⓰學乎威子伯⓱，文王⓲學乎鉸時子斯⓳，武王⓴學乎郭叔㉑，周公㉒學乎太公㉓，仲尼㉔學乎老聃㉕，此十一聖人未遭此師，則功業不著乎天下，名號不傳乎千世。《詩》曰『不愆不忘，率由舊章㉖』，此之謂也。夫不學不明古道，而能安國家者，未之有也。」

【章旨】此章說明學習的重要性：只有學習古道才可以治國安民。

【注釋】❶魯哀公 春秋時魯國國君，名蔣。❷子夏 孔子弟子。姓卜名商，字子夏，衛國人。❸五帝 《史記·五帝本紀》以黃帝、顓頊、帝嚳、帝堯、帝舜為五帝。❹黃帝 傳說中的遠古帝王。姓公孫，因長於姬水，改姓姬，名軒轅。❺大真 人名。❻顓頊 傳說中的遠古帝王。黃帝之孫，號高陽氏。❼綠圖 人名。❽帝嚳 傳說中的遠古帝王。黃帝之曾孫，號高辛氏。❾赤松子 傳說中的仙人。❿堯 傳說中的遠古帝王。名放勳，號陶唐。⓫尹壽 人名。⓬舜 傳說中的遠古帝王，名重華。⓭務成跗 人名。⓮禹 夏禹王，名文命。⓯西王國 人名。⓰湯 商湯王。子姓，名履。⓱威子伯 人名。⓲文王 周文王。姓姬，名昌。⓳鉸時子斯 人名。⓴武王 周武王。文王之子，名發。㉑郭叔 人名。㉒周公 文王之子。武王之弟，名旦。㉓太公 即姜太公。名尚，佐武王滅商，封於齊。㉔仲尼 孔丘的字。㉕老聃 即老子。先秦著名思想家。㉖不愆不忘二句 見《詩·大雅·假樂》。愆，過失。率，遵循。舊章，舊規章。

【語譯】魯哀公問子夏說：「必定要學習之後才可以安定國家，保護人民嗎？」子夏說：「不學習卻能夠安定國家保護人民的事，從來沒有聽說過。」魯哀公說：「那麼，五帝也有老師嗎？」子夏說：「有。我聽說黃帝向大真學習，顓頊向綠圖學習，帝嚳向赤松子學習，帝堯向尹壽學習，帝舜向務成跗學習，夏禹王向西王國學習，商湯王向威子伯學習，周文王向鉸時子斯學習，周武王向郭叔學習，周公向太公學習，孔子向老聃學習。這十一個聖人，沒有遇到這些老師，那麼功業就不能在天下著名，名號也不能流傳到千古。《詩經》上說『不犯過失，不忘往事，一切都遵循著舊制度』，說的就是這種情況。不學習，就不明白自古流傳下來的道理，可是卻能安定國家，這是從來沒有過的事。」

(二)呂子❶曰：「神農❷學悉老❸，黃帝學大真❹，顓頊學伯夷父❺，帝嚳學伯招❻，帝堯學州文父❼，帝舜學許由❽，禹學大成執❾，湯學小臣❿，文王、武王學太公望⓫、周公旦，齊桓公學管夷吾⓬、隰朋⓭，晉文公學咎犯⓮、隨會⓯，秦穆公學百里奚⓰、公孫支⓱，楚莊王學孫叔敖⓲、沈尹竺⓳，吳王闔閭⓴學伍子胥㉑、文之儀㉒，越王句踐㉓學范蠡㉔、大夫種㉕，此皆聖王之所學也。且夫天生人而使其耳可以聞，不學，其聞則不若聾；使其目可以見，不學，其見則不若盲；使其口可以言，不學，其言則不若喑㉖；使其心可以智，不學，其智則不若狂。故凡學，非能益之也，達天性也。能全天之所生而勿敗之，可謂善學者矣。」

【章　旨】此章說明學習是發揮人的聰明才智的必要條件。

【注　釋】❶呂子　即呂不韋。陽翟大賈，曾任秦相，後自殺。曾命門客編撰《呂氏春秋》。以下引文見《呂氏春秋．孟夏紀．尊師》。❷神農　傳說中的古代帝王。又稱炎帝、烈山氏，相傳始教民為耒耜以興農業，嘗百草為醫藥以治疾病。❸悉老　人名。《呂氏春秋》作「悉諸」。❹大真　《呂氏春秋》作「大撓」。❺伯夷父　人名。❻伯招　人名。❼州文父　人名。❽許由　相傳字武仲。潁川人，堯時高士，隱居箕山。❾大成執　人名。執，《呂氏春秋》作「贄」。❿小臣　謂伊尹。本為有莘之小臣，湯用為輔佐以伐桀滅夏。⓫太公望　即姜太公呂尚。文王遇於渭濱，說「太公望子久矣」，因稱太公望。《呂氏春秋》作「呂望」。⓬管夷吾　即管仲。⓭隰朋　齊桓公大夫。《呂氏春秋》無「隰朋」二字。⓮咎犯　即晉文公大夫狐偃。字子犯，因是晉文公的舅父，故又稱舅犯。咎，「舅」的假借字。⑮隨會　即晉文公大夫士會。字季，封於隨，故又稱隨會。⑯百里奚　秦穆公大夫。初為虞臣，晉滅虞，虜奚，作為秦穆夫人陪嫁奴隸，秦穆公任以國政，輔佐秦穆公成霸業。⑰公孫支　秦穆公大夫，字子桑。支，《呂氏春秋》作「枝」。⑱孫叔敖　楚莊王令尹。⑲沈尹竺　楚莊王大夫。竺，《呂氏春秋》作「巫」。⑳吳王闔閭　春秋時吳國國君，名光。㉑伍子胥　名員，字子胥。楚國人，以父兄伍奢伍尚被殺，逃至吳國，輔佐吳王闔閭攻破郢都，報父兄之仇，後被吳王夫差所殺。㉒文之儀　人名。㉓越王句踐　春秋時越國國君。曾被吳國戰敗，他屈辱求和，臥薪嘗膽，刻苦圖強，終於滅吳復仇。㉔范蠡　春秋時楚國宛人，字少伯。仕越為大夫，輔佐越王句踐刻苦圖強，卒滅吳國。㉕大夫種　姓文名種，字少禽。越王句踐大夫，與范蠡同佐句踐滅吳，後被賜劍自殺。㉖喑　啞。

【語　譯】呂子說：「神農向悉老學習，黃帝向大真學習，顓頊向伯夷父學習，帝嚳向伯招學習，帝堯向州文父學習，帝舜向許由學習，夏禹王向大成執學習，商湯王向小臣伊尹學習，周文王、周武王向太公望、周公旦學習，齊桓公向管夷吾、隰朋學習，晉文公向咎犯、隨會學習，秦穆公向百里奚、公孫支學習，楚莊王向孫叔敖、沈尹竺學習，吳王闔閭向伍子胥、文之儀學習，越王句踐向范蠡、大夫種學習。這都是聖王學習的老師。」

「況且，上天降生人類，使他的耳朵可以聽，不學習，他的聽就不如聾子；使他的眼睛可以看，不學習，他的看就不如瞎子；使他的口可以說話，不學習，他的說話就不如啞子；使他的心可以用智慧，不學習，他的智慧就不如顛狂的人。所以一般來說，學習不是能夠增加天分，只是使天賦的本性獲得暢達的發展罷了。能夠保全天賦的本性而不損害它，就可以說是善於學習的了。」

(三)湯見祝網者置四面，其祝曰：「從天墜者，從地出者，從四方來者，皆離❶吾網。」湯曰：「嘻！盡之矣，非桀孰為此？」湯乃解其三面，置其一面，更教之祝曰：「昔蛛蝥❷作網，今之人循序，欲左者左，欲右者右，欲高者高，欲下者下，吾取其犯命❸者。」漢❹南之國聞之曰：「湯之德及禽獸矣。」四十國歸之。置四面未必得鳥，湯去三面，置其一面，以網四十國，非徒網鳥也。

【章旨】此章說明仁德可以得人心，而不斷盡殺絕即為仁德。

【注釋】❶離　同「羅」。遭逢。❷蛛蝥　蜘蛛蟊賊。蛛，蜘蛛。蝥，同「蟊」。吃稻根的害蟲。❸犯命　觸犯命令，不聽指揮。❹漢　漢水。發源陝西省寧強縣嶓冢山，流經湖北武漢入長江。

【語譯】商湯王看到一個祝禱張網捕獵的人把網在四面張開，他的祝辭說：「從天上掉下來的，從地裡鑽出來的，從四面八方來的，都遭遇到我的網。」商湯王說：「唉！這樣就把鳥獸斬盡殺絕了！不是夏桀，誰會這樣做呢？」商湯王就解去網的三面，只在一面張開，重新教導他祝福說：「從前蜘蛛蟊賊作網捕蟲，現在人照樣張網捕獵鳥獸，想往左的往左，想往右的往右，想往高飛的往高飛，想往下飛的往下飛，我只捕取那些觸犯我的命令而入網中的。」漢水以南的國家聽到這件事，說：「商湯的恩德已經澤及禽獸了。」四十個國家歸順了他。

別人網張四面，未必能捕到鳥獸。商湯王去掉網的三面，只張開一面，卻用來捕捉到四十個國家，不只是捕捉到鳥獸了。

(四)周文王作靈臺❶，及❷為池沼，掘地得死人之骨，吏以聞❸於文王。文王曰：「更葬之。」吏曰：「此無主矣。」文王曰：「有天下者，天下之主也；有一國者，一國之主也。寡人固其主，又安求主？」遂令吏以衣棺更葬之。天下聞之，皆曰：「文王賢矣。澤及枯骨，又況於人乎！」或得寶以危國，文王得枯骨以喻❹其意，而天下歸心焉。

【章旨】此章說明君主有仁愛之心，則可使天下歸心。

【注釋】❶靈臺　周文王臺名。謂周文王教化風行像神靈一樣，故其臺為靈臺，為遊觀的地方。❷及　等到。❸聞　使之聞；報告。❹喻　說明；表明。

【語譯】周文王建築了靈臺，等到修建池沼的時候，挖出一副死人的朽骨，官吏把此事報告周文王。文王說：「重新埋葬它。」官吏說：「這是一副無人認領的朽骨了。」周文王說：「享有天下就是天下的主人，享有一國就是一國的主人。我本來就是骸骨的主人，又為何還要去尋找主人呢？」就叫官吏用衣包裹好裝入棺材重新埋葬。天下的人聽到這件事，都說：「周文王真賢良啊！恩澤達到了朽骨，又何況是活人呢？」

有的人得到寶物，卻使國家遭遇危險，周文王得到朽骨，用它來表明自己仁愛的心意，卻使天下的人都歸心於他了。

(五)管仲傅齊公子糾❶，鮑叔❷傅公子小白❸。齊公孫無知❹殺襄公❺，公子糾奔魯，小白奔莒❻。齊人誅無知，迎公子糾於魯。公子糾與小白爭入，管仲射小白，中其帶鉤❼，小白佯❽死，遂先入，是為齊桓公。公子糾死，管仲奔魯。桓公立，國定，使人迎管仲於魯，遂立以為仲父❾，委國而聽之，九合諸侯，一匡天下，為五伯❿長。

里鳧須⓫，晉公子重耳之守府⓬者也。公子重耳⓭出亡⓮於晉，里鳧須竊其寶貨而逃。公子重耳反國，立為君，里鳧須造⓯門願見，文公方沐⓰，其謁者⓱復，文公握髮而應之曰：「吾鳧須邪？」曰：「然。」謂鳧須曰：「若猶有以面目而復見我乎？」謁者謂里鳧須，鳧須對曰：「臣聞之，沐者其心覆，心覆者言悖⓲，君意沐邪？何悖也？」謁者覆，文公見之，曰：「若竊我貨寶而逃，我謂汝『猶有面目而見我耶』，汝曰『君何悖也』，是何也？」鳧須曰：「然。君反國，國之半不自安也。君寧棄國之半乎？其寧有全晉乎？」文公曰：「何謂也？」鳧須曰：「得罪於君者，莫大於鳧須矣，君謂赦鳧須，顯出以為右⑲。如鳧須之罪重也，君猶赦之，況有輕於鳧須者乎？」文公曰：「聞命矣。」遂赦之，明日出行國，使為右，翕然⑳晉國皆安。

語曰：「桓公任其賊，而文公用其盜。」故曰：明主任計不任怒，闇㉑主任怒不任計。計勝怒者強，怒勝計者亡。此之謂也。

【章旨】此章說明明主能顧全大局，任人唯賢，不計較個人仇怨，所以能成就功業。

【注釋】❶公子糾　齊僖公之子，齊桓公之兄。❷鮑叔　即鮑叔牙。齊桓公大夫，管仲之友。❸公子小白　齊桓公名小白。❹公孫無知　齊僖公弟夷仲年之子，齊襄公之堂兄弟。❺襄公　齊襄公。春秋時齊國國君，齊僖公之子，名諸兒。起初，齊僖公寵愛公孫無知，衣服爵秩都和齊襄公一樣，襄公即位後，降低了公孫無知衣服爵秩的等級，公孫無知就和連稱、管至父作亂，殺齊襄王而自立為君。事見《左傳・莊公八年》。❻莒　西周諸侯國名。春秋時為楚所滅，在今山東省莒縣。❼帶鉤　束腰革帶上的金屬鉤。❽佯　假裝。❾仲父　事之如父，故稱管仲為仲父。仲，管仲的字。❿五伯　即五霸。一般指齊桓公、晉文公、宋襄公、秦穆公、楚莊王。⓫里鳧須　人名。晉文公小臣。《左傳》作「頭須」。⓬府　府庫。儲藏財物的地方。⓭公子重耳　晉文公名重耳。⑭出亡　出國逃亡。晉國發生驪姬之亂，重耳出亡，十九年後返國。⑮造　至；到。⑯沐　洗頭。⑰謁者　通接賓客的近侍。⑱悖　逆亂；謬誤。⑲右　車右。古時車乘位於僕者右邊的武士。⑳翕然　和睦的樣子。㉑闇　同「暗」。

【語　譯】管仲擔任公子糾的老師，鮑叔牙擔任公子小白的老師。齊國的公孫無知殺了齊襄公，公子糾跑到魯國，公子小白跑到莒地。齊國人殺了公孫無知，到魯國迎接公子糾回國做國君，公子糾和公子小白爭奪返國即位的機會。管仲射公子小白，射中了他的帶鉤，公子小白假裝被射死，就搶先回到齊國，這就是齊桓公。公子糾被魯國人殺死了，管仲逃到了魯。齊桓公即位後，國內安定了，派人到魯國迎接管仲，就封他為仲父，把國政交託給他而聽信他。九次會合諸侯，一次匡正天下，而成為春秋五霸中的第一號人物。

里鳧須是替晉國公子重耳守府庫的人。晉公子重耳從晉逃亡在外，里鳧須盜竊了他的寶藏財物逃跑了。公子重耳返回晉國，立為國君，里鳧須來到宮門前，希望與重耳見面。晉文公正在洗頭，通報的人通報後，晉文公手握著頭髮回答他說：「里鳧須嗎？」通報的人回答說：「是的。」晉文公說：「你告訴里鳧須說：『你還有臉皮再來見我嗎？』」通報的人告訴了里鳧須。里鳧須回答說：「我聽說，洗頭的人，他的心是顛倒的，心顛倒的人說話就謬亂。我料想君主大概是在洗頭吧？不然說話為什麼如此謬亂呢？」通報的人傳報了他的話，晉文公接見里鳧須，說：「你盜竊了我的財貨寶藏逃跑了，我說『你還有臉皮來見我嗎』，你說『君主為什麼如此荒謬』，這是什麼意思呢？」里鳧須說：「是這樣，您回國，國內人有一半自己感到不放心。您是寧願放棄半個晉國呢？還是寧願有一個完整的晉國呢？」晉文公說：「你這話是什麼意思呢？」里鳧須說：「得罪您的人沒有誰比我罪更大。您說赦免里鳧須，張揚著外出，用我做車右。像我里鳧須這樣罪惡深重，您還赦免了我，何況比我里鳧須罪輕的呢？」晉文公說：「聽到你的吩咐了。」就赦免了他。第二天，出去巡視國都，派他做車右，整個晉國都和睦地安定了。

有人說：「齊桓公任用了危害過他的人，晉文公任用了盜竊過他財物的人。」所以說：「英明的君主任用計謀，不聽任怨怒；昏庸的君主聽任怨怒，不任用計謀。計謀勝過怨怒的人興旺，怨怒勝過計謀的人滅亡。」說的就是這個意思。

(六)甯戚欲干❶齊桓公，窮困無以自進，於是為商旅❷賃車❸以適齊，暮宿於郭門❹之外。桓公郊迎客，夜開門辟❺賃車者，執火甚盛，從者甚眾。甯戚飯牛❻於車下，望桓公而悲，擊牛角，疾❼商歌❽。桓公聞之，撫其僕❾之手曰：「異哉！此歌者非常人也。」命後車載之。桓公反至，從者以請。桓公曰：「賜之衣冠，將見之。」甯戚見，說桓公以合境內。明日復見，說桓公以為天下。桓公大悅，將任之。群臣爭之曰：「客，衛人，去齊五百里，不遠，不若使人問之，固賢人也，任之未晚也。」桓公曰：「不然，問之恐其有小惡。以其小惡，忘人之大美，此人主所以失天下之士也。且人固難全，權❿用其長者。」遂舉，大用之，而授之以為卿。當此舉也，桓公得之矣，所以霸也。

【章旨】此章說明用人要不輕貧賤，不計小惡，用其所長即可。

【注釋】❶干 求取。指求取官爵。❷商旅 行商。❸賃車 受雇於人，為人趕車。❹郭門 外城的門。❺辟 同「避」。迴避。這裡作使動詞，使賃車者迴避。❻飯牛 餵牛。❼疾 急促。❽商歌 商旅人唱的歌。❾僕 駕車的人。❿權 姑且；暫且。

【語譯】甯戚想去向齊桓公求取官職，家中窮困，沒有什麼用來作為進身之階，於是受雇於商販，為人趕車到了齊國，夜晚住宿在外城城門之外。齊桓公到郊外迎接賓客，晚上打開城門，使趕車的人迴避，舉的燈火很明亮，跟隨的人很多。甯戚在車下餵牛，望見齊桓公，心中悲戚，敲著牛角，用急促的節奏唱了一首商旅之歌。齊桓公聽到，拍著駕車人的手說：「真是特別啊！這唱歌的人不是個普通人。」吩咐後面跟隨的車子載著他。

齊桓公回到朝廷後，隨從的人將甯戚的事請示。齊桓公說：「賜給他衣冠，我將接見他。」甯戚見到齊桓公，把統一國內領土的辦法遊說齊桓公。第二天再進見，將治理天下的辦法遊說齊桓公。齊桓公非常高興，將要任用他。群臣爭議說：「客人是衛國人，距離齊國只有五百里，不太遠，不如派人去問問他的底細，確實是賢人，再任用他還不遲哩。」齊桓公說：「不是這樣。問他的底細，我恐怕他有小缺點。因為他的小缺點，而忘卻他的大優點，這就是人主不能得到天下的人才的原因。況且人本來就很難完美無缺，在得與失的衡量下，就用他的長處吧！」就提拔他，大加任用，授給他卿的職位。這次提拔，齊桓公做得正確，這就是他成為霸主的原因。

(七)齊桓公見小臣稷❶，一日三至，不得見也。從者曰：「萬乘之主，見❷布衣之士，一日三至，不得見，亦可以止矣。」桓公曰：「不然。士之傲❸爵祿者，固輕其主；其主傲霸王者，亦輕其士。縱❹夫子傲爵祿，吾庸❺敢傲霸王乎？」五往而後得見。天下聞之，皆曰：「桓公猶下布衣之士，而況國君乎？」於是相率而朝，靡❻有不至。桓公所以九合諸侯，一匡天下者，遇士於是也。《詩》云：「有覺德行，四國順之❼。」桓公其以❽之矣。

【章旨】此章說明君主對士必須尊重而不能傲視。

【注釋】❶小臣稷　人名。小臣，複姓。稷，名。❷見　原脫，據《呂氏春秋·下賢》補。❸傲　傲視；輕視。❹縱　縱令；即使。❺庸　豈。❻靡　無；沒有。❼有覺德行二句　見《詩·大雅·抑》。覺，高大；正直。四國，四方之國。❽以　似。

【語譯】齊桓公去會見小臣稷，一天去了三次，不能見到他。跟從的人說：「一個擁有兵車萬輛的大國君主要見穿著布衣的平民百姓，一天去了三次，不能見到，也就可以作罷了。」齊桓公說：「不是這樣。輕視爵位俸祿的士人，本來就輕視他們的君主；那些輕視霸王事業的君主，也輕視他們的士人。即使那位先生輕視爵位俸祿，我哪裡敢輕視霸王事業呢？」去了五次，才見到小臣稷。

天下諸侯聽到這件事，都說：「齊桓公對沒有官職的士人還屈己尊敬，更何況是國君呢？」於是，各國君主互相跟隨著來朝見齊桓公，沒有不來的。齊桓公能夠九次會合諸侯，一次匡正天下的原因，就是這樣待遇士人啊。《詩經》上說：「有了偉大的德行，四方的國家就都歸順他。」齊桓公就像這樣。

(八)魏文侯❶過段干木❷之閭❸而軾❹，其僕❺曰：「君何為軾？」曰：「此非段干木之閭乎？段干木蓋賢者也，吾安敢不軾？且吾聞段干木未嘗肯以己易❻寡人也，吾安敢高❼之？段干木光❽乎德，寡人光乎地；段干木富乎義，寡人富乎財。地不如德，財不如義，寡人當事之者也。」遂致祿百萬而時往問之。國人皆喜，相與誦之曰：「吾君好正，段干木之敬；吾君好忠，段干木之隆。」居❾無幾何❿，秦興兵欲攻魏，司馬⓫唐且⓬諫秦君曰：「段干木，賢者也，而魏禮之，天下莫不聞，無乃不可加兵乎！」秦君以為然，乃按兵⓭而輟⓮不攻魏。文侯可謂善用兵矣。夫君子善用兵也，不見其形，而攻已成，其此之謂也。野人之用兵，鼓聲則似雷，號呼則動地，塵氣充天，流矢如雨，扶傷舉⑮死，履腸涉血，無罪之民，其死者已量於澤⑯矣，而國之存亡，主之死生，猶未可知也，其離仁義亦遠矣。

【章　旨】此章說明國君能尊敬賢者，敵國就不敢進攻。

【注　釋】❶魏文侯　戰國時魏國國君。名斯。❷段干木　戰國時魏國人。隱居不仕，魏文侯以禮事之。❸閭　里門。❹軾　本指車廂前扶手的橫木，這裡用作動詞，指乘車時站立起來，扶軾以示敬意。❺僕　駕車的人。❻易　輕慢；輕視。❼高　用作意動詞，傲視。❽光　廣大。❾居　停了；過了。❿幾何　多少；多久。⓫司馬　掌管軍事的官。⓬唐且　人名。⓭按兵　止兵不動。⓮輟　停止。⓯舉　抬。⓰量於澤　用沼澤作容器來計量多少。極言其多。量，衡量；計算容積。

【語　譯】魏文侯經過段干木的里門時站立扶軾以表示敬意。為他駕車的人說：「您為什麼要站立扶軾？」魏文侯說：「這不是段干木的里門嗎？段干木是位賢者，我哪裡敢不站立扶軾呢？況且我聽說，段干木從未因為自己清高就輕視於我，我哪裡敢傲視他呢？段干木在德行方面很廣大，我在土地方面很廣大，段干木在仁義方面很富有，我在財物方面很富有。土地不如德行，財物不如仁義，我是應當侍奉他的。」就送給段干木俸祿百萬，還時常去問候他。魏國人都非常高興，相互在一起吟誦說：「我們的君主愛好端正，對段干木十分尊敬；我們的君主愛好忠誠，對段干木很重視。」

過了不久，秦國出兵想進攻魏國。司馬唐且勸諫秦君說：「段干木是個賢人，而魏文侯很尊敬他，天下人沒有誰不知道，恐怕不可以派軍隊去攻打他們吧！」秦君同意他的看法，就按兵不動而中止進攻魏國的計畫。

魏文侯可以說是最擅長於用兵的人了。君子擅長於用兵，不顯露他的痕跡，而進攻已經成功，說的就是魏文侯這種情況。粗野的人用兵，戰鼓聲像雷響，呼叫聲驚天動地，塵土滿天飛揚，飛箭像雨點般亂射，扶著傷員，抬著死屍，踩著腸子，踏著血跡。無罪的百姓，死亡的人填滿沼澤，而國家的存亡，君主的生死，還不知道結局會怎麼樣，這離開仁義也太遠了。

(九)秦昭王❶問孫卿❷曰：「儒無益於人之國。」孫卿曰：「儒者法先王，隆禮義，謹乎臣子，而能致貴其上者也。人主用之，則進在本朝；置而不用，則退編❸百姓而敵❹，必為順下矣。雖窮困凍餧❺，必不以邪道為食；無置錐之地❻，而明於持❼社稷之大計；叫呼而莫之能應，然而通乎裁萬物養百姓之經紀❽；勢在人上，則王公之才也；在人下，則社稷之臣，國君之寶也。雖隱於窮閻陋屋，人莫不貴之，道誠存也。仲尼❾為魯司寇❿，沈猶氏⓫不敢朝飲其羊，公慎氏⓬出⓭其妻，慎潰氏⓮踰⓯境而走，魯之鬻⓰牛馬不豫賈⓱，布正以待之也。居於闕黨⓲，闕黨之子弟罔罟⓳，分有親者取多，孝悌以化之也。儒者在本朝則美政，在下位則美俗，儒之為人下如是矣。」王曰：「然則其為人上何如？」孫卿對曰：「其為人也⑳，廣大矣，志意定乎內，禮節修乎朝，法則度量正乎官，忠信愛利形㉑乎下，行一不義，殺一無罪，而得天下，不為也。若義信㉒乎人矣，通於四海，則天下之外應之而懷之，是何也？則貴名白㉓而天下治也。故近者謌謳㉔而樂之，遠者竭走而趨之，四海之內若一家，通達㉕之屬莫不從服，夫是之謂人師。《詩》曰：「自西自東，自南自北，無思不服㉖。」此之謂也。夫其為人下也如彼，為人上也如此，何為其無益人之國乎！」昭王曰：「善。」

【章　旨】此章頌揚儒者對國家的重要作用。

【注　釋】❶秦昭王　即秦昭襄王。戰國時秦國國君，名則，一名稷。❷孫卿　即荀子。戰國時著名思想家，名況，學者尊稱為荀卿，漢時避宣帝（劉詢）名諱，改稱孫卿。❸編　編戶。把名字編在戶口冊上。❹敵　《荀子·儒效》作「慤」，當從之。慤，誠實謹慎。❺凍餒　受凍挨餓。❻置錐之地　放置錐子的地方。極言其小。❼持　維持；維護。❽經紀　綱常法度。❾仲尼　孔丘的字。❿司寇　一國司法首長。⓫沈猶氏　春秋時魯國人。據說他早晨把羊灌飽水才上市出賣以欺詐買主。⓬公慎氏　春秋時魯國人。他妻子淫亂，卻不敢管。⓭出　休棄。⓮慎潰氏　春秋時魯國人。他奢侈浪費，胡作非為。⓯踰　同「逾」。越過。⓰鬻　出售。⓱豫賈　預定市價。賈，借作「價」。⓲闕黨　即闕里。孔子舊居，在今山東省曲阜縣境內。黨，古代一種地方基層組織，五百家為黨。⑲罔罟　這裡用作動詞，用網罟捕魚。罔，「網」的本字。罟，網的通稱。⑳其為人也　《荀子・儒效》作「其為人上也」，當從。㉑形　表現出來。㉒信　伸張；舒展。㉓白　彰明；顯著。㉔謌謳　歌唱；吟誦。謌，同「歌」。㉕通達　舟車所通，人跡所至之處。㉖自西自東三句　見《詩・大雅・文王有聲》。思，語助詞。

【語譯】秦昭王問孫卿說：「儒生對人的國家沒有益處。」孫卿說：「儒者效法先王，推崇禮義，謹守做臣下的分位，能夠使他的君主更加尊貴。人主任用他，他就進入朝廷做官；人主棄置他不用，他就退居田野，編在百姓的戶籍冊上，誠實謹慎地當百姓，必定是一個順從的下民。即使貧窮困苦，受凍挨餓，必定不採取邪僻的辦法得到溫飽。雖然連放置錐子的丁點地方也沒有，卻對於維護國家社稷的大政方針非常通曉；雖然叫呼時沒有一個人答應他，卻對於裁制萬物長養百姓的經常法度非常精通。居於上位，就是王侯公卿的才質；居於下位，就是國家的良臣，國君的珍寶。雖然隱居於偏僻的鄉里，住在漏雨的破屋，卻沒有人不尊敬他，是因為他掌握了道的緣故。仲尼做魯國的司寇，沈猶氏不敢在早上給將要出售的羊灌水，公慎氏休棄了他淫亂的妻子，慎潰氏越過邊境逃跑了，魯國出售牛馬的人不敢漫天要價。這是孔子公布正道來處理事務的結果。孔子居住在闕里，闕里的子弟撒網捕魚，有雙親的人分得較多，這是孝悌之道感化了他們。儒者在朝廷做官，政治就清明美好；在下位做百姓，也可以移風易俗。儒者在下位為官，就會有這樣的作用。」

秦昭王說：「那麼，他做人君主的情況又怎樣呢？」孫卿回答說：「儒者做人君上，其作用是廣大的。意志在內心裡確定，禮節在朝廷上整飭，各種規章制度在官府得以正當的運作，忠信愛利的美德能在百姓身上彰顯出來。做一件不義的事，殺一個無罪的人，而能得到天下，他都不肯去做。至於道義久已在人群中得到伸張，傳遍到四海之內，天下之外，也響應他，歸順他。這是為什麼呢？這是因為他尊貴的名聲顯著，天下也太平安定的緣故。所以近處的人歡迎他，歌頌他，遠處的人竭力跑來投奔他，四海之內如同一個家庭，凡是交通所及的地方沒有誰不服從他。這就叫做是人的師長。《詩經》上說：「從西邊到東邊，從南面到北面，沒有誰不服從的。」說的就是這種情況。儒者做人臣下像那樣，做人君上像這樣，憑什麼說他們對人主的國家沒有益處呢？」秦昭王說：「說得好。」

(10)田贊❶衣儒衣而見荊❷王，荊王曰：「先生之衣何其惡也？」贊對曰：「衣又有惡此者。」荊王曰：「可得而聞邪？」對曰：「甲❸惡於此。」王曰：「何謂也？」對曰：「冬日則寒，夏日則熱，衣無惡於甲者矣。贊貧，故衣惡也；今大王，萬乘之主也，富厚無敵❹，而好衣人以甲，臣竊為大王不取也。意者為其義耶？甲兵之事，析人之首，刳❺人之腹，墮❻人城郭，係❼人子女，其名尤甚不榮。意者為其貴邪？苟慮害人，人亦必慮害之；苟慮危人，人亦必慮危之；其貴，人甚不安。之❽二者為大王無取焉。」荊王無以應也。昔衛靈公❾問陣❿，孔子言俎豆⓫，賤兵而貴禮也。夫儒服，先王之服也，而荊王惡之；兵者，國之凶器也，而荊王喜之；所以屈於田贊而危其國也。故《春秋》曰：「善為國者不師⓬。」此之謂也。

【章　旨】此章說明戰爭對國家對人民危害甚大，好戰者國必危。

【注　釋】❶田贊　人名。❷荊　楚國的古稱。楚原建國於荊山一帶，故名。❸甲　古代軍人所穿的革製護身衣。❹敵　匹敵；相當。❺刳　剖開；挖空。❻墮　通「隳」。毀壞。❼係　拘縛。❽之　這。指示代詞。❾衛靈公　春秋時衛國國君，名元。❿陣　軍伍的行列和戰鬥隊形。⓫俎豆　古代宴客、朝聘、祭祀用的禮器。《論語・衛靈公》：「衛靈公問陳於孔子，孔子對曰：『俎豆之事，則嘗聞之矣；軍旅之事，未之學也。』明日遂行。」俎，置肉的几。豆，盛肉一類食物的器皿。⓬善為國者不師　見《春秋穀梁傳・莊公八年》。為，治理。不師，不依靠軍隊。

【語　譯】田贊穿著儒者的衣服去見楚王，楚王說：「先生的衣服，為什麼這樣難看？」田贊回答說：「衣服又有比這個更壞的。」楚王說：「你可以說給我聽聽嗎？」田贊回答說：「鎧甲就比這個壞。」楚王說：「為什麼這樣說呢？」田贊回答說：「鎧甲冬天穿了就冷，夏天穿了就熱，衣服沒有比鎧甲更壞的。我田贊貧窮，因此服裝不佳；現在大王是擁有萬乘兵車的大國君主，富裕沒有誰比得上，卻喜歡把鎧甲給人穿，我私下認為大王這種做法不可取。難道是為了正義嗎？戰爭這種事，要砍下人的腦袋，剖開人的肚腹，毀壞別人的城郭，拘繫別人的子女，那名聲尤其不榮耀；難道是為了尊貴嗎？假如您想著危害別人，別人也必定想著危害你。假如您想著使人處境危險，別人也必定想著使你處境危險。那種尊貴，使人十分不安。這兩種做法，我認為大王都不值得採取。」楚王沒有辦法來反駁他。

從前，衛靈公向孔子問軍陣，孔子向他提起俎豆之類的禮器，這是輕視戰爭而看重禮儀。儒服是古代聖王傳下來的衣服，而楚王厭惡它；甲兵是國家的凶器，而楚王喜歡它；這就是他辯不過田贊而使國家處於危險的原因。所以《春秋穀梁傳》說：「善於治國的人不依靠軍隊。」說的就是這個意思。

㈡哀公❶問於孔子曰：「寡人聞之，東益宅不祥，信有之乎？」孔子曰：「不祥有五，而東益不與焉。夫損人而益己，身之不祥也；棄老取幼，家之不祥也；釋❷賢用不肖❸，國之不祥也；老者不教，幼者不學，俗之不祥也；聖人伏匿❹，天下之不祥也。故不祥有五，而東益不與焉。《詩》曰：『各敬爾儀，天命不又❺。』未聞東益之與為命也。」

【章　旨】此章說明最不吉利的事有五種，迷信不在其中。

【注　釋】❶哀公　魯哀公。春秋時魯國國君，名蔣。❷釋　捨棄。❸不肖　不才。❹匿　隱藏。❺各敬爾儀二句　見《詩・小雅・小宛》。儀，法度。又，再。

【語　譯】魯哀公問孔子說：「我聽說，在東邊增添房舍是不吉祥的，有這種事嗎？」孔子說：「不吉祥的事有五種，在東邊增添房舍不在其中。損害別人，自己得利，這是自身的不吉祥；拋棄衰老的妻室，再娶年輕的女子，這是家庭的不吉祥；放棄賢能，卻任用不才之人，這是國家的不吉祥；年老的不教育，年輕的不學習，這是社會的不吉祥；聖人隱藏，這是天下的不吉祥。所以不吉祥的事有五種，而在東邊增添房舍不在其中。《詩經》上說：『大家應該謹守自己的節度，天命是不會有第二次的。』沒有聽說過東邊增添住宅是屬於天命之列的。」

㈢顏淵❶侍❷魯定公❸於臺，東野畢❹御馬❺于臺下。定公曰：「善哉，東野畢之御！」顏淵曰：「善則善矣，雖然，其馬將失❻。」定公不悅，以告左右曰：「吾聞之，君子不讒人❼。君子亦讒人乎？」顏淵不悅，歷階❽而去。須臾❾，馬敗聞矣。定公蹶席❿而起，曰：「趨⓫駕請顏淵。」顏淵至，定公曰：「向寡人曰『善哉，東野畢御也』，吾子曰『善則善矣，雖然，其馬將失矣』。不識君子何以知之也？」顏淵曰：「臣以政知之。昔者舜工於使人，造父⓬工於使馬。舜不窮⓭於其民，造父不盡其馬。是以舜無失民，造父無失馬。今東野畢之御也，上車執轡⓮，御體正矣；周旋⓯步驟⓰，朝⓱禮畢矣；歷險致遠，而馬力殫⓲矣。然求不已⓳，是以知其失矣。」定公曰：「善！可少⓴進與？」顏淵曰：「獸窮則觸，鳥窮則啄，人窮則詐，自古及今，有窮其下能無危者，未之有也。《詩》曰：『執轡如組，兩驂如舞㉑。』善御之謂也。」定公曰：「善哉！寡人之過也。」

【章旨】此章說明做事不能過分，治民不能逼得太緊，否則必然招致失敗。

【注釋】❶顏淵　春秋時魯國人。名回，孔子弟子。❷侍　陪從。❸魯定公　春秋時魯國國君，名宋。❹東野畢　人名。❺御馬　駕馭馬。❻失　通「逸」。奔逸；狂奔不聽指揮。❼讒人　說別人的壞話。❽歷階　經過臺階。❾須臾　一會兒；不久。❿躐席　越過座席。⓫趨　同「促」。急速。⓬造父　周穆王時人，以善御著稱。⓭窮　盡。⓮轡　馬韁繩。⓯周旋　運轉。⓰步驟　慢步奔馳。步，慢走。⓱朝　通「調」。調教；調習。⓲殫　盡。⓳已　止。⓴少　稍微；略微。㉑執轡如組二句　見《詩・鄭風・大叔于田》。組，編織中的絲線。驂，駕在車轅兩旁的馬。

【語譯】顏淵在臺上陪從魯定公，東野畢在臺下駕馭馬。魯定公說：「東野畢駕馬駕得真好啊！」顏淵說：「好確實是好。不過，他的馬不久就會狂奔的。」魯定公不高興，告訴左右的人說：「我聽說，君子不講別人的壞話。君子也講別人的壞話嗎？」顏淵也不高興，走下臺階就離開了。

一會兒，馬不聽指揮的消息傳來了，魯定公越過座席，站了起來，說：「趕快駕車，去把顏淵請來。」顏淵來了，魯定公說：「剛才我說『東野畢駕馬駕得真好啊』，先生說『好的確是好。不過，他的馬將會狂奔』，不知道先生是憑什麼知道的？」顏淵說：「我是根據治國的原則知道的。從前，虞舜精通於任用人，造父精通於駕馭馬。虞舜不用盡他的民力，造父不用盡他的馬力。因此，虞舜沒有隱逸的百姓，造父沒有不聽指揮的馬。現在，東野畢駕馭馬的時候，登上車子，拿著韁繩，駕馬的原則是正確的；運轉車馬，慢步奔馳，調習的方式是完備的；經歷險阻，到達遠處，而馬的力量都用盡了。可是他還繼續駕駛，不知休止，因此知道他的馬會不聽指揮。」魯定公說：「說得好。可以稍微進一步說明嗎？」顏淵說：「野獸到了困窮的時候，就會撞人；禽鳥到了困窮的時候，就會啄人；人到了困窮的時候，就會欺騙人。從古到今，國君困迫人民而能夠沒有危險的情形，從來沒有見過。《詩經》上說：『拿著韁繩如一排編織的絲線，兩旁驂馬如舞蹈的隊列。』說的就是擅於駕馬啊！」魯定公說：「說得好啊！這是我的過錯。」

(三)孔子北之❶山戎❷氏，有婦人哭於路者，其哭甚哀。孔子立輿❸而問曰：「曷❹為哭哀至於此也？」婦人對曰：「往年虎食我夫，今虎食我子，是以哀也。」孔子曰：「嘻！若是則曷為不去也？」曰：「其政平，其吏不苛❺，吾是以不能去也。」孔子顧子貢❻曰：「弟子記之，夫政之不平而吏苛，乃甚於虎狼矣。」《詩》曰：「降喪饑饉，斬伐四國❼。」夫政不平也，乃斬伐四國，而況二人乎？其不去宜哉！

【章　旨】此章說明政暴吏苛對民的危害，比虎狼還厲害。

【注　釋】❶之　往。❷山戎　也叫北戎。我國古代北方民族，居於今河北東部，與齊接界。❸立輿　停車。輿，車。❹曷　同「何」。❺苛　苛刻；煩瑣。❻子貢　姓端木，名賜。春秋時衛國人，孔子弟子。❼降喪饑饉二句　見《詩・小雅・雨無正》。饑饉，《爾雅・釋天》：「穀不熟為饑，蔬不熟為饉。」斬伐，殘害。四國，四方的領域。

【語　譯】孔子往北到山戎氏去，有一個婦女在路上哭得很傷心。孔子停下車子，問她說：「為什麼哭得這樣悲傷呢？」婦人回答說：「前一年我的丈夫被老虎吃掉了，現在我兒子又被老虎吃掉了，因此這樣傷心。」孔子說：「唉！像這樣，那麼為什麼不離開這裡呢？」婦人說：「這裡政治清平，官吏不苛刻，因此我不能離開這裡。」孔子回轉頭來，對子貢說：「弟子記住：政治不清平，官吏苛刻，就比虎狼還厲害呢！」

《詩經》上說：「上天降下死喪饑荒之災，殘害了四方的國家。」政治不清平，就殘害四方的國家，何況只是兩個人呢？她不願離開不是很應該嗎？

㈣魏文侯問李克❶曰：「吳之所以亡者何也？」李克對曰：「數戰數勝。」文侯曰：「數戰數勝，國之福也，其所以亡，何也？」李克曰：「數戰則民疲，數勝則主驕。以驕主治疲民，此其所以亡也。」是故好戰窮兵❷，未有不亡者也。

【章　旨】此章說明好戰窮兵，必然會導致國家危亡。

【注　釋】❶李克　即李悝。戰國初期魏國人，為魏文侯相。提倡耕作以盡地力，使魏國富強。整理諸國刑法，為《法經》六篇，已佚。❷窮兵　用盡兵力。窮，盡。

【語　譯】魏文侯問李克說：「吳國滅亡的原因是什麼？」李克回答說：「屢次作戰，屢次勝利。」魏文侯說：「屢次作戰，屢次勝利，是國家的福澤，為什麼反而成了滅亡的原因呢？」李克說：「屢次作戰則民力疲勞，屢次勝利則君上驕傲。以驕傲的君主治理疲困的百姓，這就是吳國滅亡的原因。」

所以愛好作戰，窮兵黷武，沒有不滅亡的。

(一五)趙襄子❶問於王子維❷曰：「吳之所以亡者何也？」對曰：「吳君吝❸而不忍。」襄子曰：「宜哉，吳之亡也！吝則不能賞賢，不忍則不能罰姦。賢者不賞，有罪不能罰，不亡何待？」

【章　旨】此章說明賞賢罰姦是治國的重要手段。不能正確運用賞罰，則賢者不用力，不肖者敢為非，國必亡。

【注　釋】❶趙襄子　名無恤。襄子是諡號，春秋末年晉卿。❷王子維　人名。❸吝　吝嗇。

【語　譯】趙襄子問王子維說：「吳國滅亡的原因是什麼？」王子維回答說：「吳國君主吝嗇而不忍

心。」趙襄子說：「吳國滅亡是應該的啊！吝嗇就不能獎賞賢能，不忍心就不能懲罰姦邪，賢能的人不獎勵，有罪的人不能懲罰，國家不滅亡，還等什麼時候呢？」

(六)孔子侍坐於季孫❶，季孫之宰❷通❸曰：「君使人假❹馬，其與之乎？」孔子曰：「吾聞取於臣，謂之取，不曰假。」季孫悟，告宰曰：「自今以來，君有取，謂之取，無曰假。」故孔子正假馬之名，而君臣之義定矣。《論語》曰：「必也正名❺。」《詩》曰：「無易由言，無曰苟矣❻。」可不慎乎！

【章旨】此章說明訂正名分是區分君臣上下的重要原則，治國者不可不知。

【注釋】❶季孫　春秋時魯桓公季友的後裔。世為大夫，專國政。❷宰　古代貴族家中掌管家務的總管。❸通　通報。❹假　借。❺必也正名　見《論語·子路》。正名，訂正名分。❻無易由言二句　見《詩·大雅·抑》。由，於。苟，苟且；隨便。

【語譯】孔子陪從季孫氏坐著，季孫氏家中的總管通報說：「魯君派人來借馬，借給他嗎？」孔子說：「君主從臣下家裡拿東西，叫做取，不叫借。」季孫明白了孔子的意思，告訴總管說：「從今以後，君主來拿東西，叫做取，不要說借。」所以孔子訂正借馬的名義，君臣的大義也就確定了。《論語》上說：「一定要訂正名分。」《詩經》上說：「不要輕易說話，不要說『隨便』這樣的話。」說話能夠不謹慎嗎！

(一七)君子❶曰：「天子居闉❷闕之中，帷帳之內，廣廈之下，旃茵❸之上，不出襜幄❹而知天下者，以有賢左右也。故獨視不如與眾視之明也，獨聽不如與眾聽之聰也。」

【章旨】此章說明君主要依賴眾人幫助，才能見事廣，斷事明。

【注釋】❶君子　指有才德的人。❷闉　城門外層的曲城。❸旃茵　氈毛褥子。旃，通「氈」。茵，坐褥。❹襜幄　帷帳。

【語譯】有才德的君子說：「天子住在城牆環繞的宮闕之中，處在帷帳裡面，居在高樓大廈的下面，坐在氈毛褥子上面，不出帷帳就知曉天下的事情，因為有賢能的左右輔佐他。所以獨自一個人看，不如跟大家一起看來得明白，獨自一個人聽，不如跟大家一起聽來得清楚。」

(一八)晉平公❶問於叔向❷曰：「國家之患孰為大？」對曰：「大臣重祿而不極諫，近臣畏罰而不敢言，下情不上通，此患之大者也。」公曰：「善。」於是令國曰：

「欲進善言，謁者❸不通❹，罪當死。」

【章　旨】此章說明君主必須廣開言路，廣泛聽取意見。

【注　釋】❶晉平公　春秋時晉國國君，名彪。❷叔向　春秋時晉國大夫。羊舌氏，名肸。❸謁者　通接賓客的近侍。❹通　通報。

【語　譯】晉平公問叔向說：「國家的禍患什麼最大？」叔向回答說：「地位高的大臣只看重俸祿而不極力進諫，親近的小臣害怕懲罰而不敢說話，下面的情況不能傳到上面來，這是禍患中最大的禍患。」晉平公說：「說得好。」於是，給全國下令說：「有人想進獻善言，管傳達的近侍不通報，就該當死罪。」

(一九)楚人有善相人❶，所言無遺策❷，聞於國。莊王❸見而問於情，對曰：「臣非能相人，能觀人之交也。布衣❹也，其交皆孝悌，篤❺謹畏令，如此者，其家必日益，身必日安，此所謂吉人也。官，事君者也，其交皆誠信，有好善，如此者，事君日益，官職日進，此所謂吉士也。主明臣賢，左右多忠，主有失，皆敢分❻爭❼正諫，如此者，國日安，主日尊，天下日富，此之謂吉主也。臣非能相人，能觀人之交也。」莊王曰：「善。」於是乃招聘四方之士，夙❽夜不懈，遂得孫叔敖❾、將軍子重❿之屬，以備卿相，遂成霸功。《詩》曰：「濟濟多士，文王以寧⓫。」此之謂也。

【章　旨】此章說明國君左右都是賢人，國家就能興旺。

【注　釋】❶相人　觀察人的形貌以預測其命運。《呂氏春秋．不苟論．貴當》「人」下有「者」字。❷遺策　失算。❸莊王　楚莊王。春秋時楚國國君，五霸之一，名旅。❹布衣　庶人之服。平民的代稱。❺篤　篤厚；真誠。❻分　《呂氏春秋．不苟論．貴當》作「交」。❼爭　通「諍」。直言規勸。❽夙　早。❾孫叔敖　春秋時楚國人，任楚莊王令尹。❿子重　楚莊王之弟公子嬰齊。⓫濟濟多士二句　見《詩經．大雅．文王》。濟濟，眾多的樣子。

【語　譯】楚國有一個擅長於看相的人，他所說的沒有失誤的，在楚國很著名。楚莊王召見他，問他的實情。那善相人回答說：「我並不是能看相，是能觀察別人相交的朋友。一個平民，他交的朋友都孝敬父母，友愛兄弟，真誠謹慎，畏懼法令，像這樣的人，他的家庭必定一天比一天富裕，身分地位必定一天比一天安穩，這就是所說的吉祥的人。官吏是事奉君主的人，他交的朋友都忠誠信實，有好善之心，像這樣的人，他為君主做事必定一天比一天隆盛，官職一天比一天提升，這就是所說的吉祥的士人。君主英明，臣下賢能，左右多是忠臣，君主有過失，都敢於直言規勸和進諫，像這樣，國家就一天比一天安定，君主就一天比一天尊貴，天下一天比一天富裕，這就是所說的吉祥的君主。我並不是能看相，是能觀察別人交的朋友。」楚莊王說：「說得好。」

於是，楚莊王就招聘四方的士人，日夜不懈怠，就羅致到孫叔敖、將軍子重一類人，用他們擔任卿相，終於成就了霸業。《詩經》上說：「有很多很多的士人啊，周文王就安寧了。」說的就是這種情況啊。

㈢齊閔王❶亡居衛❷，晝日步走，謂公玉丹❸曰：「我已亡矣，而不知其故，吾所以亡者其何哉？」公玉丹對曰：「臣以王為已知之矣，王故尚未之知邪？王之所以亡者，以賢也，以天下之主皆不肖而惡王之賢也，因與合兵而攻王，此王之所以亡也。」閔王慨然❹太息❺曰：「賢固若是其苦邪？」丹又謂閔王曰：「古人有辭天下無憂色者，臣聞其聲❻，於王見其實。王名稱東帝❼，實有天下，去國居衛，容貌充盈，顏色發揚，無重國之意。」王曰：「甚善！丹知寡人，自去國而居衛也，帶❽三益❾矣。」遂以自賢，驕盈不止。閔王亡走衛，衛君避宮舍之，稱臣而供具❿。閔王不遜⓫，衛人侵之。閔王去走鄒⓬魯⓭，有驕色，鄒魯不納，遂走莒⓮。楚使淖齒⓯將兵救齊，因相閔王。淖齒擢閔王之筋而懸之廟梁，宿昔⓰

而殺之，而與燕共分齊地。悲夫！閔公臨大齊之國，地方數千里，然而兵敗於諸侯，地奪於燕昭⑰，宗廟喪亡，社稷不祀，宮室空虛，身亡逃竄，甚於徒隸⑱，尚不知所以亡，甚可痛也！猶自以為賢，豈不哀哉！公玉丹徒隸之中，而道⑲之諂佞，甚矣！閔王不覺，追而善之，以辱為榮，以憂為樂，其亡晚矣，而卒見殺。

先是，靖郭君⑳殘賊其百姓，害傷其群臣，國人將背叛共逐之，其御㉑知之，豫㉒裝齎㉓食，及亂作，靖郭君出亡，至於野而饑，其御出所裝食進之，靖郭君曰：「何以知之而齎食？」對曰：「君之暴虐，其臣下之謀久矣。」靖郭君怒不食，曰：「以吾賢至聞也，何謂暴虐？」其御懼，曰：「臣言過也，君實賢，唯群臣不肖，共害賢。」然後靖郭君悅，然後食。故齊閔王、靖郭君雖至死亡，終身不諭㉔者也，悲夫！

【章旨】此章說明國君自以為是，臣下逢迎掩飾，則國必滅亡，身必被害。

【注釋】❶齊閔王　《史記·田敬仲完世家》作「齊湣王」。戰國時齊國國君，名地。❷居衛　《史記·田敬仲完世家》作「之衛」。衛，春秋戰國時國名。在今河南省汲縣、淇縣一帶。❸公玉丹　人名。❹慨然　感慨的樣子。❺太息　出聲長嘆。❻聲　名聲。❼名稱東帝　齊閔王曾稱東帝，秦昭王稱西帝，不久去帝號復稱王。❽帶　束腰的革帶。❾益　增加。這裡指因體發胖而放鬆腰帶。❿供具　供給盛酒食的器具。這裡指供給酒食。⓫遜　謙遜；恭順。⓬鄒　戰國時諸侯國名。在今山東省鄒縣。⓭魯　春秋戰國時諸侯國名。在今山東省曲阜縣。⓮莒　戰國時齊邑。在今山東省莒縣。⓯淖齒　戰國時楚國人。⓰宿昔　過了一晚。昔，借作「夕」。⓱燕昭　燕昭王。戰國時燕國國君，名平。⓲徒隸　服勞役的罪犯和奴隸。徒，刑徒。隸，奴隸。⓳道　通「導」。引導。⓴靖郭君　即田嬰。戰國時齊國人，相齊十一年，封於薛，號靖郭君。㉑御　駕車的人。㉒豫　同「預」。事先準備。㉓齎　攜帶。㉔諭　明白；理解。

【語　譯】齊閔王逃亡到衛國去，有一天日間出外散步，告訴公玉丹說：「我已經逃亡了，卻不知要逃亡的緣故。我逃亡的原因是什麼呢？」公玉丹回答說：「我以為大王已經知道了，大王卻還不知道嗎？大王逃亡的原因是因為賢明。因為天下的君主都不才，就厭惡大王賢明，於是互相聯合兵力進攻大王，這就是大王逃亡的原因。」齊閔王感慨地長嘆一聲，說：「賢明本來就要像這樣的苦嗎？」公玉丹又告訴齊閔王說：「古人有辭去天下，卻沒有憂鬱臉色的人，我聽到過這種說法，在大王身上得到實際的印證。大王號稱為東帝，實際上擁有整個天下，離開齊國，來到衛國，容貌豐滿，臉色煥發，沒有捨不得國家的意思。」齊閔王說：「你說得非常好，只有你才了解我。自從我離開齊國，來到衛國，腰帶放鬆三次了。」就自己認為賢明，驕傲不止。齊閔王逃跑到衛國，衛國君主空出宮殿讓他住著，對他稱臣，供給酒食。齊閔王不謙遜，所以衛國人侵犯了他。齊閔王離開衛國，逃跑到鄒國和魯國，流露出驕橫的神色，鄒國、魯國不肯接納，就逃跑到莒邑。楚國使淖齒將兵救齊國，因而做了齊國的相。淖齒就抽出齊閔王的筋，懸掛在宗廟的屋梁上，過不久就殺了他，跟燕國瓜分了齊國的土地，可悲啊！

齊閔王做了齊國這樣的大國的君主，土地方圓有幾千里，然而軍隊被諸侯打敗，土地被燕昭王奪去，宗廟毀壞覆亡，土神穀神無人祭祀，宮殿無人居住，本人出亡逃竄在外，比服勞役的罪犯和奴隸還困苦，還不知曉自己亡國的原因，真令人非常痛心。還自己認為賢明，那不是很可悲嗎？公玉丹身處罪犯和奴隸般的困境中，還用諂媚逢迎的話來迎合閔王，也太過分了。齊閔王不知悔悟，他還一直稱贊閔王，把恥辱當作榮耀，把憂患當作快樂，他們的滅亡已經算晚了，而終於也被人殺死。

在這件事之前，靖郭君殘害他的百姓，傷害他的群臣，都城裡的人將背叛他，要一起驅逐他，他的車夫知道這一陰謀，預先就裝好了攜帶逃跑的食物。等到叛亂發生，靖郭君逃跑，到了郊野，肚子餓了，他的車夫拿出所裝的食物獻上給他。靖郭君說：「你為什麼知道這次叛亂而攜帶著食物呢？」車夫回答說：「您暴躁殘忍，您臣下的陰謀醞釀很久了。」靖郭君非常生氣，不肯進食，說：「我的賢明已經很著名了，怎麼說我暴躁殘忍呢？」他的車夫害怕了，說：「我的話說錯了，您確實賢明，只有群臣不才，一起危害賢者。」這樣，靖郭君才高興，才肯進食。

所以齊閔王、靖郭君雖然直到死亡，一輩子也不明白他們何以落得這般下場，真可悲啊！

(三)宋昭公❶出亡，至於鄙❷，喟然❸嘆曰：「吾知所以亡矣。吾朝臣千人，發政舉吏，無不曰『吾君聖』者。侍御數百人，被服以立，無不曰『吾君麗』者。內外不聞吾過，是以至此。」由宋君觀之，人主之所以離國家，失社稷者，諂諛者眾也。故宋昭亡而能悟，蓋得反國云。

【章　旨】此章說明，諂諛者多，則過不上聞，國君必危。如能覺悟，還可補救。

【注　釋】❶宋昭公　春秋時宋國國君，名杵臼。❷鄙　邊鄙；邊境。❸喟然　嘆息的樣子。

【語　譯】宋昭公逃亡出外，到了邊境，長長地嘆了口氣說：「我知道我出外逃亡的原因了。我朝廷上的臣下上千人，頒發政令，選拔官吏，沒有誰不說『我們的君主英明』的。侍從身邊的侍從官數百人，穿著整齊衣服站立在我跟前，沒有誰不說『我們的君主英俊』的。裡裡外外都聽不到我的過失，因此才會到了今天的地步。」

從宋昭公出亡這件事看來，君主離開國家、喪失社稷的原因就是諂媚阿諛的人太多了。所以宋昭公逃亡之後還能夠覺悟，這就是能夠返回宋國的原因。

(三)秦二世胡亥❶之為公子❷也，昆弟❸數人。詔❹置酒饗❺群臣，召諸子。諸子賜食先罷，胡亥下階，視群臣陳履狀善者，因行踐敗而去。諸子聞見之者，莫不太息❻。及二世即位，皆知天下必棄之也，故二世惑於趙高❼，輕大臣，不顧下民，是以陳涉❽奮臂於關東❾，閻樂❿作亂於望夷⓫。閻樂，趙高之婿也，為咸陽令，詐為逐賊，將吏卒入望夷宮，攻射二世，就數⑫二世，欲加刃。二世懼，入將自殺，有一宦者⑬從之。二世謂曰：「何謂至於此也？」宦者曰：「知此久矣。」二世曰：「子何不早言？」對曰：「臣以不言，故得至於此。使臣言，死久矣。」然後二世喟然悔之，遂自殺。

【章　旨】此章說明殘忍惡劣，惑於佞臣，這樣的君主必然身敗名裂。

【注　釋】❶胡亥　秦始皇之子。始皇死，繼位為二世。❷公子　王侯的嫡子叫世子，其餘的兒子叫公子。胡亥是秦始皇第十八子，故稱公子。❸昆弟　兄弟。❹詔　詔書。皇帝的文書命令。❺饗　犒賞；款待。❻太息　出聲長嘆。❼趙高　秦時宦官。二世時官至丞相，後被殺。❽陳涉　秦陽城人，名勝。二世元年七月，在大澤鄉率戍卒九百人揭竿反秦，自立為陳王，兵敗被殺。❾關東　指函谷關以東地區。❿閻樂　人名。⓫望夷　宮名。在今陝西省咸陽縣。⓬數　責數；數說罪過。⓭宦者　宦官；太監。

【語　譯】秦二世胡亥在當公子的時候，有幾個兄弟。秦始皇下詔書，命設酒宴犒賞群臣，同時召喚他的那些兒子參加。兒子們的酒宴先吃完，胡亥走下階臺，看見群臣擺設的鞋子式樣美觀的，就一路用腳踩踏，踩得亂七八糟才離去。兒子們看了，沒有不嘆氣的。等到二世做了皇帝，大家都知道天下必定會拋棄他。所以秦二世被趙高迷惑，輕侮大臣，不體恤百姓。因此陳涉在關東地區奮臂一呼，號召反秦，閻樂在望夷宮發動叛亂。閻樂是趙高的女婿，為咸陽縣令，假裝追逐盜賊，帶領吏卒進入望夷宮，進攻射擊秦二世，當面責數二世的罪狀，要砍殺他。秦二世害怕了，進入宮中將要自殺，有一名宦官跟從著他。秦二世對他說：「我為什麼會到這種地步呢？」那個宦官說：「我知道您會落到這個地步已經很久了。」秦二世說：「你為什麼不早說呢？」那個宦官回答說：「正因為我不說，才能活到現在。假使我說了，就早已經死了。」這樣，秦二世才感嘆，很後悔，就自殺了。

㈢齊侯❶問於晏子❷曰：「忠臣之事君也何若？」對曰：「有難❸不死，出亡不送。」君曰：「列❹地而與之，疏❺爵而貴之，君有難不死，出亡不送，可謂忠乎？」對曰：「若言而見❻用，終身無難，臣奚死焉？諫而見從，終身不亡，臣奚送焉？言不見用，有難而死，是妄死也；諫不見從，出亡而送，是詐為也。故忠臣也者，能盡善與君，而不能與陷於難。」

【章旨】此章說明忠臣就要匡正君主過失，使無失誤。

【注釋】❶齊侯　齊為侯爵諸侯，故國君稱齊侯。❷晏子　即晏嬰。字平仲，春秋時齊國大夫。❸難　禍難；災難。❹列　同「裂」。分割。❺疏　分。❻見　被。助動詞。

【語譯】齊國國君問晏子說：「忠臣事奉君主是怎樣的呢？」晏子回答說：「國君有禍難，他不去死；國君出國逃亡，他不送行。」齊君說：「國君分割土地給與他，分出官爵使他尊貴，國君有了禍難，他不去從死；國君出國逃亡，他不去送行，這可以說是忠臣嗎？」晏子回答說：「如果忠臣說的話被採用，國君就一輩子不會有禍難，忠臣又還為什麼而死呢？忠臣的規勸被聽從，國君就一輩子不必出國逃亡，忠臣又還送什麼呢？假若說的話不被採用，有了禍難又去從死，這是沒有必要的犧牲；規勸不被聽從，出國逃亡又去送行，這是欺詐的行為。所以忠臣就是能夠竭盡忠心輔助君主，不能跟君主一道陷於禍難。」

(二六) 宋玉❶因其友以見於楚襄王❷，襄王待之無以異，宋玉讓❸其友。其友曰：「夫薑桂因地而生，不因地而辛❹；婦人因媒而嫁，不因媒而親。子之事王未耳，何怨於我？」宋玉曰：「不然。昔者齊有良兔曰東郭㕙❺，蓋一日而走五百里。於是齊有良狗曰韓盧❻，亦一日而走五百里，使之遙見而指屬❼，則雖韓盧不及眾兔之塵；若躡❽跡而縱緤❾，則雖東郭㕙亦不能離❿。今子之屬臣也，躡跡而縱緤與？遙見而指屬與？《詩》曰：『將安將樂，棄我如遺⓫。』此之謂也。」其友人曰：「僕人⓬有過！僕人有過！」

【章旨】此章說明臣下能夠有自由發揮的機會，才能有所作為。

【注釋】❶宋玉 戰國時楚國人，曾為楚頃襄王大夫。❷楚襄王 即楚頃襄王。戰國時楚國國君，名横。❸讓 責備；責讓。❹辛 辣味。❺東郭㕙 兔名。❻韓盧 狗名。❼指屬 指向所屬。給狗指示兔所在的地方。❽躡 追跟；暗隨在後。❾紲 繫牲畜的繩索。❿離 逃跑掉。⓫將安將樂二句 見《詩·小雅·谷風》。將，正。我，原詩作「予」。遺，遺棄的東西。⓬僕人 自稱的謙詞。

【語譯】宋玉通過朋友的引薦見到了楚頃襄王，楚頃襄王對待他沒有特別重視。宋玉就責備他的朋友。他的朋友說：「生薑和桂子依賴土地才能生長，不依賴土地而辛辣；婦女依憑媒人才能出嫁，不依憑媒人而親近。你自己事奉君王不夠用心，為什麼埋怨我呢？」宋玉說：「不是這樣。從前，齊國有一隻良兔叫東郭㕙，大約一天能跑五百里；當時，齊國有一隻狗名叫韓盧，也一天能跑五百里。讓牠遠遠望見而指示牠兔子的所在，就連韓盧這種良狗也趕不上一般兔子奔跑時後面揚起的飛塵；假若放開拴狗的繩子，而讓牠追尋兔子的蹤跡，那麼即使東郭㕙那種良兔也逃不脫。現在把我囑託給楚王，是放開繩子讓我去追跟兔子呢？還是只遠遠望見而指示兔子的所在呢？《詩經》上說：『你正舒適，正快樂，卻如同遺棄東西那樣拋棄我。』說的就是這種情況呢！」他的友人說：「我有過錯！我有過錯。」

(三五)宋玉事楚襄王而不見察，意氣❶不得❷，形於顏色❸。或謂曰：「先生何談說之不揚❹，計畫❺之疑也？」宋玉曰：「不然。子獨不見夫玄蝯❻乎？當其居桂林之中，峻葉❼之上，從容游戲，超騰❽往來，龍興而鳥集，悲嘯長吟。當此之時，雖羿❾、逢蒙❿不得正目而視也。及其在枳⓫棘之中也，恐懼而掉慄⓬，危視而蹟行⓭，眾人皆得意⓮焉。此皮筋非加急而體益短也，處勢不便故也。夫處勢不便，豈可以量功校⓯能哉？《詩》不云乎：『駕彼四牡，四牡項領⓰。』夫久駕而長不得行，項領，不亦宜乎！《易》曰：『臀無膚，其行趦趄⓱。』此之謂也。」

【章旨】此章說明環境不好，限制太多，臣下就無法施展才能。

【注釋】❶意氣　意志氣概。❷得　滿意。❸顏色　臉色。❹揚　昂揚；出眾。❺計畫　計謀籌劃。❻玄蝯　黑猿猴。蝯，「猿」的本字。❼峻葉　肥大密茂的樹葉。❽超騰　跳躍。❾羿　古代傳說中擅長射箭的人。❿逢蒙　古代擅長射箭的人，相傳學射於羿。⓫枳　一種有刺的小灌木。⓬掉慄　顫抖。⓭蹟行　跟著足跡行走。蹟，同「跡」。⓮得意　得到希望的東西而心意滿足。此指捉到猿子而滿意。⓯校　計量。⓰駕彼四牡二句　見《詩·小雅·節南山》。牡，公馬。項領，大領。馬長期駕在車上不行走，其領就會腫大。項，大。⓱臀無膚二句　見《周易·姤·九三》。趦趄，《周易》原作「次且」。欲前不進的樣子。

【語譯】宋玉事奉楚頃襄王而不被注意，意志氣概都不滿意，表現到了臉色上。有個人告訴他說：「先生為什麼談吐這樣不出眾呢？計謀籌劃老是被懷疑呢？」宋玉說：「不是這樣。你難道沒見過那黑猿猴嗎？當牠們居住在桂樹林之中，肥大茂盛的樹葉之上，從從容容地遊玩嬉戲，跳躍往來，像龍一樣出現，像鳥一樣聚集，悲涼地呼嘯，長聲地鳴叫，當這種時候，即使像羿和逢蒙那樣的射手，也不敢正眼看牠們。等到牠們在枳樹棘刺叢中，害怕顫抖，睜眼望著，小心地跟著走，這時候，一般人都可以隨心所欲而捉到牠們。這不是牠們的皮肉筋骨變得僵硬，身體更加矮小了，是所在地勢不利的緣故。所在的地勢不利，哪裡可以計量功勞校量能力呢？《詩經》不是說過嗎？『駕著那四匹公馬，四匹公馬的頸子都腫大。』長久地駕著車卻又不能行走，頸子腫大，不是很應該嗎？《周易》說：『臀部沒了皮膚，走路就徘徊不前。』說的就是這種情況。」

(二六)田饒❶事❷魯哀公❸而不見察，田饒謂魯哀公曰：「臣將去君而鴻鵠❹舉❺矣。」哀公曰：「何謂也？」田饒曰：「君獨不見夫雞乎？頭戴冠者文也，足傅距❻者武也，敵在前敢鬥者勇也，見食相呼仁也，守夜不失時❼信也，雞雖有此五者，君猶日瀹❽而食之。何則？以其所從來近也。夫鴻鵠一舉千里，止君園地，食君魚鼈，啄君菽❾粟，無此五者，君猶貴之，以其所從來遠也。臣請鴻鵠舉矣。」哀公曰：「止，吾書❿子之言也。」田饒曰：「臣聞食其食者，不毀其器；蔭⓫其樹者，不折其枝。有士不用，何書其言為？」遂去之燕，燕立以為相。三年，燕之政大平，國無盜賊。哀公聞之，慨然太息⓬，為之避寢⓭三月，抽損上服⓮，曰：「不慎其前，而悔其後，何可復得。」《詩》曰：「逝將去汝，適彼樂土。適彼樂土，爰得我所⑮。」《春秋》曰：「少長於君，則君輕之⑯。」此之謂也。

【章旨】此章說明君主貴遠賤近，向聲背實，不能識別賢能，就必然失去賢能的輔助。

【注釋】❶田饒　人名。❷事　侍奉。在別人手下做事。❸魯哀公　春秋時魯國國君，名蔣。❹鴻鵠　天鵝。❺舉　起飛。❻傅距　附有雞爪。傅，通「附」。附著。距，雞爪。❼失時　錯過時間。❽瀹　以湯煮物。❾菽　豆類的總稱。❿書　寫；記下。⓫蔭　遮太陽。⓬太息　長聲嘆氣。⓭避寢　不住正室，表示悔悟。寢，路寢；正室。⓮抽損上服　表示悔悟。抽損，減少；降低。上服，上衣。⓯逝將去汝四句　見《詩經．魏風．碩鼠》。逝，語首助詞，無義。適，往。適彼樂土，原詩作「樂土樂土」。爰，就。所，處所；地方。⓰少長於君二句　見《春秋穀梁傳．僖公二年》。

【語譯】田饒事奉魯哀公，不被注意。田饒告訴魯哀公說：「我將離開您像鴻鵠一樣遠走高飛了。」魯哀公說：「說的是什麼意思呢？」田饒說：「您難道沒有看見那雞嗎？頭上戴著雞冠，這是文；足上附有雞爪，這是武；敵人在前而敢於進攻，這是勇，看到吃的就呼喚同伴，這是仁；夜晚準時報曉，這是信。雞雖然有這五種美德，您還是每天拿牠煮湯喝。這是為什麼呢？因為牠來的地方近。鴻鵠一起飛就遠至千里，停在您園中的水池裡，吃您的魚鱉，啄食您的糧食，沒有雞這五種美德，您還是看重牠，因為牠來的地方遠。我也請求像鴻鵠一樣遠走高飛。」魯哀公說：「請你不要走，我會把你的話記錄下來。」田饒說：「我聽說，吃別人食物的人，不毀壞別人的器物；在別人樹下遮陽的人，不折斷別人的樹枝。有賢士不任用，還記下他的話幹什麼呢？」

田饒就離開魯國到了燕國，燕國用他做相，三年，燕國的政治清平安定，國家沒有盜賊。魯哀公聽到此事，感慨地長長嘆了口氣，為此事不住正室三個月，換下了好的服裝，說：「事前不謹慎，事後才悔恨，哪裡還可以重新得到呢？」

《詩經》上說：「我要離開你，去到那樂土。去到那樂土，才找到我安居樂業的處所。」《春秋穀梁傳》說：「從小在君主身邊長大，君主就會輕視他。」說的就是這種情況呢。

(三七)子張❶見魯哀公，七日而哀公不禮❷，託僕夫❸而去，曰：「臣聞君好士，故不遠千里之外，犯霜露，冒塵垢，百舍❹重趼❺，不敢休息以見君，七日而君不禮，君之好士也，有似葉公子高❻之好龍也。葉公子高好龍，鉤❼以寫❽龍，鑿❾以寫龍，屋室雕文❿以寫龍，於是夫⓫龍聞而下之，窺頭於牖⓬，施⓭尾於堂，葉公見之，棄而還走⓮，失其魂魄，五色無主⓯。是葉公非好龍也，好夫似龍而非龍者也。今臣聞君好士，故不遠千里之外以見君，七日不禮，君非好士也，好夫似士而非士者也。《詩》曰：『中心藏之，何日忘之⓰？』敢⓱託而去。」

【章　旨】此章說明國君徒有好士之名，而無好士之實，必然失去真正的賢士。

【注　釋】❶子張　姓顓孫，名師，字子張。春秋時陳國人，孔子弟子。❷禮　禮遇；以禮相待。❸僕夫　駕車的人。❹百舍　住宿百次，長途跋涉之意。舍，住宿；止宿。❺重趼　足因久行磨擦而生硬皮。❻葉公子高　春秋時楚國人。姓沈，名諸梁，字子高，封於葉，故稱葉公。❼鉤　帶鉤。❽寫　刻畫。❾鑿　「爵」的假借字。盛酒的器皿。❿雕文　雕刻的花紋圖案。⓫夫　那。⓬牖　窗戶。⓭施　拖。⓮還走　掉轉頭就跑。⓯五色無主　指由於恐懼而臉色不定。五色，青黃赤白黑。⓰中心藏之二句　見《詩經・小雅・隰桑》。中心，心中。⓱敢　膽敢。表敬的副詞。

【語　譯】子張拜見魯哀公，七天了，魯哀公仍不以禮招待，子張囑託駕車的人轉告魯君，他就離開了，說：「我聽說君主好士，所以不以千里之外為遠，頂著霜露，冒著塵垢，長途跋涉，足起重繭，不敢休息就來拜見君主，七天了，君主卻不以禮招待。君主好士，有點像葉公子高好龍。葉公子高好龍，帶鉤上刻畫著龍，酒器上刻畫著龍，房屋上雕刻的花紋刻畫著龍。於是那真龍聽到他喜好龍，就下到他這裡，把頭伸進窗戶裡，把尾巴拖到廳堂裡。葉公看見牠，拋開牠掉轉頭就跑，喪魂落魄，臉色不定。這是葉公並非喜好真龍，是喜好那些似龍而非真龍的東西。現在，我聽說君主喜好士，所以不辭千里之外為遠來拜見君主，七天了，您卻不以禮相待，君主不是喜好賢士，而是喜好那些像賢士而非真賢士的人。《詩經》上說：『深藏在心裡，何時會忘記？』膽敢委託你轉告魯君，我要離開了。」

(六)昔者楚丘❶先生行年❷七十，披裘帶索❸，往見孟嘗君，欲趨不能進。孟嘗君曰：「先生老矣，春秋❹高矣，何以教之？」楚丘先生曰：「噫！將我而老乎？噫！將使我追車而赴馬乎？投石而超距❺乎？逐麋鹿而搏豹虎乎？吾已死矣，何暇老哉？噫！將使我出正辭❻而當❼諸侯乎？決嫌疑❽而定猶豫❾乎？吾始壯矣，何老之有？」孟嘗君逡巡❿避席⓫，面有愧色。《詩》曰：「老夫灌灌，小子蹻蹻⓬。」言老夫欲盡其謀，而少者驕而不受也。秦穆公⓭所以敗其師⓮，殷紂所以亡天下也。故《書》曰：「黃髮之言，則無所愆⓯。」《詩》曰：「壽胥與試⓰。」美用老人之言以安國也。

【章　旨】此章說明治國應聽用老人之言，因此君主不可以輕視老年人。

【注　釋】❶楚丘　人名。❷行年　經歷過的年歲。❸帶索　以繩索為帶。❹春秋　年齡；年紀。❺超距　跳躍。古代鍛鍊體能的一種活動。❻正辭　嚴正的言詞。❼當　對答。❽嫌疑　疑惑難明的事理。❾猶豫　遲疑不決。❿逡巡　遲疑徘徊，欲行又止的樣子。⓫避席　離開座席。表示敬意之意。⓬老夫灌灌二句　見《詩・大雅・板》。灌灌，同「歀歀」。情意懇切的樣子。蹻蹻，驕傲的樣子。⓭秦穆公　春秋時秦國國君。名任好，五霸之一。⓮敗其師　秦穆公不聽蹇叔勸阻，派兵偷襲鄭國，結果被晉軍在殽戰敗。事見《左傳・僖公三十三年》。⓯黃髮之言二句　《尚書・秦誓》：「詢茲黃髮，則罔所愆。」黃髮，髮由白轉黃。指特別年高的老人。愆，過失。⓰壽胥與試　見《詩・魯頌・閟宮》。胥，相。試，比試。

【語譯】從前，楚丘先生年歲已有七十，披著皮衣，用繩索做帶子束著腰，去拜見孟嘗君，想快步上前卻走不動。孟嘗君說：「先生老了，年紀大了，將用什麼來教導我呢？」楚丘先生說：「唉！我老了嗎？唉！要使我追車趕馬嗎？要使我投擲石塊，跳越障礙嗎？要我追逐麋鹿，搏擊豹虎嗎？那我已經死了，哪裡有說老的餘地呢？唉！將使我拿出嚴正的言辭去對答諸侯嗎？將使我決斷疑惑難明的事理和斷定遲疑不決的事情嗎？那我才是壯年，哪裡有什麼老呢？」孟嘗君遲疑了一陣子，退離座席，臉上現出羞愧的神色。

《詩經》上說：「我老頭子情意懇切，你小子卻驕傲自信。」這是說老頭子想獻出他的計謀，年輕人卻驕傲而不肯接受。這就是秦穆公使他的軍隊戰敗的原因，也是商紂王亡了天下的原因。所以《尚書》裡說：「聽信老年人的話，就不會有過失了。」《詩經》上說：「人的智慧是與年壽一同增長的。」這都是贊美老年人的話可以安定國家。

(二九)齊有閭丘邛❶，年十八，道遮宣王❷曰：「家貧親老，願得小仕❸。」宣王曰：「子年尚稚❹，未可也。」閭丘邛對曰：「不然。昔有顓頊❺，行年十二而治天下，秦項橐❻七歲為聖人❼師，由此觀之，邛不肖耳，年不稚矣。」宣王曰：「未有咫角❽驂駒❾而能服重❿致遠者也。由此觀之，夫士亦華髮⓫墮顛⓬而後可用耳。」閭丘邛曰：「不然。夫尺有所短，寸有所長，驊騮騄驥⓭，天下之俊馬也，使之與貍鼬⑭試於釜竈之間，其疾未必能過貍鼬也。黃鵠白鶴，一舉千里，使之與燕服翼⑮試之堂廡之下，廬室之間，其便未必能過燕服翼也。辟閭巨闕⑯，天下之利器也，擊石不缺，刺石不銼⑰，使之與管稾⑱決目出眯⑲，其便未必能過管稾也。由此觀之，華髮墮顛，與邛何以異哉！」宣王曰：「善。子有善言，何見寡人之晚也？」邛對曰：「夫雞豚讙嗷⑳，即奪鐘鼓之音；雲霞充咽㉑，則奪日月之明；讒人在側，是以見晚也。《詩》曰：『聽言則對，譖言則退㉒。』庸㉓得進乎？」宣王拊㉔軾㉕曰：「寡人有過。」遂載與之俱歸而用焉。故孔子曰：「後生可畏，安知來者之不如今㉖。」此之謂也。

【章旨】此章說明年輕人也有年輕人的長處，不可因年輕而輕視他們。

【注釋】❶閭丘邛　人名。❷宣王　齊宣王。戰國時齊國國君，名辟疆。❸小仕　小官。❹稚　幼小。❺顓頊　傳說中的遠古帝王，號高陽氏。❻項橐　春秋時人。傳說他七歲即難倒孔子，為孔子師。❼聖人　指孔子。❽咫角　角長一咫的小牛。咫，周尺八寸叫咫。❾驂駒　只能充當驂馬的小馬駒。❿服重　服馬駕著載重物的車。服，服馬。古代一車駕四馬，居中的兩匹稱服，兩邊的兩匹稱驂。重，載重物的車。⓫華髮　花白頭髮。⓬墮顛　禿頂。⓭驊騮騄驥　皆良馬名。⓮貍鼬　獸名。貓屬，俗稱黃鼠狼。⓯服翼　蝙蝠。⓰辟閭巨

闕　皆寶劍名。⑰銼　同「挫」。挫折。⑱稾　通「槁」。乾草；禾稈。⑲眯　物入眼中。這裡用作名詞，進入眼中的異物。⑳讙呶　喧嘩嗚叫。㉑充咽　充塞。㉒聽言則對二句　見《詩．小雅．雨無正》。譖，誣陷。㉓庸　副詞。豈；難道。㉔拊　拍。㉕軾　車廂前扶手的横木。㉖後生可畏二句　見《論語．子罕》。後生，年輕人。安，原作「焉」。哪裡。

【語　譯】齊國有個閭丘邛，年紀才十八歲，在路上攔住齊宣王說：「我家裡貧窮，雙親年老，希望得個小官做。」齊宣王說：「你年紀還幼小，不可以。」閭丘邛回答說：「不能這樣說。從前，顓頊年紀十二歲就治理天下，秦項橐七歲就做孔聖人的老師。從此看來，我閭丘邛只是不如他們罷了，年紀實在不算小了。」齊宣王說：「從來沒有咫角小牛犢和只能充當驂馬的小馬駒可以替代服馬駕著載重物的車達到遠處的。由此看來，那士人要到白了頭髮、禿了頭頂才可以任用。」閭丘邛說：「不能這樣說。一尺有時也覺得太短，一寸有時也會夠長。驊騮騄驥都是天下的駿馬，使牠們在鍋臺爐灶之間跟黃鼠狼比試賽跑，那速度未必能超過黃鼠狼。黃鵠白鶴這種大鳥，一起飛就遠至千里，使牠們在廳堂走廊和房屋裡和燕子蝙蝠比試飛翔，那便利未必能超過燕子和蝙蝠。辟閭巨闕等寶劍都是天下最鋒利的器物，斫石頭不損缺，刺石頭不折斷，使它們與小竹簽和小禾稈比試撥開眼睛挑出異物，那便利未必能超過小竹簽和小禾稈。由此看來，那白了髮禿了頂的士人，跟我閭丘邛有什麼差異呢？」

　　齊宣王說：「說得好。你有這樣的善言，為什麼這麼晚才來見我呢？」閭丘邛回答說：「雞和豬喧嘩嗚叫，可以掩蓋鐘鼓的聲音；雲彩充塞天空，可以遮住日月的光明。有專講壞話的人在您身邊，因此，這麼晚才見到您。《詩經》上說：『你聽從善言我就對答，你聽信讒言我就退避。』我哪裡能夠拜見您呢？」齊宣王拍著車廂前的横木說：「我有過錯。」遂載著他，與他一道回宮，任用了他。所以孔子說：「年輕人可怕，哪裡知道後人不如今人呢？」說的就是這種情況。

㈢荊❶人卞和❷得玉璞❸而獻之，荊厲王❹使玉尹❺相❻之，曰：「石也。」王以和為謾❼而斷其左足。厲王薨❽，武王❾即位，和復奉玉璞而獻之武王。武王使玉尹相之，曰：「石也。」又以為謾而斷其右足。武王薨，共王❿即位，和乃奉玉璞而哭於荊山⓫中三日三夜，泣盡而繼之以血。共王聞之，使人問之，曰：「天下刑之者眾矣，子獨何哭之悲也？」對曰：「寶玉而名之曰石，貞士⓬而戮⓭之以謾，此臣之所以悲也。」共王曰：「惜矣，吾先王之聽！難剖石而易斬人之足！夫死者不可生，斷者不可屬⓮，何聽之殊⓯也？」乃使人理其璞而得寶焉，故名之曰和氏之璧。故曰：珠玉者，人主之所貴也，和雖獻寶而美，未為玉尹用也。進寶且若彼之難也，況進賢人乎！賢人與姦臣，猶仇讎也，於庸君⓰意不合，夫欲使姦臣進其讎於不合意之君，其難萬倍於和氏之璧，又無斷兩足之臣以推，其難猶拔山也。千歲一合，若繼踵⓱，然後霸王之君興焉。其賢而不用，不可勝載，故有道者之不戮也，宜白玉之璞未獻耳。

【章　旨】此章說明賢臣要得到君主的賞識與重用是不容易的。

【注　釋】❶荊　楚國的古稱。楚原建國於荊山一帶，故名。❷卞和　人名。❸璞　未經雕琢加工的玉。❹荊厲王　楚無厲王。楚武王前的國君是蚡冒熊眴，尚未稱王。❺玉尹　掌管治理玉器的官。❻相　察看。❼謾　欺騙。❽薨　古代稱諸侯死亡叫薨。❾武王　楚武王。春秋時楚國國君，名通。❿共王　春秋時楚國國君，名審。按繼楚武王即位的是楚文王熊貲，《韓非子．和氏》即作「武王薨，文王即位」。⓫荊山　山名。在今湖北省南漳縣西。⓬貞士　言行一致，守志不移之士。⓭戮　懲罰。⓮屬　連接。⓯殊　異；不同。⓰庸君　平庸的君主。⓱繼踵　足後跟相接。極言接連不斷。

【語　譯】楚國人卞和得到一塊玉璞，將它奉獻了出來，楚厲王派玉尹去察看，玉尹說：「是石頭。」楚厲王認為卞和欺騙，砍斷了他的左足。楚厲王死了，楚武王即位，卞和又拿著玉璞獻給楚武王，楚武王派玉尹去察看，玉尹說：「是石頭。」楚武王又認為他欺騙，砍斷了他的右足。楚武王死了，楚共王就位，卞和就捧著玉璞在荊山之中哭了三天三晚，眼淚哭完了，接著哭出了血。楚共王聽到這件事，就派人去問他說：「天下受過刑的人很多，你為什麼偏偏哭得這麼傷心呢？」卞和回答說：「明明是寶玉而把它叫做石頭，明明是言行一致的士人卻以欺騙的罪名懲罰他，這就是我非常傷心的原因。」楚共王說：「我的先王聽話真可惜啊！把剖開石頭當作難事，而輕易砍斷別人的足！死了的人不能復生，砍斷了的腿不能連接，為什麼聽話這樣與別人不同呢？」就派人治理玉璞而得到一塊寶玉，所以命名叫做和氏璧。

所以說，珠玉是人主認為寶貴的東西，卞和雖然獻出寶玉而且十分珍貴，卻沒有被玉尹賞識。進獻寶玉尚且像那樣的難，何況是賢士呢？賢人和奸臣有如仇敵，跟平庸的君主也意見不相一致。想要使奸臣推薦他的仇敵給與賢臣意見不一致的君主，其難比獻和氏璧還要超過萬倍，又沒有像卞和一樣願意砍斷兩隻足的臣子來推動，其難就像要拔起一座山一樣了。這種遇合一千年出現一次，還如同足跟前後相繼，只有這樣之後建立霸王之業的君主才會興起呢。那些賢能之士不被重用，多得要記載也記載不完。所以有道之士不願受到懲罰，他們懷抱藏有白玉的璞石不出來奉獻，是應該的啊。

卷六

卷六

刺奢第六

【題解】此篇所記，皆為諷刺奢侈，提倡節儉。

(一)桀❶作瑤臺❷，罷❸民力，殫❹民財，為酒池糟隄，縱靡靡❺之樂，一鼓而牛飲者三千人，群臣相持❻歌曰：「江水沛沛❼兮，舟楫❽敗兮，我王廢兮，趣❾歸薄❿兮，薄亦大兮。」又曰：「樂兮樂兮，四牡⓫蹻⓬兮，六轡⓭沃⓮兮，去不善而從善，何不樂兮。」伊尹⓯知天命之至，舉觴而告桀曰：「君王不聽臣之言，亡無日矣。」桀拍⓰然而作，啞然⓱而笑曰：「子何妖言，吾有天下，如天之有日也，日有亡乎？日亡，吾亦亡矣。」於是接履而趣，遂適湯⓲，湯立為相。故伊尹去夏入殷，殷王而夏亡。

【章旨】此章批評夏桀王荒淫奢侈，遭臣民唾棄而亡天下。

【注　釋】❶桀　夏桀王。夏朝最末的帝王，被商湯王伐滅。❷瑤臺　臺名。❸罷　通「疲」。疲弊。❹殫竭盡。❺靡靡　柔弱淫靡；頹廢淫蕩。❻持　扶持；扶助。❼沛沛　水流盛大的樣子。❽楫　船槳。❾趣　趕快；急速。❿薄　通「亳」。地名。湯始居亳，故址在今河南省商邱縣北。下「薄」字同。⓫牡　指雄馬。⓬蹻　雄壯威武的樣子。⓭轡　馬轡繩。⓮沃　光澤鮮艷的樣子。⓯伊尹　商湯王臣。名摯，佐湯伐桀，建立商朝。⓰拍　象聲詞。⓱啞然　笑聲。⓲湯　商湯王。即天乙。伐夏立商。

【語　譯】夏桀王建築瑤臺，疲弊民力，用盡民財，建造酒做的池水，糟築的隄壩，放肆地演奏頹廢靡蕩的音樂，一通鼓響，像牛喝水一樣喝酒的有三千人。群臣互相扶持著，歌唱道：「江水滔滔地淌，打壞了船和槳。我王啊多荒淫，趕快把亳向往，亳也是個大地方。」還唱道：「樂洋洋啊樂洋洋，四匹雄馬多雄壯，六條轡繩多漂亮。離開不善去從善，教我怎不樂洋洋。」

伊尹知道夏桀天命到了終極，就舉起酒杯告訴夏桀說：「君王你不聽我的話，離滅亡就沒有多少日子了。」夏桀啪的一聲站了起來，格格地笑道：「你為什麼妖言惑眾？我享有天下，就像天上有太陽一樣。太陽會消失的嗎？太陽消失了，我也才會滅亡。」伊尹於是穿上鞋子趕緊跑，到了商湯那裡，商湯任命他為相。所以伊尹離開夏朝來到商朝，商湯就成就了王業，夏桀就滅亡了。

(二)紂❶為鹿臺❷，七年而成，其大三里，高千尺，臨望雲雨。作炮烙❸之刑，戮無辜，奪民力，冤暴施於百姓，慘毒加於大臣，天下叛之，願臣文王❹。及周師❺至，令不行於左右，悲夫！當是時，求為匹夫❻，不可得也。紂自取之也。

【章　旨】此章批評商紂王荒淫無道而自取滅亡。

【注　釋】❶紂　商紂王。商朝最末的帝王，名受，暴虐無道，被周武王伐滅。❷鹿臺　臺名。故址在今河南省湯陰縣朝歌鎮南。❸炮烙　商紂王所用的酷刑。用炭燒熱銅柱，令人爬行柱上，即墮炭上燒死。❹文王　周文王。姓姬，名昌，為西方諸侯之長，稱西伯。❺周師　指周武王伐紂的軍隊。❻匹夫　庶人；平民。

【語　譯】商紂王建築鹿臺，七年才建成，臺廣三里，高千尺，站在臺上往下看到雲和雨。又製作炮烙的刑具，殺害無罪的人，強迫百姓出勞力，對百姓冤屈地施加暴虐，對大臣殘酷地加以毒害。天下的人都背叛他，願望做周文王的臣下。等到周武王伐紂的軍隊來到，連左右親信都不聽從他的命令。真是可悲啊！當這個時候，他要求做個平民百姓也不可得到，這是商紂王自取的呢。

魏王將起中天臺，令曰：「敢諫者死。」許綰❶負虆❷操鍤❸入，曰：「聞大王將起中天臺，臣願加一力。」王曰：「子何力有加？」綰曰：「雖無力，能商臺❹。」王曰：「若何？」曰：「臣聞天與地相去❺萬五千里，今王因而半之，當起七千五百里之臺，高既如是，其趾❻須方八千里，盡王之地不足以為臺趾。古者堯舜建諸侯，地方五千里，王必起此臺，先以兵伐諸侯，盡有其地，猶不足，又伐四夷❼，得方八千里乃足以為臺趾，林木之積，人徒之眾，倉廩之儲，數以萬億，度❽八千里之外，當定農畝之地足以奉給王之臺者，臺具以❾備，乃可以作。」魏王默然無以應，乃罷起臺。

【章　旨】此章贊揚許綰巧妙地諫止魏王的荒唐。

【注　釋】❶許綰　人名。❷虆　據《意林》補。❸鍤　鍬。❹商臺　商議築臺。❺相去　相距離。❻趾　基腳。❼夷　古代對四方的少數民族統稱為「四夷」。❽度　估計；推測。❾以　同「已」。已經。

【語　譯】魏王將建築一座中天臺，下命令說：「膽敢勸阻的人要處死。」許綰背著虆手拿著鍤進入王宮，說：「聽說大王將起中天臺，我願意增添一點力量。」魏王說：「你有什麼力量可以增添？」許綰說：「我雖無力氣，卻能提出築臺的建議。」魏王說：「臺怎麼築呢？」許綰說：「我聽說天與地相距一萬五千里，現在大王起中天臺，依據這個距離的一半，應當起一座七千五百里高的臺。高既然如此，它的地基必須要八千里見方。全部用上大王的國土，還不夠用來做地基。古代唐堯虞舜兩位古帝王封建諸侯，國土只有五千里見方。如果大王一定要起這個臺，就得先出兵進攻諸侯，占領他們全部的土地，還不夠，還要進攻四周的少數民族，獲得八千里見方的土地，才夠用來做臺基。木材的聚積，人徒的眾多，倉庫糧食的儲備，數額都要用萬億來計算。除了八千里作為地基以外，還要用盡全國農耕的土地，才足夠生產糧食供應大王的建築臺的人。這些建臺的準備工作都已經準備好了，才可以動工。」魏王默默地無言以對，就停止起臺了。

(四)衛靈公❶以天寒鑿池，宛春❷諫曰：「天寒起役，恐傷民。」公曰：「天寒乎？」宛春曰：「君衣狐裘，坐熊席，陬隅❸有竈❹，是以不寒。今民衣弊不補，履決❺不苴❻，君則不寒，民誠寒矣。」公曰：「善。」令罷役。左右諫曰：「君鑿池，不知天寒；以宛春知而罷役，是德歸宛春，怨歸於君。」公曰：「不然。宛春，魯國之匹夫，吾舉❼之，民未有見焉，今將令民以此見之。且春也有善，寡人有春之善，非寡人之善與！」靈公論宛春，可謂知君之道矣。

【章　旨】此章贊揚衛靈公能聽從勸諫而停止工役，並且不妒忌勸諫的人。

【注　釋】❶衛靈公　春秋時衛國國君，名元。❷宛春　人名。❸陬隅　室的西南角。❹竈　室內生火取暖的地方。❺決　斷；破。❻苴　鞋中草墊。此為動詞，墊草。❼舉　薦舉；提拔。

【語　譯】衛靈公在寒冷的天氣時動工挖池，宛春勸阻說：「天氣寒冷，興動工役，恐怕傷害百姓。」衛靈公說：「天氣寒冷嗎？」宛春說：「您穿著狐皮衣，坐在熊皮席子上，屋角有生火取暖的竈，因此不寒冷。現在百姓衣服破爛得沒法補，鞋子破得沒法墊草，您是不寒冷，百姓卻的確是寒冷了。」衛靈公說：「說得好。」就下令停工。

衛靈公左右的人勸諫說：「您挖池，不知道天氣寒冷，憑宛春的勸阻，知道天氣寒冷就停工，這是將恩德歸屬宛春，而百姓的怨恨就歸到您的身上了。」衛靈公說：「不是這樣。宛春是魯國的一個平民，我舉用他，民眾還沒有見到他的才德。現在我叫民眾憑這件事來看看他的才德。況且宛春有他的優點，我能吸取宛春的優點，不就是我的優點嗎？」

衛靈公議論宛春的這番話，可以說是懂得做君主的方法了。

(五)齊宣王❶為大室，大蓋百畝，堂上三百戶，以齊國之大具❷之，三年而未能成，群臣莫敢諫者。香居❸問宣王曰：「荊王❹釋先王之禮樂而為淫樂，敢問荊邦❺為有主乎？」王曰：「為無主。」「敢問荊邦為有臣乎？」王曰：「為無臣。」居曰：「今王為大室，三年不能成，而群臣莫敢諫者，敢問王為有臣乎？」王曰：「為無臣。」香居曰：「臣請避矣。」趨而出。王曰：「香子留，何諫寡人之晚也？」遽召尚書❻曰：「書之。寡人不肖，好為大室，香子止寡人也。」

【章旨】此章表彰齊宣王能納諫止役，並能認識錯誤。

【注釋】❶齊宣王　戰國時齊國國君。姓田，名辟彊。❷具　備辦。❸香居　人名。❹荊王　即楚王。❺邦　國。❻尚書　官名。始置於戰國，掌殿內文書，職位很低。

【語　譯】齊宣王修建一座大房子，面積大小超過百畝，堂上有三百個房間，以齊國的強大而去籌備，三年還沒有建成，群臣沒有誰敢來勸阻。香居問齊宣王說：「楚王放棄先王的禮樂，而去聽那些靡靡之音，請問荊國算是有君主嗎？」宣王說：「只能算是沒有君主。」香居說：「請問荊國算是有臣下嗎？」齊宣王說：「只能算是沒有臣下。」香居說：「現在大王修建大房子，三年不能建成，可是群臣沒有誰敢於來勸阻，請問大王算是有臣下嗎？」齊宣王說：「只能算是沒有臣下。」香居說：「我請求退避了。」就快步走了出去。齊宣王說：「香先生請留步，你為什麼這麼晚才來規勸我呢？」立即召喚掌管書記的人來，說：「記下這個，我不賢明，喜歡修建大房子，香先生諫止我了。」

(六)趙襄子❶飲酒，五日五夜不廢酒❷，謂侍者曰：「我誠邦士❸也。夫飲酒五日五夜矣，而殊❹不病❺。」優❻莫❼曰：「君勉之！不及紂二日耳。紂七日七夜，今君五日。」襄子懼，謂優莫曰：「然則吾亡乎？」優莫曰：「不亡。」襄子曰：「不及紂二日耳，不亡何待？」優莫曰：「桀紂之亡也遇湯武，今天下盡桀也，而君紂也，桀紂並世，焉能相亡？然亦殆❽矣。」

【章　旨】此章說明沈湎於酒，不問政事，必然導致亡國。

【注　釋】❶趙襄子　名毋卹。諡襄子，春秋時晉卿。❷廢酒　止酒；停止飲酒。❸邦士　國士。國中才能出眾的人。❹殊　很；甚。❺病　病酒。謂飲酒沈醉如生病。❻優　扮演雜戲的人。❼莫　優的名。❽殆　危險。

【語譯】趙襄子喝酒，五天五夜不停止，告訴侍奉他的人說：「我的確是國士，喝酒喝了五天五夜了，還全沒有喝醉。」優人名莫的說：「您努力吧！跟商紂王比，只差兩天沒趕上了。商紂王喝了七天七夜，現在您還只有五天。」趙襄子害怕了，告訴優莫說：「那麼我會滅亡嗎？」優莫說：「不會滅亡。」趙襄子說：「只差兩天沒趕上紂王了，不滅亡還等待什麼呢？」優莫說：「夏桀、商紂之滅亡，是因為遇上了商湯王和周武王。現在天下盡是像夏桀一樣的君王，而您像商紂一樣，夏桀王和商紂王同一個時代出現，哪裡能夠相互滅亡呢？然而也是夠危險的了。」

(七)齊景公❶飲酒而樂，釋衣冠，自鼓缶❷，謂侍者曰：「仁人亦樂是夫！」梁丘子❸曰：「仁人耳目亦猶人也，奚為獨不樂此也？」公曰：「速駕迎晏子❹。」晏子朝服❺以至，公曰：「寡人甚樂。此樂也，願與夫子❻共之，請去禮。」晏子對曰：「君之言過矣。齊國五尺之童子，力盡勝嬰而又勝君，所以不敢亂者，畏禮也。上若無禮，無以使其下；下若無禮，無以事其上。夫麋鹿唯無禮，故父子同麀❼。人之所以貴於禽獸者，以有禮也。《詩》曰：『人而無禮，胡不遄死❽。』故禮不可去也。」公曰：「寡人無良，左右淫湎❾寡人，以至於此，請殺之。」

晏子曰：「左右何罪？君若好禮，左右有禮者至，無禮者去；君若惡禮，亦將如之。」公曰：「善。請革⑩衣冠，更受命。」乃廢酒而更尊⑪，朝服而坐，觴三行⑫，晏子趨出。

【章旨】此章說明治國治民必須遵守禮制，不可任性胡為。

【注釋】❶齊景公　春秋時齊國國君。姓姜，名杵臼。❷缶　古代瓦製的打擊樂器。❸梁丘子　姓梁丘，名據。齊景公近臣。❹晏子　即晏嬰。字平仲，春秋時齊國大夫，有賢名，與管仲合稱管晏。❺朝服　君臣朝會時所穿的禮服。❻夫子　古代男子的尊稱。❼麀　母鹿。❽人而無禮二句　見《詩・鄘風・相鼠》。遄，疾速。❾淫湎　沈迷於酒。用作使動詞，使之沈迷於酒。❿革　改變；更換。⓫尊　酒器。⓬觴三行　斟酒三遍。

【語譯】齊景公喝酒喝得高興，脫下衣帽，親自敲著瓦製樂器，告訴侍奉他的人說：「仁德的人也喜歡這個嗎？」梁丘據回答說：「仁德的人的耳目如同平常人一樣，為什麼偏偏就不喜歡這個呢？」齊景公說：「趕快駕車迎接晏先生。」

晏子穿著上朝的禮服來了。齊景公說：「我非常歡樂。這種快樂希望跟你先生共享，請去掉煩瑣的禮節。」晏子回答說：「您的話說錯了。齊國只有五尺高的童子，力量全都勝過我晏嬰，也勝過您。他們不敢作亂的原因就是害怕禮呢。上位的人假若沒有禮，就沒有辦法用來使喚他的下人；下位的人假若沒有禮，就沒有辦法用來侍奉上位的人。麋鹿只因為沒有禮，所以父子同時與一隻母鹿交配。人比禽獸可貴的原因，就是因為有禮。《詩經》上說：『做人而沒有禮，為什麼不趕快死。』所以禮是不可去掉的。」齊景公說：「我沒有好的表現，都是左右的人使我沈湎於酒，才到了這個地步，請殺了他們。」晏子說：「左右之人有什麼罪過？您假如愛好禮，左右有禮的人就會來，沒有禮的人就會離開；您假若厭惡禮，也將會產生上述的連帶效果。」

齊景公說：「說得好。請更換衣帽，重新向你請教。」就停止酒宴，更換酒器，穿著上朝的禮服坐著，斟過三遍酒，晏子就快步走出了王宮。

(八)魏文侯❶見箕季❷，其牆壞而不築。文侯曰：「何為不築？」對曰：「不時❸。」其牆枉❹而不端❺，問曰：「何不端？」曰：「固然。」從者食其園之桃，箕季禁之。少焉日晏，進糲餐❻之食，瓜瓠❼之羹❽。文侯出，其僕曰：「君亦無得於箕季矣。曩❾者進食，臣竊窺之，糲餐之食，瓜瓠之羹。」文侯曰：「吾何無得於季也？吾一見季而得四焉。其牆壞不築，云待時者，教我無奪農時也；牆枉而不端，對曰固然者，是教我無侵封疆❿也；從者食園桃，箕季禁之，豈愛桃哉？是教我下無侵上也；食我以糲餐者，季豈不能具五味⓫哉？教我無多斂⓬於百姓以省飲食之養也。」

【章　旨】此章說明統治者必須省儉節約，不奪農時，不准下人侵犯主人的利益。

【注　釋】❶魏文侯　戰國時魏國國君，名斯。❷箕季　人名。❸不時　不是築牆的季節。時，季節。❹枉曲。❺端　直。❻糲餐　粗米飯。❼瓜瓠　即葫蘆瓜。❽羹　濃汁的湯。❾曩　從前。這裡是「剛才」的意思。❿封疆　疆界。⓫五味　鹹苦酸辛甘五種滋味。泛指各種滋味。⓬斂　賦稅。用作動詞，收取賦稅。

【語　譯】魏文侯去會見箕季，看到箕季家的牆壞了沒有修築。魏文侯說：「為什麼不修築呢？」箕季回答說：「現在不是築牆的季節。」看到他的牆彎曲而不端直，魏文侯問道：「為什麼不端直？」箕季說：「本來就是這個樣子。」跟從魏文侯來的人摘食箕季園中的桃子，箕季禁止他們摘食。一會兒，時間晚了，箕季進獻粗米飯，瓠瓜湯給魏文侯吃。

魏文侯從箕季家出來，魏文侯的車夫說：「您從箕季那裡也沒有得到什麼，剛才進獻食物，我偷偷看了一眼，原來是粗米飯和瓠瓜湯。」魏文侯說：「我在箕季那裡怎麼會沒有收穫呢？我見一次箕季，就有四點收穫。他的牆壞不修築，說等待施工季節，這是教導我不要奪去農耕的季節，牆彎曲而不端直，回答說本來如此，這是教導我不要侵犯別人的疆界；跟從的人摘食園中的桃子，箕季禁止他們，哪裡是吝惜桃子？這是教導我下人不要侵犯在上位的人；用粗米飯、瓠瓜湯給我吃，箕季難道不能備辦各種美味嗎？這是教導我不要過多地收取百姓的賦稅，要節省飲食的供養呢。」

(九)士尹池❶為荊❷使於宋，司城❸子罕❹止而觴❺之，南家之牆擁於前而不直，西家之潦❻經其宮而不止。士尹池問其故。司城子罕曰：「南家，工人也，為鞔❼

者也。吾將徙之，其父曰：『吾恃為鞔，已食三世矣。今徙，是宋邦❽之求鞔者，不知吾處也，吾將不食。願相國之憂吾不食也。』為是故吾不徙。西家高，吾宮卑，潦之經吾宮也利❾，為是故不禁也。」士尹池歸，荊適❿興兵欲攻宋，士尹池諫於王曰：「宋不可攻也，其主賢，其相仁，賢者得民，仁者能用人，攻之無功，為天下笑。」楚釋宋而攻鄭。孔子聞之曰：「夫修之於廟堂⓫之上，而折衝⓬於千里之外者，司城子罕之謂也。」

【章旨】此章說明體恤民情，就能使敵人畏懼而不敢進犯。

【注釋】❶士尹池　人名。❷荊　即楚國。❸司城　官名。即司空。主管工程建築，製造車服器械，監督手工業奴隸的官。因宋武公名司空，遂改司空為司城。❹子罕　宋國卿大夫樂喜，宋戴公六世孫。❺觴　給人酒喝。❻潦　溝中積水。❼鞔　鞋。❽邦　國。❾利　便利；方便。❿適　恰好；剛好。⓫廟堂　朝廷。⓬折衝　阻止敵人的進攻。衝，撞擊敵城的戰車。

【語譯】士尹池為楚國出使到宋國，司城子罕留住他，請他喝酒。子罕的家，南面鄰家的牆壅塞在前面，出門的道路不直。西面鄰家溝裡的積水，流經他的房屋而不停地流淌。士尹池問他的緣故，司城子罕說：「南面鄰家是工人，是做鞋子的，我將要他們遷徙，他的父親說：『我依仗做鞋吃飯，已經三代人了。現在遷徙，這是使宋國買鞋子的人不知我的處所，我將沒有飯吃，我希望相國體恤我們沒有飯吃的問題。』為了這個，所以我沒叫他們遷徙。西面鄰家地勢高，我的房子地勢低，溝中積水流經我的房子方便，為了這個，所以我沒有禁止。」

士尹池回國，楚國恰好要發兵進攻宋國，士尹池勸諫說：「宋國不可以進攻，它的君主賢明，它的相國仁愛。賢明的人得民心，仁愛的人能用人，進攻它沒有好處，反被天下人恥笑。」楚國就放棄了宋國而進攻鄭國。

孔子聽到這件事，說：「在朝廷裡修明政事，就能在千里之外擊退敵人，這話說的就是司城子罕啊！」

（一〇）魯孟獻子❶聘❷於晉，宣子❸觴之，三徙，鐘石❹之懸❺，不移而具。獻子曰：「富哉家！」宣子曰：「子之家孰與我家富？」獻子曰：「吾家甚貧，惟有二士，曰顏回❻，茲無靈❼者，使吾邦家安平，百姓和協。惟此二者耳，吾盡於此矣。」客出，宣子曰：「彼君子也，以養賢為富；我鄙人❽也，以鐘石金玉為富。」孔子曰：「孟獻子之富，可著於春秋❾。」

【章旨】此章說明以賢為富的是君子，以鐘石金玉為富的是鄙人。

【注釋】❶孟獻子　即孟孫蔑。諡獻子，春秋時魯國大夫。❷聘　聘問。古代諸侯之間通問修好。❸宣子　即韓宣子。名起，諡宣子，春秋時晉卿。❹鐘石　古代樂器。石，石磬。❺懸　懸掛鐘磬等樂器的架子。❻顏回　字子淵。春秋時魯國人，孔子弟子。❼茲無靈　人名。❽鄙人　鄙陋之人；見識短淺的人。❾春秋　泛指歷史書。也指孔子據魯史修撰而成的史書。

【語譯】孟獻子到晉國去聘問，韓宣子請他喝酒，換了三處地方，三處地方都備有一套鐘磬架子，因此不須搬來搬去。孟獻子說：「多麼富有的家啊！」韓宣子說：「你的家與我家比，誰家富有？」孟獻子說：「我的家很貧窮，只有兩位賢士，叫做顏回、茲無靈，使我的國家安定太平，百姓和睦協調。只有這兩位賢士罷了，我家的財產全在這裡了。」

孟獻子告辭出來，韓宣子說：「那人是道德高尚的君子，以畜養賢士為富有；我是見識淺陋的鄙人，以鐘磬金玉為富有。」孔子說：「孟獻子的富有，可以記載在春秋上。」

(二)鄒穆公❶有令，食鳧❷雁必以粃❸，無得以粟。於是倉無粃而求易於民，二石粟而得一石粃。吏以為費，請以粟易之。穆公曰：「去！非汝所知也。夫百姓飽牛而耕，暴❹背而耘❺，勤而不惰者，豈為鳥獸哉！粟米，人之上食，奈何其以養鳥？且爾知小計❻，不知大會❼。周諺❽曰：囊漏貯❾中，而❿獨不聞歟？夫君者民之父母，取倉之粟移之於民，此非吾之粟乎？鳥苟食鄒之粃，不害鄒之粟也，粟之在倉與在民，於我何擇？」鄒民聞之，皆知私積與公家為一體也，此之謂知富邦。

【章　旨】此章說明儲粟於民，民富即是國富的道理。

【注　釋】❶鄒穆公　鄒國國君。鄒，戰國時小諸侯國，故址在今山東省鄒縣。❷鳧　野鴨。❸粃　中空或不飽滿的穀。❹暴　同「曝」。日曬。❺耘　除草。❻計　計算。❼會　總計。❽周諺　周人的諺語。❾貯　貯藏。用作名詞，貯藏的器皿。❿而　你。

【語　譯】鄒穆公有條命令，飼養野鴨和雁必須用粃穀，不准用粟米。當時倉庫裡沒有粃穀，只好到百姓家裡去調換，用兩石粟米才調換一石粃穀。官吏認為耗損太多，請求用粟米餵養。鄒穆公說：「走開！這不是你們知道的。百姓餵飽牛耕田，曬著背去除草，勤勞而不懶惰，難道是為了禽獸嗎？粟米是人的上等食物，為什麼要用來養鳥呢？並且你們只知道從小處計算，卻不知道從大處總計。周人的諺語說：『袋子裡漏出的米，落在倉庫之中。』你們難道沒有聽到過嗎？君主是百姓的父母，取出倉裡糧食，轉移到百姓家中，這不還是我的糧食嗎？鳥假若只吃掉鄒國的粃穀，不危害鄒國的粟米，粟米是在我的倉中還是在百姓家中，對我來說有什麼分別呢？」鄒國的百姓聽到這些話，都知道私人積貯與公家收藏是一致的，這就叫做知道富國。

卷七

節士第七

【題解】此篇所記皆為堅持節操而不惜犧牲、不計個人得失的正義之士，故以節士名篇。

(一)堯治天下，伯成子高❶為諸侯焉。堯授舜，舜授禹，伯成子高辭為諸侯而耕。禹往見之，則耕在野，禹趨就下位而問焉，曰：「昔者堯治天下，吾子立為諸侯焉；堯授舜，吾子猶存焉；及吾在位，子辭諸侯而耕；何故？」伯成子高曰：「昔堯之治天下，舉天下而傳之他人，至無欲也；擇賢而與之其位，至公也。以至無欲至公之行示天下，故不賞而民勸❷，不罰而民畏。舜亦猶然。今君賞罰而民欲且多私，是君之所懷者私也。百姓知之，貪爭之端，自此始矣。德自此衰，刑自此繁矣。吾不忍見，以是處野也。今君又何求而見我，君行矣，無留吾事。」耕而不顧。《書》曰：「旁施象刑維明❸。」及禹不能。《春秋》曰：「五帝不告誓❹。」信厚也。

【章　旨】此章贊揚伯成子高厭惡爭奪貪婪，說明只有君主至公無欲，天下才會太平。

【注　釋】❶伯成子高　人名。❷勸　勉勵。見《尚書・益稷》。❸旁施象刑維明　《尚書》作「方施象刑維明」。象刑，傳說上古堯舜時無肉刑，以特異的服飾象徵五刑以示恥辱，謂之象刑。明，明白。❹五帝不告誓　見《春秋穀梁傳・隱公八年》。原作「誥誓不及五帝」。意謂五帝時社會風氣淳樸，不必用告誡和誓約。五帝，《史記・五帝本紀》以黃帝、顓頊、帝嚳、帝堯、帝舜為五帝。告，借作「誥」。告誡之文。《尚書》中的一種文體，如《康誥》、《酒誥》等。誓，告誡將士或互相約束的言辭。《尚書》中的一種文體，如《湯誓》、《泰誓》等。

【語　譯】堯帝治理天下，伯成子高立為諸侯。堯傳天下給舜，舜傳給禹，伯成子高辭去諸侯而去耕田。夏禹去見他，他卻在野外耕田，禹快步走到他跟前，站立下位，問他說：「從前，堯帝治理天下，你先生立為諸侯；堯傳天下給舜，你先生還在位；等到我做天子，你辭去諸侯而去耕田，這是什麼緣故呢？」伯成子高說：「從前堯帝治天下的時候，把天下傳給他人，是最沒有私欲；選擇賢能而把帝位傳與他，是最公正無私。用最沒有私欲最公正無私的行為給天下人看，所以不獎賞，百姓自然勉勵，不懲罰，百姓自然畏懼。舜的時候也還是這樣。現在，您獎善罰惡，使百姓有了欲望，多懷私心，這是您所懷抱的是私心，百姓都知道它了，貪婪爭奪的開端就從此開始了。德行從此衰敗，刑罰從此多起來了。我不忍心見到這一切，因此居於田野。現在您又為什麼要來見我呢？您走吧，別耽誤我的工作。」就繼續耕田而不回頭看他。

《尚書》裡說：「在各地廣泛地施行象徵性的刑罰，只表明他是犯了罪。」到了夏禹的時候這種象徵性刑罰就不能施行了。《春秋穀梁傳》說：「五帝時不必用告誡和誓約。」這是誠信很深厚的緣故。

(二)桀❶為酒池，足以運舟；糟丘，足以望七里，一鼓而牛飲者三千人。關龍逢❷進諫曰：「為人君，身行禮義，愛民節財，故國安而身壽也。今君用財若無盡，用人若恐不能死，不革❸，天禍必降，而誅必至矣，君其革之。」立而不去朝，桀因囚拘之。君子聞之，曰：「末❹之命矣夫！」

【章　旨】此章贊揚關龍逢敢於正言諫止夏桀的荒淫和奢侈。

【注　釋】❶桀　夏桀。❷關龍逢　夏桀時賢臣，被夏桀囚殺。❸革　改變。❹末　《韓詩外傳・卷四》作「天」，當從。

【語　譯】夏桀築了一個酒池，大得可以行船；用酒糟堆成山丘，足夠遠望七里；一通鼓響，像牛飲水一樣喝酒的有三千人。關龍逢進宮勸阻說：「做人君主，應該親自施行禮義，愛護百姓，節約民財，所以國家安定，本人長壽。現在，您花費財物好像多到用不完。用人唯恐累不死他。這種作風不改變，上天的災禍必定降臨，懲罰也就必定會跟著來到，您趕快改了吧。」站立在朝廷上不離開，夏桀因而囚禁拘留了他。

君子聽到了這件事，說：「這是上天的意旨呀！」

(三)紂❶作炮烙❷之刑，王子比干❸曰：「主暴不諫，非忠臣也；畏死不言，非勇士也。見過則諫，不用則死，忠之至也。」遂進諫，三日不去朝，紂因而殺之。《詩》曰：「昊天太憮，予慎無辜❹。」無辜而死，不亦哀哉！

【章旨】此章贊揚王子比干進諫不怕死的忠義精神。

【注釋】❶紂 商紂。❷炮烙 一種酷刑。用炭燒熱銅柱，令人爬行柱上，即墮炭上燒死。❸比干 商紂庶兄，一說是商紂叔父。商紂無道，比干犯顏強諫，被剖心而死。❹昊天太憮二句 見《詩・小雅・巧言》。昊天，天。昊，元氣博大貌。憮，借作「幠」。《詩》原作「幠」。大。辜，罪過。

【語譯】商紂製作炮烙的酷刑，王子比干說：「君主暴虐不勸諫，不是忠臣；怕死不說話，不是勇士。看到君主有過失就勸諫，不聽從就死，這是忠的最高準則。」遂進朝勸諫，三天不肯離開朝廷，商紂就囚禁並殺害了他。《詩經》上說：「上天的威怒太大啊，我幸而沒有罪過。」沒有罪過就被殺死，不是太可悲嗎？

(四)曹公子喜時❶，字子臧，曹宣公❷子也。宣公與諸侯伐秦❸，卒於師❹，曹人使子臧迎喪，使公子負芻❺與太子❻留守，負芻殺太子而自立。子臧見負芻之當主也，宣公既葬，子臧將亡，國人皆從之。負芻立，是為曹成公。成公懼，告罪，且請子臧，子臧乃反。成公遂為君。其後，晉侯❼會諸侯執曹成公❽，歸之京師❾，將見子臧於周天子❿而立之。子臧曰：「前記⓫有之，聖達節⓬，次守節⓭，下不失節⓮。為君非吾節也，雖不能聖，敢失守乎？」遂亡奔宋。曹人數請。晉侯謂「子臧反國，吾歸爾君」。於是子臧反國，晉乃言天子歸成公於曹。子臧遂以國致成公，成公為君，子臧不出，曹國乃安。子臧讓千乘之國⓯，可謂賢矣。故《春秋》賢而褒其後⓰。

【章旨】此章贊揚曹公子喜時守節不貪君位的清廉操守。

【注釋】❶公子喜時　《左傳・成公十三年》作「公子欣時」。❷曹宣公　春秋時曹國國君，名盧。❸諸侯伐秦　《左傳・成公十三年》載：是年五月，晉國會合魯、齊、宋、衛、鄭、曹、邾、滕等國伐秦。❹卒於師　是年曹宣公死於伐秦的軍中。師，軍隊。❺負芻　曹宣公弟。❻太子　曹宣公太子。❼晉侯　晉國國君。晉為侯爵諸侯，故稱晉侯。這裡指晉厲公，名州蒲。❽執曹成公　事見《左傳・成公十五年》。❾京師　國都。這裡指東周京師雒邑（今河南省洛陽市）。❿周天子　這裡指周簡王。⓫前記　古書。《左傳・成公十五年》作「前志」。「記」、「志」義同。⓬聖達節　聖人能進能退，能上能下，而皆合於節義。達，通達。⓭守節　保守節義。⓮下不失節　《左傳・成公十五年》作「下失節」，當從。⓯千乘之國　能出兵車千輛的中等國家。⓰春秋賢

而襃其後　指魯昭公二十年，子臧之子公孫會以曹邑鄸叛奔宋，《春秋》只書「公孫會自鄸出奔宋」，不言叛變。《春秋公羊傳》解釋說：「奔未有言『自』者，此其言『自』，何？畔也。畔則曷為其不言畔？為公子喜時之後諱也。《春秋》為賢者諱。」

【語　譯】曹國公子喜時，表字子臧，是曹宣公的兒子。曹宣公與諸侯一道討伐秦國，死在軍中。曹國人使子臧去迎接曹宣公的喪柩，使公子負芻與曹宣公太子留下守國，公子負芻殺了太子，自立為國君。子臧見公子負芻已經做了曹國國君，等到曹宣公已經安葬完畢，子臧將逃亡出國，國人都想跟從他一道逃亡。負芻立為國君，就是曹成公。曹成公害怕了，自認有罪，並且請求子臧留下，子臧就返回曹國，曹成公就做了曹國國君。

後來，晉侯會合諸侯，拘留曹成公，押送他到周天子的京城洛邑，將把子臧引薦到周天子那裡，立他做曹君。子臧說：「古書上有這樣的記載，聖人道德崇高，能進能退，一切作為都合於節義，次一等的能夠堅持操守，下等的唯名利是圖，失去節義。做君主，不是我的節義。雖然不能達到聖的境界，哪裡敢於失去節義呢？」就出亡逃奔到宋國。曹國人多次向晉國請求，晉侯說：「如果子臧回國，我就把你們的君主送回去。」於是，子臧返回曹國，晉國就告訴周天子，送曹成公回到曹國。子臧就把曹國交給曹成公。曹成公做國君，子臧不逃亡到國外，曹國也就安定了。

子臧把一個兵車千乘的國家讓給曹成公，可以說是很賢明了。所以《春秋》以為他賢能而襃揚他的後代。

(五)延陵❶季子者，吳王❷之子也。嫡❸同母昆弟❹四人：長曰謁，次曰餘祭，次曰夷昧，次曰札❺。札即季子，最小而賢，兄弟皆愛之。既除喪❻，將立季子，季子辭曰：「曹宣公之卒也，諸侯與曹人不義曹君，將立子臧。子臧去之，遂不為也，以成曹君，君子曰能守節❼矣。君義嗣也，誰敢干❽君！有國非吾節也。札雖不才，願附子臧，以無失節。」固立之，棄其室而耕，乃捨之。謁曰：「今若是作❾而與季子，季子必不受，請無與子而與弟，弟兄迭❿為君，而致諸侯乎季子。」皆曰：「諾。」故諸其為君者皆輕死為勇，飲食必祝曰：「天若有吾國，必疾有禍予身。」故謁也死，餘祭立，餘祭死，夷昧立，夷昧死，而國宜之⓫季子也，季子使而未還。僚者，長子之庶兄也，自立為吳王。季子使而還，至則君事之。謁之子曰王子光，號曰闔閭，不悅曰：「先君之所為不與子而與弟者，凡為季子也。將從先君之命，則國宜之季子也。如不從先君之命而與子，我宜當立者也，僚惡⓬得為君？」於是使專諸⓭刺僚而致國乎季子。季子曰：「爾殺我君，吾授爾國，是吾與爾為亂也。爾殺我兄，吾又殺爾，是父子兄弟相殺終身無已也。」

去而之延陵，終身不入吳國，故號曰延陵季子。君子以其不受國為義，以其不殺為仁，是以《春秋》賢季子而尊貴之也⓮。

【章　旨】此章贊揚吳公子季札守節不貪君位，又不殺公子光為有義有仁。

【注　釋】❶延陵　地名。春秋時吳王壽夢之子季札的封地，時人因稱季札為延陵季子。其地為今江蘇省武進縣。❷吳王　此指吳王壽夢。春秋時吳國國君。❸嫡　正妻。與「庶」相對。❹昆弟　兄弟。❺長曰遏四句　《史記・吳太伯世家》作「長曰諸樊，次曰餘祭，次曰餘眜，次曰季札。」《索隱》曰：「《左傳》稱『諸樊』，蓋遏是其名，諸樊是其號。」❻喪　喪服。居喪所穿的衣服。❼能守節　子臧守節事請參看本篇第四章。❽干　犯。❾作　《春秋公羊傳・襄公二十九年》作「迮」。倉卒。❿迭　更替；輪流。⓫之　傳到；輪到。⓬惡　怎麼；何。⓭專諸　春秋時吳國堂邑人。為公子光刺殺吳王僚，專諸亦當場為僚左右所殺。⓮是以春秋賢季子句　魯襄公二十九年，吳公子季札到魯國聘問，《春秋》書曰「吳子使札來聘」，《春秋公羊傳》解釋說：「吳無君，無大夫，此何以有君，有大夫？賢季子也。何賢乎季子？讓國也。」

【語　譯】延陵季子是吳王壽夢的兒子。吳王壽夢的正妻生有同母兄弟四人：長子叫遏，次子叫餘祭，三子叫夷昧，四子叫札。札就是季子，最小而最賢能，兄弟都喜歡他。吳王壽夢死後，過了守喪的期間，大家想立季子做吳國君主。季子推辭說：「曹宣公死的時候，諸侯和曹國人都認為曹成公是不正義的，要立子臧做曹國國君，子臧離開曹國，就沒有做曹君，來成全曹成公。君子說子臧能謹守節義。您是合法繼承人，誰敢侵犯您？享有吳國，不是我該守的節義。我雖然不才，希望追隨子臧的做法，不失去我的節義。」大家堅決要立他做吳君，他就離家到野外去耕田，大家才放棄了立他為君的念頭。長兄遏說：「假如像這樣倉卒傳位給季子，季子必定不肯接受。請大家今後都不傳位給兒子而傳位給弟弟，兄弟輪流做國君，而把吳國傳給季子。」兄弟都說：「好。」所以幾位做吳王的都不怕死，非常勇敢，喝酒吃飯必定禱告說：「上天如果要保存吳國，請趕快使災禍降臨到我的身上。」

所以遏死了，餘祭立為吳君；餘祭死了，夷昧立為吳君；夷昧死了，國家應該傳到季子，季子正好出使他國沒有回來。僚是長子遏的庶兄，自己即位做了吳王，季子出使回來，一回國就將他作君主侍奉。長子遏的兒子叫王子光，號叫闔閭，不高興地說：「先君不把君位傳給兒子而傳給弟弟的這種做法，都是為了季子。如果依從先君之遺命，那麼國家應該傳給季子；如果不依從先君的遺命而傳位給兒子，我是應當立為國君的人，僚怎麼能夠做君主？」於是派專諸刺殺吳王僚，把國家交給季子。季子說：「你殺了我的君主，我接受了你的國家，這是我跟你一起作亂；你殺了我的哥哥，我又殺了你，這是父子兄弟互相殘殺，一輩子也無法了結。」於是逃隱到延陵，終身不進入吳國，所以別人稱他為延陵季子。

君子認為他不接受吳國王位是節義，認為他不殺公子光是仁愛，所以《春秋》以季子為賢而尊敬他，看重他。

(六)延陵季子將西聘❶晉，帶寶劍以過徐❷君，徐君觀劍，不言而色欲之，延陵季子為有上國❸之使，未獻也，然其心許之矣。致使於晉，故反，則徐君死於楚。

於是脫劍致之嗣君❹。從者止之曰：「此吳國之寶，非所以贈也。」延陵季子曰：「吾非贈之也，先日吾來，徐君觀吾劍，不言而其色欲之，吾為有上國之使，未獻也。雖然，吾心許之矣。今死而不進，是欺心也；愛劍偽心❺，廉❻者不為也。」遂脫劍致之嗣君。嗣君曰：「先君無命，孤❼不敢受劍。」於是季子以劍帶❽徐君墓樹而去。徐人嘉而歌之曰：「延陵季子兮不忘故，脫千金之劍兮帶丘墓。」

【章　旨】此章贊揚吳公子季札輕千金之劍而重諾言。

【注　釋】❶聘　聘問。到他國訪問。❷徐　古諸侯國名。故址在今安徽省泗縣。❸上國　春秋時吳楚諸國稱中原諸侯國為上國。❹嗣君　繼位的君主。❺偽心　意謂心裡已經答應而不實行，是使心裡的想法虛偽。❻廉　有棱角，方正。❼孤　先君剛死，所以嗣君自己稱孤。❽帶　用作動詞，掛。

【語　譯】延陵季子將往西邊去聘問晉國，佩帶著寶劍過訪徐國君主。徐君觀看了季札的寶劍，口裡沒說什麼，臉上露出了想得到它的神色。延陵季子因為有到上國出使的任務，沒有獻出，然而心裡已經答應給他了。季札到晉國完成了出使的任務，從原路返回，到達徐國，徐君已經在楚國死了。於是，摘下劍來交給徐國繼位的君主。跟從的人阻止季札說：「這是吳國的寶物，不是用來贈送人的東西。」延陵季子說：「我不是贈送它。前些日子我來這裡，徐君觀看我的劍，口裡不說，而他的神色是非常想得到它。我因為有到上國聘問的使命，沒有獻出來。雖然如此，我心裡已經答應他了。現在他死了就不進獻，是欺騙自己的心；愛惜這把劍而使心裡的想法虛偽，方正的人是不這樣做的。」就摘下劍送給徐國繼位的君主。徐國繼位的君主說：「先君沒有遺命，我不敢接受寶劍。」於是，季子把劍掛在徐君的墓上就走了。徐國人嘉許季札，歌唱他說：「延陵季子啊不忘故舊，把價值千金的寶劍啊掛在墳墓。」

(七)許悼公❶疾瘧，飲藥毒而死。太子止❷自責不嘗藥，不立其位，與其弟緯❸，專哭泣，啜❹餰粥❺，嗌❻不容粒，痛己之不嘗藥，未逾年而死。故《春秋》義之❼。

【章　旨】此章贊揚許太子止的孝順。

【注　釋】❶許悼公　春秋時許國國君，名買。❷止　許悼公太子之名。❸緯　人名。《春秋穀梁傳．昭公十九年》作「虺」。❹啜　飲；嘗。❺餰　通「饘」。厚粥。❻嗌　咽喉。❼春秋義之　《春秋．昭公十九年》書曰「夏五月戊辰，許世子止弒其君買」，「冬，葬許悼公」。《春秋穀梁傳》解釋說：「日弒，正卒也；正卒，則止不弒也；不弒而曰弒，責止也。……故君子即止自責而責之也。」意思是說，記上弒的日期，說明是正常死亡；正常死亡就是止沒有弒君，沒有弒君而說弒君，只是就止的自責來責備他的。

【語　譯】許悼公患了瘧疾，喝了藥中毒死了。太子止自責沒有先嚐藥，所以不肯接受君位，而傳位給他弟弟緯，一直哭泣不停，只喝濃粥，咽喉裡不進一粒飯，痛悔自己沒有嚐藥，不到一年，止就死了。所以《春秋》認為他有節義。

(八)衛宣公❶之子伋也，壽也，朔也，伋，前母子也；壽與朔，後母子也。壽之母與朔謀，欲殺太子伋而立壽也，使人與伋乘舟於河中，將沈而殺之。壽知，不能止也，因與之同舟，舟人不得殺伋。方乘舟時，伋傅母❷恐其死也，閔❸而作詩，〈二子乘舟〉之詩是也。其詩曰：「二子乘舟，汎汎其景。願言思子，中心養養❹。」於是壽閔其兄之且見❺害，作憂思之詩，〈黍離〉之詩是也。其詩曰：「行邁靡靡，中心搖搖。知我者謂我心憂，不知我者謂我何求，悠悠蒼天，此何人哉❻！」又使伋之齊，將使盜見載旌❼要❽而殺之。壽止伋，伋曰：「棄父之命，非子道也，不可。」壽又與之偕行，壽之母知不能止也，因戒之曰：「壽無為前也。」壽又為前，竊伋旌以先行，幾❾及齊矣，盜見而殺之。伋至，見壽之死，痛其代己死，涕泣悲哀，遂載其屍還，至境而自殺，兄弟俱死。故君子義此二人而傷宣公之聽讒也。

【章　旨】此章贊揚伋與壽兄弟二人互相關照、互相友愛的精神。

【注　釋】❶衛宣公　春秋時衛國國君，名晉。❷傅母　傅父保姆。古代保育、輔導貴族子女的老年男女。❸閔　同「憫」。哀憐。❹二子乘舟四句　見《詩經．邶風》。二子，指伋與壽。汎汎，漂流的樣子。景，古「影」字。願言，思念的樣子。言，語助詞。中心，心中。養養，猶「漾漾」。憂不知所定的樣子。❺見　被。助動詞。❻行邁靡靡六句　見《詩經．王風》。《毛詩序》說：「周大夫行役至於宗周，過故宗廟宮室盡為禾黍，閔周室之顛覆，徬徨不忍去，而作是詩也。」明此詩為周大夫作。行邁，即行。同義複合詞。靡靡，行走緩慢。搖搖，憂苦不安。悠悠，深遠。蒼天，青天。❼載旌　車上的旌旗。❽要　同「邀」。中途攔截。❾幾　近；差不多。

【語　譯】衛宣公的兒子伋、壽和朔，伋是前母的兒子，壽與朔是後母的兒子。壽的母親跟朔商量，想殺掉太子伋而立壽做君位繼承人。派人跟伋到河中乘船，將把船弄沈沒來殺死他。壽知道了這個陰謀，卻不能制止，因此與伋同乘一條船，船夫因此不能殺掉伋。正當乘船的時候，伋的保姆恐怕他死去，哀憐他而作了詩，就是〈二子乘舟〉這首詩。那首詩說：「兄弟二人去乘舟，影兒漂蕩在中流。提心弔膽想看你，心中漾起陣陣憂。」當時，壽哀憐他的兄長將被害，就寫了一首憂愁思念的詩，就是〈黍離〉那首詩。詩中說：「走路慢悠悠，心中不定愁。了解我的人，說我心中憂。不知我的人，說我有何求。深遠的蒼天啊，這是何人造成這種局面啊！」

又派伋到齊國去，將使盜匪看到車上的旌旗，而在半路上攔截殺掉他。壽制止伋，伋說：「捨棄父親的命令不執行，不是做兒子的道理，不可以。」壽又跟他一起走，壽的母親知道不能制止他，因而告誡他說：「壽不要走在前面。」壽又做前行，偷了伋的旗幟先出發了，差不多到達齊國了，盜看見了就殺死他。伋來了，看到壽死了，痛心他代替自己而死了，痛哭流涕，悲哀不止，就載著他的屍體回國，到達邊境就自殺了。兄弟二人都死了。所以君子認為這兩兄弟有節義，傷痛衛宣公聽信讒言。

(九)魯宣公❶者，魯文公❷之弟❸也。文公薨❹，文公之子子赤❺立為魯侯，宣公殺子赤而奪之國，立為魯侯。公子肹❻者，宣公之同母弟也，宣公殺子赤而肹非之，宣公與之祿，則曰：「我足矣，何以兄之食為哉？」織屨❼而食，終身不食宣公之食，其仁恩厚矣，其守節固矣。故《春秋》美而貴之❽。

【章旨】此章贊揚公子肹不食不義之祿的高潔品德。

【注釋】❶魯宣公　春秋時魯國國君，名倭。❷魯文公　春秋時魯國國君，名興。❸弟　《左傳・文公十八年》說：「文公二妃，敬嬴，生宣公。」據此則宣公為文公子，非文公弟。❹薨　古代稱諸侯死亡。❺子赤　文公太子。《左傳》作「惡」，《公羊傳》作「子赤」，此從《公羊》。❻公子肹　文公子。宣公弟，又稱叔肹。❼屨　古代用麻或葛織的鞋。❽春秋美而貴之　《春秋・宣公十七年》叔肹死，書曰「冬十有一月壬午，公弟叔肹卒」，《春秋穀梁傳》解釋說：「其曰公弟叔肹，賢之也。……終身不食宣公之食，君子以是為通恩也，以取貴乎《春秋》。」

【語譯】魯宣公是魯文公的兒子。魯文公死，文公的太子子赤立為魯國國君，魯宣公殺掉子赤，奪取了他的國家，自立為魯國國君。公子肹是魯宣公的同母弟弟，魯宣公殺了子赤，公子肹認為不對。

魯宣公給他俸祿，他就說：「我足夠了，為什麼要靠兄長的俸祿吃飯呢？」他靠編織麻鞋維生，一輩子不吃宣公給的食物。他對兄長的仁愛恩情是深厚的，他恪守節義是堅定的。所以《春秋》贊美他，看重他。

⑽晉獻公❶太子之至靈臺❷，蛇繞左輪，御❸曰：「太子下拜。吾聞國君之子，蛇繞左輪者，速得國。」太子遂不行，返乎舍，御人見太子，太子曰：「吾聞為人子者，盡和順君，不行私欲，恭嚴承命，不逆君安。今吾得國，是君失安也。見國之利而忘君安，非子道也。聞得國而拜其聲，非君欲也。廢子道不孝，逆君欲不忠，而使我行之，殆欲吾國之危明也。」拔劍將死。御止之曰：「夫機祥❹妖孽❺，天之道也；恭嚴承命，人之行也。拜祥戒孽，禮也；嚴恭承命，不以身恨君，孝也。今太子見福不拜，失禮；殺身恨君，失孝；從僻❻心，棄正行，非臣之所聞也。」太子曰：「不然。我得國，君之孽也；拜君之孽，不可謂禮。見機祥而忘君之安，國之賊也，懷賊心以事君，不可謂孝。挾偽意以御❼天下，懷賊心以事君，邪之大者也，而使我行之，是欲國之危明也。」遂伏劍而死。君子

曰：「晉太子徒御❽使之拜虵祥，猶惡之至於自殺者，為見❾疑於欲國也。己之不欲國以安君，亦以明矣，為一愚御過言之故，至於身死，廢子道，絕祭祀，不可謂孝，可謂遠嫌一節之士也。」

【章　旨】此章贊揚晉太子的遠避嫌疑，潔身自好；也批評他不該因愚御一句挾嫌的話就自殺。

【注　釋】❶晉獻公　春秋時晉國國君，名詭諸。❷靈臺　觀測天象的地方。❸御　駕車的人。❹禨祥　祈求鬼神以致福；吉祥。❺妖孽　怪異反常的事物；災禍。❻僻　邪。❼御　駕御；治理。❽徒御　駕車的人。❾見　被。助動詞。

【語　譯】晉獻公的太子到靈臺去的時候，一條蛇繞住他左邊的車輪。他的駕車人說：「太子快下拜。我聽說國君的兒子，遇到蛇繞住左邊車輪的，很快會得到國家。」太子就不走了，返回到住處。駕車的人去見太子，太子說：「我聽說做人兒子的人，要竭盡和順，順承君意，不要懷有私欲；恭敬嚴肅地接受君主命令，不違背君主的安定。現在我得到國家，這就是君主失去了安泰。見到得國的利益，忘記君主的安泰，不符合做兒子的道理。聽到可以得國就去拜那妖孽的虛聲，不符合君主的欲望。廢棄做兒子的道理就是不孝，違背君主的欲望就是不忠，而你使我去做這些不忠不孝之事，大概是想使我的國家遇到危險，是很明顯的了。」拔出劍來想要自殺。駕車的人制止他說：「吉祥災禍是上天的規律，恭敬嚴肅地接受君主命令是臣下的本分。拜謝吉兆，戒備妖孽，這是禮制；嚴肅恭敬地接受君主命令，不因自身而使君主遺憾，這是孝道。現在太子見到福澤不下拜，不合禮制；殺死自身，使君主遺憾，不合孝道。放縱自己邪僻的想法，拋棄正直的行為，不是我所聽到過的道理。」太子說：「不是這樣。我得到國家就是君主的災禍，下拜君主的災禍，不能說合乎禮制；見到吉兆就忘記君主的安泰，就是國家的賊害，懷抱著賊害的心思去事奉君主，不可說合乎孝道。挾帶著虛偽的心意去治理天下，懷抱著賊害的心思去事奉君主，這是最大的奸邪。可是你使我去做這種邪惡的事，這是想使國家遇到危險是很明顯的。」他就伏劍自殺了。

君子說：「晉太子就因駕車的人使他下拜蛇的吉兆，就厭惡它而至於自殺，是因為被懷疑到他想得到國家。自己不想得到國家而希望君主安泰，也是很明顯的了。為了一個愚蠢的駕車人說了句錯誤的話的緣故，以至於自殺身死，廢棄做兒子的道理，斷絕宗廟的祭祀，不可說合乎孝道，只可說是一個遠避嫌疑的節義之士罷了。」

(二)申包胥❶者，楚人也。吳敗楚兵於柏舉❷，遂入郢❸，昭王❹出亡在隨❺。申包胥不受命❻而赴於秦乞師❼，曰：「吳為無道，行封豕❽長蛇，蠶食天下，從上國，始於楚。寡君❾失社稷❿，越⓫在草莽⓬，使下臣告急曰：『吳，夷狄也，夷狄之求無厭，滅楚，則西與君接境，若鄰於君，疆埸⓭之患也。逮⓮吳之未定，君其圖之。若得君之靈，存撫楚國，世以事君。』」秦伯⓯使辭焉，曰：「寡君聞命矣。子其就館，將圖而告子。」對曰：「寡君越在草莽，未獲所休，下臣何敢即安。」倚於庭牆立哭，日夜不絕聲，水漿不入口，七日七夜。秦哀公⑯為賦⑰〈無衣〉⑱之詩，言兵今出。包胥九頓首而坐。秦哀公曰：「楚有臣若此而亡，吾無臣若此，吾亡無日矣。」於是乃出師救楚。申包胥以秦師至楚。秦大夫子滿⑲子虎帥車五百乘，子滿曰：「吾未知吳道⑳。」使楚人先與吳人戰而會之，大敗吳師。吳師既退，昭王復國，而賞始於包胥。包胥曰：「輔君安國，非為身也；救急除害，非為名也；功成而受賞，是賣勇也。君既定，又何求焉？」遂逃賞，終身不見。君子曰：申子之不受命赴秦，忠矣；七日七夜不絕聲，厚矣；不受賞，不伐㉑矣。然賞所以勸善也，辭賞，亦非常法也。

【章　旨】此章贊揚申包胥在楚國危急存亡之際挺身而出，乞師秦廷的愛國精神和功成不受賞的高潔情懷。但認為該得獎勵還是應該接受的。

【注　釋】❶申包胥　春秋時楚國大夫。姓公孫，封於申，故號申包胥。❷吳敗楚兵於柏舉　事詳《春秋左傳・魯定公四年》。柏舉，楚地名。在今湖北省麻城縣境。❸郢　春秋時楚國國都。故址在今湖北省江陵縣西北。

❹昭王　楚昭王。名珍，春秋時楚國國君。❺隨　周代國名。春秋後期楚國附庸，地在今湖北省隨縣。❻不受命　未受楚王之命。❼乞師　請求出兵援助。❽封豕　大豬。❾寡君　人臣對別國稱自己國君的謙詞。❿社稷　指國家。⓫越　墜失；播遷。⓬草莽　猶茅草。比喻在野不在朝。⓭疆埸　疆界；邊界。⓮逮　及；趁著。⓯秦伯　秦為伯爵諸侯，故國君稱秦伯。此指秦哀公。⓰秦哀公　春秋時秦國國君。⓱賦　吟誦。⓲無衣　見《詩經．秦風》。⓳子滿　《左傳．定公五年》作「子蒲」。⓴道　指戰法戰術。㉑伐　誇耀功績。

【語　譯】申包胥是楚國人。吳國在柏舉戰敗楚國軍隊，就進入郢都，楚昭王逃奔到隨。申包胥不等待接受楚王之命就趕到秦國請求出兵援助，說：「吳國做出不合道義的事，行為像大豬、長蛇一樣，像蠶吃桑葉一樣吞食天下，從上國開始，楚國首當其衝。寡君失掉國家，播遷在草莽之中，使我來稟告危急說：『吳國是夷狄之國，夷狄的欲求是沒有滿足的，滅亡了楚國，就向西與您們的國家接境，假若跟貴國接境相鄰，是貴國邊界的心腹大患。趁著吳國在楚國立足未穩的時候，請您早作打算。如果託您的威靈保佑，保存並安撫楚國，楚國將世代相傳地奉侍您。』」秦哀公使人托辭說：「敝國國君聽到你的意見了，你回到客館去吧，我們將商議一番，再把結果告知你。」申包胥回答說：「敝國國君流落在草莽之中，沒有獲得一個休息的處所，我怎麼敢於貪圖安定呢？」他靠在秦庭的牆上站立著哭泣，日夜哭個不停，水也一滴不入口，一連哭了七天七夜。秦哀公為他吟誦了〈無衣〉那首詩，說軍隊現在就出發。申包胥叩了九個頭才坐下來。秦哀公說：「楚國有這樣的臣子還亡了國，我沒有這樣的臣子，我滅亡的日子就沒有幾天了。」於是，就出兵救楚。申包胥率領秦軍到達楚國，秦國大夫子滿、子虎統率戰車五百輛。子滿說：「我們不了解吳國的戰略戰術。」使楚國軍隊先跟吳國作戰，然後秦兵參與會戰，大敗吳國軍隊。

吳國軍隊已經撤退，楚昭王恢復了國家，獎勵就從申包胥開始。申包胥說：「輔佐君主，安定國家，不是為了自身；拯救急難，消除禍害，不是為了名聲。功成了就接受賞賜，這是出賣勇力。國君已經安定，又還追求什麼呢？」就逃避賞賜，一輩子也不露面。

君子說：「申先生不等接受楚王之命就奔赴秦國，這是忠心；七天七晚不絕聲的哭泣，這是感情深厚。不接受賞賜，這是不誇耀功勞。然而賞賜是用來勉勵善人的辦法，推辭賞賜也不是經常可用的法則。」

㈢齊崔杼❶者，齊之相也，弒莊公❷，止太史❸無書君弒及賊❹。太史不聽，遂書賊曰：「崔杼弒其君。」崔子殺之，其弟又嗣❺書之，崔子又殺之，死者二人。其弟又嗣復書之，乃捨之。南史❻氏，是其族也，聞太史盡死，執簡❼以往，將復書之，聞既書矣，乃還。君子曰：古之良史。

【章　旨】此章贊揚齊國太史忠於職守，堅持正義的不怕犧牲的精神。

【注　釋】❶崔杼　春秋時齊國大夫。❷弒莊公　事詳《左傳·襄公二十五年》。弒，臣殺君、子殺父母曰弒。莊公，齊莊公，名光。❸太史　官名。為史官及曆官之長。❹賊　殺害君主的人稱賊。❺嗣　接續。❻南史　齊國史官。❼簡　竹簡。供書寫用的竹片。

【語譯】齊國的崔杼是齊國的相，殺了齊莊公，禁止太史不要書寫齊君被殺和殺齊君的賊的名字。齊國太史不聽，就寫上賊人的名字說：「崔杼殺了他的君主。」崔杼殺了他；他的弟弟又接著書寫，崔杼又殺了他，接連死了兩個人。他的弟弟接著又去書寫，才捨棄他。南史氏是太史的同族，聽說太史都死了，拿著竹簡前往，要再書寫，聽說已經寫上了，才回去。君子說：他們是古代的優秀史官。

(三)齊攻魯，求岑鼎❶，魯君載岑鼎往❷，齊侯不信而反之，以為非也，使人告魯君：「柳下惠❸以為是，因請受之。」請❹魯君請於柳下惠。柳下惠對曰：「君之欲以為岑鼎也，以免國也。臣亦有國於此，破臣之國以免君之國，此臣所難也。」魯君乃以真岑鼎往。柳下惠可謂守信矣，非獨存己之國也，又存魯君之國。信之於人重矣，猶輿之輗軏❺也。故孔子曰：「大車無輗，小車無軏，其何以行之哉❻？」此之謂也。

【章旨】此章贊揚柳下惠守信實，自己不騙人，也勸魯君不騙人。

【注釋】❶岑鼎　鼎名。以形高而銳，故名。❷岑鼎　《呂氏春秋·審己》作「他鼎」，當從。❸柳下惠　即春秋時魯國大夫展禽。字季，因食邑柳下，諡惠，故稱。❹請　《韓非子·說林下》無此字，當從。❺輗軏　車轅與衡相銜接的插銷。大車用的叫輗，小車用的叫軏。❻大車無輗三句　見《論語·為政》。

【語譯】齊國進攻魯國，要求魯國用岑鼎來媾和。魯君派人載著別的鼎前往，齊君不相信是真的，退了回來，認為不是真岑鼎。派人告訴魯君說：「柳下惠認為是真的，我們就接受它。」魯君去請柳下惠作證，柳下惠回答說：「您想用別的鼎代替岑鼎，是要避免國家的損失。我也有一個國家在這裡，破壞我的國家，去解救您的國家，這是我難以做到的事。」魯君就把真岑鼎送去齊國。

柳下惠可以說是守信用的人了，不僅保存了自己的國家，又保存了魯君的國家。信用對於人實在太重要了，如同車的輗和軏。所以孔子說：「大車沒有輗，小車沒有軏，怎麼可以行走呢？」說的就是這個意思。

(四)宋人有得玉者，獻諸❶司城❷子罕❸，子罕不受。獻玉者曰：「以示玉人❹，玉人以為寶，故敢獻之。」子罕曰：「我以不貪為寶，爾以玉為寶，若與我者，皆喪寶也。不若人有其寶。」故宋國之長者曰：「子罕非無寶也，所寶者異也。」

今以百金與摶黍❺以示兒子，兒子必取摶黍矣；以和氏之璧❻與百金以示鄙人❼，鄙人必取百金矣；以和氏之璧與道德之至言以示賢者，賢者必取至言矣。其知彌精，其取彌精；其知彌觕❽，其取彌觕；子罕之所寶者至矣。

【章　旨】此章贊揚子罕不貪寶玉以廉潔為寶的高尚品德和卓越見解。

【注　釋】❶諸　「之於」的合音詞。❷司城　官名。即司空。春秋時宋國設置，因宋武公名司空，就改司空為司城。❸子罕　宋國大夫樂喜，宋戴公六世孫。❹玉人　治玉和掌管玉器的人。❺摶黍　捏成團的黍飯。❻和氏之璧　春秋時楚人卞和所得的寶玉。❼鄙人　粗鄙之人。❽觕　通「粗」。

【語　譯】宋國有個人得到一塊寶玉，把它獻給司城子罕，子罕不肯接受。獻玉的人說：「我給玉匠看過，玉匠認為是寶，所以我膽敢來進獻。」子罕說：「我把不貪婪看做寶物，你把玉當做寶物，你給了我寶玉，那我們都丟失了寶物，不如我們各自保有自己的寶物。」所以宋國的年長的人說：「子罕並不是沒有寶，他認為的寶與別人不同罷了。」現在，拿一百金與一個捏成團的黍飯團子給小孩子看，小孩子一定拿取黍飯團子；拿和氏璧與一百金給鄉下人看，鄉下人一定拿取百金；以和氏璧和合於道德的至理名言給賢者看，賢者必定拿取至理名言。智慧越精微的人，他選擇的東西就越精微；智慧越是粗鄙的人，他選擇的東西也越粗鄙；子罕所認為寶貴的東西是最精微的了。

(五)昔者有餽❶魚於鄭相者，鄭相不受。或謂鄭相曰：「子嗜魚，何故不受？」對曰：「吾以嗜魚，故不受魚。受魚失祿❷，無以食魚；不受得祿，終身食魚。」

【章　旨】此章說明嗜魚與不受餽魚的關係，贊揚鄭相的清廉。

【注釋】❶餽　通「饋」。饋贈；以食物供人。❷祿　俸祿；官吏的俸給。

【語譯】從前，有一個人送魚給鄭國的相，鄭國的相不接受。人問鄭相說：「你喜歡吃魚，為什麼緣故不受魚呢？」鄭相回答說：「我因為喜歡吃魚，所以不受魚。我接受了別人送的魚，會丟失了俸祿，就沒有錢來買魚吃了；不接受別人送的魚，保住俸祿，就一輩子有魚吃。」

㈥原憲❶居魯，環堵❷之室，茨❸以生蒿，蓬戶❹甕牖❺，揉桑以為樞❻，上漏下濕，匡❼坐而弦歌。子貢❽聞之，乘肥馬，衣輕裘，中紺❾而表素❿，軒車⓫不容巷，往見原憲。原憲冠桑葉冠，杖藜杖而應門⓬，正冠則纓⓭絕，衽襟⓮則肘見⓯，納履⓰則踵決⓱。子貢曰：「嘻！先生何病⓲也？」原憲仰而應之曰：「憲聞之，無財之謂貧，學而不能行之謂病。憲，貧也，非病也。若夫希世⓳而行，比周⓴而交，學以為人，教以為己，仁義之慝㉑，輿馬之飾，憲不忍為也。」子貢逡巡㉒，面有愧色，不辭而去。原憲曳杖拖履，行歌〈商頌〉㉓而反，聲滿天地，如出金石㉔，天子不得而臣也，諸侯不得而友也。故養志者忘身，身且不愛，孰能累之？《詩》曰：「我心匪石，不可轉也；我心匪席，不可卷也㉕。」此之謂也。

【章　旨】此章贊揚原憲安貧樂道，不慕富貴。

【注　釋】❶原憲　春秋時魯國人。字子思，孔子弟子。❷環堵　四周土牆。極言居室簡陋。❸茨　用茅草、蘆葦蓋屋頂。❹蓬戶　編蓬草做門戶。❺甕牖　以破甕之口做窗戶。牖，窗子。❻樞　門的轉軸。❼匡　正。❽子貢　姓端木，名賜，字子貢。春秋時衛國人，孔子弟子。❾紺　深青透紅之色。❿表素　外衣白色。表，外衣。⓫軒車　大夫乘坐的一種高而輕便的車。⓬應門　開門。⓭纓　結冠的帶子。⓮衽襟　整理衣襟。⓯見　古「現」字。⓰納履　穿鞋子。⓱踵決　鞋跟破裂。踵，足後跟。這裡指鞋跟。決，斷。⓲病　困苦。⓳希世　迎合世俗。⓴比周　結黨營私。比，近。周，合。㉑慝　邪惡。㉒逡巡　遲疑徘徊，欲行又止的樣子。㉓商頌　《詩》三頌之一。大致是宋國宗廟祭祀的樂歌。㉔金石　指鐘磬等樂器。㉕我心匪石四句　見《詩・邶風・柏舟》。匪，非；不是。

【語　譯】原憲住在魯國，只有四堵土牆的房子，用生蒿草蓋著頂，蓬草編織的門，破甕口做成的窗戶，揉製桑木做成門的轉軸，上面漏雨，下面潮濕。原憲端正地坐著，彈著琴，唱著歌。子貢聽到這個情況，乘著肥壯的馬，穿著輕便的皮衣，裡衣是深青色，外衣是白色，高大的車子里巷都容納不了，去探望原憲。原憲戴著桑葉做的帽子，拄著藜蒿的手杖在門邊迎候，整理一下帽子就拉斷了繫帽子的帶子，整理一下衣襟就露出了胳膊，穿一下鞋子就拉破了鞋跟。子貢說：「唉！先生為什麼這樣困苦呢？」原憲昂著頭回答他說：「我原憲聽說，沒有錢財就叫做貧窮，學習的東西不能實行就叫做困苦。我原憲是貧窮，不是困苦。至於那些迎合世俗而行動，結黨營私而交友，求學是為了要別人知道，教人是為了自己的利益，不合仁義，而只追求車馬的修飾，我原憲是不忍心做的。」子貢徘徊猶豫了一陣子，臉上現露出羞愧的神色，不告辭就離開了。

原憲曳著手杖，拖著鞋子，一邊走，一邊唱著〈商頌〉，返回屋裡，聲音充滿天地之間，像鐘磬發出的聲音。天子不能得到他作為臣子，諸侯不能得到他作為朋友。所以修養意志的人就忘記形體，形體尚且不愛惜，還有什麼能夠牽累他呢？《詩經》上說：「我的心不是石塊，是不可以轉動的；我的心不是席子，是不可以捲起來的。」說的就是這種情況啊。

(一七)晏子❶之晉，見披裘負芻❷息於途者，以為君子也，使人問焉，曰：「曷為而至此？」對曰：「齊人纍❸之，吾名曰越石甫。」晏子曰：「嘻！」遽解左驂❹以贖之，載而與歸。至舍，不辭而入。越石甫怒而請絕。晏子使人應之曰：「嬰未嘗得交也，今免子於患，吾於子，猶未可邪？」越石甫曰：「吾聞君子詘❺乎不知己，而信❻乎知己者，吾是以請絕也。」晏子乃出見之，曰：「向❼也見客之容，而今也見客之意。嬰聞察實者不留聲，觀行者不幾❽辭，嬰可以辭而無棄乎？」越石甫曰：「夫子禮之，敢不敬從。」晏子遂以為上客。俗人之有功則德，德則驕。晏子有功，免人於厄❾而反詘下之，其去俗亦遠矣。此全功之道也。

【章　旨】此章贊揚晏子救人於厄又能屈居人下的品德。

【注　釋】❶晏子　春秋時齊國大夫晏嬰，字平仲。❷芻　餵牲口的草。❸纍　拘繫。❹左驂　左邊的驂馬。驂，駕車時位於兩旁的馬。❺詘　通「屈」。屈服。❻信　通「伸」。舒展；伸張。❼向　從前。這裡是「剛才」的意思。❽幾　多少。❾厄　困厄；困苦。

【語　譯】晏子到晉國去，看到一個披著皮衣背著草料在道路休息的人，認為他是個君子，派人去問他說：「為什麼落到了這種地步呢？」那人回答說：「齊國人拘繫我。我的名字叫越石甫。」晏子說：「唉！」立即解下左邊的驂馬為他贖身，讓他坐在車上一同回來，到了家裡，晏子沒有向他告辭就進去了。越石甫很生氣，請求和晏子絕交。晏子派人回答他說：「我晏嬰和你從來沒有交情，現在把你從患難中解救出來，我對你做得還不夠嗎？」越石甫說：「我聽說，君子受不了解自己的人所輕視，而在了解自己的人那裡得到伸展。我因此請求和您絕交。」晏子就出來會見了他，說：「以前我只看到你的容貌，現在我看到你的心意了。我晏嬰聽說，觀察情實的人不必到處張揚，觀察行為的人不用多少言辭。我晏嬰可以向你告辭而不被你嫌棄嗎？」越石甫說：「先生您以禮相待，我怎敢不聽從您呢？」晏子就把他作為上賓。

一般人對別人有功就認為有恩德，認為有恩德就驕傲起來。晏子對別人有功，把別人從困厄中解救出來，反而向人低聲下氣，比起一般人來說，實在高出太多了。這是保全功德的道理。

(八)子列子❶窮，容貌有饑色。客有言於鄭子陽❷者，曰：「子列子禦寇，蓋有道之士也，居君之國而窮，君無乃為不好士乎？」子陽令官遺❸之粟數十秉❹。子列子出見使者，再拜而辭。使者去，子列子入，其妻望而拊❺心曰：「聞為有道者妻子皆得佚樂，今妻子皆有饑色矣，君過而遺先生，先生又辭，豈非命也哉！」子列子笑而謂之曰：「君非自知我者也，以人之言而知我，以人之言而遺我粟也。其罪我也，又將以人之言，此吾所以不受也。且受人之養，不死其難，不義也。死其難，是死無道之人，豈義哉！」其後民果作難，殺子陽❻。子列子之見微除不義遠矣。且子列子內有饑寒之憂，猶不苟取，見得思義，見利思害，況其在富貴乎？故子列子通乎性命之情，可謂能守節矣。

【章　旨】此章贊揚列子見得思義，見利思害，臨財不苟得的優秀品德。

【注　釋】❶子列子　即列子。名禦寇，戰國時鄭國人，先秦時期著名思想家，道家學派的代表人物之一。❷子陽　戰國時鄭繻公相。❸遺　給予；贈送。❹乘　《呂氏春秋·先識覽·觀世》作「秉」，當從。秉，古容量單位，一百六十斗為秉。❺拊　搥拍。❻民果作難二句　子陽為相，刑罰嚴猛，刑無所赦，他家裡有人折斷了一張弓，害怕被殺，就趁機殺了子陽。

【語　譯】列子家裡很窮，容貌都顯出饑餓的神色，有個客人對鄭子陽說道：「列子禦寇是一名有學問的人士，居住在您的國家，卻生活窮困，您恐怕不能算是愛好賢士吧？」子陽派遣官吏送給他幾十斛糧食。列子出來會見使者，拜了兩拜，堅決推辭不受。

使者離開走了，列子回到家中，他的妻子看著他，搥拍胸膛說：「聽說做有學問的人的妻兒都能得到安樂。現在妻兒都面有饑色了，相國派人來送糧食給先生，先生又推辭不受，難道這不是命嗎？」列子笑著告訴他說：「相國並不是親自了解我的，是憑著別人的話才了解我，憑著別人的話才送給我糧食。將來他怪罪我，也將是憑別人的話，這就是我不接受的原因。況且接受了別人的給養，不為他的急難去拚死，就不合道義；為他的急難去拚死，這是為無道之人而犧牲，難道就符合道義嗎？」後來，百姓果然發動事變，殺死子陽。

子列子見察隱微、除去不義的見識是很深遠的。況且列子家中有挨餓受凍的憂患，還是不隨隨便便地求取東西，面對財利就想到道義，看到利益就想到災禍，更何況是在他富貴的時候呢？所以列子通曉人性天命的情理，可以說是能夠堅守節義了。

(十九)屈原❶者，名平，楚之同姓大夫❷，有博通之知，清潔之行，懷王❸用之。秦欲吞滅諸侯，并兼天下。屈原為楚東使於齊，以結強黨。秦國患之，使張儀❹之楚，貨❺楚貴臣上官大夫❻靳尚❼之屬，上及令尹❽子蘭❾，司馬❿子椒⓫，內賂夫人鄭袖⓬，共譖屈原，屈原遂放⓭於外，乃作〈離騷〉⓮。張儀因使楚絕齊，許謝地六百里。懷王信左右之姦謀，聽張儀之邪說，遂絕強齊之大輔。楚既絕齊，而秦欺以六里⑮。懷王大怒，舉兵伐秦，大戰者數，秦兵大敗楚師，斬首數萬級⑯。秦使人願以漢中⑰地謝⑱。懷王不聽，願得張儀而甘心焉。張儀曰：「以一儀而易漢中地，何愛儀。」請行，遂至楚。楚囚之。上官大夫之屬共言之王，王歸之。是時，懷王悔不用屈原之策，以至於此，於是復用屈原。屈原使齊還，聞張儀已去，大為王言張儀之罪。懷王使人追之不及。後秦嫁女於楚，與懷王歡，為藍田⑲之會。屈原以為秦不可信，願勿會。群臣皆以為可會，懷王遂會，果見囚拘，客死於秦⑳，為天下笑。懷王子頃襄王㉑亦知群臣諂誤懷王，不察其罪，反聽群讒之口，復放屈原。屈原疾闇㉒王亂俗，汶汶㉓嘿嘿㉔，以是為非，以清為濁，不忍見於世，將自投於淵，漁父止之。屈原曰：「世皆醉，我獨醒，世皆濁，我獨清。吾獨聞之，新浴者必振衣，新沐者必彈冠，又惡能以其泠泠㉕更事世之嘿嘿者哉！吾寧投淵而死。」遂自投湘水汨羅㉖之中而死。

【章　旨】此章贊揚屈原的愛國精神，同情屈原的不幸遭遇。

【注　釋】❶屈原　我國先秦時期最偉大的愛國詩人。作有〈離騷〉、〈九歌〉、〈天問〉、〈九章〉等詩篇。❷楚之同姓大夫　屈原之祖是春秋時楚武王的兒子公子瑕，受封於屈，因以屈為氏，故屈氏與楚王為同姓。❸懷王　楚懷王。戰國時楚國國君，名槐。❹張儀　戰國時魏人。縱橫家，以連橫之策說六國，使六國背縱約而共同事秦。❺貨　賄賂。❻上官大夫　上官是姓，大夫為官名。❼靳尚　人名。楚國大夫。❽令尹　官名。楚國最高的官職。❾子蘭　楚懷王之子，楚頃襄王之弟。蘭，原作「闌」。此據《史記．屈原賈生列傳》改。❿司馬　官名。掌管軍事。⓫子椒　人名。⓬鄭袖　楚懷王后。號稱南后，能歌善舞，寵冠後宮。⓭放　放逐。⓮離騷　屈原的代表作。⓯欺以六里　據《史記．屈原賈生列傳》載：張儀原說：「楚誠能絕齊，秦願獻商於之地六百里。」楚既絕齊之後，張儀又說：「儀與王約六里，不聞六百里。」⓰級　秦制。戰爭中斬敵一人，賜爵一級，因稱殺敵之數為級。⓱漢中　郡名。秦惠文王後十三年置漢中郡，在今陝西漢中地區。⓲謝　謝過。⓳藍田　縣名。秦孝公置，今屬陝西。⓴客死於秦　據《史記．屈原賈生列傳》載「秦昭王與楚婚，欲與懷王會，懷王欲行，屈平曰：『秦虎狼之國，不可信，不如毋行。』懷王稚子子蘭勸王行：『奈何絕秦歡？』懷王卒行，入武關，秦伏兵絕其後，因留懷王」，竟死於秦。㉑頃襄王　即楚頃襄王。戰國時楚國國君，名橫。㉒闇　昏昧；昏庸。㉓汶汶　昏暗不明。㉔嘿嘿　沈默。㉕泠泠　形容聲音清脆。㉖汨羅　汨羅江。在湖南省東北部。

【語　譯】屈原，名平，是跟楚同姓的大夫，有淵博通達的智慧，有清廉高潔的品行，楚懷王任用他。秦國想要吞滅諸侯，兼并天下。屈原為楚國向東出使到齊國，與齊國結成強大的同盟。秦國為此事憂慮，派遣張儀到楚國，賄賂楚國的貴臣上官大夫、靳尚等人，上至令尹子蘭與司馬子椒，並且賄賂宮內的夫人鄭袖，共同讒毀屈原。屈原於是被放逐到朝廷之外，就寫作了〈離騷〉這首最傑出的詩篇。

張儀趁便使楚國與齊國絕交，答應以六百里的土地致謝。楚懷王聽左右之人的奸邪之謀，聽信張儀的邪僻之說，就斷絕了強大的齊國這樣一個強有力的輔佐。楚國既和齊國斷絕了關係，而秦國欺騙說只答應給與六里地。楚懷王十分生氣，出兵進攻秦國，進行了幾次大戰，秦兵大敗楚軍，殺了幾萬人。秦國派人說願意用漢中的土地來向楚表示歉意，楚懷王不要，只希望得到張儀就心滿意足了。張儀說：「用我一個張儀就能換回漢中的土地，何必愛惜我張儀？」他請求到楚國去，於是就到了楚國。楚國拘留了他。上官大夫等人一起向楚懷王說情，楚懷王放了他回去。當時，楚懷王後悔沒有聽信屈原的策略，以至到了這種地步。於是，重新起用屈原。屈原出使到齊國，回來後聽說張儀已經離去，對楚懷王數說張儀的罪行，楚懷王派人去追趕張儀，沒有追上。後來秦國嫁女兒給楚懷王，與楚懷王交歡言和，定下了藍田的盟會。屈原認為秦國不可輕信，希望楚懷王不要去盟會，群臣都認為可以去會見，楚懷王果然被秦國拘留，客死在秦國，被天下人恥笑。

楚懷王的兒子楚頃襄王也知道群臣的阿諛貽誤了楚懷王，卻不詳察他們的罪行，只聽信那一群讒臣的讒言，再次放逐屈原。屈原疾恨昏昧的君主、混亂的世俗，昏暗沈默，把正確的說成錯誤，把清白說成混濁，不忍心見到這汙濁的世道，將投入到深淵裡自殺，一個漁父制止他。屈原說：「世人都喝醉，我獨自清醒；世人都汙濁，我獨自清潔。我聽說，剛洗過澡的人必定要抖抖衣服；剛洗過頭的人必定要彈彈帽子。我又怎麼能用我的清脆的聲音去奉侍這沈寂的世俗呢？寧肯投淵而死。」就自己投入汨羅江中淹死了。

(三)楚昭王❶有士曰石奢❷，其為人也公正而好義，王使為理❸。於是廷❹有殺人者，石奢追之，則其父也。遂反於廷曰：「殺人者僕❺之父也，以父成政，不孝；不行君法，不忠；弛❻罪廢法而伏❼其辜❽，僕之所守也。」伏斧鑕❾，命在君。君曰：「追而不及，庸❿有罪乎！子其治事矣。」石奢曰：「不私其父，非孝也；不行君法，非忠也；以死罪生，非廉⓫也。君赦之，上之惠也；臣不敢失法，下之行也。」遂不離斧鑕，刎頸而死于廷中。君子聞之曰：貞⓬夫法哉！孔子曰：「子為父隱，父為子隱，直在其中矣⓭。」《詩》曰：「彼己之子，邦之司直⓮。」石子之謂也。

【章旨】此章贊揚石奢能以死保全忠孝之節。

【注釋】❶楚昭王　春秋時楚國國君，名珍。❷石奢　人名。❸理　獄官；法官。❹廷　朝廷。❺僕　自稱的謙詞。❻弛　放鬆。❼伏　服。❽辜　罪。❾斧鑕　古刑具。置人於鍖上以斧斫之。鑕，鐵鑕。❿庸　豈；難道。副詞。⓫廉　方正；棱角。⓬貞　正。⓭子為父隱三句　見《論語．子路》。原作「父為子隱，子為父隱，直在其中矣」。⓮彼己之子二句　見《詩．鄭風．羔裘》。彼己之，皆指示代詞。那。己，原詩作「其」。邦，國。司直，主持直道的人。司，主。

【語譯】楚昭王有個賢士叫石奢。他為人公正而喜好節義，楚昭王派他做法官。當時朝廷上有人殺了人，石奢去追趕，竟然是他的父親。於是他回到朝廷，說：「殺人的是我的父親。捉拿我的父親來獲得政績，就是不孝；不實行君主的法令，就是不忠。放走罪犯，廢棄法令，自己來伏法認罪，這是我現在應該做的。」就伏在行刑的鍖上，就等君主下達行刑的命令。楚昭王說：「追趕不上，難道算有罪嗎？你去辦別的事吧。」石奢說：「不偏私我的父親，那是不孝；不執行君主的法令，那是不忠；犯了死罪卻苟且偷生，那是不廉。君主赦免我，那是君主的恩惠；我不敢違反法令，這是臣下的操守。」於是不肯離開斬人的鐵鍖，以頸觸刀而死在朝廷上。

君子聽到這件事，說：石奢是多麼堅守法令啊！孔子說：「兒子替父親隱瞞，父親替兒子隱瞞，正直就包含在當中了。」《詩經》上說：「那個人啊，是國家維持正道的人。」說的就是石奢這種人呢。

(三)晉文公❶反國❷，李離❸為大理❹，過殺不辜❺，自繫❻曰：「臣之罪當死。」文公令之曰：「官有上下，罰有輕重，是下吏之罪也，非子之過也。」李離曰：「臣居官為長，不與下讓位；受祿為多，不與下分利；過聽殺無辜，委❼下畏死，非義也，臣之罪當死矣。」文公曰：「子必自以為有罪，則寡人亦有過矣？」李離曰：「君量能而授官，臣奉職而任事，臣受印綬❽之日，君命曰：『必以仁義輔政，寧過於生，無失於殺。』臣受命不稱❾，邅❿惠蔽恩，如臣之罪乃當死，君何過之有？且理有法，失生即生，失殺即死。君以臣為能聽微⓫決⓬疑，故任臣以理。今離深刻⓭，不顧仁義，信文墨⓮不察是非，聽他辭不精事實，掠服⓯無罪，使百姓怨。天下聞之，必議吾君；諸侯聞之，必輕吾國。怨積於百姓，惡揚於天下，權輕於諸侯，如臣之罪，是當重死。」文公曰：「吾聞之也，直而不枉⓰，不可與往；方而不圓，不可與長存。願子以此聽寡人也。」李離曰：「君以所私害公法，殺無罪而生當死，二者非所以教於國也。離不敢受命。」文公曰：「子獨不聞管仲⓱之為人臣邪？身辱⓲而君肆⓳，行汙而霸成。」李離曰：「臣無管仲之賢而有辱汙之名，無霸王之功而有射鉤⓴之累㉑，夫無能以臨官，籍汙㉒以治人，君雖不忍加之於法，臣亦不敢汙官亂治以生。臣聞命矣。」遂伏劍而死。

【章旨】此章贊揚李離能引咎自責，並能以死殉職。

【注釋】❶晉文公　春秋時晉國國君，五霸之一，名重耳。❷反國　指晉文公為公子時，遭驪姬之難，出國逃亡十九年後才回國即位。❸李離　人名。❹大理　掌刑法的官。❺不辜　無罪的人。❻繫　拘囚。❼委　推卸。❽印綬　官印與繫印的絲帶。❾稱　相當；符合；稱職。❿壅　遮蓋；壅塞。⓫微　隱微；不明顯的事。⓬決　決斷。⓭深刻　嚴峻刻薄。⓮文墨　指有關刑事的文書。⓯掠服　拷打使人服罪。⓰枉　曲。⓱管仲　春秋時齊國人。名夷吾，輔佐齊桓公成就霸業。⓲身辱　管仲曾輔佐公子糾與齊桓公爭奪君位失敗，公子糾被殺，管仲被魯國拘囚送回齊國。⓳肆　縱恣；擴張。這裡指齊桓公成就霸業，實現了自己的心願。⓴射鉤　管仲輔佐公子糾與齊桓公爭奪君位時，交戰中管仲曾射中齊桓公的帶鉤，差一點沒有被射死。㉑累　過失。㉒籍汙　凌辱汙濁。籍，通「藉」。凌辱；踐蹈。

【語譯】晉文公返回晉國之後，任命李離擔任法官，李離錯誤地殺了一個無罪的人，於是自己綁了起來，對文公說：「我的罪該當死。」晉文公命令他說：「官有上級與下級，罪罰有重有輕，這是下級官吏的罪過，不是你的過失。」李離說：「我身為上級首長，不與下屬謙讓官位；得到的俸祿比別人多，不跟下級分財利。我錯誤地聽從下級的意見殺了無罪的人，卻因為怕死而把責任推卸給屬下，這不合道義，我的罪是該處死的。」

晉文公說：「你必定要自認有罪，那麼我也有過錯了。」李離說：「您衡量別人的才能而授予官職，我依據自己的職位擔任工作。在我接受官印和繫印絲帶的時候，您命令我說：『必定用仁義來輔助國政，寧願因為過失而錯放了罪犯，也不要因為過失而錯殺了人。』我接受您的任命而不稱職，壅蔽了您的恩惠，像我的罪過就該處死，您有什麼過失呢？況且當法官有規定，錯誤地讓罪犯活命，法官罪不至死；錯誤地枉殺無辜之人，法官就有死罪。您認為我能夠聽察隱微，決斷疑案，所以任命我做法官。現在我嚴峻深刻，沒有顧及仁義之心，輕信獄吏的文書，不能明辨是非；聽從別人的言辭，不精細考核事實，拷打無罪之人使他認罪，使百姓產生怨恨。天下的人聽到這事，一定會批評我的君主；各諸侯國聽到這事，一定輕視我的國家。使百姓怨恨政府，使惡名在天下傳揚，讓諸侯輕視我們。像我這種罪過，應該被處死兩次。」

晉文公說：「我聽說：剛直不阿的人，不可與他交往；方正而不懂圓通的人，不可與他長存。希望你在這件事上聽從我的話吧。」李離說：「您因循私情妨害公法，殺死無罪的人而使該死的人活命，這兩點都不是用來教育百姓的辦法。我李離不敢接受您的命令。」

晉文公說：「你難道沒有聽到過管仲做人臣的事嗎？本人受了汙辱而君主實現了稱霸的願望，行為有汙點卻使君主的霸業成功。」李離說：「我沒有管仲的賢明，而有汙辱的名聲；沒有成就霸王之業的功勞，而有管仲射鉤的過失。沒有才能卻擔任官職，憑著汙濁的名聲去治理人民。您雖然不忍心治我的罪，我也不敢玷汙了官職、擾亂了法令而活下去。我了解您的一番好意了。」就伏在劍上自殺死了。

(三)晉文公反國，酌士大夫酒，召咎犯❶而將之，召艾陵❷而相之，授田百萬。介子推❸無爵，齒❹而就位，觴三行，介子推奉觴而起曰：「有龍矯矯❺，將失其所；有蛇從之，周流天下。龍既入深淵，得其安所；蛇脂盡乾，獨不得甘雨。此何謂也？」文公曰：「嘻！是寡人之過也。吾為子爵，與待旦之朝也；吾為子田，與河❻東陽❼之間。」介子推曰：「推聞君子之道，謁❽而得位，道士❾不居也，爭而得財，廉士不受也。」文公曰：「使我得反國者子也，吾將以成子之名。」介子推曰：「推聞君子之道，為人子而不能承⑩其父者，則不敢當其後；為人臣而不見察於其君者，則不敢立於其朝；然推亦無索⑪於天下矣。」遂去而之介山⑫之上，文公使人求之不得，為之避寢⑬三月，號呼朞年⑭。《詩》曰：「逝將去汝，適彼樂郊。適彼樂郊，誰之永號⑮。」此之謂也。文公待之不肯出，求之不能得，以謂焚其山，宜出。及焚其山，遂不出而焚死。

【章旨】此章贊揚介子推不貪獎勵不戀爵祿的耿介品德。

【注釋】❶咎犯 春秋時晉國大夫狐偃，字子犯。因是晉文公之舅，故稱舅犯，亦作咎犯。❷艾陵 人名。❸介子推 晉文公出亡時跟從逃亡之臣。一作「介之推」。姓介名推。「之」是語助詞。「子」是對男子的尊稱。❹齒 年齒；年齡。❺矯矯 矯健勇武的樣子。❻河 黃河。❼東陽 晉地。相當於今河北太行山以東地區。❽謁 請求。❾道士 有道之士。❿承 順從。⓫索 求。⓬介山 山名。在今山西省介休縣東南，古名綿上。⓭避寢 不進寢宮。表示虔敬。寢宮，正室。諸侯叫路寢。⓮朞年 週年；一年。⓯逝將去汝四句 見《詩・魏風・碩鼠》。逝，發語詞，無義。適彼樂郊，原詩作「樂郊樂郊」。號，號哭。

【語譯】晉文公返回晉國做了國君，設宴斟酒招待士大夫喝，召喚咎犯而任用他做將，召喚艾陵而任用他做相，授予他們一百萬畝的田地。介子推沒有爵位，按年齡大小就坐，酒喝過三遍的時候，介子推拿起酒杯站起來說：「有條龍矯健勇武，失去牠原有的處所，有條蛇跟從著牠，周遊了整個天下。那條龍既入深淵，得到牠安身的處所；那條蛇脂乾肉盡，得不到點滴甘雨。這說的是什麼意思呢？」晉文公說：「唉！這是我的過錯。我要封你的爵位，有如初升的旭日，我要賞給你的田地，如同黃河與東陽之間那樣肥美。」

介子推說：「我介子推聽說過，君子立身的原則，經過陳說才得到的爵位，有道之士是不會擁有的；經過爭奪才得到的財物，廉潔之士是不肯接受的。」晉文公說：「讓我能夠返回晉國是你的功勞，我一定要成就你的名聲。」介子推說：「我介子推聽說，君子立身的原則，做人的兒子不能順從他父親的人，就不能當他的後代；做人的臣下不能被他的君主了解的人，就不敢在他的朝廷立足。這樣說來，我介子推對天下人也沒有什麼祈求了。」於是離開朝廷，而在介山之上隱居起來。

晉文公派人去尋找他，沒有尋找到，為此而避開正室不進去居住三個月之久，號哭呼叫了整整一年。《詩經》上說：「我將要離開你，去到那快樂的郊野。去到那快樂的郊野，誰還會長聲號哭？」說的就是這種情況。晉文公等待他，他不肯出來，尋找他也找不著，以為放火燒山，他應該會出來了。等到燒了那座山，介子推還是不肯出來，反而被活活燒死了。

㈢申徒狄❶非其世，將自投於河，崔嘉❷聞而止之曰：「吾聞聖人仁士之於天地之間，民之父母也。今為濡❸足之故，不救溺人，可乎？」申徒狄曰：「不然。昔者桀殺關龍逄❹，紂殺王子比干❺，而亡天下；吳殺子胥❻，陳殺泄冶❼，而滅其國。故亡國殘家，非聖智也⑧，不用故也。」遂負石沈於河。君子聞之曰：廉矣乎！如仁與智，吾未見也。《詩》曰：「天實為之，謂之何哉⑨！」此之謂也。

【章　旨】此章贊揚申徒狄的潔身自好，也批評他不拯救時世的不負責任的態度。

【注　釋】❶申徒狄　殷末人。相傳不忍見紂暴亂，抱石投河而死。但與本篇他談及「吳殺子胥，陳殺洩冶」事不合。按係寓言性質的故事，不可拘泥。❷崔嘉　人名。❸濡　沾濕。❹桀殺關龍逢　夏桀無道，關龍逢極諫，桀囚而殺之。桀，夏桀王。關龍逢，古史傳說夏之賢臣。❺紂殺王子比干　商紂王暴虐無道，比干犯顏強諫，紂怒，剖其心而死。紂，商紂王。王子比干，殷末人。商紂王叔父（一說庶兄）。❻吳殺子胥　伍子胥父兄被殺，子胥逃至吳國，輔佐吳王闔閭伐楚，五戰入郢，報父兄之仇，後被吳王夫差所殺。子胥，伍子胥。名員，春秋時楚國人。❼陳殺洩冶　陳靈公與孔寧、儀行父通於夏姬，洩冶諫阻，被殺，不久，陳國亦被楚伐滅。陳，春秋時諸侯國名。在今河南淮陽及安徽省亳縣一帶。洩冶，陳國大夫。❽非聖智也　《韓詩外傳・卷一》作「非無聖智也」，當從。❾天實為之二句　見《詩・邶風・北門》。

【語　譯】申徒狄認為生不逢時，將要去投河自殺。崔嘉聽到這件事，制止他說：「我聽說，聖人和仁愛之士生活在天地之間，是百姓的父母。現在為了怕把腳弄濕的緣故，不去拯救溺水的人，這樣做可以嗎？」申徒狄說：「不是這樣。從前，夏桀王殺掉關龍逢，商紂王殺了王子比干，結果亡了天下。吳王夫差殺了伍子胥，陳國殺了洩冶，結果滅了國。所以國家滅亡，家庭破敗，並不是沒有聖智的人，是聖智之士不被任用的緣故。」就抱著石塊沈入了黃河。

君子說：多麼方正的人啊！至於說到仁愛與智慧，我就沒有看到。《詩經》上說：「是上天要這麼安排，我還能說什麼呢？」說的就是這種情況。

(四)齊大饑，黔敖❶為食於路，以待餓者而食之。有餓者蒙袂❷接履❸，貿貿然❹來。黔敖左奉❺食，右執飲，曰：「嗟！來食！」餓者揚其目而視之，曰：「予唯不食『嗟來』之食，以至於此也。」從而謝❻焉，終不食而死。曾子❼聞之曰：「微❽與！其嗟也可去，其謝也可食。」

【章旨】此章贊揚餓者可死不可辱的節操，也批評他不肯原諒人的狹隘胸襟。

【注釋】❶黔敖　人名。❷蒙袂　用衣袖遮著臉。袂，衣袖。❸接履　拖著鞋。❹貿貿然　目不明的樣子。❺奉　通「捧」。❻謝　道歉。❼曾子　名參，字子輿。春秋時魯國人，孔子弟子。❽微　無；不要。

【語譯】齊國發生了嚴重的饑荒，黔敖在路旁準備了食物，來等待饑餓的人給他們吃。有一個饑餓的人用衣袖蒙著臉，足拖著鞋子，垂頭喪氣地來了。黔敖左手捧著食物，右手拿著飲料，說：「喂！來吃吧！」饑餓的人瞪著眼看著他說：「我只是因為不吃『喂！來吃』的食物，才落得這種地步。」黔敖隨即向他道歉。饑餓的人始終不吃而餓死了。

曾子聽說這件事，說：「這是一件小事吧了！對方說『喂』的時候，他可以離去，對方道過歉以後，也就可以吃了。」

（三五）東方有士曰袁族目❶，將有所適❷而饑於道。狐父❸之盜丘❹人也，見之，下壺❺餐❻以與之。袁族目三餔❼而能視，仰而問焉，曰：「子，誰也？」曰：「我狐父之盜丘人也。」袁族目曰：「嘻！汝乃盜也！何為而食我以❽？吾不食也。」兩手據地而歐❾之，不出，喀喀❿然，遂伏地而死。縣名勝母⓫，曾子⓬不入；邑號朝歌⓭，墨子⓮回車。故孔子席⓯不正不坐，割⓰不正不食，不飲盜泉⓱之水，積正也。族目不食而死，潔之至也。

【章　旨】此章贊揚袁族目不食不義之物的高尚品德。

【注　釋】❶袁族目　人名。《呂氏春秋．季冬紀．介立》、《列子．說符》作「爰旌目」。❷適　往。❸狐父　地名。在今江蘇省碭山縣附近。❹丘　墳墓。❺壺　壺漿；壺中的水。❻餐　乾糧。❼餔　吃。❽以　同「已」。語氣詞。❾歐　同「嘔」。嘔吐。❿喀喀　嘔吐聲。⓫勝母　古地名。⓬曾子　即曾參。⓭朝歌　地名。殷都城，故址在今河南省淇縣。⓮墨子　即墨翟。先秦著名思想家，墨家學派的創始人。⓯席　座席；坐墊。⓰割　切的肉塊。⓱盜泉　古泉名。在今山東省泗水縣。

【語　譯】東方有一個賢士名叫袁族目，他將到一個地方去，在道路上餓倒了。狐父的一個盜墓的人，看到他，取下水壺和乾糧給他吃。袁族目吃了幾口才能睜開眼睛，他抬起頭問道：「你是誰呢？」狐父的盜墓者說：「我是狐父的盜墓的人。」袁族目說：「咦！你是個盜賊！為什麼要給我吃的呢？我不會吃的。」兩隻手按在地上想嘔吐出來，嘔吐不出，嘔得喀喀作響，就伏在地上死了。

縣的名字叫做勝母，講孝道的曾子就不進入；邑的名字叫做朝歌，講非樂的墨子走到門前也掉轉車頭；所以孔子座席不端正不去坐，切的肉塊不端正就不吃，不喝盜泉裡的水，這是積累培養端正的品德。袁族目不吃盜墓者的食物而死，這是高潔到了至極呢。

(六)鮑焦❶衣弊膚見，潔❷畚❸將❹蔬，遇子貢❺於道，子貢曰：「吾子何以至此也？」焦曰：「天下之遺德教者眾矣，吾何以不至於此也？吾聞之，世不己知而行之不已者，是爽❻行也；上不己知而干❼之不止者，是毀廉也。行爽廉毀，然且不捨，惑於利者也。」子貢曰：「吾聞之，非其世者不生其利，汙其君者不履❽其土。今吾子汙其君而履其土，非其世而將其蔬，此誰之有哉！」鮑焦曰：「嗚呼！吾聞賢者重進而輕退，廉者易醜❾而輕死。」乃棄其蔬而立，枯死於洛水❿之上。君子聞之曰：「廉夫剛哉！夫山銳則不高，水狹則不深，行特者其德不厚，志與天地疑⓫者其為人不祥。鮑子可謂不祥矣。其節度淺深，適至而止矣。《詩》

曰：『已焉哉！天實為之，謂之何哉⑫！』」

【章　旨】此章贊揚鮑焦廉潔剛直的品德，也批評他的度量過於狹窄。

【注　釋】❶鮑焦　古代的廉潔之士。❷潔　《韓詩外傳‧卷一》作「絜」。通「挈」。持。❸畚　畚箕。用竹木等做的盛器。❹將　《韓詩外傳‧卷一》作「捋」。取。❺子貢　姓端木，名賜，字子貢。春秋時衛人，孔子弟子。❻爽　傷敗；敗壞。❼干　求。❽履　踐。❾醜　以之為醜；羞恥。❿洛水　水名。源出陝西省洛南縣，流經河南洛陽，至鞏縣入黃河。⓫疑　通「擬」。《韓詩外傳‧卷一》作「擬」。⓬已焉哉三句　見《詩‧邶風‧北門》。

【語　譯】鮑焦穿著破衣，露出皮膚，提著畚箕採集野菜，在道路上遇到子貢。子貢說：「你為什麼到了這個境地？」鮑焦說：「天下拋棄德政教化的人太多了，我憑什麼不會落魄到這個地步呢？我聽說，世人不了解我卻還不停地去做，這就傷害品行；在上位的人不認識自己卻還不停地去干求，這就毀壞了廉潔。品行傷害，廉潔毀壞，這樣還不捨棄地追求，這是被財利迷惑了的人。」子貢說：「我聽說，否定那個時代的人，不憑藉它的財利而活著；認為那君主汙濁的人，不踐踏他的土地。現在你先生認為君主汙濁卻踐踏著他的土地，否定那個時代卻採集它的野菜。這些東西是歸誰所有的呢？」鮑焦說：「唉呀！我聽說，君子看重入朝做官，卻把退居田野看得很輕易，行為方正的人容易感到羞愧而輕視死亡。」就丟棄他的野菜站著，在洛水邊上乾枯而死了。

當時的君子聽到這件事，說：「鮑焦真是方正而剛直啊！山太尖銳就不會高峻，水太狹窄就不會太深，行為獨特的人他的德行就不會深厚，志氣可與天地比擬的人，他做人就不幸，鮑先生可以說是個不幸的人了。他的氣節度量的深淺，只能到達這個地步罷了。《詩經》上說：「算了吧！上天要這樣，我還有什麼可說呢？」」

(七)公孫杵臼、程嬰者，晉大夫趙朔❶客也。晉趙穿❷弒靈公❸，趙盾❹時為貴大夫，亡不出境，還不討賊，故《春秋》責之❺，以盾為弒君。屠岸賈者，幸於靈公。晉景公❻時，賈為司寇❼，欲討靈公之賊。盾已死，欲誅盾之子趙朔。徧❽告諸將曰：「盾雖不知，猶為首賊，賊臣弒君，子孫在朝，何以懲罪？請誅之。」韓厥❾曰：「靈公遇賊，趙盾在外，吾先君❿以為無罪，故不誅。今諸君將妄誅，妄誅謂之亂。臣有大事，君不聞，是無君也。」屠岸賈不聽，韓厥告趙朔趣⓫亡，趙朔不肯，曰：「子必不絕趙祀，予死不恨。」韓厥許諾，稱疾不出。賈不請而擅與諸將攻趙氏於下宮，殺趙朔、趙同、趙括、趙嬰齊⓬，皆滅其族。趙朔妻，成公⓭姊，有遺腹⓮，走公宮匿⓯。公孫杵臼謂程嬰胡不死，嬰曰：「朔之妻有遺腹，若幸而男，吾奉之；即女也，吾徐死耳。」無何而朔妻免⓰，生男。屠岸賈聞之，索於宮。朔妻置兒袴⑰中，祝曰：「趙宗滅乎？若⑱號⑲；即不滅乎？若無聲。」及索，兒竟無聲。已脫，程嬰謂杵臼曰：「今一索不得，後必且復之，奈何？」杵臼曰：「立孤與死孰難？」嬰曰：「立孤亦難耳。」杵臼曰：「趙氏先君遇子厚，子強為其難者，吾為其易者，吾請先死。」而二人謀，取他嬰兒，負以文褓⑳，匿山中。嬰謂諸將曰：「嬰不肖，不能立孤，誰能與吾千金，吾告趙氏孤處。」諸將皆喜，許之，發師隨嬰攻杵臼。杵臼曰：「小人哉程嬰！下宮之難不能死，與我謀匿趙氏孤兒，今又賣之。縱不能立孤兒，忍賣之乎？」抱而呼：「天乎，趙氏孤兒何罪？請活之，獨殺杵臼也。」諸將不許，遂並殺杵臼與兒。諸將以為趙氏孤兒已死，皆喜。然趙氏真孤兒乃在，程嬰卒與俱匿山中。居㉑十五年，晉景公病，卜㉒之，大業㉓之胄㉔者為祟㉕。景公問韓厥，韓厥知趙孤存，乃曰：「大業之後在晉絕祀者，其趙氏乎！夫自中行衍㉖，皆嬴姓也。中行衍，人面馬噣㉗，降佐帝大戊㉘及周天子，皆有明德，下及幽厲㉙無道，而叔帶㉚去周適晉，事先君繆侯㉛，至於成公，世有立功㉜，未嘗絕祀。今及吾君，獨滅之趙宗。

國人哀之，故見龜㉝策㉞，唯君圖之。」景公問：「趙尚有後子孫乎？」韓厥俱以實告。景公乃與韓厥謀立趙孤兒，召匿之宮中，諸將入問病，景公因韓厥之眾以脅諸將而見趙孤兒。孤兒名武㉟。諸將不得已，乃曰：「昔下宮之難，屠岸賈為之。矯㊱以君命，並命群臣。非然，孰敢作難？微君之病，群臣固將請立趙後。今君有命，群臣願之。」於是召趙氏程嬰，遍拜諸將，遂俱與程嬰趙氏攻屠岸賈，滅其族，復與趙氏田邑如故。趙武冠㊲，為成人。程嬰乃辭大夫，謂趙武曰：「昔下宮之難，皆能死，我非不能死，思立趙氏後。今子既立為成人，趙宗復故，我將下報趙孟㊳與公孫杵臼。」趙武號泣固請曰：「武願苦筋骨以報子至死，而子忍棄我死乎？」程嬰曰：「不可。彼以我為能成事，故皆先我死。今我不下報之，是以我事為不成也。」遂自殺。趙武服衰㊴三年，為祭邑，春秋祠之，世不絕。

君子曰：「程嬰、公孫杵臼可謂信交厚士矣。嬰之自殺下報，亦過矣。」

【章旨】程嬰公孫杵臼為報主撫孤，不怕犧牲，終於恢復趙宗。此章贊揚他們是忠於朋友忠於主人的忠厚之士，也批評程嬰不該自殺。

【注釋】❶趙朔　趙盾的兒子，嗣盾為晉大夫。❷趙穿　趙盾族弟。❸靈公　晉靈公。春秋時晉國國君，名夷皋。靈公被弒事詳《左傳‧宣公二年》。❹趙盾　春秋時晉國正卿，故稱貴大夫。死後諡宣，是趙衰嫡長子，故又稱宣子、宣孟、趙孟。❺春秋責之　晉靈公無道，趙盾多次進諫，晉靈公設謀欲殺趙盾，趙盾出奔，尚未出境而趙穿殺了晉靈公，趙盾立即返回，且不問趙穿弒君之罪，當時太史以為趙盾「子為正卿，亡不出境，反不討賊」，直書曰「趙盾弒其君」，《春秋》亦書曰「秋九月乙丑，趙盾弒其君夷皋」。事詳《春秋左傳‧宣公二年》。❻晉景公　春秋時晉國國君，名獳。❼司寇　官名。主管刑獄。❽徧　同「遍」。❾韓厥　晉卿。卒諡獻，稱韓獻子。❿先君　指晉成公。⓫趣　趕快。⓬趙同趙括趙嬰齊　皆趙衰之子，趙盾的異母弟。⓭成公　晉成公。春秋時晉國國君，晉文公少子，名黑臀。⓮遺腹　孕婦夫死，子為遺腹。⓯匿　躲藏。⓰免　通「娩」。分娩；生小孩。⓱袴　古「褲」字。⓲若　你。⓳號　號哭。⓴文褓　有文彩的裹覆小兒的被。㉑居　過了；停了。㉒卜　占卜以預測吉凶。㉓大業　古帝顓頊的後裔，趙氏的遠祖。㉔胄　古帝王和貴族的後代。㉕祟　鬼怪帶給人的災禍。㉖中行衍　《史記‧趙世家》作「中衍」。為帝大戊御，趙氏遠祖。㉗噣　鳥嘴。㉘帝大戊　商代賢君，即中宗。中行衍為帝大戊御，其後嗣孟增，幸於周成王，孟增孫造父幸於周穆王，賜造父以趙城，由此為趙氏。事見《史記‧趙世家》。㉙幽厲　指周幽王、周厲王。皆西周末年的暴君和昏君。㉚叔帶　造父七世孫。以周幽王無道，去周適晉，事晉文侯，始建趙氏於晉國。㉛繆侯　《史記‧趙世家》作「文侯」。周幽王時晉國國君，名費王。㉜世有立功　叔帶五世孫趙夙，為晉獻公將，有功，趙夙孫趙衰從晉文公出亡十九年，回國後輔佐晉文公成霸業，趙衰子趙盾歷仕晉襄公、晉靈公、晉成公，為晉執政，名望很高，所以說「世有立功」。㉝龜　指卜卦用的龜甲。㉞策　指占卦用的蓍草。㉟武　趙武。趙盾孫，趙朔子，歷仕晉景公、晉厲公、晉悼公、晉平公，平公時，趙武為正卿，卒諡文子。㊱矯　詐稱。㊲冠　冠禮。古代男子二十歲行成人禮，結髮戴冠，稱冠禮。㊳趙孟 即趙盾。㊴衰 同「縗」。古代喪服，有斬衰、齊衰之分。斬衰，用粗麻布製成的喪服，左右和下邊不縫。齊衰，次於斬衰，以粗麻布做成，因其緝邊縫齊，故稱齊衰。

【語　譯】公孫杵臼和程嬰是晉國大夫趙朔的門客。晉國的趙穿殺了晉靈公，趙盾當時是掌權執政的大夫，出奔沒有離開國境，返回來又不討伐殺靈公的賊人，所以《春秋》責備他，認為趙盾是殺死靈公的兇手。屠岸賈，曾受晉靈公寵幸；到晉景公的時候，屠岸賈又做了司寇官，想要討伐殺害晉靈公的賊人。這時趙盾已經死了，想殺了趙盾的兒子趙朔。就遍告諸將說：「殺害晉靈公，趙盾雖然不知道，但他還是賊人之首。賊臣殺害了君主，他的子孫卻在朝廷做官，這樣國家還怎能懲治罪犯？請殺了他吧。」韓厥說：「晉靈公遇到賊人被殺，趙盾正逃亡在外，我們的先君認為他無罪，所以沒有懲辦他。現在諸位想擅自誅殺他的後人，擅自殺害人就叫做作亂。國家有重大事件，而不報告君主，這就是不把君主放在眼裡。」屠岸賈不聽從，韓厥把這個消息告訴趙朔，叫他趕快逃跑，趙朔不肯逃跑，說：「我死了，你一定不會使趙氏斷絕祭祀，這樣我死了也沒有什麼遺憾了。」韓厥答應了他，就稱病不出門。屠岸賈沒有請示晉景公就擅自與諸將在下宮圍攻趙氏，殺死趙朔、趙同、趙括、趙嬰齊，並且把他們的家族都殺光了。

趙朔的妻子是晉成公的姊姊，正懷有遺腹子，逃跑到宮廷裡躲藏起來。公孫杵臼告訴程嬰說：「你為什麼不去死難？」程嬰說：「趙朔的妻子有遺腹在身，假若有幸生下男兒，我將奉養他；假如是個女兒，我才慢慢去死。」沒有過多久，趙朔妻子分娩，生下一個男孩。屠岸賈聽到這個消息，就到宮中去搜捕。趙朔妻將嬰兒放置在褲襠裡，祈禱說：「趙氏宗族該絕滅呢，你就號哭；如果不該絕滅呢，你就沒有聲響。」等到搜捕的時候嬰兒竟然沒有啼哭。脫險以後，程嬰告訴杵臼說：「今天搜捕一次沒有搜尋到，以後一定會再來搜捕，怎麼辦呢？」杵臼說：「扶養孤兒與自殺哪件事比較困難？」程嬰說：「扶養孤兒難度較大呢！」杵臼說：「趙氏的先祖待你很好，那就請你勉強去做那難度大的，我來做比較容易的，我請求先死。」兩個人商議，尋找一個別的嬰兒，用有文彩的包裹小兒的被子背著，躲藏在山中。程嬰告訴諸將說：「我程嬰不賢能，不能撫養孤兒，誰能給我千金，我就告訴他趙氏孤兒躲藏的地方。」諸將都非常高興，答應了程嬰的要求，出動軍隊跟隨程嬰去進攻杵臼。杵臼說：「程嬰你真是個小人！下宮的禍難，你不能去死；跟我商議藏匿趙氏孤兒，現在又出賣了他。你縱然不能撫養孤兒，怎麼還忍心把他出賣呢？」抱著嬰兒大呼：「天啦！趙氏孤兒有什麼罪啊！請求讓他活下去，只殺了我公孫杵臼吧！」諸將不答應，就一起殺了公孫杵臼與假趙氏孤兒。諸將認為趙氏孤兒真的已經死了，都很高興。然而真正的趙氏孤兒卻仍活著，程嬰最終跟他一起躲藏在山中。

過了十五年，晉景公病了，去占卜吉凶，原來是大業的後裔作祟。晉景公問韓厥，韓厥知道趙氏孤兒尚在，就說：「大業的後代，在晉國斷絕了祭祀的，只有趙氏吧！自從中行衍開始，都是嬴姓。中行衍，臉是人臉，嘴是鳥嘴，降生的後代曾輔佐商帝大戊和周朝天子，他們都有顯著的功德，一直到幽王、厲王，荒淫無道，叔帶就離開周王朝，來到晉國，在先君晉繆侯手下做事直到晉成公，世代都立有功勳，從未斷絕過祭祀。現在傳到了君上，卻消滅了趙氏宗族。國人都哀憐他，所以表現在龜筮之上，這樣事要看君上你如何考慮了。」晉景公問趙氏是否還有子孫存在。韓厥就將實情全部報告晉景公。晉景公就與韓厥商議扶立趙氏孤兒，召喚回來藏匿在宮中。諸將入宮問病，晉景公憑藉韓厥的部屬來脅迫諸將，叫出趙氏孩兒給大家相見。趙氏孤兒名叫趙武。諸將不得已，就說：「從前下宮的叛亂，是屠岸賈做的。他假傳君上的命令，並且脅迫群臣。如果不是這樣，誰敢作亂呢？縱使不是因為君上有病，我們本來就想請求扶立趙氏的後代。現在您有命令，我們都願意遵從。」於是，召喚趙武、程嬰，一一拜見諸將。於是一道跟從程嬰、趙武進攻屠岸賈，滅了他的家族，又給還趙氏的田土封邑，跟從前一樣。

趙武行過冠禮，成為成年人了。程嬰就向其他大夫辭別，告訴趙武說：「從前，下宮的禍難，別人都能殉節而死，我並不是貪生怕死，而是想扶立趙氏的後代。現在你已經長大成人，趙氏宗族也恢復成以前的樣子，我將到地下去報告趙宣孟和公孫杵臼了。」趙武號哭著堅決請求說：「我趙武願意一輩子勞苦我的筋骨來報答你，而你忍心拋棄我去死嗎？」程嬰說：「不可以。他們認為我能成就事業，所以都先我而死，現在我不到地下去報告他們，他們一定會認為我所辦的事還未成功呢！」就自殺了。趙武服喪三年，制定祭祀的田邑，每年春秋兩季都舉行祭祀，世代不絕。

君子說：「程嬰、公孫杵臼可以說是堅守信義的朋友和忠厚的賢士。程嬰自殺到地下去報告成功，這種做法也太過分了。」

(六)吳有士曰張胥鄙、譚夫吾❶，前交而後絕。張胥鄙有罪，拘將死，譚夫吾合徒而取之出，至於道，而後乃知其夫吾也，輟❷行而辭曰：「義不同於子，故前交而後絕。吾聞之，君子不為危易行。今吾從子，是安則肆❸志，危則易行也。與吾因子而生，不若反拘而死。」闔閭❹聞之，令吏釋之。張胥鄙曰：「吾義不同於譚夫吾，故不受其任❺矣。今吏以是出我，以譚夫吾故免也，吾庸❻遽❼受之乎！」遂觸牆而死。譚夫吾聞之曰：「我任而不受，佞❽也；不知而出之，愚也。佞不可以接士，愚不可以事君，吾行虛矣。人惡以吾力生，吾亦恥以此立於世。」乃絕頸而死。君子曰：「譚夫吾其以失士矣，張胥鄙亦未為得也。可謂剛勇矣，未可謂得節也。」

【章旨】此章贊揚張譚二人不怕死的剛勇精神，但張不接受別人的認錯，譚沒有知人之明，皆非節義之士。

【注釋】❶張胥鄙譚夫吾　皆人名。❷輟　停止。❸肆　放縱。❹闔閭　吳王闔閭。春秋時吳國國君，名光。❺任　任俠；負氣仗義。❻庸　豈；難道。❼遽　就。❽佞　奸巧諂諛。

【語譯】吳國有兩個士人：名叫張胥鄙、譚夫吾，起初是朋友，後來絕交了。張胥鄙犯了罪，被拘捕將處死刑，譚夫吾糾集一班人從監獄救了他出來，走到大路上，張胥鄙才知道救他出來的人原來是譚夫吾。他就停止前行，告辭說：「我的理想跟你不同，所以起初是朋友，後來斷了交情。我聽說，有道德的君子不會為了安身就放任自己的心意。現在我跟從你逃跑，這是為求平安就放縱意志，面對危險就改變行為。我與其這樣靠你而活著，還不如返回去被拘囚而死。」吳王闔閭聽到此事，命令官吏釋放了他。張胥鄙說：「我的理想跟譚夫吾不同，所以不接受他的協助。現在，官吏因為這樣把我放出去，還是因為譚夫吾的緣故來赦免我，我難道就能接受它了嗎？」就碰在牆上撞死了。

譚夫吾聽到他自殺的消息，說：「我協助他而不被他接受，這是我諂媚他；不了解他的為人就救他出來，這是我的愚蠢。諂媚不可以與士人交往，愚蠢不可以為君主服務，我的行為就沒有作用了。人家厭惡憑藉我的力量活著，我也認為像這樣而立於人世感到恥辱。」就割斷頸子自殺了。

君子說：「譚夫吾把人看錯了，張胥鄙也未必全對。他們只可以說是剛直勇敢，卻說不上是節義之士。」

(二九)蘇武❶者，故右將軍平陵侯蘇建❷子也。孝武皇帝❸時，以武為移中監❹，使匈奴❺。是時，匈奴使者數降漢，故匈奴亦欲降武以取當❻。單于❼使貴人故漢人衛律❽說武，武不從，乃設以貴爵重祿尊位，終不聽。於是律絕不與飲食，武數日不降；又當盛暑，以旃❾厚衣並束，三日暴❿，武心意愈堅，終不屈撓，稱曰：「臣事君，猶子事父也。子為父死，無所恨。」守節不移，雖有鐵鉞湯鑊⓫之誅而不懼也，尊官顯位而不榮也。匈奴亦由此重之。武留十餘歲，竟不降下，可謂守節臣矣。《詩》云：「我心匪石，不可轉也；我心匪席，不可卷也⓬。」蘇武之謂也。匈奴紿⓭言武死，其後漢聞武在，使使者求武，匈奴欲慕義，歸武，漢尊武以為典屬國⓮，顯異於他臣也。

【章　旨】此章贊揚蘇武不怕匈奴的威逼利誘而終不投降的崇高的民族氣節。

【注　釋】❶蘇武　漢武帝時人。以漢武帝天漢元年出使匈奴，被匈奴拘留十九年，始終不屈，終於歸漢。❷蘇建　杜陵人。漢武帝時官至右將軍，封平陵侯。❸孝武皇帝　即漢武帝。名徹。❹栘中監　指栘中廄監。栘園中掌管鞍馬鷹犬射獵的官。栘，指漢宮廷中的栘園。❺使匈奴　栘中監是蘇武出使前的官職，他出使時的官職是中郎將。❻當　抵償。❼單于　漢時匈奴稱其君長為單于。❽衛律　其父為長水胡人，律生長於漢，後降匈奴，封丁零王。❾旃　通「氈」。❿暴　曬。⓫鐵鉞湯鑊　指處以極刑。鐵鉞，鐵製大斧。鐵，鐵華館本、叢書集成本均作「鈇」。同「斧」。鉞，大斧。湯鑊，燒有滾開水的大鍋。鑊，大鍋。⓬我心匪石四句　見《詩·邶風·柏舟》。匪，非；不是。⓭紿　欺騙。⓮典屬國　官名。掌管民族交往的事務。

【語　譯】蘇武是以前右將軍平陵侯蘇建的兒子。漢武帝的時候，任用蘇武為栘中監，奉命出使匈奴。這時，匈奴的使者屢次投降漢朝，所以匈奴也想使蘇武投降來取得抵償。匈奴首領單于派使一個地位尊貴的臣子以前投降過來的漢人衛律來勸說蘇武，蘇武不肯聽從。就又用顯貴的爵位、豐厚的俸祿、尊顯的官職來引誘他，蘇武始終不答應。於是，衛律斷絕不給蘇武喝的吃的，蘇武餓了幾天也不投降。又正當盛暑天氣，用氈厚厚地裹在蘇武身上，並用繩子綑緊，曬了三天，蘇武心意更加堅定，始終不屈不撓，聲稱說：「臣下事奉君主，如同兒子奉侍父親。兒子為父親去死，是沒有什麼遺憾的。」堅守節義，毫不動搖，即使有殺頭或煮死的懲罰也不恐懼，尊貴的官職、顯赫的地位也不會認為是榮耀。匈奴因此也更加看重他。

蘇武在匈奴拘留了十多年，一直沒有投降，真可以說是堅守節義的臣子了。《詩經》上說：「我的心不是石頭，不可轉動；我的心不是席子，不可捲起。」說的就是蘇武啊！匈奴欺騙說蘇武已經死了。後來漢朝聽說蘇武還在，派遣使者去尋找蘇武。匈奴也仰慕蘇武的大義，就放了蘇武回來。漢廷尊敬蘇武，任命他做典屬國的官，特別看重他，跟對待其他臣下有所不同。

卷八

義勇第八

【題解】此篇所記，都是為忠義而不怕犧牲的人，故以義勇名篇。

(一)陳恆❶弒簡公❷而盟，盟者皆完❸其家，不盟者殺之。石他人❹曰：「昔之事其君者，皆得其君而事之；今謂他人曰：『捨而❺君而事我。』他人不能。雖然，不盟則殺父母也。從而盟，是無君臣之禮也；生於亂世，不得正行；劫于暴上，不得道義；故雖盟，不以父母之死，不如退而自殺，以禮其君。」乃自殺。

【章旨】此章贊揚石他人不怕威逼而堅守節操，不惜犧牲自己以保全父母，可謂忠孝兩全。

【注釋】❶陳恆　亦作「田常」。卒諡成子，春秋時齊國大夫。以大斗出貸，小斗收進，以收買人心，殺簡公，擁立平公，自任齊相，政歸田氏。❷簡公　齊簡公。春秋時齊國國君，名壬。❸完　使之完；保全完好。❹石他人　人名。❺而　你。

【語譯】陳恆殺了齊簡公，跟群臣盟誓。參加盟誓的保全他的家族，不參加盟誓的就殺掉他全家。

石他人說：「從前事奉君主的人，他們都各有君主來事奉；現在有人告訴我說：『捨棄你的君主來事奉我。』這一點我石他人不能做到。雖然，不參加盟誓就要殺掉父母。聽從他參加盟誓，這是忽視君臣的禮節了。生長在亂世，不能按正道行事；被暴虐君上的人所劫持，就不能合於道義。所以雖然參加盟誓可以不使父母遭遇死亡，還是不如回到家裡自殺，來對君主盡到臣下的禮節。」就自殺而死了。

(二)陳恆弒君❶，使勇士六人劫子淵棲❷，子淵棲曰：「子之欲與❸我，以我為知乎？臣弒君，非知也；以我為仁乎？見利而背君，非仁也；以我為勇乎？劫我以兵，懼而與子，非勇也。使吾無此三者，與何補於子？若吾有此三者，終不從子矣。」乃捨之。

【章旨】此章贊揚子淵棲不怕劫持，義正辭嚴，終於使陳恆無可奈何於他。

【注釋】❶弒君　指弒齊簡公。❷子淵棲　人名。子淵為複姓，齊頃公子公子淵之後。❸與　親附。

【語譯】陳恆殺了君主齊簡公，派了六個勇士去劫持子淵棲。子淵棲說：「你想要親附我，是認為我有智慧嗎？那麼贊同臣下殺掉君主，這就不是智慧；認為我有仁德嗎？見到有利就背叛君主，這就不是仁德；認為我有勇氣嗎？用武力劫持我，我就害怕而親附你，這就不是勇敢。假使我沒有這三種優點，親附你對你有什麼好處呢？假若我有這三種優點，我終究都不會聽從你的。」陳恆就放過了他。

(三)宋閔公❶臣長萬❷以勇力聞，萬與魯戰，師敗，為魯所獲，囚之宮中，數月，歸之宋。宋閔公博❸，婦人在側，公謂萬曰：「魯君孰與寡人美？」萬曰：「魯君美，天下諸侯惟魯君耳，宜其為君也。」閔公矜❹婦人，妒，因言曰：「爾魯之囚虜耳，何知？」萬怒，遂搏❺閔公頰❻，齒落於口，絕吭❼而死。仇牧❽聞君死，趨而至，遇萬於門，攜劍而叱之。萬臂擊仇牧而殺之，齒著❾於門闔❿。仇牧可謂不畏強御⓫矣。趨臣⓬之難，顧不旋踵⓭。

【章旨】此章贊揚仇牧得知長萬弒君，義不反顧，壯烈獻身的不畏強暴的精神。

【注釋】❶宋閔公　春秋時宋國國君，名捷。❷長萬　即南宮長萬。春秋時宋國大夫。❸宋閔公博　《春秋公羊傳·莊公十二年》作「與閔公博」。博，通「簙」。古代棋一類的娛樂。❹矜　自負其能。這裡是「自夸其美」的意思。❺搏　擊。❻頰　臉的兩旁；臉頰。❼吭　喉嚨。❽仇牧　人名。春秋時宋國大夫。❾著　附著。❿闔　門扇。⓫強御　強梁橫暴。⓬臣　盧文弨《群書拾補》認為是「君」字之訛，可從。⓭旋踵　旋轉足跟；後退。

【語譯】宋閔公的臣子南宮長萬以勇力著稱。長萬與魯國打仗，軍隊戰敗，被魯國人俘虜，魯莊公把他囚禁在宮廷之內，囚禁了幾個月，把他送回了宋國。他跟宋閔公博戲，有婦女在旁邊。宋閔公問長萬說：「魯君跟我比哪個美？」長萬說：「魯君美。天下的諸侯，只有魯君最漂亮呢，他做君主真是應該啊！」宋閔公要在婦女面前自我炫耀，很嫉妒長萬說魯君美，就說道：「你是魯國拘禁的俘虜，你懂得什麼？」長萬生氣了，就打宋閔公的臉，結果牙齒打落在口中，堵塞住喉嚨，悶死了。

仇牧聽說宋閔公死了，快步趕來，在宮門口遇到長萬，帶著劍叱罵他。長萬用手臂撞擊仇牧，將他打殺，牙齒都沾附在門扇上。仇牧可說是不畏懼強梁橫暴了，奔赴君主的急難，義無反顧，決不後退。

(四)崔杼弒莊公❶，令士大夫盟者皆脫劍而入，言不疾指不至血者死，所殺十人，次❷及晏子❸。晏子奉❹杯血仰天嘆曰：「惡❺乎崔子，將為無道，殺其君。」盟者皆視之。崔杼謂晏子曰：「子與❻我，吾與子分國；子不吾與，吾將殺子。直兵❼將推之，曲兵將鉤之，唯子圖之。」晏子曰：「嬰聞回❽以利而背其君者，非仁也；劫以刃而失其志者，非勇也。《詩》云：『愷悌君子，求福不回❾。』嬰可謂不回矣。直兵推之，曲兵鉤之，嬰不之回也。」崔子捨之，晏子趨出，授綏而乘❿，其僕⓫將馳。晏子拊其手曰：「虎豹在山林，其命在庖廚。馳不益生，緩不益死，按⓬之成節⓭，然後去之。」《詩》云：「彼己之子，舍命不渝⓮。」晏子之謂也。

【章　旨】此章贊揚晏子在崔杼的武力威脅下，不畏死求生以屈己，不驅馳失節以避難，義正辭嚴，滿身正氣，使崔杼亦無可奈何於他。

【注　釋】❶崔杼弒莊公　事詳《左傳・襄公二十五年》。崔杼，春秋時齊國大夫。莊公，齊莊公。春秋時齊國國君，名光。❷次　依次；按次序。❸晏子　即晏嬰。春秋時齊國大夫，字平仲，歷仕齊靈公、齊莊公、齊景公三朝，以能賢著稱。❹奉　同「捧」。❺惡　嘆詞。唉。❻與　親附。❼直兵　直的兵器。❽回　邪僻。❾愷悌君子二句　見《詩・大雅・旱麓》。愷悌，和樂簡易。原詩作「豈弟」。音義並同。❿授綏而垂　《韓詩外傳・卷二》作「援綏而乘」，當從。綏，上車時挽手所用的繩索。⓫僕　駕馭車馬的人。⓬按　放鬆馬韁繩，使馬慢步行進。⓭成節　有一定的節奏。⓮彼己之子二句　見《詩・鄭風・羔裘》。彼己之，皆指示代詞。那。己，原詩作「其」。舍，捨。渝，變。

【語　譯】崔杼殺了齊莊公，命令士大夫來參加盟誓的人，都必須解下佩劍才能進去，盟誓時說話吞吞吐吐，割指頭不至流血的人都得死，被殺的已有十人。依次序輪到晏子，晏子手棒著酒杯，仰著頭向天嘆息說：「唉呀！崔子，你將做出暴虐無道的事，殺了我們的君主。」參加盟誓的人都望著他。崔杼告訴晏子說：「你親附我，我就跟你一起分享齊國；你不親附我，我就殺了你。將會用直的兵器來刺殺你，用彎的兵器來鉤殺你。希望你好好考慮。」晏子說：「我晏嬰聽說，因為利祿就邪僻而背叛君主的人，不是仁人；因為被武力劫持而不能堅守意志的人，不是勇士。《詩經》上說：『和樂平易的君子，追求幸福不會邪僻。』我晏嬰可以說是不邪僻了。直的兵器推向我，彎的兵器鉤向我，我晏嬰也不會因此邪僻。」崔杼就放過了他。

晏子快步走了出來，拉著登車的帶子登上了車，他的車夫將要放馬奔馳。晏子拍著他的手說：「虎豹生活在山林裡，牠們的命運操縱在廚師的手裡，放馬快跑不會增加活命的機會，慢慢地走也不會死得更快。放鬆馬轡繩，使馬步聲依著節奏慢慢走離開。」《詩經》上說：「那個君士啊，丟掉了生命也不會改變節度。」說的就是晏子呢。

(五)佛肸以中牟叛❶，置鼎❷於庭，致❸士大夫曰：「與❹我者受邑，不吾與者烹。」大夫皆從之，至于田卑❺。田卑，中牟之邑❻人也，曰：「義死不避斧鉞❼之罪，義窮不受軒冕❽之服。無義而生，不仁而富，不如烹。」褰❾衣將就鼎，佛肸脫屨❿而生之，趙⓫氏聞其叛也，攻而取之。聞田卑不肯與也，求而賞之。田卑曰：「不可也。一人舉而萬夫俛首⓬，智者不為也；賞一人以慚萬夫，義者不取也。我受賞使中牟之士懷恥，不義。」辭賞從⓭處，曰：「以行臨⓮人，不道，吾去矣。」遂南之楚。

【章旨】此章表彰田卑臨難不隨同眾人而失士節，臨賞不突出自己以羞辱眾人的品德。

【注　釋】❶佛肸以中牟叛　趙簡子攻打范中行，佛肸就盤踞中牟來抗拒趙簡子。佛肸，范中行的家臣，為中牟的縣長。中牟，春秋時晉邑，故址當在今河北邢臺與邯鄲之間。❷鼎　鼎鍋。古代烹煮用的器物。❸致　招來；召集來。❹與　親附。❺田卑　人名。❻邑　城邑。❼斧鉞　本為兩種兵器，也泛指刑罰殺戮。❽軒冕　卿大夫的軒車和冕服。也指官位爵祿。❾褰　撩起衣服。❿脫屨　比喻看得很輕，不足介意。屨，麻葛等製成的鞋。⓫趙　春秋時晉國貴族。這裡指趙簡子趙鞅。⓬俛首　低頭。⓭從　盧文弨《群書拾補》認為「從」字是「徙」字形近而誤，當從。⓮臨　居上視下；凌駕。

【語　譯】佛肸盤踞中牟叛亂，把鼎鍋放在朝廷上，召集士大夫來，說：「親附我的人接受封邑，不親附我的人就烹煮死。」大夫都聽從了他，依次到了田卑。田卑是中牟城裡的人，說：「合乎道義，即使死去也不逃避殺戮的罪責；合乎道義，即使窮困也不接受官位爵祿的獎勵。不講道義而活著，不講仁德而富有，不如烹死。」撩起衣服就走向鼎鍋。佛肸毫不在意，讓他活了命。

趙簡子聽說中牟叛亂，出兵攻下了它。聽說田卑不肯親附佛肸，尋找他，將獎勵他。田卑說：「不可以獎勵。一個人抬頭，使一萬個人低頭，智慧的人不這樣做；獎勵一個人而使一萬個人感到慚愧，有道義的人絕不如此做法。我接受了獎勵，使中牟的士大夫感到慚愧，不合道義。」推辭獎賞，並且遷徙居所，說：「用自己的德行凌駕別人之上，不合道義，我要離開了。」就向南到了楚國。

(六)楚太子建❶以費無極❷之譖❸見❹逐，建有子曰勝，在外，子西❺召勝使治白❻，號曰白公❼。勝怨楚逐其父，將弒惠王❽及子西。欲得易甲❾，陳士勒兵❿

以示易甲曰：「與我，無患不富貴；不吾與，則此是也。」易甲笑曰：「嘗言吾義矣，吾子忘之乎？立得天下，不義，吾不取也；威吾以兵，不義，吾不從也。今子將弒子之君，而使我從子，非吾前義也。子雖告我以利，威我以兵，吾不忍為也。子行子之威，則吾亦得明吾義也。逆⑪子以兵，爭也；應子以聲⑫，鄙⑬也；吾聞士立義不爭，行死不鄙。」拱⑭而待兵，顏色不變也。

【章　旨】此章贊揚易甲在白公勝的威脅下，不屈從亦不反抗的不怕死的精神。

【注　釋】❶楚太子建　楚平王太子名建。❷費無極　楚國大夫。太子建少傅，無寵於太子。❸譖　誣陷；說壞話。❹見　被。助動詞。❺子西　楚平王子。太子建之弟，當時為楚國令尹。❻白　楚邑名。在今河南省息縣東。❼白公　楚稱縣邑之長叫公，勝為白令，故稱白公。❽惠王　楚惠王。春秋末戰國初楚國國君，名章。❾易甲　人名。❿勒兵　統率軍隊。⓫逆　迎擊。⓬聲　惡聲罵人。⓭鄙　淺薄；粗野。⓮拱　抱拳。

【語　譯】楚太子建因為費無極的讒毀被驅逐出楚國，太子建有個兒子名叫勝，在國外。令尹子西召回勝使他治理白縣，號稱白公。白公勝怨恨楚國逐出了他父親，將殺掉楚惠王和令尹子西。想得到易甲，陳列士兵，統率軍隊給易甲看，說：「你親附我，不愁沒有富貴；不親附我，那麼這將是你的下場。」易甲笑著說：「我曾經給你講過我的道義，先生你忘記了嗎？立即得到天下，不合道義，我不取有；用武力威逼我，不合道義，我不聽從。現在，你將殺掉你的君主，卻要我聽從你，不是我一向秉持的道義。你雖然告訴我聽從你的好處，用武力來威逼我，我絕不忍心這樣做。你可以耀武揚威，我也可以表明我的道義。用武器來迎擊你，是爭奪；用惡言來反罵你，是粗野。我聽說賢士堅持正義不爭奪，走向死亡不粗鄙。」拱手而立，等待白公勝的兵刃相加，臉色一點不變。

(七)白公勝將弒楚惠王，王出亡，令尹❶、司馬❷皆死，拔劍而屬之於屈盧❸曰：「子與我，將捨子；子不與我，必殺子。」盧曰：「子殺叔父而求福於盧也，可乎？吾聞知命之士，見利不動，臨死不恐，為人臣者，時生則生，時死則死，是謂人臣之禮。故上知天命，下知臣道，其有可劫乎！子胡不推之？」白公勝乃內❹其劍。

【章旨】此章讚揚屈盧見利不動，臨死不恐的大無畏精神。

【注釋】❶令尹　指子西。楚平王之子，白公勝之叔。❷司馬　指子期。楚平王之子，白公勝之叔。與子西皆被殺。事詳《左傳・魯哀公十六年》。❸屈盧　人名。❹內　同「納」。

【語譯】白公勝將殺楚惠王，楚惠王逃跑了，令尹子西、司馬子期都被殺死。白公勝拔出劍來，把它指向屈盧說：「你親附我，我就捨棄你不殺；你不親附我，我必定殺掉你。」屈盧說：「你殺掉了叔父子西、子期，卻想從我屈盧這裡得到好處，可能嗎？我聽說：知道天命的人，見到利益不會動心，面對死亡不會恐懼。做人臣子的人，時勢足以生存就生存，時勢必須犧牲就犧牲，這就叫做做人臣的節度。所以對上知曉天命，對下知曉做人臣的道理，哪裡有可以劫持的呢？你為什麼不把劍推向我呢？」白公勝就把劍插入了劍鞘。

(八)白公勝既殺令尹司馬，欲立王子閭❶以為王，王子閭不肯，劫之以刃。王子閭曰：「王孫❷輔相楚國，匡正王室，而後自庇焉，閭之願也。今子假❸威以暴王室，殺伐以亂國家，吾雖死，不子從也。」白公勝曰：「楚國之重，天下無有，天以與子，子何不受也？」王子閭曰：「吾聞辭天下者，非輕其利也，以明其德也。不為諸侯者，非惡其位也，以絜❹其行也。今吾見國而忘主，不仁也；劫白刃❺而失義，不勇也。子雖告我以利，威我以兵，吾不為也。」白公強之，不可，遂殺之。葉公高❻率眾誅白公而反惠王於國。

【章旨】此章贊揚王子閭面對王位的引誘與白刃的威脅，不忘君主，不怕劫持，臨死不屈，可謂仁勇雙全之士。

【注釋】❶王子閭　楚平王之子，名啟。楚昭王臨死，曾欲傳王位給他，他五次推辭，並與子西、子期共立昭王之子楚惠王。❷王孫　指白公孫。因是楚平王之孫，故稱。❸假　借。❹絜　同「潔」。形容詞用為使動詞，使之潔。❺劫白刃　被白刃所劫持。❻葉公高　即葉公子高。姓沈，名諸梁，字子高，春秋時楚國大夫，封於葉，故稱葉公。

【語譯】白公勝已經殺了令尹子西、司馬子期，想立王子閭做楚國國王，王子閭不肯。用利刃劫持他，王子閭說：「王孫你輔助楚國，糾正王室的過失，而後庇護自己，這是我公子閭的願望。現在，你假借威勢來暴虐王室，依靠殺戮來擾亂國家，我縱然是死，也不會聽從你的。」白公勝說：「像楚國這樣強大的國家，天下再也沒有了，老天爺把它賜給你，你為什麼不接受呢？」王子閭說：「我聽說，拒絕接受天下的人，並非認為它的利益不夠大，而是要表明他的德行；不肯做諸侯的人，不是厭惡它的權位，而是希望要潔身自愛。如果我見到國君之位就忘了君主，這就是不仁；被利刃劫持就失去道義，這就是不勇。你雖然用利來誘惑我，用兵器來脅迫我，我也不會這樣做的。」白公勝強迫他接受，王子閭卻堅持不肯，白公勝就殺了他。葉公子高率領眾人殺了白公勝，把楚惠王迎返國都。

(九)白公之難❶，楚人有莊善❷者，辭其母，將往死之。其母曰：「棄其親而死其君，可謂義乎？」莊善曰：「吾聞事君者，內其祿而外其身。今所以養母者，君之祿也，身安得無死乎？」遂辭而行。比❸至公門，三廢車中。其僕❹曰：「子懼矣。」曰：「懼。」「既懼，何不返？」莊善曰：「懼者，吾私也，死義，吾公也。聞君子不以私害公。」及公門，刎頸而死。君子曰：「好義乎哉！」

【章 旨】此章贊揚莊善雖然怕死，卻不苟且偷生，大義凜然地赴敵而死。

【注 釋】❶白公之難　指白公勝作亂，殺了令尹子西、司馬子期，楚惠王也逃出國都避難。事詳《左傳・哀公十六年》。❷莊善　人名。❸比　等到。❹僕　駕馭車馬的人。

【語 譯】白公勝作亂的時候，楚國有個名叫莊善的人，辭別他的母親，將去為國君殉難。他的母親說：「拋棄他的母親去為他的君主犧牲，這可稱為義嗎？」莊善說：「我聽說，事奉君主的人，接受他的俸祿，就得把自身的安危置於度外。現在我用來奉養母親的，是君主賜給我的俸祿，我怎能不為君主而犧牲性命呢？」就辭別母親出發了。

將要抵達國君宮廷的門前，莊善三次嚇倒在車中。他的車夫說：「你害怕了。」莊善說：「我害怕。」車夫說：「既然害怕，何不回家呢？」莊善說：「害怕是我的私心；為節義而死，是我的公事。我聽說君子不以私心妨害公事。」到達公門，就割頸而死了。君子稱贊說：「莊善真是喜好節義的人啊！」

(10)齊崔杼弒莊公❶也，有陳不占❷者，聞君難，將赴之。比❸去，餐則失匕❹，上車失軾❺。御者❻曰：「怯如是，去有益乎？」不占曰：「死君，義也；無勇，私也。不以私害公。」遂往。聞戰鬥之聲，恐駭而死。人曰：「不占可謂仁者之勇也。」

【章旨】陳不占雖膽小怕事，但深明大義，臨死不辭。此章贊揚他有「仁者之勇」。

【注釋】❶崔杼弒莊公　事詳《左傳・襄公二十五年》。❷陳不占　春秋時齊國人。❸比　將近。❹匕　吃食的用具。曲柄淺斗，狀如今之羹匙。❺軾　車廂前扶手的橫木。❻御者　駕車的人。

【語譯】齊國的崔杼殺掉齊莊公的時候，有個叫陳不占的人，聽說國君遇難，將去赴死。臨去的時候，吃飯掉了羹匙，上車扶不著車軾。他的車夫說：「膽怯到了這個樣子，你去有益處嗎？」陳不占說：「為君主而死是公義，沒有勇氣是私情。不能以私情危害公義。」就去了，聽到戰鬥的聲音，就恐懼驚駭而死。人們說：「陳不占可以說是仁者的勇敢了。」

(二)知伯囂❶之時，有士曰長兒子魚❷，絕知伯而去之。三年，將東之越，而道聞知伯囂之見殺❸也，謂御❹曰：「還車反，吾將死之。」御曰：「夫子絕知伯而去之，三年矣，今反死之，是絕屬❺無別也。」長兒子魚曰：「不然。吾聞仁者無餘愛，忠臣無餘祿。吾聞知伯之死而動吾心，餘祿之加於我者，至今尚存，吾將往依❻之。」反而死。

【章　旨】此章贊揚長兒子魚不忘舊主的忠義精神。

【注　釋】❶知伯嚚　疑當作「知伯瑤」。春秋末戰國初晉國六卿之一。《太平御覽・卷四一八》引無「嚚」字。❷長兒子魚　人名。❸知伯嚚之見殺　知伯瑤與韓魏共圍趙，趙襄子暗中與韓魏聯絡，三家共滅知氏，殺知伯瑤。事詳《戰國策・趙策一》。見，被。助動詞。❹御　駕車的人。❺絕屬　斷絕和連綴。指與知氏斷絕關係和保持關係。❻依　《太平御覽・卷四一八》引作「佐」。

【語　譯】知伯嚚的時候，有個士人名叫長兒子魚，跟知伯斷絕關係離開了他。過了三年，將往東到越國去，在道路上聽到知伯嚚被殺的消息，告訴他的車夫說：「把車子掉轉頭返回去，我將要為他犧牲。」車夫說：「先生斷絕跟知伯的關係三年了，現在又返回去為他而死，這是斷絕關係和保持關係沒有區別了。」長兒子魚說：「不是這樣。我聽說仁愛的人付出愛心不會保留，忠臣的道義也必須和他所領的俸祿同等。我聽到知伯的死就感動了我的心，說明他以前對我的恩惠至今尚無法償還，我將去為他而死。」就回去為知伯犧牲了。

㈢衛懿公❶有臣曰弘演❷，遠使未還，狄人攻衛❸，其民曰：「君之所與祿位者鶴❹也，所富者宮人❺也。君使宮人與鶴戰，余焉能戰？」遂潰❻而去。狄人追及懿公於熒澤❼，殺之，盡食其肉，獨捨其肝。弘演至，報使於肝畢，呼天而號，盡哀而止，曰：「臣請為表。」因自刺其腹，內❽懿公之肝而死。齊桓公❾聞之曰：「衛之亡也以無道，今有臣若此，不可不存。」於是救衛於楚丘❿。

【章旨】此章贊揚弘演的忠貞。

【注釋】❶衛懿公　春秋時衛國國君。名赤，淫樂奢侈，使衛國幾亡。❷弘演　人名。❸狄人攻衛　事詳《左傳・閔公二年》。狄，對我國北方少數民族的泛稱。❹與祿位者鶴　衛懿公好鶴，鶴有乘軒車的。❺宮人　宮中的婦女。❻潰　潰散。❼熒澤　當在黃河之北，具體所在不詳。❽內　同「納」。❾齊桓公　春秋時齊國國君。五霸之一，名小白。❿楚丘　衛地，在今河南省滑縣東。齊桓公封衛於楚丘。

【語譯】衛懿公有個臣下名叫弘演，到遠方出使還未返回，狄人進攻衛國。衛國的百姓說：「君主給與俸祿爵位的是鶴，得到財富的是宮人。讓君主派宮人和鶴去作戰吧，我們怎麼能作戰？」就潰散而去。狄人追擊衛懿公，在熒澤被追上，殺了他，吃掉他所有的肉，只丟下他的肝臟。弘演回來，向衛懿公的肝臟報告出使情況，報告完畢，喚著天號哭，盡了哀心才停止。說：「我請求做您的外殼。」因而自己刺破腹腔，把衛懿公的肝臟放入自己的腹中才死去。齊桓公聽到此事，說：「衛國亡國是因為君主無道。現在有這樣的臣子，不可以不保存它。」於是在楚丘重建了衛國。

(三)芊尹文❶者，荊之歐❷鹿彘者也。司馬❸子期❹獵於雲夢❺，載旗之長拖地。芊尹文拔劍齊諸軫❻而斷之。貳車❼抽弓於韔❽，援矢於筩❾，引而未發也。司馬子期伏軾❿而問曰：「吾有罪於夫子乎？」對曰：「臣以君旗拽⓫地故也。國君之旗齊於軫，大夫之旗齊於軾。今子荊國有名大夫，而滅⓬三等⓭，文之斷也，不亦可乎？」子期悅，載之王所。王曰：「吾聞有斷子之旗者，其人安在？吾將殺之。」子期以文之言告，王悅，使文為江南令而大治。

【章　旨】此章贊揚芊尹文敢於觸犯權貴，維護尊卑等級，也表彰了子期勇於承認錯誤，善於識別人才。

【注　釋】❶芊尹文　人名。❷歐　通「毆」。椎擊。❸司馬　官名。掌管軍事的官。❹子期　楚平王之子，輔佐楚昭王，楚惠王，為白公勝所殺。❺雲夢　古大澤名。在今湖北、湖南省交界處。❻軫　車廂底部後面的橫木。此字當作「軾」，下文「大夫之旗齊於軾」可證。軾，車廂前扶手的橫木。❼貳車　副車。❽韔　弓袋。❾筩　同「筒」。裝箭的竹筒。❿伏軾　表示敬意。⓫拽　拖。⓬滅　泯滅。⓭三等　指王、諸侯、大夫三個等第。

【語　譯】芊尹文是楚國一個打野鹿野豬的人。司馬子期在雲夢澤中打獵，車上載的旗子的長度拖到了地上。芊尹文拔出劍來齊著車廂後面底部的橫木一刀斬斷了它。司馬子期的副車從弓袋裡抽出弓，從箭筒裡拔出箭，拉滿弓對著他，尚未發射。司馬子期伏在車廂前的橫木上問道：「我有什麼地方得罪了先生嗎？」芋尹文回答說：「我因為您的旗子拖到了地上的緣故。國君的旗跟軫相齊，大夫的旗跟軾相齊。現在您是楚國有名的大夫，可是不顧天子、諸侯、大夫這三個等第，我芋尹文斬斷他，不是可以的嗎？」司馬子期很高興，用車子載著他回到楚王那裡。楚王說：「我聽說有個斬斷你旗子的人，那個人在哪裡，我要殺了他。」司馬子期把芋尹文說的話轉告了楚王，楚王也很高興，使芋尹文做江南令，江南治理得很好。

(四)卞莊子❶好勇，養母，戰而三北❷，交遊非之，國君辱之。及母死三年，冬❸與魯戰，卞莊子請從，見於魯將軍曰：「初與母處，是以三北，今母死，請塞責❹而神❺有所歸。」遂赴敵，獲一甲首❻而獻之，曰：「此塞一北。」又入，獲一甲首而獻之，曰：「此塞再北。」又入，獲一甲首而獻之，曰：「此塞三北。」將軍曰：「毋❼沒爾家，宜止之，請為兄弟。」莊子曰：「三北以養母也，是子道也；今士節小具而塞責矣。吾聞之，節士不以辱生。」遂反敵，殺十人而死。君子曰：「三北已❽塞責，滅世斷家，於孝不終也。」

【章　旨】此章贊揚卞莊子孝於母，又勇於塞責，但批評他輕生滅世，於孝不終。

【注　釋】❶卞莊子　魯大夫。食邑於卞，諡莊，以勇著名。❷北　敗逃。❸冬　盧文弨《群書拾補》據《後漢書・崔駰傳》注，認為是「齊」字之訛。❹塞責　盡責；抵塞罪責。❺神　精神。❻甲首　兵車上甲士的首級。❼毋　不要。❽已　原作「又」。據《韓詩外傳・卷一〇》改。

【語　譯】卞莊子愛好勇力，奉養母親，參加戰爭，三次敗逃。朋友責難他，國君侮辱他。等到他母親死後三年，齊國跟魯國作戰，卞莊子請求參加，去見魯國的將軍說：「起初我跟母親住在一起，因此三次敗逃；現在母親死了，請求抵償罪責而讓我的心願能夠了結。」就奔赴敵軍，斬獲一個甲士的首級獻功說：「這抵償我第一次敗逃的罪責。」又衝入敵軍，斬獲一個甲士的首級獻功說：「這抵償我第二次敗逃的罪責。」又衝入敵軍，斬獲一個甲士的首級獻功說：「這抵償第三次敗逃的罪責。」將軍說：「不要絕滅你的家族，應該停止了，我請求跟你結為兄弟。」卞莊子說：「三次敗逃來奉養母親，這是盡做兒子的孝道。現在士的節操已初步具備，可以抵償罪責了。我聽說，節義之士不會蒙受恥辱而苟且偷生。」就返回敵軍，殺了十個人，自己也戰死了。

君子說：「三次敗逃的罪責已經抵償，絕滅了家世，斷絕了宗族，對於孝道也是有始無終啊！」

卷九

善謀上第九

【題解】此篇贊揚善於出謀劃策以安定君國的智謀之士，故以善謀名篇。

(一)齊桓公時，江國❶、黃國❷，小國也，在江淮❸之間，近楚。楚，大國也，數侵伐，欲滅取之，江人黃人患楚。齊桓公方存亡繼絕❹，救危扶傾，尊周室，攘❺夷狄❻，為陽穀之會❼，貫澤之盟❽，與諸侯將伐楚❾。江人黃人慕桓公之義，來會盟於貫澤。管仲曰：「江黃遠齊而近楚，楚為利之國也，若伐而不能救，無以宗諸侯❿，不可受也。」桓公不聽，遂與之盟。管仲死，楚人伐江滅黃⓫，桓公不能救，君子閔⓬之。是後桓公信壞德衰，諸侯不附，遂陵遲⓭不能復興。夫仁智之謀，即事有漸⓮，力所不能救，未可以受其質⓯，桓公受之，過也。管仲可謂善謀矣。《詩》云：「曾是莫聽，大命以傾⓰。」此之謂也。

【章　旨】此章說明凡事要考慮長遠。管仲考慮到江黃遠齊而近楚，救援不易，不可與盟。桓公不聽，果失信於諸侯。

【注　釋】❶江國　周諸侯國名。在今河南省正陽縣。❷黃國　周諸侯國名。在今河南省潢川縣西。❸江淮　長江、淮河。❹存亡繼絕　保存亡國、繼續絕世。❺攘　排斥。❻夷狄　我國古代對四周少數民族的泛稱。❼陽穀之會　魯僖公三年，齊侯、宋公、江人、黃人會於陽穀，謀伐楚。陽穀，在今山東省陽穀縣北。❽貫澤之盟　魯僖公二年，齊侯、宋公、江人、黃人盟於貫澤。貫澤，在今山東省曹縣南。❾伐楚　齊桓公與諸侯伐楚在魯僖公四年。❿宗諸侯　為諸侯宗主。⓫伐江滅黃　魯僖公十二年，楚滅黃；魯僖公三十一年，楚滅江。管仲死於魯僖公十五年，此說「管仲死，楚人伐江滅黃」，有誤。⓬閔　哀傷。⓭陵遲　衰落；衰微。⓮漸　漸進；逐漸。⓯質　通「贄」。初見時所執持的禮物。⓰曾是莫聽二句　見《詩・大雅・蕩》。大命以傾，指國家滅亡。

【語　譯】齊桓公的時候，江國、黃國都是小國，在長江與淮河之間，靠近楚國。楚國是一個大國，多次侵討進攻他們，想滅掉和占領這兩個國家。江國和黃國的人民認為楚國是禍患。當時齊桓公正要讓已經滅亡的國家得以重建，已經斷絕的世代得以承繼，救援危險的國家，扶持傾覆的國家，尊崇周室，排斥夷狄。先後主持了陽穀和貫澤的會盟，跟諸侯聯合將討伐楚國。江國和黃國人仰慕齊桓公的道義，到貫澤來參加盟約。管仲說：「江國、黃國遠離齊國，靠近楚國。楚國是一個貪圖利益的國家，假若楚國出兵進攻江國、黃國，我們不能出兵拯救，那麼我們就無法作為諸侯的宗主，因此不可以接受他們參加會盟。」齊桓公不聽，就跟它們訂立了盟約。

管仲死後，楚國進攻江國，滅掉黃國，齊桓公不能去拯救，君子都為他難過。從此以後，齊桓公的誠信敗壞，德望衰落，諸侯不來親附，就逐漸衰敗，不能復興。大凡仁人智士的謀劃，考慮到事物有一個逐漸發展的過程，力量不能拯救的，就不可以接受他見面的禮物，這是齊桓公的過錯。管仲可以說是善於謀劃了。《詩經》上說：「你硬是不肯聽從，國家因此毀滅了。」說的就是這種情況呢。

(二)晉文公①之時，周襄王②有弟太叔之難③，出亡，居於鄭，不得入，使告難于魯、于晉、于秦。其明年春，秦伯④師於河⑤上，將納王。狐偃⑥言於晉文公曰：「求諸侯莫如勤王⑦，且大義也，諸侯信之。繼文之業⑧而宣信於諸侯，今為可矣。」卜⑨偃⑩卜之，曰：「吉，遇黃帝戰於阪泉之兆⑪。」公曰：「吾不堪也。」對曰：「周禮未故，今之王，古之帝也。」公曰：「筮⑫之。」筮之，遇大有之睽⑬，曰：「吉，遇『公用享于天子⑭』之卦。戰克⑮而王享⑯，吉孰大焉。且是卦也，天為澤以當日⑰，天子降心以迎公⑱，不亦可乎！大有去睽而復⑲，亦其所也。」晉侯⑳辭秦師而下，三月甲辰，次于陽樊㉑，右師圍溫㉒，左師逆王。夏四月丁巳，王入于王城㉓，取太叔于溫而殺之于隰城㉔。戊午，晉侯朝王，王享醴㉕，命之侑㉖，予之陽樊、溫、原㉗、攢茅㉘之田，晉於是始開南陽之地㉙。其後三年㉚，文公遂再會諸侯以朝天子㉛，天子錫㉜之弓矢秬鬯㉝以為方伯㉞，晉文公之命㉟是也，卒成霸道，狐偃之謀也。夫秦魯皆疑，晉有狐偃之善謀以成霸功。故謀得於帷幄㊱，則功施於天下，狐偃之謂也。

【章　旨】此章贊揚狐偃勸晉文公出兵勤王終成霸業的遠大眼光。

【注　釋】❶晉文公　春秋時晉國國君。五霸之一，名重耳。❷周襄王　春秋時東周王朝的王，名鄭。❸太叔之難　叔帶通於翟后隗氏，周襄王廢翟后，太叔以翟師攻周，周師大敗，周襄王出居鄭，太叔以隗氏居於溫，稱太叔之難。事詳《左傳·僖公二十四年》。太叔，即王子帶。周襄王同母弟，封於甘，諡昭，又稱甘昭公。❹秦伯　秦為伯爵諸侯，故國君稱秦伯。此指秦穆公。❺河　黃河。❻狐偃　字子狐。晉文公之舅，又稱舅犯、咎犯，晉國大夫。❼勤王　為王事勤勞。此指納王。❽繼文之業　指周幽王為犬戎攻滅，晉文侯輔佐周平王東遷洛邑，建立東周王朝，文侯得平王錫命。文，晉文侯。西周末東周初晉國國君，名仇。❾卜　官名。主管占卜。❿偃　人名。⓫黃帝戰於阪泉之兆　《史記·五帝本紀》載：「炎帝欲侵陵諸侯，諸侯咸歸軒轅，軒轅乃修德振兵，以與炎帝戰於阪泉之野。三戰，然後得其志。」黃帝，傳說中的遠古帝王，五帝之首。阪泉，地名。在今河北省涿鹿縣東。兆，徵兆；預兆。⓬筮　凡占卜，用龜甲卜卦叫做卜，用蓍草占卦叫做筮。⓭大有之睽　大有卦變為睽卦。即第三爻由陽爻一變為陰爻--。大有，《周易》卦名。乾下離上䷍為大有。《周易》卦辭說：「大有，元亨。」是吉利的卦。睽，《周易》卦名。兌下離上䷥為睽。《周易》卦辭說：「睽，小事吉。」吉利的卦。⓮公用亨于天子　《周易·大有·九三》爻辭。意思是「公被天子賜與酒食」。亨，通「饗」。⓯克　戰勝。⓰享　通「饗」。給人酒食吃。⓱天為澤以當日　天變成了澤而向著太陽。天為澤，天變為澤。大有的下卦是乾，乾為天；變而為兌，兌為澤，故云。以當日：離為日，離變未變，在大有卦居乾之上，在睽卦居兌之上，所以說當日。⑱天子降心以迎公　乾為天，離為日，兌為澤，日在天上，照耀大澤，是天子在上，悅心在下的象徵。⑲大有去睽而復　大有卦變為睽卦，睽卦終將回復到大有卦。這是從大有卦回復到大有卦，也就有天子復位的象徵。⑳晉侯　晉為侯爵諸侯，故國君稱晉侯。此指晉文公。㉑陽樊　東周畿內邑名。在今河南省濟源縣東南。㉒溫　地名。在今河南省溫縣西南。㉓王城　東周都城。故址在今洛陽市王城公園一帶。㉔隰城　地名。在今河南省武涉縣境。㉕醴　甜酒。㉖侑　勸食；勸酒。㉗原　地名。在今河南省濟源縣北。㉘攢茅　地名。在今河南省修武縣。㉙南陽之地　陽樊諸邑在黃河以北，太行山以南，所以晉國稱為南陽之地。㉚其後三年　指魯僖公二十八年。㉛再會諸侯以朝天子　是年晉文公大敗楚師於城濮，在踐土大會諸侯，朝見周天子。事詳《左傳．僖公二十八年》。㉜錫　賜。㉝秬鬯　古代用黑黍釀造並搗香草合成的酒，用以降神。㉞方伯　一方諸侯之長。㉟晉文公之命　據《左傳．僖公二十八年》載，周襄王在踐土之盟會上，命尹氏、王子虎、內史叔與父用策文命晉侯為侯伯說：「周王告訴叔父，恭敬地服從周王的命令，來安定四方的國家，檢舉懲治危害周王室的人。」這就是「晉文公之命」。㊱帷幄　宮廷的帷幕。代指朝廷。

【語　譯】晉文公的時候，周襄王有弟弟太叔作亂的內亂，逃離國境，住在鄭國，不能回到京城。他派人向魯國、晉國、秦國報告國家發生了叛亂。在第二年，秦穆公出兵到了黃河邊上，將護送襄王回京城。狐偃對晉文公說：「想求諸侯不如護送周王回京城，並且這是大義的行為，諸侯都信賴它的。繼承晉文侯輔佐周平王的事業，使誠信在諸侯中得到宣示，現在是最好的時機了。」掌占卜而名偃的史官占卜這件事，說：「很吉利！遇到了黃帝在阪泉跟炎帝作戰獲勝的徵兆。」晉文公說：「這個徵兆我承受不了。」卜偃回答說：「周朝的禮法還沒有改變，現在的王相當於古代的帝呢。」晉文公說：「筮一卦吧。」筮了一卦，得到大有卦的九三爻。卜偃說：「吉利！遇到了『公侯被天子賜給酒食』

的卦，作戰勝利，並且受到天子的宴享，還有什麼比這更吉利的呢？並且這個卦呀，在離下面的乾（天）變成了兌（澤）而向著太陽，天子虛心地迎接公侯，這個徵兆不是很好嗎？大有卦變為睽卦又回復到大有卦，這是理所當然的事。」

晉文公就辭卻秦國軍隊，順黃河而下，三月甲辰日，駐軍在陽樊，右軍包圍了溫，左軍去迎接周天子。夏四月丁巳日，周天子進入王城，在溫捕獲太叔，在隰城殺了他。戊午日，晉文公朝見周天子，周天子賜給晉文公醴酒，命人給晉文公勸酒，賜予他陽樊、溫、原、攢茅的田土，晉國從此在太行山以南、黃河以北開闢了土地。往後三年，晉文公二度會合諸侯來朝見周天子，周天子賜給他弓、箭、黑黍香酒，封他為一方諸侯之長，這就是踐土之會上的晉文公之命。終於成就霸業，這都是狐偃的計謀啊。

秦國魯國猶疑不決，晉國有狐偃的好謀劃，而成就霸主的功業。所以，在朝廷上謀劃得當，那功效可以在天下施行，這話說的就是狐偃呢。

（三）虞❶虢❷皆小國也。虞有夏陽❸之阻塞，虞虢共守之，晉不能禽❹也。故晉獻公欲伐虞虢，荀息曰：「君胡不以屈產之乘❺與垂棘之璧❻，假❼道於虞？」公曰：「此晉國之寶也。彼受吾璧，不借吾道，則如之何？」荀息曰：「此小之所以事大國也，彼不借吾道，必不敢受吾幣❽；受吾幣而借吾道，則是我取之中府，置之外府；取之中廄❾，置之外廄。」公曰：「宮之奇存焉，必不使受也。」荀息曰：「宮之奇❿知⓫固知矣。雖然，其為人也，通心而懦，又少長於君。通心則其言之略，懦則不能強諫；少長於君，則君輕之。且夫玩好在耳目之前，而患在一國之後，中知以上乃能慮之。臣料虞君，中知之下也。」公遂借道而伐虢。宮之奇諫曰：「晉之使者其幣重，其辭卑，必不便於虞。語曰：『脣亡則齒寒』矣，故虞虢之相救，非相為賜也，今日亡虢而明日亡虞矣。」公不聽，遂受其幣而借之道，旋歸。四年，反取虞⓬。荀息牽馬抱璧而前曰：「臣之謀如何？」獻公曰：「璧則猶是，而吾馬之齒⓭加長矣。」晉獻公用荀息之謀而禽虞，虞不用宮之奇謀而亡。故荀息非霸王之佐，戰國并兼之臣也；若宮之奇則可謂忠臣之謀也。

【章　旨】 此章說明智謀之士的重要。

【注　釋】 ❶虞　周代國名。姬姓，在今山西省平陸縣東北。❷虢　又稱北虢，周代國名。在今山西省平陸縣。❸夏陽　《左傳・僖公二年》作「下陽」。地名。虢邑，在今山西省平陸縣東。此作虞地，當誤。❹禽　同「擒」。擒獲。❺屈產之乘　屈地所產的良馬。屈，北屈，在今山西省吉縣東北。乘，本指駕一輛車的四匹馬。這裡指馬。❻垂棘之璧　垂棘出產的璧玉。垂棘，地名。在今山西省潞城縣北。❼假　借。❽幣　財物；送人的禮物。❾廄　馬圈。❿宮之奇　虞國大夫。⓫知　同「智」。⓬四年反取虞　魯僖公二年晉假道於虞以伐虢，滅下陽，魯僖公五年，晉復假道於虞以伐虢，滅虢，在回師途中偷襲並滅掉虞國，俘虜了虞公。事詳《左傳》僖公二年和五年。⓭齒　年齒；年紀。

【語譯】虞國和虢國都是小國。虞國有夏陽這樣的險阻要塞，虞、虢兩國共同守住它，晉國是不能擒獲的。所以晉獻公想進攻虞國和虢國，荀息說：「您何不用屈地所產的良馬與垂棘所產的璧玉向虞國去借路？」晉獻公說：「這是晉國的寶。他接受了我的璧，不借給我道路，怎麼辦呢？」荀息說：「這就是小國用來事奉大國的原則：他不借給我們道路，必定不敢接受我們的禮物；接受了我們的禮物而借給我們道路，這就是我們把璧從宮內的府庫取出來，放到宮外的府庫裡去；把馬從宮內的馬廄裡牽出來，養在宮外的馬廄裡去。」晉獻公說：「有宮之奇在呢，必定不會讓虞君接受的。」荀息說：「宮之奇固然有智慧。雖然這樣，他為人呀，本性直率，性情怯懦，又從小在虞君身邊長大。本性直率則他說話就簡略，情性怯懦就不能勉強進諫；從小在虞君身邊長大，虞君就不會重視他的意見。況且喜好的玩物擺在耳目之前，而禍患是在另外一個國家——虢國，這種利害關係，要中等智慧以上的人才能考慮到，我料定虞君是中等智慧以下的人。」

晉獻公就向虞國借路去攻打虢國，宮之奇勸阻說：「晉國的使者，他們的禮物貴重、言辭謙卑，必定對虞國不利。俗話說：『嘴脣沒有了，牙齒就受寒凍』。所以虞國虢國互相援救，並不是互相施恩。今天滅亡了虢國，明天就會滅亡虞國。」虞公不聽，於是接受了晉國的禮物，借給了他們道路。晉國打敗虢國後隨即回國了。四年之後，又借道滅了虢國，在返國途中奪取了虞國。荀息牽著馬抱著璧玉上前說：「我的計謀怎麼樣？」晉獻公說：「璧玉還是老樣子，只是我的馬年紀又大了幾歲了。」

晉獻公用了荀息的計謀擒獲虞公，虞公不用宮之奇的計謀亡了國。所以荀息並不是霸主王者的輔佐，只是戰國時代的兼併之臣而已，像宮之奇就可以說是忠臣的謀略了。

(四)晉文公、秦穆公共圍鄭，以其無禮❶而附於楚❷。鄭大夫佚之狐❸言於鄭君❹曰：「若使燭之武❺見秦君，圍必解。」鄭君從之，召燭之武使之。辭❻曰：「臣之壯也，猶不如人。今老矣，無能為也。」鄭君曰：「吾不能蚤❼用子，今急而求子，是寡人之過也。然鄭亡，子亦有不利焉。」燭之武許諾。夜出，見秦君曰：「秦晉圍鄭，鄭知亡矣。若亡而有益於君，敢以煩執事❽。鄭在晉之東，秦在晉之西，越晉而取鄭，君知其難也，焉用亡鄭以陪❾晉。晉，秦之鄰也，鄰之強，君之憂也。若舍❿鄭以為東道主⓫，行李⓬之往來共⓭其資糧，亦無所害。且君立晉君⓮，晉君許君焦瑕⓯，朝得入而夕設版⓰而畫界焉，君之所知也。夫晉何厭之有？既東取鄭，又欲廣⓱其西境，不闕⓲秦，將焉取之？闕秦而利晉，願君圖之。」秦君說⓳，引兵而還。晉咎犯⓴請擊之，文公曰：「不可，微㉑夫人㉒之力不能弊鄭。因人之力以弊之，不仁；失其所與㉓，不知；以亂㉔易整㉕，不武。吾其還矣。」亦去，鄭圍遂解。燭之武可謂善謀，一言存鄭而安秦。鄭君不蚤用善謀，所以削國也。困而覺焉，所以得存。

【章　旨】此章贊揚燭之武一席談話即說服秦君解救鄭圍的聰明才智。

【注　釋】❶無禮　指重耳出亡時經過鄭國，鄭文公不加禮待的事。❷附於楚　指城濮之戰時鄭國依附楚國。❸佚之狐　人名。❹鄭君　指鄭文公。❺燭之武　鄭大夫。❻辭　推辭。❼蚤　借為「早」。❽執事　原指為秦穆公執行事務的人，代指秦穆公本人。❾陪　借作「培」。增益勢力。❿舍　同「捨」。放棄。⓫東道主　東邊道路上的主人。⓬行李　外交使節。李，借作「吏」。⓭共　同「供」。供給。⓮晉君　指晉惠公。晉文公之弟名夷吾，秦穆公曾協助他回晉做君主。⓯焦瑕　皆晉邑。焦，在今河南省三門峽市西郊。瑕，在今河南省陝縣南。⓰設版　設版築城。版，築城時所用的工具。⓱廣　擴大。⓲闕　使之闕；損害。⓳說　同「悅」。高興。⓴咎犯　晉大夫狐偃。字子犯，晉文公之舅，稱舅犯，亦稱咎犯。㉑微　無。㉒夫人　那個人。指秦穆公。㉓與　與國；同盟國。㉔亂　猶說「自相衝突」。㉕整　猶說「步調一致」。

【語　譯】晉文公、秦穆公共同包圍鄭國的都城，因為鄭文公曾對晉文公不以禮相待又依附楚國。鄭國大夫佚之狐向鄭君說道：「倘若讓燭之武見秦君，包圍必定可解。」鄭君聽從了他的意見，召喚燭之武，派他去見秦君。燭之武推辭說：「我在壯年的時候，尚且不如別人受到重用；現在老了，沒有什麼作為了。」鄭君說：「我不能及早任用你，現在有急難又來求你，這是我的過錯。然而鄭國滅亡了，對你也有不利啊。」燭之武就答應了。

燭之武晚上就出城，見了秦穆公說：「秦晉兩國包圍鄭國，鄭國知道會滅亡了。假若滅亡鄭國對您有益處，那就膽敢將此事麻煩您。鄭國在晉國的東面，秦國在晉國的西面，越過晉國來取有鄭國，您知道它的難處。哪裡用得著滅亡鄭國來增益晉國的勢力呢？晉國是秦國的鄰國，鄰國的強大就是您的憂患。假若您能放過鄭國，且把鄭國作為您東邊道路上的主人，日後秦國外交使節的往來，我們可以供給他們資糧，也沒有害處。並且您曾經扶立過晉惠公，他答應給您焦邑、瑕邑，可是早上回到晉國，晚上就設版築城而畫作他的疆界，這是您知道的。晉國的野心是永遠不會飽足的？既然在東邊奪取了鄭國，又想拓展他的西邊疆界，不損害秦國，又到哪裡去奪取呢？損害秦國來使晉國得利，這件事希望您好好考慮。」

秦穆公很高興，帶領軍隊撤回去了。晉國的咎犯請求追擊他們，晉文公說：「不可以！沒有那個人的力量，不能打敗鄭國。依靠別人的力量又去損害他，不算仁愛；失去一個同盟國，不算智慧；本來步調一致，卻變成自相衝突，不算勇武。我們還是回去吧！」也離去了，鄭國就解了圍。

燭之武可以說是善於謀劃了，一席話就保存了鄭國，安定了秦國。鄭君因為不早用擅長於謀劃的人，這就是使國家削弱的原因；遇到困境能夠覺悟，這就是鄭國還能存在的原因。

(五)楚靈王❶即位，欲為霸，會諸侯，使椒舉❷如晉求諸侯。椒舉致命曰：「寡君使舉曰：『君有惠賜盟於宋❸，曰：「晉楚之從，交相見也。」以歲之不易❹，寡人願結驩⑤於二三君⑥』，使舉請間⑦，君若苟無四方之虞⑧，則願假寵⑨以請於諸侯。」晉君⑩欲勿許，司馬侯⑪曰：「不可。楚王方侈，天其或者欲盈其心以厚其毒而降之罰，未可知也。其使能終⑫，亦未可知也。唯天所相⑬，不可與爭，君其許之，修德以待其歸⑭。若歸於德，吾猶將事之，況諸侯乎！若適淫虐，楚將棄之，吾誰與爭。」公曰：「晉有三不殆⑮，其何敵之有？國險而多馬，齊楚多難，有是三者，何嚮而不濟？」對曰：「恃馬與險而虞⑯鄰之難，是三殆也。四嶽⑰三塗⑱，陽城⑲大室⑳，荊山㉑終南㉒，九州㉓之險也，是不一姓；冀之北土㉔，馬之所生也，無興國焉。恃險與馬，不足以為固也。從古以然，是以先王務德音㉕以享神人，不聞其務險與馬也。或多難以固其國，開其疆土，或無難以喪其國，失其守宇㉖。若何虞難？齊有仲孫之難㉗而獲桓公㉘，至今賴之；晉有里克之難㉙而獲文公㉚，是以為盟主，衛邢㉛無難，狄亦喪㉜之，故人之難，不可虞也。恃此三者而不修德政，亡於不暇㉝，有何能濟？君其許之。紂作淫虐，文王惠和，殷是以隕㉞，周是以興。夫豈爭諸侯哉！」乃許楚靈王，遂為申之會㉟，與諸侯伐吳㊱，起章華之臺㊲，為乾谿之役㊳，百姓罷㊴勞，怨懟㊵於下，群臣倍畔㊶於上，公子棄疾㊷作亂，靈王逃亡，卒死於野。故曰，晉不頓㊸一戟㊹而楚人自亡，司馬侯之謀也。

【章旨】此章贊揚司馬侯勸晉平公不要恃險與馬和依仗鄰國多難，而要修明德政，同時答應楚靈王要求以助長其驕奢的政治遠見。

【注釋】❶楚靈王　春秋時楚國國君，名圍。❷椒舉　即伍舉。楚國大夫，伍參之後，食邑於椒，因以椒為氏。❸盟於宋　晉楚等國同盟於宋。事詳《左傳·襄公二十七年》。❹不易　言「多難」。❺驩　同「歡」。❻二三君　指各諸侯國國君。❼請間　請在閒暇時聽我這些話。間，閒暇。❽虞　戒備；憂慮。❾假寵　假借光耀。❿晉君　晉平公。⓫司馬侯　人名。⓬能終　能得善終。⓭相　輔助；扶助。⓮歸　歸宿。⓯殆　危險。⓰虞　同「娛」。樂。⓱四嶽　東嶽泰山，在今山東省泰安縣北；西嶽華山，在今陝西潼關西；南嶽衡山，一說為今安徽省霍山縣之天柱山，一說為今湖南省衡山縣之衡山；北嶽恆山，在今山西省渾源縣西。⓲三塗　山名。在今河南省嵩縣西南。⓳陽城　山名。在今河南省登封縣東南。⓴大室　即太室，山名。即今河南省登封縣北之嵩山。㉑荊山　在今湖北省南漳縣西。㉒終南　即今陝西省西安市南之終南山。㉓九州　古代分中國為九州，其說法不一，《尚書·禹貢》以冀、兗、青、徐、揚、荊、豫、梁、雍為九州。㉔冀之北土　即燕代。產良馬。冀，即冀州。㉕務德音　《左傳》昭公四年作「務修德音」。㉖守宇　所守的疆土。㉗仲孫之難　指公孫無知殺齊襄公。事詳《左傳·莊公九年》。㉘獲桓公　指齊桓公趁機回國奪得君位。㉙里克之難　晉獻公死後，大夫里克殺晉獻公之子奚齊和卓子。事詳《左傳・僖公九年》。㉚獲文公　指晉文公獲得回晉做晉君的機會。㉛衛邢　春秋時國名。衛在今河南省淇縣和汲縣，邢在今河北省邢臺縣。魯閔公元年，狄人伐邢；二年，狄人伐衛；齊桓公遷邢於夷儀，封衛於楚丘。㉜喪　亡。㉝亡於不暇　不暇於救亡。㉞霣　同「隕」。墜落；滅亡。㉟申之會　魯昭公四年楚靈王合諸侯於申。申，地名。在今河南省南陽市北。㊱伐吳　魯昭公四年，楚靈王以諸侯伐吳。㊲章華之臺　即章華臺。楚靈王造，在今湖北省監利縣西北。㊳乾谿之役　魯昭公十二年，楚靈王使蕩侯、潘子等帥師圍徐以懼吳，楚靈王次於乾谿以為之援。㊴罷　同「疲」。㊵懟　怨恨。㊶倍畔　借為「背叛」。㊷公子棄疾　楚靈王之弟。楚靈王駐軍乾谿，公子棄疾趁國人怨怒攻入王宮，殺太子祿，立公子比為王，自為司馬，楚靈王自殺，公子比因害怕楚靈王回來也自殺，公子棄疾立為王，改名熊居，是為楚平王。事詳《左傳・昭公十三年》。㊸頓　通「鈍」。不鋒利。㊹戟　古代的一種兵器。

【語　譯】楚靈王就位為王，想做霸主，會合諸侯，使椒舉到晉國去請求晉國同意。椒舉到晉國傳達楚靈王的旨意說：「我的君主派我椒舉來說：『您對楚國有恩惠，在宋國賜與盟會，會上說：「晉國與楚國結盟，今後要互相來往。」因為近年來楚國多難，我希望和各諸侯國結歡友好。』派我椒舉在您閒暇時請求，假若您的四方國境沒有什麼憂慮戒備，就希望借助您的幫助請各諸侯國來參加盟會。」晉平公想不答應，司馬侯說：「不可以。楚靈王正驕奢自大，上天也許是要讓他志得意滿，增加他的毒害，而後降給他懲罰，這不可預先知曉；要使他得到善終，也不可知曉。天所輔助的人，不可跟他爭執，您還是答應了他吧！我們修明德政來等待他的歸宿，他倘若歸向德政，我們自己都將去事奉他，何況是其他的諸侯呢？他假若走向荒淫暴虐，楚國人都將拋棄他，又有誰能跟我們爭呢？」

晉平公說：「晉國有三個有恃無恐的條件，還有什麼敵手？我們國家地形險要，馬匹眾多，齊國、楚國又多內亂，有了這三件事，做什麼事不會成功呢？」司馬侯回答說：「倚仗馬和險阻，盼望鄰國有災難，這是三個危險。四嶽三塗，陽城太室，荊山終南山，這都是全中國最險要的地方，可這些地方都不是一個姓傳下來。冀州北部的燕代，是出產良馬的地方，可是沒有強大的國家。倚仗險阻和馬，不足作為安全的保障，從古以來就是這樣。因此古代聖王專心於修明德政，來使神和人都高興，沒有聽說過專心於險阻和馬。有的國家災難多，卻使國家鞏固，開拓疆土；有的國家沒有災難，卻亡了國，喪失了國土，怎麼能盼望別人有災難呢？齊國有仲孫殺掉齊襄公的災難，卻得到了齊桓公，直到現在還仰仗著他；晉國有里克接連殺掉奚齊和卓子的災難，卻得到了晉文公，因此成為諸侯的盟主。衛國、邢國沒有災難，也都被狄人滅了。所以別人的災難是不可預期的。倚仗這三件事，卻不修明政德，救亡都快來不及了，有什麼能成功的？您還是答應他吧！商紂王荒淫暴虐，周文王惠愛寬和，商朝因此滅亡，周朝因此興旺，哪裡用得著爭奪諸侯呢？」晉平公就答應了楚靈王。

楚靈王就在申地召開盟會，跟諸侯進攻吳國，建築了章華臺，發動了乾谿的戰役，百姓疲弊不堪，怨聲載道，朝廷上群臣也背叛他。公子棄疾因此叛變，楚靈王逃跑，終於死在野外。所以說，晉國沒有用鈍一把戟，而楚國自動覆亡。這是司馬侯的計謀呢！

(六)楚平王❶殺伍子胥之父❷，子胥出亡，挾弓而干❸闔閭❹，大之，甚勇之，為是而欲興師伐楚，子胥諫曰：「不可。臣聞之，君子不為匹夫❺興師。且事君猶事父也，虧君之義，復父之讎，臣不為也。」於是止。蔡昭公❻朝於楚，有美裘，楚令尹囊瓦❼求之，昭公不予。於是拘昭公於郢，數年而後歸之。昭公濟漢水，沈璧曰：「諸侯有伐楚者，寡人請為前列。」楚人聞之，怒，於是興師伐蔡，蔡請救於吳。子胥諫曰：「蔡非有罪也，楚人無道也，君若有憂中國之心，則若此時可矣。」於是興師伐楚，遂敗楚人於柏舉❽而成霸道，子胥之謀也，故《春秋》美而褒之❾。

【章　旨】伍子胥不以個人仇怨伐楚而必有一光明正大的理由，才能師出有名。此章即贊揚他的深謀遠慮。

【注　釋】❶楚平王　春秋時楚國國君，名居。❷伍子胥之父　即伍奢。因諫止楚平王聽信費無極謀害太子建，被殺。❸干　求。❹闔閭　即吳王闔閭。春秋時吳國國君，名光。❺匹夫　平民；庶人。❻蔡昭公　春秋時蔡國國君。名申，朝楚在魯定公三年。❼囊瓦　字子常，楚昭王時令尹。❽柏舉　地名。在今湖北省麻城縣境。敗楚人於柏舉。事詳《左傳．定公四年》。❾春秋美而褒之　《春秋．定公四年》書「蔡侯以吳子及楚人戰於柏舉，楚師敗績」。《春秋穀梁傳》說：「吳其稱子何也，以蔡侯之以之，舉其貴者也。」《春秋公羊傳》說：「父不受誅，子復讎可也。」都有褒揚伍子胥和吳王闔閭的意思。

【語　譯】楚平王殺掉伍子胥的父親，伍子胥出國逃亡，帶著弓去求謁吳王闔閭，吳王闔閭認為伍子胥了不起，很勇敢，為此想興兵進攻楚國。伍子胥勸阻說：「不可以。我聽說，君子不替平民百姓與師動眾，並且事奉君主如同事奉父親，不能損害君主的道義，報復父親的仇恨，我不能這樣做。」於是停止進攻楚國。

蔡昭公到楚國朝見，他有件美麗的皮衣，楚國令尹囊瓦想要它，蔡昭公沒有給他，於是，他把蔡昭公在楚國郢都拘留了幾年，才放他回去。蔡昭公渡過漢水的時候，將璧玉沈入水中說：「諸侯有進攻楚國的，我請求站在最前列。」楚國人聽了這話，很生氣，於是出兵攻打蔡國，蔡國向吳國求救兵。伍子胥勸導說：「蔡國並沒有罪，是楚國人沒有道理。您假若有憂慮中原各國的想法，那麼像這個時候就可以了。」於是，吳國出兵攻打楚國，就在柏舉打敗了楚國，成就了霸業，這是伍子胥的計謀。所以《春秋》贊美他，表揚他。

(七)秦孝公❶欲用衛鞅❷之言，更為嚴刑峻法，易古三代❸之制度，恐大臣不從，於是召衛鞅、甘龍、杜摯三大夫御❹於君，慮世事之變，計正法之本，使民之道❺。君曰：「代位不亡社稷❻，君之道也；錯法❼務明主長，臣之行也。今吾欲更法以教民，吾恐天下之議我也。」公孫鞅曰：「臣聞疑行無名，疑事無功，君亟❽定變法之慮，行之無疑，殆無顧天下之議。且夫有高人之行者，固負非❾於世；有獨知之慮者，必見謷❿於民。語曰：愚者暗成事，知者見未萌⓫，民不可與慮始，可與樂成功。郭偃⑫之法曰：論至德者不和於俗，成大功者不謀於眾。法者所以愛民也，禮者所以便事也，是以聖人苟⑬可以治國，不法其故；苟可以利民，不循⑭其禮。」孝公曰：「善。」甘龍曰：「不然。臣聞聖人不易民⑮而教，知者不變法而治。因民而教者，不勞而功成；據法而治者，吏習而民安之。今君變法不循故，更禮以教民，臣恐天下之議君，願君熟慮之。」公孫鞅曰：「子之所言者，世俗之所知也。常人安於所習，學者溺⑯於所聞，此兩者所以居官而守法也，非所與論於典法之外也。三代不同道而王，五霸⑰不同法而霸。知者作法而愚者制焉，賢者更禮，不肖者拘焉。拘禮之人，不足與言事；制法之人，不足與論治。君無疑矣。」杜摯曰：「利不百，不變法；功不什，不易器。臣聞之，法古無過，循禮無邪，君其圖⑱之。」公孫鞅曰：「前世不同教，何古之法？帝王者不相復⑲，何禮之循？伏犧神農⑳，教而不誅㉑；黃帝堯舜，誅而不怒㉒；及至文武，各當其時而立法，因事而制禮，禮法兩定，制令各宜，甲兵器備㉓，各便其用。臣故曰：治世不一道，便國不必古。故湯武之王也，不循古；殷夏之滅也，不易禮。然則反古者未可非也，循禮者未足多㉔也。君無疑矣。」孝公曰：「善。吾聞窮鄉㉕多怪，曲學㉖多辯；愚者之笑，知者哀焉；狂夫之樂，賢者憂焉。拘世之議，人心不疑矣㉗。」於是孝公違龍摯之善謀，遂從衛鞅之過言，法嚴而酷，刑深而必㉘，守之以公，當時取強。遂封衛鞅為商君。及孝公死，國人怨商君，至於車裂㉙之。其患流漸㉚至始皇㉛，赤衣㉜塞路，群盜滿山，卒以亂亡，削刻無恩之所至也。三代積德而王，齊桓繼絕㉝而霸，秦項㉞嚴暴而亡，漢王㉟垂仁而帝，故仁恩，謀之本也。

【章旨】此章批評商鞅的嚴刑峻法，贊揚甘龍、杜摯的法古循禮。

【注釋】❶秦孝公　戰國時秦國國君，名渠梁。❷衛鞅　姓公孫。名鞅，封於商，稱商鞅，戰國時衛人，故又稱衛鞅。相秦十九年，輔助秦孝公變法，使秦國富強，孝公死，被車裂而死。❸三代　指夏、商、周。❹御　侍候。❺使民之道　《商君書．更法》作「求使民之道」。❻社稷　土神和穀神。代指國家。❼錯法　建立推行法度。錯，借為「措」。❽亟　急；趕快。❾負非　遭受非難。❿見謷　被嘲笑。⓫萌　萌芽。⓬郭偃　春秋時晉國人，著有法書。⓭苟　如果。⓮循　遵循。⓯易民　改變人民的禮俗。⓰溺　沈沒。⓱五霸　一般指齊桓公、宋襄公、晉文公、秦穆公、楚莊王。一說是齊桓公、晉文公、楚莊王、吳王闔閭、越王句踐。⓲圖　考慮。⓳復　重複；走舊路。⓴伏犧神農　伏犧氏、神農氏。皆遠古時代傳說中的帝王。㉑誅　殺。㉒怒　高亨《諸子新箋・商君書新箋》認為「怒」當讀為「孥」。一人有罪，妻子連坐為孥。㉓器備　器具。㉔多　重視；贊揚。㉕窮鄉　偏僻的鄉村。㉖曲學　只見一隅看不到全局的學者。㉗人心不疑矣　《商君書》作「寡人不之疑矣」。㉘必　堅決做到；一定實行。㉙車裂　古代一種酷刑，用車撕裂人體。㉚流漸　流傳浸潤。㉛始皇　秦始皇。㉜赤衣　罪犯所穿的赤褐色衣服。代指罪犯。㉝繼絕　繼續中斷的貴族世家。㉞項　秦漢之際的西楚霸王項羽。㉟漢王　即漢高祖劉邦。做皇帝前封漢王。

【語譯】秦孝公想用衛鞅的話，改用嚴刑重罰，變更上古夏商周三代的制度，恐怕大臣不聽從，於是，召喚衛鞅、甘龍、杜摯三個大夫侍候在他跟前，討論世事的變化，商量正法的根本，探求便民的方法。秦孝公說：「繼承先人做了國君，不忘國家，是國君的道義；建立法度，力求顯耀君主的長處，是臣下的品行。現在我想變更法度來教化人民，我恐怕天下的人議論我。」公孫鞅說：「我聽說，行為猶疑不定，就不會有功名；做事猶疑不定，就不會有成功。您趕快決定變更法度的想法，實行它不猶疑，應該不要顧慮天下人的議論。並且有超過一般人的行為的人，本來就要遭受到世人的非難；有獨特智慧的想法的人，一定會被百姓所恥笑。俗話說：『愚蠢的人成功了的事情也搞不清楚，智慧的人還沒有萌發的事情就看得見。百姓不可以與他們一道考慮開始，可以跟他們一道享受成功。』郭偃的法書說：『討論最高德行的人，不附和俗人；成就大功業的人，不跟一般人謀劃。』法律是用來保護人民的，禮制是用來利於行事的。因此，聖明的人如果可以治理好國家，不效法過去的辦法；如果可以便利人民，不遵循舊有的禮制。」秦孝公說：「說得好。」

甘龍說：「不是這樣。我聽說，聖明的人不變更民間習俗而進行教化，智慧的人不變更法度而治理國家。依從民間舊俗而教化的人，不必費心就能成功，依據舊有法度而治理的人，官吏習慣，人民安定。現在您變更法度，不遵循舊俗，更換禮制來教化人民，我恐怕天下的人議論您，希望您仔細考慮這件事。」公孫鞅說：「你所說的是世上一般俗人所知曉的。一般人安於他們所熟知的；一般學者沈溺於他們所聽到的。這兩種人可教他們去做官和遵守既有的法令，卻不可以跟他們討論典章法度以外的事情。夏商周三代制度不同都成就了王業，五個霸主法令不同都當了霸主。智慧的人制定法度，愚蠢的人被法度所限制；賢能的人變更禮制，沒有才能的被禮制拘束。被禮制拘束的人，不值得跟他們談論事情；被法度拘制的人，不值得跟他們討論治國。您不要猶疑了。」

杜摯說：「利益沒有百倍，不變更法度；功效沒有十倍，不更換器具。我聽說，效法古代就不會差錯，遵循禮制就沒有邪僻。您好好考慮這件事吧！」公孫鞅說：「前代的教化都不同，要效法什麼古代？歷代的帝王都不相重複，要遵循什麼禮制？伏犧氏、神農氏，只教化而不誅殺，黃帝和唐堯虞舜，只誅殺罪人而不連坐妻子；等到了周文王、周武王，各自針對當時需要而建立法度，依據情況而制定禮制。禮制和法度都制定了，制度和法令都能恰到好處。甲兵器具，在使用上都很便利。所以我說：『治理世事不只一種方法，對國家有利不必效法古代。』所以商湯王、周武王做天下的王，不遵循古代；殷朝夏朝的滅亡，沒有變更禮制。這樣，反對效法古代，不可非議；遵循禮制，也不值得稱贊。您不要猶疑了。」

秦孝公說：「說得好。我聽說，窮鄉僻壤，少見多怪；學問不通的學者，喜歡論辯。愚人的譏笑，智者感到悲哀；狂人的歡樂，賢者感到憂慮。拘束於世俗之見的議論，我是不會感到疑惑了。」於是秦孝公違背甘龍、杜摯的好計謀，就聽從衛鞅的錯誤言論，法律嚴峻而殘酷，刑罰深刻而必定執行，秉公辦事，國家當即富強起來。於是封衛鞅做商君。等到秦孝公一死，秦國人怨恨商鞅，恨得把他五馬分屍了。

它的災禍流傳延續到了秦始皇，穿赤衣的罪犯塞滿道路，成群的盜賊布滿山野，終於走向滅亡，這是殘酷刻薄沒有仁恩所導致的。夏商周三代積累德行而成就王業，齊桓公使絕世得以延續而稱霸天下，秦始皇和項羽嚴峻殘暴以致滅亡，漢王施行仁恩而做了皇帝。所以仁愛恩德是一切計謀的根本。

(八)秦惠王❶時，蜀❷亂，國人相攻擊，告急於秦。惠王欲發兵伐蜀，以為道險峽❸難至，而韓人來侵秦。秦惠王欲先伐韓，恐蜀亂；先伐蜀，恐韓襲❹秦之弊；猶與❺未決。司馬錯❻與張子❼爭論於惠王之前。司馬錯欲伐蜀，張子曰：「不如伐韓。」王曰：「請聞其說。」對曰：「親魏善楚，下兵三川❽，塞什谷❾之口，當屯留❿之道⓫，魏絕南陽⓬，楚臨南鄭⓭，秦攻新城⓮、宜陽⓯以臨二周⓰之郊，誅周王之罪，侵楚魏之地，周自知不救，九鼎⓱寶器必出，據九鼎，按圖籍⓲，挾⓳天子以令⓴於天下，天下莫敢不聽，此王業也。今夫蜀，西僻之國而戎狄之倫㉑也，弊兵勞眾不足以成名，得其地不足以為利。臣聞爭名者於朝，爭利者於市。今三川周室，天下之朝市也，而王不爭焉，顧㉒爭於戎狄，去王㉓遠矣。」司馬錯曰：「不然。臣聞之，欲富者務廣其地，欲強者務富其民，欲王者務博其德。三資者備而王隨之矣。今王地小民貧，故臣願先從事於易。夫蜀，西僻之國而戎狄之長也，有桀紂之亂，以秦攻之，譬如以豺狼逐群羊也。得其地，足以廣國；取其財，足以富民，繕[24]兵不傷眾而服焉，服一國而天下不以為暴，利盡西海[25]而諸侯不以為貪，是我一舉而名實[26]附也，又有禁暴正亂之名。今攻韓劫天子，惡名也，而未必利也。有不義之名而攻天下所不欲，危矣。臣請謁[27]其故。周，天下之宗室[28]也，齊，韓之與國[29]也。周自知失九鼎，韓自知亡三川，將二國并力合謀，以因乎齊趙而求解乎楚魏，以鼎予楚，以地予魏。以鼎予楚，以地予魏，王不能止，此臣所謂危也。不如伐蜀完[30]。」秦惠王曰：「善！寡人請聽子。」卒起兵伐蜀，十月取之，遂定蜀。蜀王更號為侯，而使陳叔[31]相蜀。蜀既屬秦，秦日益強富厚而制諸侯，司馬錯之謀也。

【章旨】此章贊揚司馬錯主張伐蜀的正確決策。

【注　釋】❶秦惠王　又稱秦惠文王。戰國時秦國國君，名駟。❷蜀　古國名。秦滅之，置蜀郡，轄有今四川省成都市及溫江地區大部分縣境。❸峽　多山峽之意。《史記·張儀列傳》作「狹」。❹襲　偷襲；侵襲。❺猶與　同「猶豫」。遲疑不決。❻司馬錯　戰國時秦國人。❼張子　張儀。戰國時魏國人，著名縱橫家，仕秦為秦惠王相。❽三川　指黃河、伊水、洛水間地。❾什谷　即尋谷。在今河南省鞏縣西南。❿屯留　今山西省屯留縣。⓫道　即太行羊腸阪道。⓬南陽　太行山以南，黃河以北地區。今河南省獲嘉縣地。⓭南鄭　地名。今河南省新鄭縣。⓮新城　地名。在今河南省洛陽市南。⓯宜陽　地名。今屬河南省宜陽縣。⓰二周　西周、東周。⓱九鼎　傳說禹鑄九鼎，象徵九州，夏傳於商，商傳於周，成為傳國寶器。⓲圖籍　地圖與戶籍。⓳挾　挾持。⓴令　號令指揮。㉑倫　類；輩。㉒顧　反。㉓王　指王業。《戰國策·秦策》作「王業」。㉔繕　整治。㉕西海　泛指西方。㉖名實　名聲與實際。名，指「服一國」。實，指「利盡西海」。㉗謁　陳說。㉘宗室　大宗之室。天子為大宗，諸侯為小宗。㉙與國　友好的國家。㉚完　完美不傷敗。㉛陳叔　秦臣。《戰國策·秦策》作「陳莊」。

【語　譯】秦惠王的時候，蜀國發生內亂，國內人互相攻擊，向秦國報告危急。秦惠王想發兵進攻蜀國，認為道路險峻多山峽，難以到達，而韓國又來侵犯秦國。秦惠王想先討伐韓國，恐怕蜀國內亂難以收拾；先攻打蜀國，又害怕韓國趁著秦兵疲弊而來偷襲，猶豫沒有作出決斷。司馬錯和張儀在秦惠王跟前爭論，司馬錯想先進攻蜀國，張儀說：「不如先進攻韓國。」秦惠王說：「請你把理由說出來，讓我聽聽。」

張儀回答說：「我們先親近魏國、楚國，然後出兵三川地區，堵塞什谷的出口，擋住屯留的羊腸阪道。魏國截斷南陽，楚國兵臨南鄭，秦國攻擊韓國的新城、宜陽，將軍隊進向西周東周的郊野，聲討周王的罪過，侵襲楚國韓國的土地，周自己知道沒有援救，必定會把九鼎等寶器獻出。據有九鼎，按著地圖戶籍，挾持周天子來號令指揮天下，天下沒有誰敢不聽從，這是王天下的事業。現在蜀國是西方偏僻的國家，跟戎狄是同類。損壞兵器，勞苦大眾，不夠用來成就名聲；得到它的土地，談不上有什麼利益。我聽說，在朝廷上爭名，在市集上爭利。現在三川和周王室就是天下的朝廷和市集，可是大王不去爭奪，反而在戎狄的地方去爭奪，這離王業也太遠了。」

司馬錯說：「不是這樣。我聽說，想要富裕的人，必要擴大他的土地；想要強大的人，定要使他的百姓富裕；想要成就王業的人，專力擴大他的恩德。這三種條件若能具備，王業也就隨著來了。現在，大王國土狹小，百姓貧困，所以我希望先從事那些容易的事。蜀國是西方偏僻的國家，可是也是戎狄的頭目。有類似夏桀、商紂的暴亂，憑著秦國的力量進攻它，如同用豺狼去追逐一群羊。得到它的土地，足夠用來擴大國土；取到它的財物，足夠用來使百姓富裕。整治兵備不必傷害大眾就可使它屈服。使一國服從，天下人不認為是暴虐；全部得到西方的財利，諸侯國不認為是貪婪，這是我們一次行動而名聲與實際都依附而來，又有禁止暴虐匡正混亂的聲譽。現在進攻韓國去劫持天子，是很壞的名聲，而且不一定有利。有不合道義的惡名，去攻擊天下人都不想攻擊的地方，這是很危險的。請讓我進一步陳說其中的緣故：周王室是天下的宗主國；齊國是韓國的友好國。周王室自己知道會失去九鼎，韓國自己知道會亡失三川，這兩個國家就會并力合謀，依靠齊國、趙國，向楚國魏國去尋求解救，把鼎送給楚國，把土地送給魏國。把鼎送給楚國，把土地送給魏國，大王您無法禁止，這就是我所說的危險。不如進攻蜀國完美而無損傷。」

秦惠王說：「說得好。我聽從你。」終於起兵進攻蜀國，十個月就攻陷了它，就平定了蜀國，蜀王改號稱作侯，派陳叔做蜀國的相。蜀歸屬秦國以後，秦國一天天更加富強起來，制服了天下諸侯，這都是司馬錯的計謀呢。

(九)楚使黃歇❶於秦，秦昭王❷使白起❸攻韓魏，韓魏服事秦，昭王方令白起與韓魏共伐楚。黃歇適❹至，聞其計。是時，秦已使白起攻楚，取數縣，楚頃襄王❺東徙❻。黃歇上書於秦昭王，欲使秦遠交楚而攻韓魏以解楚，其書曰：「天下莫強於秦楚，今聞王欲伐楚，此猶兩虎相與鬥。兩虎相與鬥而駑❼犬受其弊也。不如善楚，臣請言其說。臣聞之，物至❽則反，冬夏是也；致高則危，累棊❾是也。今大國之土，遍天下有其二垂❿，此從生民以來，萬乘之地，未嘗有也。今王使盛橋⓫守事於韓，盛橋以其地入秦，是王不用甲不信⓬威，而得百里之地也，王可謂能矣。王又舉甲而攻魏，杜大梁⓭之門，舉⓮河內⓯，拔⓰燕⓱、酸棗⓲、虛⓳、桃⓴，入邢㉑，魏之兵雲翔而不敢救，王之功亦多矣。王休甲息眾二年而復之，有㉒取滿㉓、衍㉔、首㉕、垣㉖，以臨仁、平丘、黃、濟陽、甄城㉗而魏氏服，王又割濮歷㉘之北，注之秦齊之要，絕楚趙之脊，天下五合六聚㉙而不敢相救，王之威亦單㉚矣。王若能持功守威，挾戰功之心而肥仁義之地，使無後患，三王㉛不足四，五伯㉜不足六也。王若負人徒之眾，兵革之強，乘毀魏之威，而欲以力臣天下之主，臣恐其有後患也。《詩》曰：『靡不有初，鮮克有終㉝。』《易》曰：『狐涉水，濡其尾㉞。』此言始之易，終之難也。何以知其然也？知伯㉟見伐趙之利㊱，不知榆次之禍㊲；吳㊳見伐齊之便㊴，而不知干遂之敗㊵；此二國者，非無大功也，沒㊶利於前而易患於後也。吳之親越也，從而伐齊，既勝齊人於艾陵㊷，為越人所禽於三渚㊸之浦㊹。知伯之信韓魏也，從而伐趙，攻晉陽之城，勝有日矣，韓魏畔㊺之，殺知伯瑤於叢臺㊻之上。今王妒楚之不毀也，而忘毀楚之強韓魏也，臣為王慮而不取也。《詩》曰：『大武遠宅而不涉㊼。』從此觀之，楚國，援也，鄰國，敵也。《詩》曰：『躍躍毚兔，遇犬獲之。他人有心，予忖度之㊽。』今王中道而信韓魏之善王也，此吳之親越也。臣聞之，敵不可假，時不可失，臣恐韓魏卑辭除患而實欺大國也。何則？王無重世之德於韓魏，而有累世之怨焉。夫韓魏父子兄弟接踵而死于秦者，將十世矣，本國殘，社稷壞，宗廟㊾隳，刳腹絕腸，折頸㊿

摺[51]頸，身首分離，暴骨草澤，頭顱僵仆，相望於境，係臣束子，為群虜者，相及於路，鬼神潢洋[52]無所食，民不聊[53]生，族類離散，流亡為僕妾者，盈海內矣。故韓魏之不亡，秦社稷之憂也。今王齎[54]之與攻楚，不亦過乎！且王攻楚，將惡[55]出兵？王將藉[56]路於仇讎之韓魏乎？兵出之日而王憂其不反也。是王以兵資於仇讎之韓魏也。王若不借路於仇讎之韓魏，必攻隨水右壤[57]，此皆廣川大水，山林谿谷不食之地也，王雖有之，不為得地，是王有毀楚之名，而無得地之實也。且王攻楚之日，四國必悉起兵以應王，秦楚之兵構[58]而不離，韓魏氏將出兵而攻留、方與、銍、胡陵、碭、蕭、相[59]，故宋必盡；齊人南面[60]，泗[61]北必舉，此皆平原四達膏腴之地也，而使獨攻，王破楚以肥韓魏於中國而勁齊。韓魏之彊足以枝[62]於秦，齊南以泗水為境，東負海，北倚河而無後患。天下之國莫彊於齊魏，齊魏得地保利而詳[63]事下吏[64]，一年之後，為帝未能，其於楚王之為帝有餘矣。夫以王壤土之博，人徒之眾，兵革之彊，一舉事而樹怨於楚，出令韓魏歸帝重齊，是王失計也。臣為王慮，莫若善楚，秦楚合為一而以臨韓，韓必拱手。王施之以東山[65]

之險，帶以曲河(66)之利，韓必為關內之侯(67)，若是而王以十萬伐鄭，梁氏(68)寒心，許、鄢陵(69)嬰城(70)，而上蔡、召陵(71)不往來(72)也。如此而魏亦關內侯矣。王一善楚而關內兩萬乘之王，注入地於齊(73)，齊右壤(74)可拱手而取也。王之地一桱(75)兩海(76)，要約(77)天下，是燕趙無齊楚，齊楚無燕趙，然後危動燕趙，直搖齊楚，此四國者，不待痛(78)而服也。」昭王曰：「善。」於是乃止白起，謝韓魏，發使賂楚，約為與國，黃歇受約歸楚。解弱楚之禍，全彊秦之兵，黃歇之謀也。

【章　旨】此章贊揚黃歇向秦提出聯楚而攻韓魏的主張，解救了楚國的目前之難，對秦國也是萬全之策。

【注　釋】❶黃歇　戰國時楚人。楚考烈王時為相，封春申君，後為李園所殺。❷秦昭王　也稱秦昭襄王。戰國時秦國國君，名則，一名稷。❸白起　戰國時秦國名將。封武安君，後被逼自殺。❹適　恰好；剛好。❺楚頃襄王　戰國時楚國國君，名橫。❻東徙　楚郢都被白起攻破，楚頃襄王東徙都陳。❼駑　本指能力低下的馬，此為能力低下。❽至　極限。❾綦　同「棋」。棋子。❿二垂　從東境到西境。垂，邊陲；邊境。⓫盛橋　人名。⓬信　通「伸」。伸展。⓭大梁　地名。在今河南省開封市西北，魏惠王從安邑遷都大梁。⓮舉　攻下。⓯河內　地區名。黃河以北的地方。⓰拔　攻取。⓱燕　指南燕。本諸侯國名。戰國時為魏邑，故地在今河南省汲縣。⓲酸棗　戰國時魏邑，故城在今河南省延津縣北。⓳虛　殷虛。在今河南省安陽市。⓴桃　桃城。地名。故地在今河南省延津縣北。㉑邢　邢丘。戰國時魏邑，故地在今河南省溫縣東。㉒有　又。㉓滿　《史記·春申君列傳》作「蒲」。戰國時魏邑，在河南省長垣縣境。㉔衍　地名。在河南。㉕首　牛首。地名。在今河南省通許縣西北。㉖垣　長垣。戰國時魏邑，今河南省長垣縣。㉗仁平丘黃濟陽甄城　皆地名。濟陽在今河南蘭考縣東北，餘不詳所在。甄城，《史記·春申君列傳》作「嬰城」。㉘濮歷　地名。《史記·春申君列傳》作「濮磨」。蓋地近濮水。㉙五合六聚　泛指多次聚集。㉚單　同「殫」。盡。㉛三王　夏禹王、商湯王、周文王。㉜五伯　五霸。㉝靡不有初二句　見《詩·大雅·蕩》。靡，無。鮮，少。克，能。㉞狐涉水二句　見《周易·未濟》卦辭。原作「小狐汔濟，濡其尾」。濡，浸漬；沾濕。㉟知伯　知伯瑤，戰國初晉卿。㊱伐趙之利　知伯瑤曾率韓魏圍趙襄子於晉陽，決晉水灌城，城不沒者三版。㊲榆次之禍　知伯瑤率韓魏圍趙，趙與韓魏聯合，反滅知氏，殺知伯瑤。榆次，戰國時趙邑，今山西省榆次縣。㊳吳　指吳王夫差。㊴伐齊之便　吳王夫差不聽伍子胥勸諫，興師北伐齊，敗齊師於艾陵。㊵干遂之敗　吳王夫差北會諸侯於黃池，越王句踐乘虛伐吳，大敗吳人，虜吳太子友，入吳。干遂，春秋時吳邑，吳王夫差兵敗為越王句踐所擒之處。地在今江蘇省吳縣西北。㊶沒　猶「溺」。沈迷。㊷艾陵　春秋時齊地。在今山東省萊蕪縣東北。㊸三渚　《戰國策·秦策》作「三江」。指婁江、東江、松江。㊹浦　水濱。㊺畔　借作「叛」。㊻叢臺　臺名。趙築，在邯鄲城內。㊼大武遠宅而不涉　此不見今本《詩經》，當是逸詩。比喻縱有強大的軍隊也不會遠途跋涉的攻伐他國。㊽躍躍毚兔四句　見《詩·小雅·巧言》。原作「他人有心，余忖度之。躍躍毚兔，遇犬獲之」。躍躍，跳躍的樣子。毚，狡猾。度，忖度；揣測。㊾宗廟　古代天子諸侯祭祀祖先的處所。㊿顙　額。(51)摺　摧折。(52)潢洋　空虛廣大無所依託的樣子。《史記·春申君列傳》作「孤傷」。(53)聊　依賴。(54)齎　攜帶。(55)惡　何。疑問代詞。(56)藉　同「借」。(57)隨水右壤　隨水右側的土地。即隨水西側的土地。《戰國策·秦策》作「隨陽石壤」。(58)構　交戰。(59)留方與銍胡陵碭蕭相　皆地名。在今徐州以西，商丘以東，兗州以南地區，均屬宋地。(60)南面　《史記·春申君列傳》作「南面攻楚」。(61)泗　水名。在今山東省中部。(62)枝　《史記·春申君列傳》作「校」。較量。(63)詳　慎重。

(64)下吏　下於吏。(65)東山　《戰國策．秦策》作「山東」。指崤山以東地區。(66)曲河　《戰國策．秦策》作「河曲」。(67)關內之侯　即關內侯。爵位名，僅有封號，沒有封地。(68)梁氏　即魏氏，亦即魏國。魏遷都大梁後又稱梁。(69)許鄢陵　均地名。許，在今河南省許昌市。鄢陵，在今河南省鄢陵縣。(70)嬰城　據城固守。(71)上蔡召陵　皆地名。上蔡，在今河南省上蔡縣。召陵，在今河南省漯河市東。(72)不往來　指不與魏國相往來。(73)注入地於齊　《史記．春申君列傳》作「注地於齊」。注，用兵力制裁。(74)齊右壤　今山東濟寧、鄆城、巨野一帶。(75)桎　拘束。《史記．春申君列傳》作「經」。(76)兩海　西海與東海。(77)要約　約束。(78)痛　指急攻。

【語譯】楚國派黃歇到秦國去，在這以前，秦昭王派白起進攻韓魏兩國，韓魏兩國已經屈服而事奉秦國。秦昭王正命令白起跟韓魏兩國一道進攻楚國。黃歇恰好到達秦國，聽到了他們的計畫。這時，秦國已經派白起攻取了楚國幾個縣，楚頃襄王也往東遷徙到陳。黃歇寫了封信給秦昭王，想使秦國跟遠方的楚國結交而攻伐韓魏，以解救楚國的危機。他的信說：

「天下沒有比秦國、楚國更強大的，現在聽說大王想進攻楚國，這就如同兩虎相鬥。兩虎相鬥，就會使低能的狗得到攻擊我們的機會。不如跟楚國保持友好。我請求說說它的道理。我聽說，事物到了極限就會走向反面，冬天和夏天就是如此；到了極高就有危險，堆疊棋子就是這樣。現在貴國的土地，遍布天下，國界從東極到西極，這是從有人類以來，所有帝王從來沒有的。現在大王使盛橋駐守韓國，盛橋把他的駐地納入秦國，這是大王不使用兵甲、不伸展威力，就得到百里的土地。大王可以說是本領高強了。大王又發動軍隊進攻魏國，堵塞大梁的城門，攻陷河內，攻打燕、酸棗、虛、桃，進駐邢丘，魏國的軍隊只能像雲彩飄來飄去而不敢援救，大王的戰功也夠多了。大王讓軍隊休養，兩年後再出兵，又奪取了蒲、衍、首、垣，兵臨仁、平丘、黃、濟陽、甄城，魏國就屈服了，大王又割據濮歷以北，制裁齊秦之間的要害，扼住楚趙之間的脊梁，天下諸侯聚集五六次也不敢援救，大王的威力真是達到極限了。

大王假若能憑仗戰功，保住威力，挾持用武力建立戰功的想法，加強仁義的地位，使秦國沒有後患，那麼您的功業，即使三王也不足以與您並列為四，五霸也不足以與您並列為六了。倘若大王憑仗軍隊的眾多，武力的強大，趁著摧毀魏國的餘威，而想用武力臣服天下諸侯，我恐怕這會後患無窮。《詩經》上說：「任何事情都有一個開端，但卻很少能夠有好的結局。」《周易》也說：「狐狸涉水，沾濕牠的尾巴。」這都是說開始時容易，到最後就艱難了。憑什麼知道這樣呢？知伯看到了進攻趙氏的好處，而不知道有榆次失敗的災禍；吳王夫差見到了伐齊國的利益，而不知道有干遂的失敗。這兩個國家不是沒有偉大的戰功，卻被眼前的利益所掩滅了，而輕忽了日後的禍患。吳王夫差親近越王句踐，跟著就進攻齊國，在艾陵戰勝了齊國以後，返國時在三江的水濱被越國人擒獲。知伯瑤相信韓魏兩家，跟著就進攻趙氏，攻擊晉陽城，快到戰勝的時候，結果韓魏兩家叛變，把知伯瑤殺死在叢臺之上。現在大王嫉妒楚國沒有被毀滅，卻忘記了損毀楚國就是加強韓魏兩國的實力。假如我為大王考慮，我就不會採這種做法。

古詩說：「軍隊強大，也不會長途跋涉的攻打遠方國家。」由此看來，楚國是秦國的援助，而鄰國才是秦國的敵手。《詩經》上說：「蹦蹦跳跳的狡兔，遇到獵犬就會被捕捉；別人雖然有心計，我卻能猜想到。」現在大王半途相信韓國、魏國親善大王，這正像吳國親近越國一樣。我聽說，敵人不可寬容，時機不可錯失，我恐怕韓國、魏國是用謙卑的言辭來免除秦國進攻的禍患，實際上是欺騙貴國。為什麼呢？大王對韓國、魏國沒有兩代以上的恩德，而有好幾代的仇怨。韓國、魏國的父子兄弟，接二連三的死在秦國，將近有十代了。國土殘破，社稷毀壞，宗廟崩頹，剖破腹腔，割斷肝腸，打破額頭，折斷脖頸，身首異處，枯骨暴露草澤，頭顱落地，在國境內四處可見，綑綁群臣束縛子弟而成為一群群俘虜，在路上一群接著一群，鬼神空曠無依，無人祭祀，人民生活沒有依靠，家族離散，淪落為奴僕婢妾的人，充滿在天下各處。所以韓國、魏國不滅亡，是秦整個國家的憂患。現在大王卻帶著他們進攻楚國，不是太錯誤了嗎？

況且大王進攻楚國，將從哪裡出兵呢？大王將向仇敵的韓魏兩國去借路嗎？軍隊剛出發，大王就會擔心他們不能返回。這是大王把軍隊資助給仇敵的韓魏兩國。大王假若不向仇敵的韓國魏國借路，必然進攻隨水西岸的土地。隨水西岸的土地，這都是廣川大水，山林谿谷，不產糧食的地方。大王雖然占有了它，不能算是得到土地。這是大王表面上是損毀了楚國，事實上卻沒有得到土地。而且大王進攻楚國的時候，韓、魏、齊、趙四國必定出動全部兵力來響應大王。秦國的軍隊正與楚國打得難解難分的時候，韓國、魏國必將出兵進攻留、方與、銍、胡陵、碭、蕭、相，原來宋國的土地必被全部占領，齊國人向南進攻楚國，泗水北岸的土地必被攻下。這些都是平原，四面通達，非常肥沃的地方，卻被他們獨自攻占了。大王攻破楚國，只能使韓魏兩國在中原地區得益，讓齊國更強大而已。韓、魏兩國強大，足與秦國較量短長；齊國以泗水為國界，東面背靠大海，北面倚靠黃河，沒有後顧的禍患；天下的國家就沒有比齊國、魏國更強大的了。齊國、魏國得到土地，保住既得的利益，謹慎地將國政交給官吏，一年之後，即使他們自己無法稱帝，但是對於阻止秦國稱帝就綽綽有餘力了。

憑著大王國土的廣大，人徒的眾多，兵革的強固，一出兵就跟楚國結下仇怨，叫韓魏兩國把秦國稱帝的權衡力量交給齊國，這是大王謀劃的失誤。我替大王考慮，不如親善楚國，秦國、楚國合而為一來對付韓國，韓國必定拱手就擒，大王如果利用東面殽山險要的形勢，隨著河曲的有利地形，韓國必定成為秦國的關內的諸侯。像這樣以後，大王派十萬人進攻鄭國，魏國就會害怕；許和鄢陵據城固守，上蔡，召陵就跟魏國不能互相往來了。像這樣，魏國也變成秦國的關內侯了。大王一跟楚國親善，就使兩個萬乘之國的君主成為關內侯，出兵制裁齊國，齊國西邊的土地就可拱手奪取。大王的土地控制著東海與西海，約束天下，這是燕趙無法得到齊楚的支援，齊楚無法得到燕趙的支援。然後動搖燕趙兩國，使他們陷入危險，再直接動搖齊楚兩國。這四個國家，不等待出兵急攻就會降服了。」

秦昭王說：「說得好。」於是就制止白起進攻，謝絕韓魏兩國，派遣使者厚賂楚國，相約結為友好國家，黃歇接受盟約回到楚國。解救衰弱的楚國的災禍，保全了強大的秦國的兵力，這是黃歇的計謀。

(一〇)秦趙戰於長平❶，趙不勝，亡一都尉❷。趙王❸召樓昌❹與虞卿❺曰：「軍戰不勝，尉係死❻，寡人將束甲而赴之。」樓昌曰：「無益也，不如發重寶使而為構❼。」虞卿曰：「昌言構者，以為不構，軍必破也，而制構者在秦。且王之論秦也，欲破王之軍乎不邪？」王曰：「秦不遺餘力矣。必且破趙軍。」虞卿曰：「王聽臣發使出重寶以附楚魏，楚魏欲王之重寶，必內❽吾使，吾使入楚魏，秦必疑天下，恐天下之合從[9]必一心，如此則構乃可為也。」趙王不聽，與平陽君[10]為構，發鄭朱入秦，秦內之，趙王召虞卿曰：「寡人使平陽君為構秦，秦已內鄭朱矣。虞卿以為如何？」對曰：「王不得構，軍必破矣。天下之賀戰勝者皆在秦，鄭朱[11]貴人也，而入秦，秦王[12]與應侯[13]必顯重以示天下，楚魏以趙為構，必不救王，則構不可得也。」應侯果顯鄭朱以示天下賀戰勝者，終不肯構，長平大敗[14]，遂圍邯鄲[15]，為天下笑，不從虞卿之謀也。秦既解圍邯鄲，而趙王入朝，使趙郝[16]約事[17]於秦，割六縣而構。虞卿謂趙王曰：「秦之攻王也，倦而歸乎？亡其[18]力尚能進之，愛王而不攻乎？」王曰：「秦之攻我也，不遺餘力矣，必以倦歸也。」虞卿曰：「秦以其力攻其所不能取，倦而歸，王又攻[19]其力之所不能取以送之，是助秦自攻也。來年秦復攻王，王無救矣。」王以虞卿之言告趙郝，曰：「虞卿能量秦力之所至乎？誠知秦力之所不進，此彈丸之地[20]不予，令秦來年復攻於王，王得無割其內而構乎？」王曰：「請聽子割矣，子能必來年秦之不復攻乎？」趙郝曰：「此非臣所敢任[21]也。他日[22]，三晉[23]之交於秦相若也，今秦善韓魏而攻王，王之所以事秦者必不如韓魏也。今臣之為足下㉔解負親之攻㉕，開關㉖通幣㉗，齊交韓魏㉘，至來年而獨取攻於秦，王之所以事秦，必在韓魏之後也。此非臣之所敢任也。」王以告虞卿，虞卿對曰：「郝言『不構，來年秦復攻王，王得無復割其內而構乎』？今構，郝又不能必秦之不復攻也，雖割何益？來年復攻，又割其力之所不能取以構，此自盡之術也。不如無構，秦雖善攻，不能取六縣，趙雖不能守，亦不失六城。秦倦而歸，兵必疲，我以五縣收天下以攻罷㉙秦，是我失之於天下而取償於秦也。吾國尚利，孰與坐而割地自弱以彊秦？今郝曰：『秦善韓魏而攻趙者，必王之事秦不如韓魏也。』是使王歲以六城事秦也，坐而地盡。來年秦復來割，王將予之乎？不予，是棄前功而挑秦禍也；予之，即無地而給之。語曰：『彊者善攻，而弱者不能守。』今坐而聽秦，秦兵不弊而多得地，是彊秦而弱趙也。以益彊之秦而割愈弱之趙，兵計㉚固不止矣。且王之地有盡而秦之求無已，以有盡之地給無已之求，其勢必無趙矣。」計未定，樓緩㉛從秦來，趙王與樓緩計之，曰：「予秦地與無予，孰吉？」緩辭讓曰：「此非臣之所能知也。」

王曰：「雖然，試言公[32]之私。」樓緩對曰：「亦聞乎公父文伯母[33]乎？公父文伯[34]仕於魯，病死，女子為自殺於房中者二人。其母聞之，不肯哭也。其相室[35]曰：『焉有子死而不哭者乎？』其母曰：『孔子賢人也，逐於魯，而是人[36]不隨也。今死而婦人為自殺者二人，若是者，必其於長者薄而於婦人厚也。』故從母言，是為賢母；從妻言，是必不免為妒婦。其言一也，言者異，則人心變矣。今臣新從秦來，而言勿予，則非計也；言予之，恐王以臣為秦也，故不敢對。使臣得為大王計，不如予之。」王曰：「諾。」虞卿聞之曰：「此飾說也。王慎勿予。」樓緩聞之，往見王，王又以虞卿之言告樓緩。樓緩對曰：「不然。虞卿得其一，不得其二。夫秦趙構難[37]而天下皆說[38]，何也？曰：『吾且因彊而乘弱矣。』今趙兵困於秦，天下之賀戰勝者，必盡在於秦矣。故不如亟[39]割地為和以疑天下，而慰秦之心，不然，天下將因秦之怒，乘趙之弊而瓜分之，趙見亡，何秦之圖乎？故曰虞卿得其一，不得其二。願王以此決之，勿復計也。」虞卿聞之，往見王曰：「危哉！樓子之所以為秦者，是愈疑天下而何慰秦之心哉！獨不言示天下弱乎？

且臣言勿予，非固勿予而已也。秦索六城於王，而王以六城賂齊。齊，秦之深讎也，得王之六城，并力而西擊秦，齊之聽王不待辭之畢也。則是王失之於齊，而取償於秦也。而齊趙之仇可以報矣，而示天下有能為也。王以此為發聲，兵未窺於境，臣見秦之重賂而反構於王也。從秦為構，韓魏聞之，必盡重王，重王必出重寶以先於王，則是王一舉而結三國之親，而與秦易道㊵也。」趙王曰：「善。」即發虞卿東見齊王，與之謀秦。虞卿之謀行而趙霸，此存亡之樞機㊶。樞機之發，間不及旋踵㊷。是故虞卿一言而秦之震懼，趨風馳指㊸而請備。故善謀之臣，其於國豈不重哉！微㊹虞卿，趙以亡矣。

【章旨】此章贊揚虞卿主張聯齊抗秦以拯救趙國危亡的正確主張。

【注釋】❶長平　地名。故城在今山西省高平縣西北。❷都尉　官名。位次將軍。❸趙王　指趙孝成王。名丹。❹樓昌　人名。曾為趙將。❺虞卿　戰國時遊說之士。曾為趙相，主張以趙為主，合縱以抗秦，後因救魏相魏齊，棄相印與魏齊逃亡，困於梁。❻係死　拘繫而死。《史記·平原君列傳》作「復死」。❼構　講和；求和。通「媾」。《戰國策·趙策》正作「媾」。❽內　同「納」。下「秦內之」同。❾合從　即合縱。戰國時山東六國聯合抗秦叫合縱。❿平陽君　名趙豹，趙惠文王同母弟。⓫鄭朱　人名。⓬秦王　指秦昭王。也稱秦昭襄王。⑬應侯　即范睢。戰國魏人，字叔，相秦昭王，封於應，號應侯。⑭長平大敗　秦昭王四十七年，趙孝成王六年，白起破趙長平，殺卒四十五萬。⑮圍邯鄲　秦昭王五十年，趙孝成王九年，秦將王齕、鄭安平圍邯鄲。⑯趙郝　人名。⑰約事　簽訂和約。⑱亡其　選擇連詞。相當於現代漢語的「還是」。⑲攻　《史記．平原君列傳》作「以」，於義為長，當從。⑳彈丸之地　比喻地方狹小。㉑任　擔保。㉒他日　這裡指「從前」。㉓三晉　指韓、趙、魏三國。㉔足下　下稱上或同輩相稱的敬詞。戰國時多稱君主為足下。㉕負親之攻　指趙嘗親秦而後負，故秦攻之。㉖開關　打開關卡。㉗通幣　交流使節。幣，古代贈送的禮物。㉘齊交韓魏　使趙與秦之交與韓魏相等。㉙罷　通「疲」。㉚兵計　《史記．平原君列傳》作「其計」，當從。㉛樓緩　人名。㉜公　對人的尊稱。此指樓緩。㉝公父文伯母　魯國季康子的從祖母。㉞公父文伯　名歜，季康子從父兄弟。㉟相室　隨嫁的婦女。保姆之類的人。㊱是人　這人。指公父文伯。㊲構難　結為仇怨，造成禍亂。㊳說　同「悅」。高興。㊴亟　急；趕快。㊵易道　不同道。指前取秦攻，今得賂，關係完全不同了。㊶樞機　關鍵。㊷間不及旋踵　皆形容時間短暫。間，間隙。不及旋踵，來不及旋轉足跟。㊸趨風馳指　皆表示恭敬之意。趨風，為其聲響而急走。馳指，根據旨意而奔馳。指，通「恉」。意旨。㊹微　無。

【語譯】秦國和趙國在長平作戰，趙國失敗，失去一個都尉。趙孝成王召集樓昌和虞卿說：「軍隊作戰失敗，都尉被俘死去，我打算穿上甲衣奔赴前線去指揮。」樓昌說：「這沒有益處，不如拿出貴重寶物，派人去跟秦國求和。」虞卿說：「樓昌說求和，認為不求和，軍隊必定被擊破，可是決定講和條件的是秦國。並且，大王看秦國，是想擊破大王的軍隊呢？還是不想呢？」趙孝成王說：「秦國是不留餘力了，必定快要擊破趙軍。」虞卿說：「大王聽從我，派出使者拿出重寶來依附楚魏兩國。楚魏兩國想得到大王的貴重寶物，必定接納我們的使者。我們的使者進入楚國、魏國，秦國必定懷疑天下諸侯，恐怕天下諸侯合縱，必會一心一意聯合抗秦，像這樣，求和才可以成功。」

趙孝成王不聽從，與平陽君商定求和的計畫，派鄭朱到秦國，秦國接納了他。趙孝成王召喚虞卿來說：「我使平陽君向秦國求和，秦國已經接納鄭朱了。虞卿你認為怎麼樣？」虞卿回答說：「大王不能講和，軍隊必定會被擊破了。天下祝賀戰爭勝利的人都在秦國，鄭朱是趙國的貴人，到了秦國，秦昭王和應侯范雎必定對他特別重視來給天下人看。楚魏兩國認為趙國已經求和，必定不來援救大王，那麼秦國就不會答應我們講和了。」應侯果然隆重地接待鄭朱給天下到秦國祝賀戰爭勝利的人看，始終不肯講和，在長平大敗趙軍，就進軍包圍邯鄲，被天下人恥笑，都是不聽從虞卿的計謀。

秦國解除邯鄲的包圍後，趙孝成王到秦國朝見，派遣趙郝到秦國訂立和約，割讓六個縣求和。虞卿告訴趙孝成王說：「秦國進攻大王，是軍隊疲乏了才回去呢？還是力量尚能進攻，因愛護大王才停止進攻呢？」趙孝成王說：「秦國進攻我，是不留餘力了，必定因為疲乏才回去的呢。」虞卿說：「秦國傾全力來攻取他所不能得到的土地，因為軍隊疲乏而退了回去。大王又用他的力量不能奪取的土地來送給他，這是幫助秦國進攻自己。明年秦國再來進攻大王，大王就沒有救了。」

趙孝成王把虞卿的話告訴趙郝。趙郝說：「虞卿能夠估量秦國力量所達至的程度嗎？縱使確知秦國的力量無法進攻了，這一點點大的地方不肯割給秦國，讓秦國明年再來進攻大王，大王能夠不割讓內地來求和嗎？」趙孝成王說：「我聽從你的主意割讓，你能斷定明年秦國不再進攻我嗎？」趙郝說：「這不是我能夠擔保的。從前，韓、趙、魏三國跟秦國交情是一樣的。現在秦國親善韓魏兩國而進攻大王，可見大王用來事奉秦國的條件，必定不如韓魏兩國。現在我為您解除了虧負秦國的進攻，開通關卡，交流使節，把跟秦國的交情提升到與韓魏兩國相等，到了明年，如果您還是單獨被秦國進攻。則大王事奉秦國的條件，必定又落在韓魏兩國的後面。這不是我所敢擔保的。」

趙孝成王把趙郝的話告訴虞卿，虞卿回答說：「趙郝說：『不求和，明年秦國再來進攻大王，大王能夠不再割讓您的內地來求和嗎？』現在求和，趙郝又不能斷定秦國不再來進攻，即使割地又有什麼益處？明年再來進攻，又割讓他的力量不能取得的土地來求和，這是自尋絕路的辦法，不如不求和。秦國雖然善於進攻，也不能奪取我們六個縣；趙國雖然不能堅守，也不會失去六座城。秦國力倦而歸，兵力必定疲乏，我們用五個縣去收買天下各國去攻擊疲乏的秦國，這是我在各國那裡失去土地，卻從秦國取得補償，我們國家還是有利。這跟坐著割讓土地，削弱自己來加強秦國怎麼能相比呢？現在趙郝說：『秦國親善韓魏兩國卻進攻趙國，必定是大王事奉秦國不如韓魏兩國』，這是讓大王每年用六座城去事奉秦國，坐著等待土地割盡。明年秦國再來割地，大王將給予它嗎？不給予，這是拋棄前功而挑動秦國進攻的戰禍；給予它，卻又沒有土地可給。俗話說：『強國善於進攻，弱國無法據守。』現在坐著聽憑秦國宰割，秦國不費一兵一卒就增加了許多土地，這是加強秦國，削弱趙國。以日益強大的秦國來割讓日益削弱的趙國，他的這個計畫本來就不會停止。況且大王的土地有限度而秦國的欲求無止境，以有限的土地來滿足無盡的欲求，按照這種趨勢，趙國必定會滅亡的。」

計議尚未決定，樓緩從秦國來到趙國，趙孝成王跟樓緩商議說：「給秦國土地或是不給，哪樣好？」樓緩謙讓推辭說：「這不是我所能知曉的。」趙孝成王說：「雖然如此，請談談您的個人意見。」樓緩回答說：「您聽到公父文伯母親的故事嗎？公父文伯在魯國做官，病死了，女子為他在房中自殺的有兩個，他的母親聽到這件事，不肯哭泣。她的保姆說：『哪裡有兒子死了不哭的呢？』他的母親說：『孔子是賢人，在魯國被放逐而他不去跟隨；現在死了，婦人為他自殺的有兩個。像這樣，必定是他對於長者的感情淡薄，而對於婦人的感情深厚。』所以，以母親的立場來說這話，是一位賢良的母親；

若從妻子的立場來說這話，這就不免是個妒婦。所以說的話是一樣，說話的人不同，聽話的人心中感受就有差別了。現在我剛從秦國來，說不給好，不是正確的計謀，說給它好，恐怕大王又認為我是替秦國說話，所以不敢回答。叫我替大王出主意，不如給它。」趙孝成王說：「好！」

虞卿聽說後，說：「這是掩飾的說法，大王切記不要給。」樓緩聽說了，去見趙孝成王，趙孝成王又把虞卿的話告訴樓緩。樓緩回答說：「虞卿想到了其一，不知其二。秦國和趙結成仇怨，造成災禍，天下的諸侯都高興，這是為什麼？他們說：『我們將依靠強大的秦國去進攻衰弱的趙國了。』現在趙國的軍隊被秦國圍困，天下祝賀戰爭勝利的人，必定都在秦國了。所以不如趕快割地求和，好讓天下諸侯疑慮而安慰秦國的心意。不這樣做，天下諸侯將憑藉秦國的忿怒，乘著趙國的疲弊，來瓜分趙國。趙國將被滅亡，還怎麼能去謀算秦國呢？所以我說，虞卿得知其一，不知其二。希望大王依據這種觀點來作決斷，不要再計議了。」

虞卿聽到這種說法，去見趙孝成王說：「危險啊！樓緩用來為秦國設想的辦法。這是更加使天下諸侯懷疑趙國，哪裡是安慰秦國的心意呢？他只差沒有說這是把趙國的衰弱明白地向天下諸侯顯示呢。並且我說不給六座城，不是堅決不把六座城割讓出去。秦國向大王索取六座城，大王卻利用這六座城賄賂齊國。齊國是秦國仇恨最深的仇敵，得到大王的六座城，兩國合力向西打擊秦國，齊國不必等待您把話說完，就會答應您的請求。那麼這是在把土地送給齊國而向秦國索取補償。齊國趙國的仇恨也可以報復了，也是把趙國的有所作為向天下諸侯顯示。大王用這個作為發端，軍隊還沒有看到秦國的國境，我就會看到秦國拿出貴重的財物反而向大王求和。聽從秦國求和，韓國魏國聽到，必定一同看重大王，既看重大王，也必定拿出貴重寶物爭先獻給大王了。這樣一來，大王做一件事就聯結了三個國家親善，這與投靠秦國是完全不同的路子。」

趙孝成王說：「說得好。」立即派虞卿向東去會見齊王，跟他商議如何對付秦國。虞卿的計謀得以實行，趙國就稱霸。這是趙國存亡的關鍵。關鍵發動的時候，時間短暫得來不及旋轉足跟。因此，虞卿一句話，秦國也順著趙國所主導的趨勢震動恐懼起來，而嚴加戒備。所以善於謀劃的臣子，他們對於國家豈不是太重要了嗎？沒有虞卿，趙國就滅亡了。

(二)魏請為從❶，趙孝成王召虞卿謀，過平原君❷。平原君曰：「願卿❸之論從也。」虞卿入見，王曰：「魏請為從。」對曰：「魏過。」王曰：「寡人固未之許。」對曰：「王過。」王曰：「魏請從，卿曰『魏過』，寡人未之許，又曰寡人過，然則從終不可邪？」對曰：「臣聞小國之與大國從事❹也，有利，大國受福；有敗，小國受禍。今魏以小請其禍，而王以大辭其福。臣故曰：『王過，魏亦過。』竊以為從便。」王曰：「善！」乃合魏為從。使虞卿久用於趙，趙必霸。會❺虞卿以魏齊之事❻，棄侯❼捐相而歸。不用，趙旋亡。

【章　旨】此章贊揚虞卿提出的與魏合縱抗秦是保護趙國的好主張。

【注釋】❶從　通「縱」，即「縱約」。戰國時山東六國聯合抗秦的策略。❷平原君　趙惠文王的弟弟趙勝。做過趙惠文王和趙孝成王的相，喜賓客，養士至數千人。❸卿　古代對人的敬稱。❹從事　辦事；處理事務。❺會　恰巧碰上；適逢。❻魏齊之事　魏齊為魏國相，與秦相范雎有仇怨，秦逼魏國殺死魏齊，魏齊逃到趙國，虞卿捐棄相位，與他一道逃亡，後魏齊自殺，虞卿困於梁。❼棄侯　趙封虞卿以一城，位與侯同。

【語譯】魏國請求與趙國合縱，趙孝成王召喚虞卿商議，虞卿去拜訪平原君。平原君說：「希望您贊成縱約。」虞卿入見，趙孝成王說：「魏國請求合縱。」虞卿回答說：「魏國錯了。」趙孝成王說：「我本來就沒有答應他。」虞卿回答說：「大王錯了。」趙孝成王說：「魏國請求合縱，你說『魏國錯了』，我沒有答應他，又說我錯了。那麼，合縱終究不可行嗎？」虞卿回答說：「我聽說，小國跟著大國一道辦事，成功了，大國會得到好處，失敗了，小國會蒙受災禍。現在魏國是小國，請求受禍；大王是大國，辭卻受福。我所以說大王錯了，魏國也錯了。我個人認為合縱對我們有利。」趙孝成王說：「說得好。」就聯合魏國訂立了縱約。倘若虞卿在趙國長期被重用，趙國必定稱霸。恰巧虞卿因為魏齊的事件，拋棄侯爵，丟掉相位而退隱。不被任用，趙國不久就滅亡了。

卷一〇

善謀下第十

(一)沛公❶與項籍❷俱受令於楚懷王❸曰：「先入咸陽❹者王之。」沛公將從武關❺入，至南陽守戰❻，南陽守齮❼保宛城，堅守不下。沛公引兵圍宛三匝❽。南陽守欲自殺，其舍人❾陳恢❿止之曰：「死未晚也。」於是恢乃踰城見沛公曰：「臣聞足下約，先入咸陽者王之。今足下留兵盡日⓫圍宛。宛，大郡之都⓬也，連城數十，人民眾，蓄積多，其吏民自以為降而死，故皆堅守乘城⓭，足下攻之，死傷者必多。死者未收，傷者未瘳⓮。足下曠日⓯則事留⓰，引兵而去，宛完繕⓱弊甲，砥礪⓲淍兵⓳而隨足下之後，足下前則失咸陽之約，後有強宛之患，竊為足下危之。為足下計者，莫如約宛守降，封之，因使止守，引其甲卒，與之西擊，諸城未下者，聞聲爭開門而待足下，通行無所累。」沛公曰：「善。」乃以守為殷侯，封陳恢千戶⑳，引兵西，無不下者，遂先入咸陽，陳恢之謀也。

【章旨】此章贊揚陳恢一謀，救南陽守之死，成沛公先入咸陽之約，己亦得千戶之封，一箭三鵰，可謂善謀。

【注釋】❶沛公　即漢高祖劉邦。劉邦響應陳涉起義，攻下沛，沛人以為令，因稱沛公。❷項籍　下相(今江蘇省宿遷縣西)人，字羽，隨叔父項梁在吳下起兵反秦，亡秦後自封西楚霸王，後戰敗自殺。❸楚懷王　秦末項梁起義後所擁立的楚王，姓熊名心。❹咸陽　秦朝都城，今陝西省咸陽市。❺武關　在今陝西省商南縣西北。❻至南陽守戰　《史記・高祖本紀》作「與南陽守齮戰犨東，破之」。南陽，郡名。轄有今河南南陽地區，湖北襄陽地區之地，治宛。即今河南省南陽市。守，郡守。為一郡之長。❼齮　南陽守的名。❽匝　環繞一周叫一匝。❾舍人　侍從的賓客。❿陳恢　人名。⓫盡日　整日。⓬都　都市；城邑。⓭乘城　登城。⓮瘳　病愈。⓯曠日　耽誤時日。⓰留　遲留；耽擱。⓱完繕　修好。⓲砥礪　磨礪。⓳凋兵　殘缺的兵器。⓴千戶　千戶侯；封食邑千家。

【語譯】沛公劉邦與項籍一同接受楚懷王的命令說：「最先進入咸陽的就做秦王。」沛公將從武關進入咸陽，到南陽，跟南陽守作戰，南陽守齮退守宛城，堅守而不肯投降。沛公率兵把宛城包圍了三層，南陽守想自殺，他的侍從的賓客陳恢制止他說：「死的時間還早呢！」

於是，陳恢爬過城牆見到沛公說：「我聽說您與項羽約定最先進入咸陽的就做秦王。現在您留滯軍隊整天包圍宛城。宛城是一個大郡的都會，連結的城幾十座，人民眾多，蓄積豐富。它的官吏百姓自己認為投降了就會被殺，所以都登城堅守。您進攻它，死傷的人必定多。死的沒有收葬，傷的沒有治愈。您耽誤時日，那麼事情也會耽擱；如果您率兵離開，宛城會修理了殘破的鎧甲，磨利殘缺了的兵器，緊隨在您的後面。您向前會失去咸陽的約期，後面有強大的宛城的患害，我個人替您感到危險。為您謀劃，不如派人與宛守約定投降的條件，封他官爵，派他繼續留守宛城，率領他的部隊，一同向西進擊。那些沒有投降的城，聽到您的風聲，都大開城門等待您，您就通行而沒有牽累了。」

沛公說：「很好。」就封宛守做殷侯，封陳恢做千戶，率領軍隊向西，所過之處，沒有不投降的，於是率先進入咸陽，這是陳恢的計策。

(二)漢王❶既用滕公❷、蕭何❸之言，擢❹拜韓信❺為上將軍，引信上坐，王問曰：「丞相數言將軍，將軍何以教寡人計策？」信謝，因問王曰：「今東向爭權天下，豈非項王❻邪？」曰：「然。」「大王自斷❼勇仁強孰與項王？」漢王默然良久❽，曰：「不如也。」信再拜賀曰：「唯信亦以為大王不如也。然臣嘗事楚，請言項王為人。項王喑嗚叱咤❾，千人皆廢❿，然不能任屬賢將，此匹夫⓫之勇耳。項王見人恭謹，言語呴呴⓬，人疾病，涕泣分食飲；至使人有功，當封爵，印刓⓭綬⓮弊，忍不能與。此所謂婦人之仁。項王雖霸天下而臣諸侯，不居關中⓯，都彭城⓰，又背義帝約⓱，而以親愛王，諸侯不平；諸侯之見項王遷逐義帝江南⓲，亦皆歸逐其主，自王善地；項王所過，無不殘滅多怨，百姓不附，特⑲劫於威彊服耳。名雖為霸王，實失天下心。故曰其強易弱。今大王誠反其道，任天下武勇，何不誅？以天下城邑封功臣，何不服？以義兵從思東歸之士，何不散⑳？且三秦王㉑為秦將秦弟子數歲，所殺亡不可勝計，又欺其眾降諸侯，至新安㉒，項王詐坑秦降卒二十餘萬人，唯獨邯、欣、翳脫，秦父兄怨此三人，痛入骨髓。今楚強以威王㉓此三人，秦民莫愛。大王之入武關，秋毫㉔無所害，除秦苛法，與秦約，法三章㉕耳，秦民無不欲得大王王秦者。於諸侯約，大王當王關中，民戶知之，大王失職之蜀㉖，民無不恨者。今大王舉而東，三秦可傳檄㉗而定也。」於是漢王喜，自以為得信晚，遂聽信計，部署諸將所擊。八月，漢王東出，秦民歸漢。王遂誅三秦王，定其地，收諸侯兵，討項王，定帝業，韓信之謀也。

【章旨】此章贊揚韓信分析項王的弱點與失誤，為劉邦定下收關中，與項王爭天下的策略，都是很有戰略眼光的。

【注釋】❶漢王　即漢高祖劉邦。滅秦後，項羽封劉邦為漢王。❷滕公　即夏侯嬰。沛縣人，從漢高祖起兵定天下，封汝陰侯。曾為滕令，故稱滕公。❸蕭何　沛縣人。從漢高祖起兵，為漢丞相，封酇侯。❹擢　選拔。❺韓信　淮陰人。初從項羽，後歸劉邦，佐劉邦定天下，封楚王，降為淮陰侯，後被殺。❻項王　即項羽。自封西楚霸王，故稱項王。❼自斷　自己判斷。❽良久　很久。❾喑嗚叱咤　厲聲怒喝。❿廢　停止。⓫匹夫　平民；庶人。⓬呴呴　和順恭敬。⓭刓　磨損。⓮綬　繫印的絲帶。⓯關中　地區名。東自函谷關，西至隴關，二關之間謂之關中。⓰彭城　地名。故址在今江蘇省銅山縣。⓱背義帝約　即違背「先入咸陽者王之」的約定。義帝，即項梁所立楚懷王心。項羽分封諸侯，尊楚懷王為義帝，遷往長沙，派人殺之江中。徙封劉邦為漢王，而封章邯、司馬欣、董翳為三秦王。⓲江南　長江以南。這裡指長沙。⓳特　只是。⓴散　潰散。㉑三秦王　項羽將關中秦地分立章邯為雍王，司馬欣為塞王，董翳為翟王，稱三秦王，此三人都是秦朝降將。㉒新安　縣名。今屬河南。項羽曾坑秦降卒二十餘萬人於此。㉓王　立為王。動詞。㉔秋毫　鳥獸之毛，至秋更生，細而末銳，謂之秋毫。比喻微細。㉕法三章　劉邦入關，與父老約，法三章耳：殺人者死，傷人及盜抵罪，餘悉除去秦法。㉖之蜀　《史記・淮陰侯列傳》作「入漢中」。㉗檄　古代用作徵召、曉喻、聲討的文書。

【語　譯】漢王劉邦採用滕公夏侯嬰、丞相蕭何的話，越級晉升韓信為上將軍以後，引領韓信坐在上位。漢王問他說：「丞相多次向我提起將軍，將軍有什麼計策來指教我呢？」韓信謙讓一番後，就問漢王說：「現在大王您向東爭奪天下大權，您的對手，不就是項王嗎？」漢王說：「是的。」韓信說：「大王自己估量在勇敢、仁厚、驃悍、強大方面，比起項王到底怎樣？」漢王沈默了很久，說：「不如項王。」韓信再拜，稱贊漢王說：「我韓信也認為大王不如他。然而我曾在楚任職，請求讓我談談項王的為人。項王厲聲怒罵，千人都要退避。但是他不懂得任用良將，這是一個普通人的勇敢罷了。項王與人見面，態度恭謹，言語和順，別人有病，他流著淚把吃的喝的分給別人。但是到了派人做事有了功勞，當封賞爵祿的時候，他把印玩壞了，繫印的絲帶爛了，也捨不得賞給人家。這是一般所說的婦道人家的仁愛之心。項王雖然稱霸天下，臣服諸侯，不占據關中，卻建都彭城；又背叛義帝的約定，把親近喜愛的人封做關中王，諸侯都認為不公平。諸侯看到項王遷徙放逐義帝到長江以南，也都返國驅逐他們的君主，自己占有好地。項王所到之處，無不破敗毀滅而多怨恨，百姓不親附，只是被他的威勢所劫持，勉強服從罷了，名義上雖然叫做霸王，實際上失去了天下的民心。所以說這種強大容易變弱。如果大王果真反其道而行之，任用天下英武勇敢的人，什麼敵人不能誅滅？把天下城邑封賞功臣，什麼人不心服？以正義之師的名號，加上這些想要東歸的將士，什麼敵人不敗散？況且三個秦王是秦的將帥，統領秦地的子弟好幾年了，在戰爭中被殺死和逃亡的數也數不清，又欺騙他們的部下投降諸侯，到了新安，項王用計坑殺了秦投降的士卒二十多萬人，只有章邯、司馬欣、董翳三人得免於難。秦地做父親的、哥哥的怨恨這三個人，痛恨到了深入骨髓。現在項羽勉強用威勢把這三人封為關中王，秦地百姓並不愛戴他們。大王進入武關的時候，對百姓毫不侵害。除去秦朝苛刻的法令，跟秦人所約定的，只有三項法令而已，秦地百姓沒有誰不想得到大王做關中的王。根據諸侯的約定，大王應當統治關中，老百姓家喻戶曉，大王失去應得的職位，到了蜀地，秦地的百姓都感到很遺憾。如果大王舉兵東出，三秦之地只要下道檄文，就可平定了。」

於是漢王很高興，自己認為任用韓信太遲了，於是聽從韓信的計策，部署諸將進擊的計策。八月，漢王向東進發，秦地百姓歸順漢王。漢王於是誅滅三個秦王，平定關中，收集諸侯的兵力，討伐項王，奠定帝業，這都是韓信的計謀。

(三)趙地亂，武臣、張耳、陳餘❶定趙地，立武臣為趙王，張耳為相，陳餘為將軍。趙王間出❷，為燕軍❸所得，燕因之，欲與三分其地，乃歸王。使者至燕，輒殺之，以固求地。張耳、陳餘患之。有廝養卒❹謝其舍中人❺曰：「吾為公說燕，與趙王載歸。」舍中人皆笑之曰：「使者往十輩死，若❻何以能得王？」廝養卒曰：「非若所知。」乃洗沐往見張耳、陳餘，遣行見燕王。燕王問之，對曰：「賤人希見長者，願請一卮❼酒。」已飲，又問之，復曰：「賤人希見長者，願復請一卮酒。」與之酒。卒曰：「王知臣何欲？」燕王曰：「欲得而王❽耳。」卒曰：「君知張耳、陳餘，何人也？」燕王曰：「賢人也。」曰：「君知其意何欲？」曰：「欲得其王耳。」趙卒笑曰：「君未知兩人所欲也。夫武臣、張耳、陳餘，杖馬策❾下趙數十城，此亦各欲南面❿而王，豈為卿相哉？夫臣與主豈可同日道⓫哉？顧⓬其勢始定，未足三分而王，且以長少先立武臣為王以持趙心。今趙地已服，此兩人亦欲分趙而王，時未可耳。今君囚趙王，此兩人名為求趙王，實欲燕殺之。此兩人分趙自立。夫以一趙尚易燕，況兩賢王左提右挈⓭，執直義而以責不直之弱燕，滅無日矣。」燕王以為然，乃遣趙王，養卒為御⑭而歸，遂得反國，復立為王，趙卒之謀也。

【章　旨】此章贊揚趙卒看準了燕王孱弱的心理，所以一威脅，就屈服了。

【注　釋】❶武臣張耳陳餘　皆人名。武臣，陳人，陳涉使定趙地，下趙數十城，被張耳、陳餘擁立為趙王，後被李良所殺。張耳，大梁人，仕魏為外黃令，秦統一天下，張耳與陳餘俱亡命。陳涉起兵後，張耳與武臣、陳餘北定趙地，遊說武臣自立為趙王，後降漢，與韓信共破趙，殺陳餘，封為趙王。陳餘，大梁人，取趙地後，遊說武臣自立為趙王。武臣死，又立趙歇為趙王，趙歇亦立陳餘為代王，後被張耳、韓信擊殺。❷間出　從偏僻小道外出。❸燕軍　指燕王韓廣的部隊。韓廣原秦朝上谷郡的卒史，武臣做趙王後，派韓廣北定燕地，被燕人立為燕王。❹廝養卒　從事勞役雜務的士卒。❺舍中人　同房舍的人。❻若　你。❼卮　古代盛酒的器皿。❽而王　你的王。❾杖馬策　舉著馬鞭。❿南面　古代以坐北朝南為尊位，南面即「稱王」的意思。⓫同日道　同日而語；相提並論。⓬顧　不過。副詞。⓭左提右絜　指統率軍隊，互相配合。提絜，帶領；統率。⓮御　駕車的車夫。

【語　譯】趙叛亂，武臣、張耳、陳餘平定趙地，張耳、陳餘立武臣做趙王，張耳做相，陳餘做將軍。趙王從小路外出，被燕軍俘獲，燕國拘留他，要趙國答應三分趙地，才放趙王回去。趙國派使者到燕國談判，燕國立即殺掉他們，堅決要求趙國割地。張耳、陳餘以此為憂。

有一個幹粗雜活的士卒向他同屋的人說：「我替你們去遊說燕，跟趙王一同坐車回來。」同屋的人都嘲笑他說：「使者去了十批都死了，你憑什麼能把趙王救回來？」這個幹雜役的士卒說：「這不是你們所能知曉的。」他就洗頭洗澡，去見張耳、陳餘，張耳、陳餘就派遣他去見燕王。

燕王問他，他回答說：「我是一個地位卑下的人，很少機會拜見大人物，希望得到一杯酒。」喝了一杯酒以後，又問他，他又說：「地位低下的人，很少機會拜見大人物，希望再得到一杯酒。」給了他酒，廝養卒說：「大王知道我要做什麼？」燕王說：「想得到你的王罷了。」廝養卒說：「您知道張耳、陳餘是什麼樣的人嗎？」燕王說：「是賢人。」廝養卒說：「您知道他們心裡想要做什麼？」燕王說：「想得到他們的王罷了。」趙國的廝養卒笑著說：「您不知道他們兩個人所想要的。武臣、張耳、陳餘揮動馬鞭，攻下趙國幾十座城，他們二人都想南面稱王，哪裡是只想做卿相呢？做臣下與做君主，怎麼可以相提並論呢？只不過當時局勢剛剛平定，不敢三分趙國，各自稱王，暫且按年紀大小，先立武臣為王，來維持趙國的民心。現在趙地已經服從了，這兩個人也想瓜分趙國稱王，只是時機不允許罷了。現在您囚禁趙王，這兩個人表面上想要回趙王，實際上是希望燕國殺掉他。這兩個人就可以平分趙國，自立為王。以一個趙國尚且輕視燕國，何況兩個賢王統率軍隊，互相配合，打著正義的旗號來責難不正直的弱小的燕國呢？燕國快要滅亡了。」燕王認為他說得對，就打發趙王回國。

廝養卒替趙王駕車回去，終於能夠返回趙國，重新立為趙王，這都是趙國這個廝養卒的計謀。

(四)酈食其❶號酈生，說漢王：「臣聞之，知天之天者王事可成，不知天之天者王事不可成。王者以民為天，而民以食為天。夫敖倉❷，天下轉輸❸久矣。臣聞其下乃有藏粟甚多。楚❹人拔❺滎陽❻，不堅守敖倉，乃引而東，令適過卒❼分守成皋❽，此乃天所以資漢。方今楚易取而漢反卻❾，自守便❿，臣竊以為過矣。且兩雄不俱立，楚漢久相持不決，百姓騷動，海內搖蕩，農夫釋耒⓫，工女下機⓬，天下之心，未有所定也。願陛下急復進兵收取滎陽，據敖倉之粟，塞成皋之險，杜太行⓭之路，距蜚狐之口⓮，守白馬之津⓯，以示諸侯形制之勢，則天下知所歸矣。」漢王曰：「善。」乃從其計畫，復守敖倉，卒糧食不盡以擒項氏。其後吳楚反⓰，將軍竇嬰、周亞夫⓱復據敖倉，塞成皋如前以破吳楚，皆酈生之謀也。

【章旨】此章贊揚酈食其勸漢王據敖倉之粟是非常正確的謀略。

【注釋】❶酈食其　漢陳留高陽人。劉邦至高陽，獻計攻下陳留，封廣野君。後被齊王田廣烹殺。❷敖倉　秦代所建倉名。亦稱敖庾，在河南省滎陽縣東北敖山上。❸轉輸　運輸。❹楚　此指項羽建立的西楚。❺拔　攻下。❻滎陽　地名。故址在今河南省滎陽縣西。❼謫過卒　犯罪被流放的士卒。❽成皋　地名。在今河南省滎陽縣汜水鎮西。❾卻　退。❿自守便　《史記・酈生陸賈列傳》作「自奪其便」。⓫耒　古代原始的翻土工具。⓬機　織具。⓭太行　山名。綿延山西、河北、河南三省界的大山脈。⓮蜚狐之口　即蜚狐口。要隘名。在河北省蔚縣南，其地兩岸峭立，一線微通，迤邐百里，地勢險要。⓯白馬之津　即白馬津。在河南省滑縣北，舊為河水分流處，今已湮滅。⓰吳楚反　漢景帝三年，吳王劉濞、楚王劉戊等七國發兵反叛，不久即被鎮壓下去。⓱竇嬰周亞夫　皆人名。竇嬰，字王孫，觀津人，竇太后從兄子，吳楚七國之亂時任大將軍，守滎陽，七國亂平，封魏其侯。後以罪被殺。周亞夫，漢沛人，周勃之子，襲封條侯，景帝時為太尉，平定吳楚七國之亂，後被誣謀反，不食，嘔血而死。

【語譯】酈食其號稱酈生，遊說漢王劉邦說：「我聽說，知道上天的上天的人，稱王的事業就可成功；不知道上天的上天的人，稱王的事業就不能成功。稱王的人以百姓為上天，而百姓以糧食為上天。敖倉，天下向那裡運送糧食已經很久了。我聽說它的下面收藏有很多糧食。楚項羽的軍隊攻下滎陽，不堅固地守住敖倉，卻引兵向東而去，只叫一些犯罪流放的士卒分兵守住成皋，這是老天爺用來資助漢軍的。當今楚地容易奪取，可是漢軍反而退卻，守住自己認為的有利之處，我個人認為這是錯誤的。況且兩個英豪無法並存，楚漢長久相持不能決定勝負，百姓不安，天下搖蕩，農夫放下鋤頭不再種田，做工的婦女走下織機不再織布，天下的人心，沒有歸向的處所。希望您趕快再進兵，收取滎陽，占據敖倉的糧食，堵塞成皋的要道，杜絕太行山的通路，扼住飛狐口，守住白馬津，把地形制勝的形勢給諸侯看，那麼天下的人心就知道歸附的目標了。」

漢王說：「說得好。」就聽從了他的計畫，再次守住敖倉。終於糧食源源不盡，擒服了項羽。後來，吳楚七國謀反叛亂，將軍竇嬰、周亞夫再次占據敖倉，跟過去一樣，堵塞成皋，平定了吳楚，用的都是酈生的計謀。

(五)酈生說漢王曰：「方今燕趙已復❶，唯齊未下。今田橫❷據千里之齊，田間❸據二十萬之軍於歷城❹。諸田宗強，負海阻河濟，南近楚，民多變詐，陛下雖遣數十萬師，未可以歲月下也。臣請奉明詔說齊王，令稱東藩❺。」於是使酈生食其說齊王曰：「王知天下之所歸乎？」王曰：「不知也。」曰：「王知天下之所歸，則齊國可得而有也。若不知天下所歸，則齊國未可保也。」齊王曰：「天下何歸？」曰：「歸漢。」王曰：「先生何以言之？」曰：「漢王與項王戮力❻西向擊秦，約先入咸陽者王之。漢王先入咸陽，項王倍❼約不與而王漢中。項王遷殺義帝，漢王起蜀漢之兵擊三秦，出關而責義帝之處，收天下之兵，立諸侯之後，降城即以侯其將，得賂即以予其士，與天下同其利，豪傑賢才皆樂為其用。諸侯之兵四面而至，蜀漢之粟方船❽而下。項王有倍約之名，殺義帝之實❾；於人之功無所託，於人之過無所忘；戰勝而不得其賞，拔城而不得其封；非項氏莫得用事。為人刻印，刓而不能授；攻城得賂，積財而不能賞。天下畔❿之，賢才怨之，而莫為之用。故天下之事歸於漢王，可坐而策⓫也。夫漢王發蜀漢，定三秦，涉西河⓬之外，乘⓭上黨⓮之兵，下井陘⓯，誅成安⓰，破北魏⓱，舉三十二城，此蚩尤⓲之兵，非人之力也。今已據敖倉之粟，塞成皋之險，守白馬之津，杜太行之阪，距蜚狐之口，天下後服者先亡矣。王疾下漢王，齊國社稷可得而保也；不下漢王，危亡可立而待也。」田橫以為然，即聽酈生罷歷下⑲兵、戰守之備⑳，與酈生日縱酒，此酈生之謀也。及齊人蒯通㉑說韓信曰：「足下受詔擊齊，何故止？將三軍之眾，不如一豎儒㉒之功？可因齊無備擊之。」韓信從之，酈生為田橫所害。後信通㉓亦不得其所，由不仁也。

【章旨】楚漢之際，天下擾攘，人心思定，酈食其說服齊王降漢，對減少戰爭破壞有好處，故劉向特加贊揚，並批評韓信蒯通乘其無備而擊之為不仁。

【注釋】❶燕趙已復　指韓信、張耳軍已擊破趙國，降服燕國。復，《史記·酈生陸賈列傳》作「定」。❷田橫　戰國時齊田氏之後。秦末，其從兄田儋自立為齊王，不久戰死，儋弟榮及榮子廣相繼為齊王，橫為相國，後自殺。田橫，《史記·酈生陸賈列傳》作「田廣」。❸田間　齊田氏之後。田儋戰死，齊人立故齊王建之弟田假為齊王，田間為其將。❹歷城　戰國時齊國歷下邑，在今山東省濟南市。❺藩　藩國。❻戮力　併力。❼倍　通「背」。❽方船　併船。❾實　《史記·酈生陸賈列傳》作「負」。❿畔　借作「叛」。⓫策　籌謀。⓬西河　古地區名。今陝西東部黃河西岸地區。⓭乘　《史記·酈生陸賈列傳》作「援」。⓮上黨　地名。秦置上黨郡，治壺關，在今山西省長治市東南。⓯井陘　井陘口。要隘名，在今河北省井陘縣。⓰成安　指成安君陳餘。⓱北魏　指秦末魏王豹所建立的魏。在河北，故稱北魏。⓲蚩尤　古九黎族的首領。相傳蚩尤作兵，能呼風喚雨，故以蚩尤之兵代指神兵。⑲歷下　即歷城。⑳兵戰守之備　《史記・酈生陸賈列傳》作「兵守戰備」。㉑蒯通　即蒯徹。漢范陽人，以善辯著名，有權變。㉒豎儒　對儒者的賤稱。言其淺陋如童奴。㉓信通　指韓信、蒯通。韓信被呂后所殺，蒯通也幾乎被劉邦烹殺，以辯得免。

【語　譯】酈生遊說漢王劉邦說：「現在燕國趙國已經平定，只有齊國沒有降下。現在田橫據有千里之地的齊國，田間擁有二十萬大軍據守歷城。諸田宗族勢力強大，背靠大海，有黃河濟水的險阻，南面靠近楚國，百姓多權變詭詐。您即使派遣幾十萬軍隊，也不能在一年半載之內攻打下來。我請求帶著您明確的詔命去遊說齊王，使他成為大漢東邊的藩國。」

於是漢王使酈食其遊說齊王說：「大王知道天下人心的歸向嗎？」齊王說：「不知道。」酈食其說：「大王知道天下人心的歸向，那麼齊國就可能占有；假若不知道天下人心的歸向，那麼齊國就不可能保住。」齊王說：「天下人心歸向誰呢？」酈生說：「歸向漢王。」齊王說：「先生憑什麼這樣說呢？」酈生說：「漢王與項王併力向西攻擊秦王朝，約定先進入咸陽的做關中的王。漢王率先進入咸陽，項王違背約言而封他做漢中王。項王遷徙義帝到江南，後來又殺害他，漢王發動蜀漢的兵力，打擊項羽所封的三個秦王，出函谷關，責問義帝的所在。收集天下的軍隊，分封諸侯的後代，以城投降的就把城封給其將官，得到財物的就給予其將士，與天下人一道分享所得到的利益，豪傑賢才都樂意為他做事。諸侯的兵力四面八方趕來；蜀漢的糧食併船順流東下。項王有違背約言的罪名，有殺害義帝的事實；對於別人的功勞不放在心上，對於別人的過失卻牢記不忘；打了勝仗得不到獎賞，攻下城邑得不到封爵；不是姓項的人沒有誰能掌實權。替部下刻好印信，玩壞了也捨不得授予；攻下城邑得到財物，堆積起來也不能賞賜。天下背叛他，賢才埋怨他，而不肯為他所用。所以天下大業歸向漢王，是可以坐著推算出來的。漢王從蜀漢出發，平定三秦，渡過西河以外，利用上黨的兵力，攻下井陘口，誅滅安成君陳餘，攻破北魏，降下三十二座城。這簡直就像蚩尤的神兵，不是人的力量所能做到的。現在已經據有敖倉的糧食，堵塞成皋的險要，守住了白馬津，杜塞了太行山的道路，扼住了蜚狐口。天下越晚服的，就會最先滅亡。大王趕快投降漢王，齊國的社神稷神就可以保得住。不投降漢王，危險和滅亡很快就會來到了。」田橫認為他說得很對，就聽從酈生的意見，撤除了歷下的兵力和戰守的設施，每天與酈生飲酒作樂。這都是酈生的計謀。

等到齊國人蒯通遊說韓信說：「您接受詔命進攻齊國，為什麼緣故停止不前？您率領著眾多的部隊，難道還比不上一個淺陋的儒生的效果嗎？您可以趁著齊國沒有防備去攻擊他。」韓信聽從了他，酈生被田橫殺害。後來韓信蒯通都沒有好結果，都是由於他們不仁愛呢。

(六)漢三年，項羽急圍漢王滎陽，漢王恐憂，與酈生❶謀橈❷楚權。酈生曰：「昔湯伐桀，封其後於杞❸；武王伐紂，封其後於宋❹。今秦無德棄義，侵伐諸侯社稷，滅六國之後，使無立錐之地。陛下誠復立六國後，畢授印已，此君臣百姓必皆戴陛下德，莫不嚮風慕義，願為臣妾。德義已行，陛下南嚮❺稱霸，楚必斂衽❻而朝。」漢王曰：「善。趣❼刻印，先生因行佩之矣。」酈先生未行，張良從外求謁❽，漢王方食，曰：「子房前。客有為我計橈楚權者。」具以食其言告之，曰：「其於子房意如何？」良曰：「誰為陛下畫此計者？陛下事去矣！」漢王曰：「何哉！」良對曰：「臣請借前箸❾而籌❿之。」曰：「昔湯伐桀而封其後於杞者，斯能制桀之死命也，陛下能制項籍之死命乎？」曰：「未能也。」「其不可一也。武王伐紂而封其後於宋者，斯能得紂之頭也；今陛下能得項籍之頭乎？」曰：「未能也。」「其不可二矣。武王入殷，表商容⓫之閭⓬，軾⓭箕子⓮之門，封⓯比干⓰之墓；今陛下能封聖人之墓，表賢人之閭，軾智者之門乎？」曰：「未能也。」「其不可三矣。發鉅橋之粟⓱，散鹿臺之錢⓲，以賜貧羸；今陛下能散府庫以賜貧羸乎？」曰：「未能也。」「其不可四矣。殷事已畢，偃革⓳為軒⓴，倒載干戈，以示天下不復用兵；今陛下能偃革倒載干戈乎？」曰：「未能也。」「其不可五也。休馬於華山㉑之陽，以示無所用；今陛下能休馬無所用乎？」曰：「未能也。」「其不可六矣。休牛於桃林㉒，以示不復輸糧；今陛下能休牛不復輸糧乎？」曰：「未能也。」「其不可七矣。且夫天下游士捐其親戚㉓，棄墳墓，去故舊㉔，從陛下游者，皆日夜望尺寸之地。今復立韓魏燕趙齊楚之後，其王皆復立，游士各歸事其主，從其親戚，反其故舊墳墓，陛下誰與取天下乎？其不可八也。且夫楚唯無強，六國復橈而從之，陛下焉得而臣之乎？誠用客之計，陛下之事去矣。」漢王輟食吐哺㉕，罵曰：「豎儒！幾敗乃公㉖事！」令趣銷印，止不使，遂并天下之兵，誅項籍，定海內，張子房㉗之謀也。

【章旨】此章贊揚張良。他分析當時不可分封的形勢，制止酈食其復封六國的計畫，這對劉邦穩定軍心起了重要作用。

【注釋】❶酈生　即酈食其。❷橈　削弱。❸杞　古國名。殷時或封或絕，周武王封夏禹後嗣東樓公於杞。地在今河南省杞縣。❹封其後於宋　周公平定武庚叛亂後，封紂之庶兄微子，號宋公，為宋國。❺南鄉　古人以坐北朝南為尊位，南嚮即稱王稱帝。❻斂衽　提起衣襟夾於帶間。表示敬意。❼趣　急；從速。❽謁　晉見。❾箸　餐具。俗稱筷子。❿籌　謀劃。⓫商容　殷紂時人，為紂所貶。周武王克殷，表其閭。⓬閭　里巷的門。⓭軾　古人立乘，扶軾表示敬意。⓮箕子　商紂諸父，封國於箕，故稱箕子。紂暴虐，箕子諫不聽，乃披髮佯狂為奴，為紂所囚，武王伐紂，即釋箕子之囚。⓯封　增土於墳。表示加禮於死者。⓰比干　殷末紂庶兄，紂淫亂，比干犯顏強諫，被剖其心而死。⓱發鉅橋之粟　周武王滅紂，發鉅橋之粟。鉅橋，商代糧倉所在地，在今河北省曲周縣東北。⓲散鹿臺之錢　周武王伐紂，散鹿臺之財。鹿臺，古臺名。故址在今河南省湯陰縣朝歌鎮南，商紂王所築。⑲偃革　停用兵車。即停止戰爭。革，革車；兵車。⑳軒　古代一種有圍棚的車。㉑華山　山名，在陝西省華陰縣南。周武王滅商，歸馬於華山之陽。㉒桃林　地名。其地約相當於河南省靈寶縣以西。周武王滅商，放牛於桃林之野。㉓親戚　此指父母。㉔故舊　故交；老友。㉕哺　口中所含食物。㉖乃公　猶言「你老子」。罵人的話。㉗張子房　張良。字子房，韓人，劉邦重要謀士，封留侯。

【語譯】漢三年，項羽把漢王劉邦包圍在滎陽，形勢危急，漢王害怕憂慮，跟酈食其商議削弱楚項羽的勢力。酈食其說：「從前商湯王伐滅夏桀王，封他的後代在杞國；周武王伐滅商紂王，封他的後代在宋國。現在秦王朝沒有恩德，背棄道義，侵伐了諸侯的社神稷神，滅了六國的後代，使他們連放置錐子尖的土地也沒有。您真的重新分封六國的後代，全都給予印綬以後，他們的君臣百姓必定都感戴您的恩德，沒有誰不嚮著您的風聲，仰慕您的道義，願意做您的奴隸。您的恩德道義推行以後，您面向南坐著稱王稱霸，楚項羽必定提著衣襟來朝見您。」漢王說：「說得好，趕快刻印章，先生就帶著它上路。」

酈食其還未動身出發，張良從外地來求見。漢王正在吃飯，說：「子房上前來！有賓客替我想出了削弱楚項羽勢力的計策。」把酈食其的話全部告訴了張良，說：「你的意思認為怎樣？」張良說：「誰替您想出這個計策的？您的事業快要完了。」漢王說：「為什麼呢？」張良回答說：「我請求借您前面的筷子來籌劃。」說：「從前商湯王伐滅夏桀，封他的後代在杞國，這是他能控制桀的死命；現在您能控制項籍的死命嗎？」漢王說：「不能夠。」「這是第一個不可以。周武王伐滅商紂王，封他的後代在宋國，這是他能夠得到商紂王的頭；現在您能夠得到項籍的頭嗎？」漢王說：「不能夠。」「這是第二個不可以。周武王進入殷商，標記商容的里門，致敬箕子的門庭，增封比干的墳墓；現在您能夠重新整修聖人的墓，標記賢人的里門，到智者的門庭去致敬嗎？」漢王說：「不能夠。」「這是第三個不可以。周武王發散鉅橋的糧食，散放鹿臺的錢財，來賜給貧弱的人；現在您能夠發散府庫的財物賜給貧弱的人嗎？」漢王說：「不能夠。」「這是第四個不可以。周武王伐殷的事業完成後，停止兵車做成軒車，干戈倒放在車上，向天下人表示不再用兵器；現在您能停用兵車，倒載干戈嗎？」漢王說：「不能夠。」「這是第五個不可以。周武王把馬放牧在華山的南邊休息，向天下表示不必再用牠們去作戰；現在您能夠讓馬休息，而不使用嗎？」漢王說：「不能夠。」「這是第六個不可以。周武王把牛放到桃林休息，表示不再運輸軍糧；現在您能夠讓牛休息，不運軍糧嗎？」漢王說：「不能夠。」「這是第七個不可以。並且，天下的遊宦之士，拋棄他們的父母，離開祖宗的墳墓，離別朋友熟人，追隨著您奔波，都是日夜盼望有尺寸的封地，現在重新建立韓、魏、燕、趙、齊、楚的後代，他們的王都重新即位，遊宦之士各自回去事奉他們的主子，跟從他們的父母，返回到他們的老友之中和祖墳之處，您跟誰來爭奪天下呢？這是第八個不可以。況且現在沒有比楚更強大的，六國再被它屈服而聽從它，您怎麼能使它們臣服呢？果真聽從了賓客的計策，您的事業就完了。」

漢王停止吃飯，吐掉口中食物，罵道：「這個淺陋的儒生幾乎壞了你老子的大事！」叫人趕快銷毀印章，停止酈食其不再出使。就併合了天下的軍隊，誅滅項籍，平定天下，都是張子房的謀略。

(七)漢五年，追擊項王陽夏❶南，止軍，與淮陰侯韓信❷、建成侯❸彭越期會而擊楚軍，至固陵❹，不會。楚擊漢軍，大破之，漢王復入壁❺，深塹而守之，謂張子房曰：「諸侯不從約，奈何？」對曰：「楚兵且破，而未有分地❻，其不至固宜。君主能與共天下，今可立致❼也；則不能，事未可知也。君王能自陳❽以東傅❾海，盡與韓信；睢陽❿以北至穀城⓫，盡與彭越，使各自為戰，則楚易敗也。」漢王乃使使者告韓信、彭越，曰：「并力擊楚，楚已破，自陳以東傅海，與齊王；睢陽以北穀城，與彭相國⓬。」使者至，韓信、彭越皆喜，報曰：「請今進兵。」韓信乃從齊行，彭越兵自梁至，諸侯來會，遂破楚，軍于垓下⓭，追項王，誅之於淮津⓮，二君⓯之功，張子房之謀也。

【章旨】此章贊揚張良在劉邦項羽爭奪天下的關鍵時刻，為劉邦策劃爭取韓信、彭越參戰，對劉邦戰敗項羽起了重大作用。

【注釋】❶陽夏　今河南省太康縣。❷淮陰侯韓信　韓信破齊，自立為齊王，滅楚後，封為楚王，後以謀反罪降為淮陰侯。❸建成侯　彭越。字仲，漢初昌邑人，秦末聚眾起兵，後歸劉邦，略定梁地，多建奇功，封為梁王，後被誅。這時彭越為魏相國，史不載其有此封號，大約是所賜名號。❹固陵　在今河南省太康縣西。❺壁　營壘。❻分地　分封的土地。❼立致　立即招致來。❽陳　今河南省淮陽縣。❾傅　到達。❿睢陽　今河南省商邱市南。⓫穀城　在今山東省東阿縣境內。按：「穀城」上原漏一「至」字，今據《史記・項羽本紀》

補。⑫彭相國　即彭越。漢二年，拜彭越為魏相國。⑬垓下　地名。在今安徽省靈壁縣東南。⑭淮津　淮水渡口。據《史記‧項羽本紀》項羽自刎於烏江，即今安徽省和縣東北長江岸的烏江浦。⑮二君　指韓信、彭越。

【語　譯】漢五年，劉邦追擊項王，追到陽夏的南面，停止進軍，跟淮陰侯韓信、建成侯彭越約期會師，共擊楚軍，到達固陵，韓信、彭越不來會師。楚軍攻擊漢軍，把漢軍打得大敗。漢王再次進入營壘，深挖壕塹固守，告訴張子房說：「諸侯不聽從約定，怎麼辦？」張良回答說：「楚兵將被擊敗，他們卻沒有分封的土地，他們不來絕對是可以理解的。君王能夠跟他們共有天下，就可以立即招致他們來；如果不能夠，事情的成敗就不敢說了。君王能夠把從陳地以東一直到靠近大海的土地，全都給予韓信；睢陽以北到穀城的土地，全都給予彭越；使他們各自從自己的駐地出戰，那麼楚就容易打敗了。」

漢王就派遣使者告訴韓信、彭越說：「合力攻擊楚軍，楚軍被打敗之後，自陳地以東近海一帶，都分給齊王韓信；睢陽以北到穀城一帶，都封給彭相國。」使者到達，韓信、彭越都很高興，回報說：「請求立即進兵。」韓信從齊國出發，彭越的軍隊從梁地出發，諸侯來會師，於是在垓下打敗了楚軍，追擊項王，在淮水的渡口誅殺了他。這是韓信、彭越的功勞，是張子房的謀略。

(八)漢六年正月，封功臣，張子房未嘗有戰鬥之功。高皇帝曰：「運籌策帷幄之中❶，決勝❷千里之外，子房功也。子房自擇齊三萬戶。」良曰：「始臣起下邪❸，與上❹會留❺，此天以臣授陛下，陛下用臣計，幸而時中❻，臣願封留足矣，不敢當齊三萬戶。」乃封良為留侯，及蕭何等。其餘功臣皆未封，群臣自疑，恐不得封，咸不自安，有搖動之心。於是高皇帝在雒陽❼南宮上臺，見群臣往往相與坐沙中語，上曰：「此何語？」留侯曰：「陛下不知乎？謀反耳。」上曰：「天下屬❽安，何故而反？」留侯曰：「陛下起布衣，與此屬❾定天下，陛下已為天子，而所封皆蕭曹故人❿，所誅皆平生怨仇。今軍吏計功，以天下不足以遍封。此屬畏陛下不能盡封，又見疑平生過失及誅，故即聚謀反耳。」上乃憂曰：「為將奈何？」留侯曰：「上平生所憎，群臣所共知，誰最甚者？」上曰：「雍齒⓫與我有故⓬，數窘辱我，欲殺之，為其功多，不忍。」留侯曰：「今急先封雍齒以示群臣，群臣見雍齒得封，即人人自堅⓭矣。」於是上置酒，封雍齒為什方⓮侯，而急詔趣⓯丞相御史定功行封。群臣罷酒，皆喜曰：「雍齒且侯，我屬無患矣。」還倍畔⓰之心，銷邪道之謀，使國家安寧，累世無患者，張子房之謀也。

【章旨】此章贊揚張良勸劉邦先封仇怨以安定人心的計謀。

【注釋】❶運籌策帷幄之中　在軍帳中出謀劃策。運，運用。籌策，猶計謀、策略。帷幄，行軍時主帥所居的營幕。❷決勝　決定勝利。❸下邳　地名。在今江蘇省宿遷縣境。❹上　對皇帝的敬稱。此指劉邦。❺留　地名。在今江蘇省沛縣東南。❻時中　有時考慮得準確。❼雒陽　即洛陽。今河南省洛陽市。❽屬　適值；剛剛。❾此屬　此輩。❿蕭曹故人　蕭何、曹參等舊人。⓫雍齒　沛人。從劉邦起兵，旋即叛去，復又歸漢，從戰有功。⓬故　指有舊怨。⓭自堅　自信地位牢靠。⓮什方　地名。在今四川省廣漢縣境內。⓯趣　催促；敦促。⓰倍畔　通「背叛」。

【語譯】漢六年正月，封功臣。張子房從來沒有戰功，漢高祖說：「在軍帳之中出謀劃策，決定千里之外的勝利，這是張子房的功勞。子房你自己選擇齊地的三萬戶作為封邑。」張良說：「最初我從下邳起兵，跟皇上在留地相會，這是上天把我交給您。您用我的計策，幸而常常考慮得準確。我希望封在留就足夠了，不敢領受齊國的三萬戶。」於是封張良為留侯，同時封了蕭何等人。其餘的功臣都沒有受封。群臣自疑，恐怕得不到封賞，都不自安，有動搖的想法。

當時，漢高祖在洛陽南宮的高臺上，看到群臣往往互相一起坐在沙地中說話。皇上說：「這些人說什麼？」留侯張良說：「您不知道嗎？他們謀反罷了。」皇上說：「天下剛剛安定，什麼緣故要謀反？」留侯說：「您從平民起兵，跟這些人平定天下。您已經做了天子，而封賞的都是蕭何、曹參等故舊，誅滅的都是平生仇視怨恨的人。現在軍吏統計功勞，覺得天下不夠用來封賞所有的功臣，這輩人怕您不能全都封賞他們，又擔心以往曾經有過失會被誅滅，所以聚集一起謀反呢。」皇上就憂慮說：「這將怎麼辦呢？」留侯說：「皇上平生所憎恨的人，群臣大家都知道的，以誰最為明顯？」皇上說：

「雍齒跟我有舊仇，多次使我窘困受辱，我想殺了他，但是他的功勞很多，所以我又不忍心殺他。」留侯說：「現在趕緊，先封賞雍齒，用來給群臣看。群臣看到雍齒都得到封賞，就人人自認為地位牢靠了。」

於是，皇上置酒，封雍齒為什方侯。趕緊下詔書催促丞相、御史評定群臣的功勞，以便論功行賞。群臣在酒宴之後，都高興地說：「雍齒尚且封了侯，我們這些人就不必憂慮了。」挽回叛逆的想法，打消邪惡的計謀，使國家安寧，世世代代沒有憂慮，是張子房的計謀。

(九)

高皇帝五年，齊人婁敬戍❶隴西❷，過雒陽，脫輅輓❸，見齊人虞將軍曰：「臣願見上，言便宜事❹。」虞將軍欲與鮮衣❺，婁敬曰：「臣衣帛，衣帛見；衣褐，衣褐見；不敢易。」虞將軍入言上，上召見賜食，已而問敬，對曰：「陛下都雒陽，豈欲與周室❻比隆哉？」上曰：「然。」敬曰：「陛下取天下與周室異。周之先，自后稷❼，堯封之邰❽，積德累善十餘世，公劉❾避桀居邠❿，大王⓫以狄伐去邠，杖馬策居岐⓬，國人爭歸之。及文王為西伯⓭，斷虞芮訟⓮，始受命，呂望⓯伯夷⓰自海濱來歸之。武王伐紂，不期而會孟津⓱上八百諸侯，滅殷。成王⓲即位，周公之屬傅相，乃營成周雒邑，以為天下中，諸侯四方納貢⓳職，道里均矣。有德則易以王，無德則易以亡。凡居此者，欲令周務德以致人，不欲恃險阻，令後世驕奢以虐民。及周之衰，分為兩⑳，天下莫朝，周不能制，非德薄，形勢弱也。今陛下起豐㉑擊沛㉒，收卒三千人，以之徑往，卷蜀漢，定三秦，與項王大戰七十，小戰四十，使天下民肝腦塗地㉓，父子暴骨中野，不可勝數。哭泣之聲未絕，傷夷者未起，而欲比隆成康㉔周公之時，臣竊以為不侔矣。且夫秦地被山帶河，四塞以為固，卒㉕然有急，百萬之眾可具。因秦之故，資甚美膏腴之地，此謂天府㉖。陛下入關而都，山東㉗雖亂，秦故地可全而有也。夫與人鬥，而不搤㉘其亢㉙，拊㉚其背，未全勝也。」高皇帝疑，問左右大臣，皆山東人，多勸上都雒陽，「東有成皋㉛，西有肴澠㉜，倍㉝河海，嚮伊洛㉞，其固亦足恃。且周王數百年，秦二世而亡，不如都周。」留侯張子房曰：「雒陽雖有此固，國中小，不過數百里，田地狹，四面受敵，此非用武之國。夫關中，左肴函㉟，右隴蜀㊱，沃野千里，南有巴蜀之饒，北有故宛之利㊲，阻三面，守一隅，東嚮制諸侯，諸侯安定。河渭㊳漕㊴輓㊵天下，西給京師。諸侯有變，順流而下，足以委輸㊶。此所謂金城㊷千里，天府之國也。婁敬說是也。」於是高皇帝即日駕㊸，西都關中。由是國家安寧，雖彭越陳豨㊹盧綰㊺之謀，九江㊻燕㊼代之兵，及吳楚之難㊽，關東之兵，雖百萬之師，猶不能以為害者，由保仁德之惠，守關中之固也。國以永安，婁敬張子房之謀也。上曰：「本言都秦地者，婁敬也。婁者乃劉也。」賜姓劉氏，拜為郎中㊾，號曰奉春君，後卒為建信侯㊿。

【章旨】此章贊揚婁敬提出的建都關中是鞏固剛剛建立的劉氏政權的正確決策。

【注釋】❶戍　駐守。❷隴西　郡名。治所在今甘肅省臨洮縣南。❸輅輓　《史記・劉敬叔孫通列傳》作「輓輅」。輅，挽車的橫木，縛於轅上，供人拉車使用。輓，拉車。❹便宜事　應辦的事。特指對國家有利的事。❺鮮衣　美麗的衣服。❻周室　周王室；周王朝。❼后稷　周的始祖。姬姓，名棄，為舜農官，封於邰。❽邰　古國名。故址在今陝西省武功縣境。❾公劉　周的遠祖。❿邠　古國名。故址在今陝西省彬縣。⓫大王　周文王的祖父古公亶父。受狄人侵伐，他率領部族去邠徙居岐山之下。⓬岐　岐山。在陝西省岐山縣東北。⓭西伯　西方諸侯之長。⓮斷虞芮訟　虞國人和芮國人有訟獄不能決，去請周文王決斷，他們來到周國，見耕者讓畔，行者讓長，慚愧極了，就互相謙讓，各回本國去了。⓯呂望　即姜尚。又稱太公望，姜太公，東海上人，後佐周武王伐紂，以功封於齊。⓰伯夷　孤竹國君的世子。住在北海海邊，後諫周武王伐紂不聽，餓死首陽山。⓱孟津　黃河渡口名。在今河南省孟縣南。⓲成王　周成王，名誦。⓳納貢　把物品進獻給周天子。⓴分為兩周　周考王封其弟於河南，是為西周；西周惠公封少子於鞏，是為東周。周赧王時，東西周分治。㉑豐　沛縣豐邑，劉邦的故鄉。在今江蘇省豐縣。㉒沛　今江蘇省沛縣。劉邦起兵攻下沛縣，立為令，稱沛公。㉓肝腦塗地　形容死得很慘。㉔成康　周成王、周康王。時天下太平，稱「成康之治」。㉕卒　同「猝」。突然。㉖天府　天然的府庫。㉗山東　崤山以東。㉘搤　通「扼」。掐住。㉙亢　同「吭」。喉嚨。㉚拊　擊。㉛成皐　地名。在今河南省滎陽縣境內。㉜肴澠　皆在河南黃河和洛水之間。肴，通「崤」。指崤山。澠，澠池。㉝倍　通「背」。㉞伊洛　伊水、洛水。㉟左肴函　東面有崤山、函谷關。面向南，東為左，西為右。㊱隴蜀　俱為險要之地。隴，山名。在今陝西隴縣以西，延入甘肅省。蜀，今四川西部。㊲故宛之利　言關中北部與匈奴交界，又多草原，有畜牧胡馬之利。故宛，《史記·留侯世家》作「胡苑」。胡，指當時北方游牧民族匈奴。苑，畜牧場。㊳河渭　黃河、渭水。㊴漕　水運。㊵輓　拉車。㊶委輸　轉運。㊷金城　猶言「鐵城」。比喻堅固。㊸駕　駕車。動身出發的意思。㊹陳豨　宛朐人。封陽夏侯，為趙相國，將兵守代。高祖十年反，被殺。㊺盧綰　豐人。從劉邦起兵，以功封燕王，後謀反，亡入匈奴。㊻九江　指九江王英布。漢初發動叛亂，兵敗被殺。㊼燕　指燕王臧荼。高祖五年反，不久平定。㊽吳楚之難　漢景帝三年以吳楚為首發動的七國之亂。㊾郎中　官名。皇帝的侍從官。㊿後卒為建信侯　此句叢書集成初編影印鐵華館校宋本下有「封之二千戶」五字。

【語　譯】高皇帝五年，齊國人婁敬戍守隴西，路過雒陽，放下拉車的輅，去見齊國人虞將軍說：「我希望見到皇上，談談有利國家的大事。」虞將軍想給他一套漂亮衣服，婁敬說：「我穿絲綢，就穿絲綢去見；穿粗布衣，就穿粗布衣去見。不敢更換。」虞將軍入宮報告了皇上，皇上召見他，賜給他吃的。然後問婁敬。婁敬回答說：「陛下建都洛陽，難道是想跟周王朝比隆盛嗎？」皇上說：「對。」

婁敬說：「陛下奪取天下，跟周王朝不同。周王朝的祖先，從后稷開始，堯封他在邰。積累恩德善行十多代，公劉躲避夏桀王，遷居到邠地；周大王因為狄人侵伐，離開邠地，舉起馬鞭遷徙到岐山之下，周國的人爭著歸順他。周文王做西伯，斷了虞國芮國人的訟獄，才開始接受到天命，呂望、伯夷從海濱來歸順他。周武王伐紂，沒有約期就到孟津來會師的有八百國，誅滅了殷紂王。周成王即位，周公等人輔佐，才經營成周洛邑，認為這是天下的正中，諸侯及四方各國來交納貢物的道路相等。有德的人容易據以成就王業，無德的人也容易因它而亡失天下。凡是居此建都的，都是想廣施恩德，招致人民，不想憑仗險阻，使後世子孫驕傲奢侈，暴虐百姓。等到周朝衰弱，分為東西兩個周，天下諸侯不來朝見，周王朝不能控制，並不是周德衰薄，而是因為洛陽的地形地勢弱小。現在陛下起兵豐邑，進擊沛縣，編收士卒三千人，率領他們徑直前往，席捲蜀漢，平定三秦，跟項羽大戰七十次，小戰四十次，使天下百姓慘遭殺戮，一家人的骸骨暴露在野外，多得不可盡數。哭泣的聲音還未斷絕，受傷的人還未起來，而您卻想跟周成王，周康王和周公的時代比隆盛，我私下認為是不相等的。況且秦地被山帶河，四面阻塞，非常堅固，猝然有危急，百萬的軍隊可以準備。依靠秦國固有的基礎，借助這非常美好的肥沃的土地，這是所說的天然的府庫。陛下進入關中建都，崤山之東雖然亂了，秦國原有的土地可以完整地據有。跟別人搏鬥，不掐住他的喉嚨，打擊他的背脊，就不算完全勝利。」

高皇帝遲疑未決，問左右的大臣，左右大臣多是崤山以東的人，多勸皇上建都洛陽：「洛陽東面有成皋，西面有崤山、澠池，背靠黃河，面向伊水洛水，它的堅固也足夠倚仗。而且周王朝王天下幾百年，秦王朝傳兩代就滅亡了，不如建都成周洛邑。」留侯張子房說：「洛陽雖然有此堅固，但地方太小，不過幾百里，田地狹窄，四面受敵，這不是用武的地方。關中東邊有崤山、函谷關，西邊有隴山、蜀國，肥沃的原野方圓千里，南面有巴蜀的富饒，北面有牧養胡馬的利益，阻塞三面，據守一方，向東控制諸侯。諸侯安定的時候，黃河渭水可以水運陸運天下的糧食，供給京城；諸侯有變亂時，順著黃河渭水而下，足夠轉運軍糧。這是所說的『金城千里，天府之國』，婁敬的說法是對的。」

於是高皇帝當天就駕車動身出發，往西建都到關中。從此，國家安寧，雖然有過彭越、陳豨、盧綰的謀反，九江、燕、代的發兵叛亂，和吳楚七國之亂，關東的兵力，雖然有百萬大軍，還是不能成為禍患，那是由於朝廷保有仁德的恩惠，守住了關中的堅固，國家得以長治久安，都是婁敬、張子房的謀劃。

高皇帝說：「最早說建都秦地的是婁敬。婁就是劉。」賜他姓劉氏，拜他做郎中，號稱奉春君，後來終於封為建信侯。

(一〇)留侯張子房於漢已定，性多疾，即導引❶不食穀❷，杜門❸不出。歲餘，上欲廢太子❹，立戚氏夫人❺子趙王如意，大臣多爭，未能得堅決❻者也。呂后恐，不知所為。人或謂呂后曰：「留侯善畫計策，上信用之。」呂后❼乃使建成侯呂澤❽劫❾留侯曰：「君常為上計，今日欲易太子，君安得高枕臥？」留侯曰：「始上數在困急之中，幸用臣；今天下安定，以愛幼欲易太子。骨肉間，雖臣等百餘人何益？」呂澤強要❿曰：「為我畫計。」留侯曰：「此難以口舌爭。顧⓫上有所不能致者，天下有四人，園公、綺里季、夏黃公、甪里先生⓬。此四人者，年老矣，皆以上慢侮士，故逃匿山中，義不為漢臣。然上高此四人。公誠能無愛金玉壁帛，令太子為書，卑辭⑬，以安車⑭迎之，因使辯士固請，宜來，來，以為客，時時從入朝，令上見之。上見之，即必異問之，問之，上知此四人，亦一助也。」於是呂后令澤使人奉太子書，卑辭厚禮迎四人，四人至，舍呂澤所。至十二年，上從破黥布⑮軍歸，疾益甚，愈欲易太子。留侯諫，不聽，因疾不視事。太傅⑯叔孫通⑰稱說引古，以死爭太子，上佯許之，猶欲易之。及燕⑱，置酒，太子侍，四人者從太子，皆年八十有餘，鬚眉皓白，衣冠甚偉。上怪而問曰：「何為者？」四人前對，各言其姓名，上乃驚曰：「吾求公數歲，公避逃我，今公何自從吾兒游乎？」四人皆對曰：「陛下輕士善罵，臣等義不辱，故恐而亡匿。聞太子為人子孝，仁敬愛士，天下莫不延頸⑲願為太子死者，故來耳。」上曰：「煩公幸卒調護太子。」四人為壽⑳已畢，起去，上目送之。召戚夫人指示四人者曰：「我欲易之，彼四人輔之，羽翼已成，難動矣。呂氏真而主㉑矣。」戚夫人泣下，上曰：「為我楚舞，吾為若楚歌。」歌曰：「鴻鵠高蜚㉒，一舉千里。羽翼已就，横絕㉓四海。横絕四海，當可奈何。雖有矰繳㉔，尚安所施。」歌數闋㉕，戚夫人噓唏㉖流涕上起去，罷酒，竟㉗不易太子者，留侯召四人之謀也。

【章　旨】此章贊揚張良教太子招致劉邦仰慕而不能招致的商山四皓，以說明太子深得人心，是穩固太子地位的一助。

【注　釋】❶導引　呼吸俯仰，動搖筋骨肢節的運動，是道家一種修煉方法。❷不食穀　摒除穀食。❸杜門　閉門。❹太子　即劉盈。呂后所生，後嗣位為漢惠帝。❺戚氏夫人　即戚姬。劉邦晚年寵幸的妃子，劉邦死後，被呂太后殺害，其子趙王劉如意亦被害死。❻堅決　明確的決定。❼呂后　名雉，漢高祖后。高祖死後專權，立諸呂為王，呂太后死後，周勃等誅諸呂，迎立文帝。❽建成侯呂澤　「澤」疑當作「釋之」。呂澤與呂釋之皆呂后兄，呂澤封周呂侯，呂釋之封建成侯。❾劫　強制。❿強要　勉強要求。⓫顧　但。轉折連詞。⓬園公綺里季夏黃公甪里先生　四人避秦亂，隱於商山（今陝西商縣東），世稱「商山四皓」。園公，《史記・留侯世家》作「東園公」。甪里，地名。⓭卑辭　謙卑的言辭。⓮安車　安穩的車子。⓯黥布　即英布。漢六人，曾犯法被黥刑，故稱黥布。秦末率驪山刑徒起事，歸附項羽，封九江王，歸漢，封淮南王，後以反叛被殺。⓰太傅　太子太傅。官名。傅相太子。⓱叔孫通　漢薛人，初為秦博士，後歸項羽，又歸劉邦，任博士，與儒生共立朝儀及諸儀法，曾為太子太傅。⓲燕　同「宴」。⓳延頸　引長脖頸。表示殷切盼望。⓴為壽　舉酒祝壽。㉑而主　你的主子。㉒蜚　同「飛」。㉓絕　渡。㉔矰繳　繫以絲繩，用以射馬的短箭。矰，箭。繳，古代射鳥時繫在箭上的絲繩。㉕闋　樂曲一首為一闋。㉖噓唏　抽泣。㉗竟　終。

【語　譯】留侯張子房在漢朝平定天下之後，由於生性多病，就修煉道家練氣養生的辦法，避食五穀，閉門不出。過了一年多，皇上想廢掉太子劉盈，立戚夫人的兒子趙王劉如意做太子。大臣很多人去勸阻，沒有能夠得到一個明確的決定。呂后害怕了，不知道該怎麼辦。有人告訴呂后說：「留侯擅長於出謀劃策，皇上信用他。」呂后就派建成侯呂澤強迫留侯說：「您經常替皇上出主意，現在皇上想另立太子，您怎麼能高枕而臥？」留侯說：「起初皇上多次處在困難危急之中，我的意見有幸被採納。現在天下安定，因為偏愛幼子，想另立太子，這是父子親骨肉之間的事，即使有像我的臣子一百多人，又有何益處？」呂澤勉強要求說：「替我想個計策。」留侯說：「這很難用言詞去爭執。但是皇上不能招致的人，天下有四個：東園公、綺里季、夏黃公、甪里先生。這四個人年紀都老了，都因為皇上怠慢侮辱士人的緣故，逃亡躲避在山中，秉持道義不做漢朝的臣下。然而皇上很看重這四個人，您真的能夠不吝惜金玉璧帛，叫太子寫封書信，用謙卑的言辭，安穩的車子去迎接他們，趁便使能說會道的人去堅決請求，應該會答應來。來了，把他們當上客，時時跟從太子入宮朝見，叫皇上看到他們。皇上看到他們，必定好奇問他們。問他們，皇上知道是這四個人，這也是一種助力。」於是，呂后命令呂澤使人拿著太子的書信，謙卑的言辭，豐厚的聘禮去迎接那四個人。四個人來了，住在呂澤家中。到高皇帝十二年，皇上從擊破黥布叛軍的軍中歸來，病更厲害了，更加想更換太子。留侯勸諫，不聽從，因而稱說有病，不去辦公。太子太傅叔孫通引古說今進行勸說，用死來爭取太子的地位，皇上假裝允許了，還是想更換。

等到有次宴會，擺上酒，太子侍從，那四個人跟隨太子，年紀都有八十多歲，鬢髮眉毛都雪白，衣服帽子也非常壯觀，皇上很驚怪，問道：「你們是幹什麼的？」四個人上前回答，各人說了自己的姓名，皇上就吃驚地說：「我找你們找了幾年，你們逃避我。現在你們為何自動跟我的兒子交往呢？」四個人都回答說：「陛下輕視士人，善於辱罵，我們秉守道義不願受侮辱，所以害怕而逃亡躲藏。聽說太子做兒子盡孝道，仁德恭敬，愛敬士人，天下的人沒有誰不伸長脖子，願意為太子而死。所以我們就來了。」皇上說：「那麼麻煩你們調理扶持太子到底。」四個人敬酒完了，站起來，出去了。

皇上望著他們走遠了，召來戚夫人，指著那四個人給她看，說：「我想更換太子，那四個人輔助他，羽毛翅膀已經長成，難得動搖了，呂后真正是你的主子了。」戚夫人哭了。皇上說：「你給我跳個楚舞，我給你唱首楚歌。」唱道：「天鵠高高飛翔，一飛即可千里。羽翼已經長成，橫行飛渡四海。橫行飛渡四海，你能將牠奈何？雖然有箭有繩，哪裡還有作為？」唱了幾遍，戚夫人抽泣流淚。皇上站起來離去，停止了酒宴。終於沒有更換太子，是留侯張良和這四個人的計謀。

(二)漢十一年，九江黥布反，高皇帝疾，欲使太子往擊之。是時，園公、綺里季、夏黃公、角里先生已侍太子，聞太子將擊黥布。四人相謂曰：「凡來者❶，將以存太子。太子將兵，事危矣。」乃說建成侯曰：「太子將兵，有功，則位不益，無功，從此受禍矣。且太子所與俱諸將，皆嘗與上定天下梟將❷也，乃使太子將之，此無異使羊將狼也，皆不肯為用盡力，其無功必矣。臣聞母愛者抱子❸。今戚夫人日夜侍御，趙王常居抱前，上終不使不肖子居愛子上，明乎其代太子位必矣。君何不急謂呂后，承間❹為上泣言❺：『黥布天下猛將，善用兵，諸將皆陛下故等倫❻，乃令太子將此屬，無異使羊將狼，莫為用。且使布聞之，即鼓行而西❼耳。上雖疾，臥護之❽，諸將不敢不盡力。雖苦，強為妻子計，載輜車❾臥而行。』」於是呂澤立夜見呂后，呂后承間，為上泣而言，如四人意。上曰：「吾惟豎子故不足遣，乃公❿自行耳。」於是上自將東，群臣居守，皆送至霸上⓫。留侯疾，強起，至曲郵⓬，見上曰：「臣宜從，疾甚。楚人剽疾⓭，願上無與楚人爭鋒。」因說上曰：「令太子為將軍，監關中諸侯兵。」上謂：「子房雖疾，強起，臥而傅⓮太子。」是時，叔孫通已為太子太傅，留侯行少傅⓯事，漢遂誅黥布，太子安寧，國家晏然，此四公子⓰之謀也。

【章　旨】此章贊揚商山四皓要呂后求高祖自將擊黥布，讓太子留守，這對穩固太子地位，安定國家有好處。

【注　釋】❶凡來者　猶言大抵我們所以來到這裡。❷梟將　勇猛的將領。❸母愛者抱子　《史記・留侯世家》作「母愛者子抱」。母被父愛的，其子被父所抱。❹承間　乘機；找個空隙。❺泣言　哭訴。❻故等倫　老同輩。❼鼓行而西　猶長驅而西，無所顧忌的意思。古人進軍時擊鼓，故曰鼓行。❽護之　指監督諸將。❾輜車　有帷蓋的車。❿乃公　你老子。⓫霸上　地名。在陝西省長安縣東。⓬曲郵　地名。在今陝西省西安市東。⓭剽

疾　勇悍輕捷。⑭傅　輔導。⑮少傅　指太子少傅。位次於太子太傅。⑯子　盧文弨《群書拾補》以為此字疑衍。

【語譯】漢十一年，九江王黥布反叛，高皇帝有病，想派太子去討伐他。當時，東園公、綺里季、夏黃公、甪里先生已經侍奉太子，聽說太子將要擊破黥布，四個人一起商量說：「大凡我們來這裡的目的是要保存太子的地位。太子統率軍隊作戰，事情就危險了。」就勸說建成侯說：「太子將兵作戰，有功勞，地位不會增高；沒有功勞，就會因此受禍了。況且，跟太子一道去的那些將領，都是曾經跟隨皇上平定天下的勇猛將領，卻使太子去統帥他們，這跟使羊去統御狼沒有不同，都不肯聽使喚盡力作戰，沒有功勞也是必然的。我們聽說，母親被父親寵愛的，她的兒子就被父親提抱。現在戚夫人日日夜夜陪侍在皇上身邊，趙王經常抱在皇上跟前，皇上終究不會讓不才的兒子的地位居於愛子之上，明確表明他將代替太子的地位是一定的了。您何不趕緊告訴呂后，找個空隙向皇上哭訴：『黥布是天下猛將，擅長於用兵，諸將都是從前與陛下同輩的人，卻叫太子去統帥他們，這跟使羊統率狼沒有不同，不會聽從使喚，並且使黥布聽了，就會長驅西進。皇上雖然生病，躺著監督他們，諸將就不敢不盡力。雖然辛苦，勉強為妻兒著想，乘坐在有帷蓋的車中隨軍行進。』」

於是呂澤立即在當夜見到呂后，呂后乘機向皇上哭訴著，照著那四個人的意思來說。皇上說：「我想那小子本來不足以擔當重任，你老子自己走一趟罷了。」於是，皇上自己統領諸將東進，群臣在京留守，都送行到了霸上。留侯病了，勉強起來到曲郵，見到皇上說：「我本應該跟隨您去，病得厲害。楚國人勇悍輕捷，希望陛下不要跟他們鬥強。」趁便勸說皇上說：「請您命令太子做將軍，督護關中諸侯的兵力。」皇上告訴張良：「子房雖病了，勉強起來，躺著輔佐太子。」當時，叔孫通已經做了太子太傅，留侯就擔任太子少傅的職事。漢朝於是誅滅黥布，太子安寧，國家安定，這都是東園公、綺里季、夏黃公、甪里先生四人的計謀。

(三)齊悼惠王者❶，孝惠皇帝❷二年，悼惠王入朝，孝惠皇帝與悼惠王讌飲❸，乃行家人禮❹，同席，呂太后❺怒，乃進鴆酒❻。孝惠皇帝知，欲代飲之，乃止。悼惠王懼不得出城，上車太息。內史❼參乘❽，怪問其故。悼惠王具以狀語內史。內史曰：「王寧亡十城邪？將亡齊國也？」悼惠王曰：「得全身而已，何敢愛城哉？」內史曰：「魯元公主❾，太后之女，大王之弟❿也。大王封國七十餘城，而魯元公主湯沐邑⓫少，大王誠獻十城為魯元公主湯沐邑，內有親親之恩，外有順太后之意，太后必大喜。是亡十城而得六十城也。」悼惠王曰：「善。」至邸⓬，上奏，獻十城為魯元公主湯沐邑。太后果大悅，受邑，厚賜悼惠王而歸之，國遂安，齊內史之謀也。

【章　旨】此章贊揚內史勸悼惠王獻十城給魯元公主，以博得呂太后的歡心，因而保住了他身國的安全。

【注　釋】❶齊悼惠王者　叢書集成初編影印鐵華館校宋本此句下有「孝惠皇帝兄也」六字，當從。齊悼惠王，漢高祖長子，漢惠帝庶兄，名肥。❷孝惠皇帝　即漢惠帝。漢高祖呂后所生子，名盈。❸讌飲　宴會飲酒。讌，同「宴」。❹行家人禮　言不為君臣之禮，只按兄弟的禮節。❺呂太后　惠帝之母，故稱太后。❻鴆酒　毒酒。鴆，傳說中的一種毒鳥，用牠的羽毛泡酒喝了能毒死人。❼內史　負責諸侯王國政務的官。❽參乘　也作「驂乘」。即陪乘。乘車時居於車右。❾魯元公主　漢高祖與呂后的女兒。嫁宣平侯張敖，子偃為魯王，故稱魯元公主，死後諡魯太后。❿弟　女弟。即妹妹。⓫湯沐邑　漢制，皇帝、諸侯、皇后、公主皆有湯沐邑，邑內收入供其作湯沐之用，故稱。⓬邸　諸侯王到京師朝見時的住處。

【語　譯】齊悼惠王是孝惠皇帝的庶兄。孝惠皇帝二年，悼惠王入京朝見，孝惠皇帝與悼惠王宴飲。行的是弟兄見面的禮節，同席而坐。呂太后很生氣，就送來了毒酒想要毒死悼惠王。被孝惠皇帝發現了，想代替悼惠王喝掉，呂太后才肯罷手。

悼惠王害怕出不了京城，上了車唉聲嘆氣，內史坐車右陪乘，覺得奇怪，問他是何緣故。悼惠王將事情的全部經過告訴了內史。內史說：「大王寧願失去十個城邑呢？還是失去整個齊國呢？」悼惠王說：「能夠脫身就夠了，哪裡還敢吝惜城邑？」內史說：「魯元公主是呂太后的女兒，大王的妹妹。大王齊國的封地有七十個城，而魯元公主的湯沐邑不多。大王果真獻出十個城邑作為魯元公主的湯沐邑，對內有親愛妹妹的恩德，對外能順從太后的心意，太后一定很高興。這是大王失去十個城邑，而保住了齊國剩下的六十座城。」悼惠王說：「說得好。」

悼惠王回到官邸，上了奏章，說獻出十個城邑作為魯元公主的湯沐邑，呂太后果然非常高興，接受了城邑，重重地賞賜了悼惠王，送他回到齊國，國家就平安無事，這都是內史的計謀。

(三)孝武皇帝❶時，大行❷王恢❸數言擊匈奴❹之便，可以除邊境之害，欲絕和親之約。御史大夫❺韓安國❻以為兵不可動。孝武皇帝召群臣而問曰：「朕飾子女以配單于❼，幣帛文錦，賂之甚厚。今單于逆命加慢，侵盜無已，邊郡數驚，朕❽甚閔之。今欲舉兵以攻匈奴，如何？」大行臣恢再拜稽首❾曰：「善。陛下不言，臣固謁❿之。臣聞全代之時⓫，北未嘗不有彊胡⓬之敵，內連中國之兵也。然尚得養老長幼，樹種⓭以時，倉廩嘗實，守御之備具，匈奴不敢輕侵也。今以陛下之威，海內為一家，天下同任⓮，遣子弟乘邊守塞，轉粟輓⓯輸以為之備，而匈奴侵盜不休者，無他，不痛之患也。臣以為擊之便。」御史大夫臣安國稽首再拜曰：「不然。臣聞高皇帝嘗圍於平城⓰，匈奴至而投鞍，高於城者數所，平城之厄，七日不食，天下歎之。及解圍反位，無忿怨之色，雖得天下而不報平城之怨者，非以力不能也，夫聖人以天下為度者也，不以己之私怒，傷天下之公義，故遣劉敬⑰，結為和親，至今為五世⑱利。孝文皇帝嘗屯天下之精兵於嘗谿⑲廣武⑳，無尺寸之功，天下黔首㉑約要之民㉒無不憂者。孝文皇帝悟兵之不可宿㉓也，乃為和親之約，至今為後世利。臣以為兩主之跡，足以為效。臣故曰勿擊便。」大行曰：「不然。夫明於形者，分㉔則不過於事；察於動者，用則不失於利；審於靜者，恬㉕則免於患。高帝被堅執銳㉖，以除天下之害，蒙矢石，沾風雨，行㉗幾㉘十年，伏尸滿澤，積首若山，死者什七，存者什三，行者垂泣而倪㉙於兵。夫以天下末力㉚厭事㉛之民，而蒙匈奴飽佚，其勢不便。故結和親之約者，所以休天下之民。高皇帝明於形而以分事，通於動靜之時。蓋五帝不相同樂，三王不相襲㉜禮者，非故相反也，各因世之宜也。教與時變，備與敵化，守一而不易，不足以子民㉝。今匈奴縱意日久矣，侵盜無已，係虜人民，戍卒死傷，中國道路，槥㉞車相望，此仁人之所哀也。臣故曰擊之便。」御史大夫曰：「不然。臣聞之，利不什，不易業，功不百，不變常。是故古之人君，謀事必就聖，發政必擇語，重作事也。自三代㉟之盛，遠方夷狄不與正朔㊱服色㊲，非威不能制，非強不能服也，以為遠方絕域(38)，不收之民(39)，不足以煩中國也。且匈奴者，輕疾悍亟(40)之兵也。畜牧為業，弧弓(41)射獵，逐獸隨草，居處無常，難得而制也。至不及圖，去不可追，來若風雨，解若收電。今使邊鄙久廢耕織之業，以支(42)匈奴常事，其勢不權(43)，臣故曰勿擊為便。」大行曰：「不然。夫神蛟(44)濟於淵而鳳鳥乘於風，聖人因於時。昔者秦繆公(45)都雍(46)郊，地方三百里，知時之變，攻取西戎(47)，辟(48)地千里，并國十二，隴西北地(49)是也。其後蒙恬(50)為秦侵胡，以河為境，累石為城，積木為寨，匈奴不敢飲馬北河(51)，置烽燧(52)，然後敢牧馬。夫匈奴可以力服也，不可以仁畜(53)也。今以中國之大，萬倍之資，遣百分之一以攻匈奴，譬如以千石之弩(54)，射癰(55)潰疽(56)，必不留行(57)也。則北發(58)月氏(59)可得而臣也，臣故曰擊之便。」御史大夫曰：「不然。臣聞善戰者以飽待饑，安行定舍(60)，以待其勞，整治施德以待其亂，按兵畜眾，深入伐國墮(61)城，故常坐而役敵國，此聖人之兵也。夫衝風(62)之衰也，不能起毛羽；強弩之末力，不能入魯縞(63)。盛之有衰也，猶朝之必暮也。今卷甲而輕舉，深入而長驅，難以為功。夫橫行則中絕，從(64)行則迫脅，徐則後利(65)，疾則糧乏，不至千里，人馬絕饑，勞以遇敵，正遺人獲[66]也。意者有他詭妙，可以擒之，則臣不知，不然，未見深入之利也。臣故曰勿擊之便。」大行曰：「不然。夫草木之中[67]霜霧，不可以風過，清水明鏡，不可以形遯[68]也。通方之人[69]不可以文[70]亂。今臣言擊之者，固非發而深入也，將順因單于之欲，誘而致之邊，吾伏輕卒銳士以待之，陰遮險阻以備之，吾勢以成，或當其左，或當其右，或當其前，或當其後，單于可擒，百全必取，臣以為擊之便。」於是遂從大行之言，孝武皇帝自將師[71]，伏兵於馬邑[72]，誘致單于，單于既入塞[73]，道覺之，奔走而去。其後交兵接刃，結怨連禍，相攻擊十年，兵凋民勞，百姓空虛，道殣[74]相望，槥車相屬[75]，寇盜滿山，天下搖動。孝武皇帝後悔之。御史大夫桑弘羊[76]請佃[77]輪臺[78]，詔卻曰：「當今之務，務在禁暴止擅賦，今乃遠西佃，非所以慰民也。朕不忍聞。」封丞相號曰富民侯[79]，遂不復言兵事，國家以寧，繼嗣以定，從韓安國之本謀也。

【章旨】匈奴長期為漢邊患，適當反擊本為必要。但漢武帝連年發動戰爭，損耗國力，漢人多不贊成。此章就肯定韓安國而否定王恢。

【注　釋】❶孝武皇帝　即漢武帝劉徹。❷大行　官名。掌管接待賓客。❸王恢　燕人。官大行，馬邑伏擊匈奴不成，自殺。❹匈奴　我國古代北方民族之一。❺御史大夫　官名。漢三公之一，主管彈劾、糾察及掌管圖籍祕書。❻韓安國　漢成安人。字長孺，武帝時官御史大夫，後為衛尉，匈奴大舉入境，任材官將軍，屯軍漁陽，兵敗被譴，鬱鬱而死。❼單于　古代匈奴的君主。❽朕　我。皇帝的自稱。❾稽首　舊時所行跪拜禮。叩頭至地。❿謁　稟告；陳說。⓫全代之時　代國未分的時候。指漢統一天下以前。代，戰國時國名。在今河北省蔚縣一帶。⓬胡　我國古代對北方和西方各民族的通稱。⓭樹種　栽種；種植。⓮任　任事；職守。⓯輓　拉車。⓰平城　地名。在今山西省大同市東，漢高祖七年出擊韓王信至平城，被匈奴包圍於此。⓱劉敬　即婁敬。漢初齊人，曾向漢高祖建議建都長安，與匈奴和親，漢高祖即使往結和親之約。⓲五世　指漢高祖、惠帝、文帝、景帝、武帝五世。⓳嘗谿　谿名。《漢書・韓安國傳》作「常谿」。⓴廣武　地名。在今山西省代縣。㉑黔首　庶民；平民。㉒約要之民　《漢書・韓安國傳》無此四字。約要，窮困被強迫。㉓宿　久留。㉔分　料定；料想。㉕恬　安靜。㉖被堅執銳　披堅甲，執銳兵。被，同「披」，穿著。堅，堅甲。銳，銳兵。㉗行　行將。㉘幾　幾乎；近。㉙倪　通「睨」。斜視。㉚末力　力量弱小。㉛厭事　厭惡戰事。㉜襲　因襲；照樣。㉝子民　以民為子；管理使喚人民。㉞槥　小棺。㉟三代　指夏、商、周三代。㊱正朔　代指曆法。古代改朝換代，必須重定正朔。漢武帝改以建寅之月為歲首，歷代沿用，迄於清末。正，一年的開始。朔，一月的開始。㊲服色　古代王朝所定車馬祭牲的顏色。也指官員的服飾。㊳絕域　極遠的地方。㊴不收之民　《漢書・韓安國傳》作「不牧之民」。不牧，謂不可牧養。㊵悍亟　強悍急躁。悍，勇。亟，急。㊶弧弓　泛指弓箭。弧，木做的弓。弓，角裝飾的弓。㊷支　支撐；應付。㊸不權　輕重不等。權，稱錘。測定物體輕重的器具。㊹神蛟　傳說中龍一類的動物。㊺秦繆公　即秦穆公。春秋時秦國國君，五霸之一，名任好。繆，同「穆」。㊻雍地名。在今陝西省鳳翔縣南。(47)西戎　我國古代稱西部的民族。(48)辟　同「闢」。開闢。(49)隴西北地　皆郡名。隴西，在今甘肅東南部一帶。北地，在今甘肅東南部和寧夏南部一帶。(50)蒙恬　秦名將。曾將三十萬眾敗匈奴，收河南，築長城，威振匈奴，後被趙高害死。(51)北河　黃河由甘肅流向河套，至陰山南麓，分為南北二河，北邊的稱北河。(52)烽燧　古代邊防報警的兩種信號。白天放煙叫烽，夜間舉火叫燧。(53)畜　養。(54)弩　古代一種用機械力射箭的弓。(55)癰　惡性毒瘡。(56)疽　結成塊狀的毒瘡。(57)不留行　沒有阻礙。(58)發　徵召。(59)月氏　也作「月支」。古西域種族名。(60)舍　止息。(61)墮　通「隳」。毀壞。(62)衝風　猛烈的風。(63)魯縞　魯國出產的極薄的白絲絹。縞，未染色的絹。(64)從　同「縱」。豎；直。(65)後利　不及於利。(66)遺人獲　把軍隊送給敵人，讓他擄獲。(67)中　遭遇。(68)遯　逃。(69)通方之人　通曉道理的人士。方，道。(70)文　文辭。(71)師　軍隊。(72)馬邑　古縣名。故地在今山西省朔縣境。(73)單于既入塞　據《史記・韓長孺列傳》，此次單于所入之塞為武州塞，在今山西省左雲縣南。塞，邊塞；要塞。(74)殣　餓死的人。(75)屬　連接。(76)桑弘羊　西漢洛陽人。武帝任治粟都尉，授御史大夫，與霍光等受遺詔輔少主，後因與霍光爭權被殺。(77)佃　耕作。此指屯田。(78)輪臺　古地名。在今新疆輪臺東南。(79)富民侯　指田千秋。漢武帝時為高寢郎，上書為戾太子辯冤，拜為大鴻臚，後遷丞相，封富民侯。

【語譯】孝武皇帝的時候，大行官王恢多次說進擊匈奴的有利，可以解除邊境的危害，可以斷絕和匈奴和親的約言。御史大夫韓安國認為戰爭不可輕動。孝武皇帝召集群臣問道：「我把女兒打扮裝飾嫁給單于，錢財絲帛和有文彩的錦繡，也贈送得很多。現在單于違抗命令，態度愈來愈怠慢，不停地侵犯盜寇。邊境的郡縣屢次受到驚恐，我很同情他們。現在我想發兵攻擊匈奴，你們認為怎麼樣呢？」

大行官臣王恢拜了兩拜，叩頭說：「很好！陛下不說，我本來也要稟告的。我聽說，在漢統一天下以前，北方邊境未嘗沒有過強大胡人的敵國，對內再加上中原地區各國的交戰。然而當時還是能夠供養老人，撫養幼小，按時耕種，倉庫經常充實，防御的設施很完備，匈奴不敢輕易入侵。現在，憑著陛下的威望，天下成為一個大家庭，天下的人都在陛下手下任職，派遣子弟奔赴邊疆，守衛邊塞，運輸糧食，做好防禦的準備，可是匈奴還是不停地侵犯寇盜，沒有別的原因，是他們沒有受到嚴厲的打擊而帶來的禍患。我認為攻擊匈奴對我們有利。」

御史大夫臣韓安國叩頭，拜了兩拜說：「不是這樣。我聽說，高皇帝曾經在平城被包圍，匈奴來到，投下馬鞍堆積起來，有好幾處比城牆還要高。平城的那次困厄，斷糧七天沒飯吃，天下人都為之嘆息。等到解除包圍，返回帝位，沒有忿恨怨怒的臉色，雖然擁有天下，可是不報復平城的怨恨，並不是力量不夠。聖人是把天下作為度量的準則，不把個人的私怨，傷害天下公正的道義。所以派遣劉敬去締結和親，到現在已經得到五世平安的好處。孝文皇帝曾經把天下最精良的軍隊屯駐在嘗谿廣武，結果沒有絲毫的功勞，天下的老百姓和那些窮困被迫從軍的都是很憂慮的。孝文皇帝覺悟到軍隊不可以集結太久，就訂立和親的盟約，到現在還對國家有利。我認為兩位君主的做法，值得作為效法的榜樣，所以我說不攻擊匈奴對國家有利。」

大行官說：「不是這樣。明瞭形勢的人，對於事情的料想就不會錯誤；詳知動態的人，對於利害的處理就不會失利；熟知靜態的人，安處不動就會免除禍患。高皇帝被堅甲，執銳兵，來消除天下的禍害。冒著矢石，犯著風雨，將近十年。倒下的屍體可以填滿大澤，堆積的腦袋可以堆得山一般高。死的占十分之七，活著的只有十分之三。行路的人垂淚哭泣，向著兵器斜視。用天下力量弱小，厭惡戰事的百姓，去冒犯吃得飽休息得好的匈奴人，那種形勢是不利的，所以締結和親的盟約，是用來使天下的百姓休息。高皇帝明瞭形勢，用來料理事情，就對動靜的時機，了解十分透徹。五帝的音樂各不相同，三王的禮制不相因襲，並不是故意相反，而是各自依據時代的需要。政教跟隨時代變動，措施跟隨敵人變化，拘守於一種辦法不變更，就不能用來治理百姓。現在，匈奴放肆隨意的日子很久了，不停對我們侵犯寇盜，俘虜人民，戍守的士卒死傷，國內的道路上，載運棺柩的靈車相望不斷，這是仁愛的人所哀嘆的。我所以說攻擊匈奴對國家有利。」

御史大夫說：「不是如此。我聽說，利益沒有十倍，不更換職業；功效沒有百倍，不變更常規。因此，古代的君主，謀劃事情必就教聖人，發施政令必選擇用語，這是愼重處理事務。自從夏、商、周三代的隆盛時期，遠方的夷狄就不採取中原各國的曆法和服飾，並不是威力不能控制他們，也不是不夠強大去使他們屈服，是認為遠方絕遠之地的不可畜養的人，不值得中原各國勞神和費心。況且，匈奴人都是輕捷迅速強悍急躁的戰士，以畜牧為生計，用木制的弓和角飾的弓射箭打獵，跟著牲畜，隨著水草遷徙，沒有固定不變的住處，難以制服他們。來的時候，使人措手不及；走的時候，也難以追擊。入侵時如暴風驟雨，解散時若閃電消失。若使邊境的人長久廢棄耕種紡織的常業，把應付匈奴當作日常事務，這種情勢有點輕重不分。我所以說不攻擊對國家有利。」

大行官說：「不是這樣的。神蛟在深淵裡游動，鳳鳥在風裡飛翔，聖人隨順於時機。從前，秦穆公建都雍的郊野，土地方圓只有三百里，他知曉時機的變化，進攻奪取西戎的土地，開闢國土千里，吞併小國十二個，就是現在的隴西郡和北地郡。後來蒙恬替秦王朝侵伐胡人，把黃河作為國境，累積石塊築成城堡，積構木材做成山寨，匈奴不敢到北河放馬飲水；建置烽火臺，這樣之後才敢放牧牛馬。匈奴只可以用武力征服，不可以用仁愛畜養。若憑著中國的廣大，萬倍於匈奴的資財，拿出百分之一來攻擊匈奴，就譬如用千石的強弩，去射穿小小的癰疽，必定沒有什麼阻礙的。那麼北向征伐月氏，可以使他們臣服。我所以說攻擊匈奴對國家有利。」

御史大夫說：「不是這樣的。我聽說，善於作戰的人用自己的飽食等待敵人的饑餓；穩健地行軍，安定地休息，來等待敵人的疲勞；整頓政治，廣施仁德，來等待敵人的混亂；按兵不動，振奮士眾，深入進攻敵國，摧毀敵人的城堡，所以常常坐著不動，就能役使敵國，這是聖人的用兵。猛烈的風，到了衰弱的時候，不能吹起羽毛；強勁的弩箭的末勁，力量不能射穿魯國出產的薄絹。強盛的會有衰弱，如同有早晨就一定有傍晚一樣。現在，捲起鎧甲，輕裝前進，長驅深入，難以建立戰功。我們橫陣進軍，匈奴會從中間截斷；我們縱隊進軍，先遣部隊就受匈奴脅迫；慢速前進，只怕無法追擊匈奴；快速前進，又怕糧草運送不及，走不到一千里，就會人饑馬餓，在疲勞的時候，遇上敵人，就正好給敵人去俘虜。你們若有其他詭詐神妙的辦法，可以擒獲他們，那我就不知道了。不然，我看不到深入敵境去攻擊匈奴的好處。我所以說不攻擊匈奴對國家有利。」

大行官說：「不是這樣的。草木遭遇了霜霧，就禁不起風吹；在清澈的水和明亮的鏡子面前，邪惡就無法遯形；懂得道理的人，不會受文辭擾亂。現在我說攻擊匈奴，絕不是要發動軍隊深入追擊。而是要順著匈奴的欲望，引誘他們到邊境上來。我們輕捷而精銳的士卒埋伏著來等待他們，暗中利用險阻來遮蔽來防備他們。我們有利的形勢一形成，有的擋住他們的左邊，有的擋住他們的右邊，有的擋住他們的前面，有的擋住他們的後路。這樣單于可以擒獲，可以大獲全勝。我認為攻擊有利。」

漢武帝於是聽從了大行官的話，親自統率軍隊，在馬邑的旁邊埋伏，引誘單于來。單于進入到武州塞，半路上發覺了漢軍的計畫，奔馳而離開。其後交兵接戰，結怨連禍，互相攻擊了十餘年。兵器凋殘，人民勞苦，百姓財產空虛，路上到處都是餓死的人，載運棺材的靈車接連不斷，寇盜布滿山野，天下動盪不定。孝武皇帝後來悔悟了。御史大夫桑弘羊請求在輪臺屯田，武帝下詔書拒絕說：「當今的急務，在於嚴禁暴虐，防止擅自徵收賦稅，現在卻到遙遠的西邊去屯田，這不是安撫人民的辦法。我不忍心聽到。」就封丞相田千秋做富民侯，不再討論攻打匈奴的事。國家因此得到安寧，繼位的人也得以安定，這是依從了韓安國最初的計謀。

(四)孝武皇帝時，中大夫❶主父偃❷為策曰：「古諸侯不過百里，強弱之形易制也。今諸侯或連城數十，地方千里，緩則驕，易為淫亂，急則阻其強而合從❸謀以逆京師。今以法割之，即逆節萌起，前日晁錯❹是也。今諸侯子弟或十數，而適嗣❺代立，餘雖骨肉，無尺地之封，則仁孝之道不宣。願陛下令諸侯得推恩，分子弟以地侯之，彼人人喜得所願，上以德施，實封其國❻，而稍自消弱矣。」於是上從其計。因關，馬及弩不得出，絕游說之路，重附益諸侯之法，急詿誤❼其君之罪，諸侯王遂以弱，而合從之事絕矣。主父偃之謀也。

【章旨】此章贊揚主父偃提出推恩法對削弱諸侯王勢力，鞏固中央政權發揮了作用。

【注釋】❶中大夫 官名。秩二千石，屬郎中令。❷主父偃 漢臨菑人。官至中大夫，提出削弱諸侯王勢力的推恩法，後為齊相，以迫齊王自殺被族誅。❸合從　連合其他諸侯王。從，同「縱」。❹晁錯　漢潁川人。漢景帝時官至御史大夫，主張削弱藩國勢力，吳楚七國「以誅晁錯，清君側」為口號發動叛亂，晁錯被殺。❺適嗣　正妻所生的兒子。適，同「嫡」。❻實封其國　《史記》、《漢書》主父偃傳均作「實分其國」。❼詿誤　貽誤；連累。

【語譯】漢武帝的時候，中大夫主父偃上書獻策說：「古時候的諸侯封地不過方圓百里，在君主較為強大的形勢下，局勢容易控制。現在，諸侯有的連著幾十座城，封地方圓千里。管制放鬆就會驕縱，容易荒淫而胡作非為。管制較嚴就憑仗著他們的強大，聯合起來謀劃對抗京師。現在用法制去割削他們的土地，就會萌生背叛的念頭，前些時日的晁錯就是如此。現在，諸侯王的子弟往往數以十計，可是只有嫡長子世代相傳，其餘的子弟雖同樣是骨肉，卻沒有尺地的封賞，那麼仁愛孝敬的道理就無法發揚。希望陛下命令諸侯能夠推廣恩德分封子弟，把土地封給他們做侯。他們人人都高興地達成了自己的願望，皇上把仁德廣施，實際上卻只分封了他們的土地，而使他們的勢力漸漸地自行削弱了。」

於是，皇上聽從了他的計謀，趁便設立關卡，禁止馬匹和弩箭出關，斷絕遊說之士的門路，加重親附增強諸侯勢力的法令，加快連累君主的罪罰。諸侯王就因此削弱了，聯合起來對抗的事也消失了，這是主父偃的計謀。

附錄

一《新序》佚文（據嚴可均《全漢文》

齊王問墨子曰：「古之學者為己，今之學者為人，何如？」對曰：「古之學者得一善言，以附其身；今之學者得一善言，務以悅人。」

據《北堂書鈔・八十三》、《太平御覽・六百七》

臧孫行猛政，子貢非之曰：「夫政，猶張琴瑟也，大絃急，則小絃絕矣。是以位尊者德不可以薄，官大者治不可以小，地廣者制不可以狹，民眾者政不可以苛。獨不聞子產相鄭乎？其掄材惟賢，抑惡而揚善。故有大略者不問其所短，有德厚者不非其小疵。其牧民之道，養之以仁，教之以禮，因其所欲而與之，從其所好而勸之，賞之疑者從重，罰之疑者從輕。」

據《藝文類聚・五十二》。

子產相鄭，七年而教宣風行，國無刑人。

據《北堂書鈔・三十五》「風俗和平，囹圄空虛」注引。

李斯問荀卿曰：「當今之時，為秦奈何？」孫卿曰：「力術止，義術行，秦之謂也。」

據《荀子・強國》楊倞注引。

子產決鄧析教民之難，約，大獄袍衣，小獄襦袴。民之獻袍衣襦袴者不可勝數。以非為是，以是為非，鄭國大亂，民口讙譁。子產患之，於是討鄧析而僇之，民乃服，是非乃定。

據《荀子・正名》注引。

梁車新為鄴令，其姊往見之，值暮，郭門閉，遂踰郭而入，梁車新因刖其足。趙成侯以為不慈，遂奪璽免官。

據《御覽．五百十七》。

魯哀公為室而大，公儀子（淮南人間訓作公宣子。）諫曰：「室大，眾與人處則譁，少與人處則悲，（卑訛，今從淮南。）願公適也。」曰：「聞命矣。」築室不輟。明日。又諫，（當有曰字。）「國小室大，百姓必怨吾君；諸侯聞之，必輕吾國。」公曰：「聞命矣。」築室不輟。明日，又諫曰：「左昭右穆，為室而大，以臨二先君，無乃害於孝乎。」於是哀公毀室而止。

據《御覽．百七十四》。

齊景公遊於牛山之上，而北望齊曰：「美哉國乎！使古無死者，則寡人將去期如之何？」乃泣沾襟。高子曰：「然。賴君之賜，蔬食惡肉，可得而食也；駑馬棧車，可得而乘也，且不欲死，而況吾君乎？」俯而垂泣。晏子拊手而笑曰：「樂哉今日嬰之遊也，見怯君一而諛臣二。使古之無死者，則太公丁公至今猶存，吾君方為被蓑笠而立乎畎畝之中，唯事之恤，何暇念死乎？」景公慚焉。

據《御覽．四百廿八》。今見《韓詩外傳．十》。

齊有田巴先生者，行修於內，智明於外。王聞其賢，聘之，將問政焉。田巴先生改製新衣，拂飾冠帶，顧謂其妾。妾曰：「佼。」將出門，問其從者，從者曰：「佼。」過於淄水，自照視，醜惡甚焉。遂見齊王，齊王問政，對曰：「政在正身，正身之本在於群臣。大王召臣，臣改制鬋飾，問於臣妾曰：『奚若？』妾愛臣，諛臣曰：『佼。』問從者，從者畏臣，諛臣曰：『佼。』臣據臨淄水而觀影，然後自知醜惡也。今齊之臣妾諛王者，非特二人。王如臨淄水，見己之惡，過而自改，斯齊國治矣。

據《御覽·六十三，又三百八十二》。

孔子見宋榮啟期，老，白首，衣弊服，鼓琴自樂。孔子問曰：「先生老而窮，何樂也？」啟期對曰：「吾有三樂：天生萬物，以人為貴，吾得為人，一樂也。人生以男為貴，吾得為男，二樂也。人生命有傷夭，吾年九十歲，是三樂也。貧者士之常，死者人之終，居常以守終，何不樂乎？」

據《御覽·三百八十三》。

崔杼弒莊公，申蒯漁於海而後至，將入死之。其御止之曰：「君之無道聞於天下，不可死也。」申蒯曰：「告我晚。子不早告我，吾安得食亂君之祿。而死治君之事乎？子免之，無死。」其御曰：「子有亂主，猶死之，我有治長，奈何勿死。」申蒯至門曰：「申蒯聞君死，請入弔。」門者以告崔杼，杼令勿內。申蒯曰：「汝疑我乎？吾與汝臂。」乃斷其左臂以與門者。門者以示崔杼。杼陳八列，今其入，申蒯拔劍呼天，三踊乃鬥，殺七列，未及崔子一列而死。其御亦死之門外。君子聞之曰：「蒯可謂守節死義矣。」

據《御覽·三百六十九、四百十七、四百三十八》，又有申鳴一條。今見《說苑》，疑誤作《新序》，今不錄。

孫武樂毅之徒，皆前世之賢將也，久遠深奧，其事難知。至於吳漢，近時人耳，起於販馬，立為良將，垂名竹帛，天下歸德，此可慕也。

據《御覽·二百七十六》。

昔子奇年十八，齊君使之治阿，既行矣，悔之，使使追之，曰：「未至阿及之，還之；已至，勿還也。」使者及之而不還，君問其故。對曰：「臣見使與共載者，白首也。夫以老者之智，以少者之決，必能治阿矣，是以不還。」

據《御覽·二百六十八》。

齊景公遊海上，樂之，六月不歸，令左右，敢言歸者死。顏歜諫曰：「君樂治海上，不樂治國。儻有治國者，君且安得樂出海也。」公據戟將斫之，歜撫衣而待之曰：「君奚不斫也？昔桀殺關龍逢，紂殺王子比干，君奚不斫，以臣參此二人，不亦可乎！」公遂歸。

據《御覽・三百五十三》。

昌邑王治側，鑄（續漢志作注）冠十枚，以冠賜師友儒者。後以冠冠奴，龔遂免冠歸之，曰：「王賜儒者冠，下至臣；今以餘冠冠奴，是大王奴虜畜臣也。」

據《御覽・五百》。

昌邑王徵為天子，到營陽，置積竹刺杖二枚。龔遂諫曰：「積竹賜杖者，驕蹇少年杖也。大王奉大喪，當拄竹杖。」

據《御覽・七百七十》。

昌邑王取侯王二千石墨綬黃綬，與左右佩之。龔遂諫曰：「高皇帝造花綬五等，陛下取之而與賤人，臣以為不可，願陛下收之。」

據《御覽・六百八十二》。

上古之時，其民敦朴。故三皇教而不誅，無師而威。故善為者不師，三皇之德也。至於五帝，有師旅之備而無用。故善師者不陣，五帝之謂也。湯伐桀，文王伐崇，武王伐紂，皆陣而不戰。故善陣者不戰，三王之謂也。及夏后氏之伐有扈，殷高宗之討鬼方，周宣王之征熏鬻，而不血刃，皆仁聖之惠，時化之風也。至齊桓侵蔡而蔡潰，伐楚而楚服，而彊楚以致苞茅之貢於周室，北伐山戎，使奉朝覲，三存亡，一繼絕，九合諸侯，一匡天下，衣裳之會十有一，嘗大戰，亦不血刃。至晉文公，設虎皮之威，陳曳柴之偽，以破楚師而安中國。故曰善戰者不死，晉文公之謂也。楚昭王遭闔閭之禍，國滅，昭王出亡，父老迎而哭之。昭王曰：「寡人不仁，不能守社稷，父老反矣，何憂無君，寡人且從此入海矣。」父老曰：「有君若此，其賢也。」及申包胥請救，哭秦庭七日，秦君憐而救之，秦楚同心，遂走吳師，昭王反國。故善死者不亡，昭王之謂也。是故自晉文公以下，至戰國，而暴兵始眾，於是以彊并弱，以大吞小，故彊國務攻，弱國備守，合從連衡，群相征伐。故戰則稱孫吳，守則稱墨翟。至秦而以兵并天下，窮兵極武而亡。及項羽尚暴而滅，漢以寬仁而興，故能掃除秦之苛暴矣。孝武皇帝攘服四夷，其後天下安然。故世之為兵者，其行事略可睹也。

據《御覽．二百七十一》。

湯居亳七十里，地與葛伯為鄰。葛伯放淫不祀，湯使人遺之牛羊，葛伯食之，又不以祀。湯又使人問曰：「何為不祀？」曰：「無以共粢盛也。」湯又使亳眾往為之耕，老弱饋食。葛伯率其民，要其有酒食黍稻者奪之，不與者殺之。有一童子以黍肉餉，殺而奪之。書曰：「葛伯仇餉。」此之謂也。為其殺是童子而征之，四海之內皆曰：「非富天下也，為匹夫匹婦復讎也。」

據《御覽．三百五》。

公孫鞅問伯象先生曰：「今先生收天下之術，博觀四方之日久矣，未能裨世主之治，明君臣之義，是則未有異於府庫之藏金玉，筐篋之橐簡書也。」

據《御覽．八百十一》。

公孫鞅曰：「夫玉石金鐵，猶可琢磨以為器用，而況於人？」

據《御覽．八百十三》。

紂王天下，熊羹不熟而殺庖人。

平公問叔向曰：「齊桓公九合諸侯，一匡天下。如是，君不如臣力，何也？」

師曠侍，曰：「臣請以喻五味，管仲善斷割之，隰朋善煎熬之，賓須無善齊和之，羹已熟矣，奉而進之，而君不食，誰能彊之，亦君之力也。」

據《御覽・八百六十一》。

趙簡子使使者聘孔子於魯，以胖牛肉迎於海上，使者謂船人曰：「孔子即上船，中河安流而殺之。」孔子至，使者致命，進胖牛之肉。孔子仰天而歎曰：「美哉水乎，洋洋也！使丘不濟此水者，命也夫！」

據《御覽・八百六十三》。

按：嚴氏所輯有所遺漏，今據《三國志・卷二一》注引，補充於下：

劉向《新序》曰：趙簡子欲奪天下，謂其相曰：「趙有犢犨，晉有鐸鳴，魯有孔丘，吾殺三人者，天下可王也。」於是乃召犢犨、鐸鳴而問政焉，已即殺之。使使者聘孔子於魯，以胖牛肉迎於河上。使者謂船人曰：「孔子即上船，中河必流而殺之。」孔子至，使者致命，進胖牛之肉。孔子仰天而歎曰：「美哉水乎，洋洋乎，使丘不濟此水者，命也夫！」子路趨而進曰：「敢問何謂也？」孔子曰：「夫犢犨、鐸鳴，晉國之賢大夫也，趙簡子未得意之時，須而後從政，及其得意也，殺之。黃龍不反於涸澤，鳳凰不離其罻羅。故刳胎焚林，則麒麟不臻；覆巢破卵，則鳳凰不翔；竭澤而漁，則龜龍不見。鳥獸之於不仁，猶知避之，況丘乎？故虎嘯而谷風起，龍興而景雲見，擊庭鐘於外，而黃鐘應於內。夫物類之相感，精神之相應，若響之應聲，影之象形，故君子違傷其類者。今彼已殺吾類矣，何為之此乎？」於是遂回車不渡而還。

楚王使謁者徐光迎方輿，盲人吹竽者也，龔遂乃去。

據《御覽・五百八十一》。

禹南濟于江，黃龍負舟，舟中之人皆失色。禹仰天而歎曰：「吾受命於天，死生命也。」龍俯首而逝。

據《御覽・六十》。

勇士一呼，三軍皆辟易，士之誠也。夫勇士孟賁，水行不避蛟龍，陸行不避虎狼，發怒吐氣，聲嚮（響同）動天，至其死矣，頭身斷絕。夫不用仁而用武，當時雖快，身必無後，是以孔子勤勤行仁。

齊遣淳于髡到楚，髡為人短小，楚王甚薄之，謂曰：「齊無人邪？而使子來，子何長也？」對曰：「臣無所長，腰中七尺之劍。欲斬無壯（狀疑）。」王曰：「止！吾但戲子耳。」與髡共飲。

秦王以五百里地易鄢陵，鄢陵君辭不受，使唐且謝秦王。王忿然變色，怒曰：「亦向見天子之怒乎？」且曰：「臣未嘗見。」王曰：「夫天子之怒，伏屍百萬，流血千里。」且曰：「大王亦嘗見布衣韋帶士之怒乎？」王曰：「布衣韋帶士之怒，解冠徒跣，以頭搶地耳，何難知者。」且曰：「此乃庸夫庶人之怒耳，非布衣韋帶士之怒也。夫專諸刺王僚，彗星襲日，奔星晝出；要離刺王子慶忌，倉鷹擊於臺上；聶政刺韓王，白虹貫日。此三者，皆布衣怒也，與臣將四。士無怒則已，一怒伏屍二人，流血五步。」即案其匕首，起視秦王曰：「今將是矣。」王色變，跪曰：「先生就坐，寡人喻矣，鄢陵獨以五十里在者，徒用先生故乎！」

林既衣韋衣而朝齊景公。景公曰：「此君子之服邪？小人之服邪？」林既作色曰：「夫服事何足以揣士行乎？昔荊為長劍危冠，令尹子西出焉；齊桓短衣而遂之溝冠，管仲隰朋出焉；越文身翦髮，范蠡大夫種亦出焉；西戎左衽而椎結，由余亦出焉。如君言，衣犬裘者當犬號，衣羊裘者當呼鳴。今君衣狐裘而朝，得無為變乎？」景公曰：「子自以為勇捍乎？」曰：「登高臨危，而目不眴，而足不淩者，此工匠之勇捍也。入深泉，取蛟龍，拘黿而出者，此漁夫之勇捍也。入深山，刺虎豹，抱熊而出者，此獵夫之勇捍也。夫不難斷頭裂腹，暴骨流血中野者，此武士之勇捍也。今臣居廣廷，作色而辨，以犯主君之怒，前雖有乘軒之賞，未為之動也；後雖有斧鑕之威，未為之恐也。此既之所以為勇捍也。」

據《御覽．四百三十七》。

周昌者，沛人，以軍功封汾陰侯、御史大夫。高帝欲廢惠帝，立戚夫人子如意，群臣固爭莫能得。昌廷爭之強，上問其說。昌為人吃，曰：「臣口不能言，臣期期知其不可也。陛下欲廢太子，臣期期不奉詔。」

據《御覽・七百四十》。

文王之葬枯骨，無益眾庶，眾庶悅之，恩義動人也。

據《御覽・三百七十五》。

挾泰山以超北海。

據《御覽・三十九》。

諸侯牆有黑堊之色，無丹青之彩。

據《御覽・一百八十七》。

賤之如虺豕。

據楊倞注《荀子・王霸》。

子奇年十八，齊君使之化阿。至阿，鑄其庫兵以為耕器，出倉廩以賑貧窮，阿縣大化。

據《後漢書・順帝紀》注。

桓公與管仲、鮑叔、甯戚飲。桓公謂鮑叔曰：「姑為寡人祝乎！」鮑叔奉酒而起，祝曰：「吾君無忘出莒也，使管子無忘束縛從魯也，使甯戚無忘其飯牛於車下也。」

據《後漢書・隗囂傳》注。

齊桓公與管仲飲，酒酣，管仲上壽曰：「願君無忘出奔於莒也，臣亦無忘束縛於魯也。」

據《後漢書・馮異傳》注。

伊尹蒙恥辱，負鼎俎以干湯。

據《後漢書・崔駰傳》注。

臧孫，魯大夫，行猛政，子貢非之曰：「夫政，猶張琴瑟也，大絃急，則小絃絕矣。故曰：罰得則姦邪止，賞得則下歡悅，子之賊心見矣。獨不聞子產之相鄭乎？推賢舉能，抑惡揚善，有大略者，不問其短；有厚德者，不非小疵。家給人足，囹圄空虛。子產卒，國人皆叩心流涕，三月不聞竽琴之音。其生也見愛，死也可悲。故曰：『德莫大於仁，禍莫大於刻。』今子病而人賀，子愈而人相懼，曰：『嗟乎！何命之不善，子又不死。』」臧孫慚而避位，終身不出。

據《後漢書・陳寵傳》注。

子貢曰：「子產死，國人聞之，皆叩心流涕曰：『子產已死，吾將安歸？』皆巷哭。」

據李善《文選》注三十七。

營，度也。

據《文選》注三。

孫叔敖曰：「筐篋之橐簡書。」

據《文選》注二十三。按《御覽·八百十一》以此為公孫敖語。

楚王載繁弱之弓，忘歸之矢，以射兕於雲夢。

據《文選》注二十四。

公孫龍謂平原君曰：「臣居魯則聞下風，高先生之知，悅先生之行。」

據《文選》注三十九。

孔子曰：「聖人雖生異世，相襲若規矩。」

據《文選》注四十三。

趙良謂商君曰：「君亡，可翹足而待也。」

據《文選》注四十四。

太王亶父止於岐下，百姓扶老攜幼，隨而歸之，一年成邑，二年成都，三年五倍其初。

據《文選》注四十九。

及定王，王室遂卑矣。

據《文選》注五十三。

劉向曰：「先王之所以指麾而四海賓服者，誠德之至也。」

據《文選》注五十六。

晉襄公之孫周為晉國，休戚不倍本也。

據《文選》注五十六。

攘服四夷，天下安然。

據《北堂書鈔・十三》。

二 舊本《新序》的序跋

(一) 曾鞏序

古之治天下者，一道德，同風俗，蓋九州之廣，萬民之眾，千歲之遠，其教既明，其政既成之後，所守者一道，所傳者一說而已。故詩書之文，歷世數十，作者非一，而言未嘗不相為終始，化之如此其至也。當是之時，異行者有誅，異言者有禁，防之又如此其備也。故二帝三王之際，及其中間嘗更衰亂而餘澤未熄之時，百家眾說，未有能出其間者也。及周之末世，先王之教化法度既廢，餘澤既熄，世之治方術者，蓋得其一偏。故人奮其私意，家尚其私學，學者蠭起於中國，皆明其所長而昧其所短，務其所得而諱其所失。天下之士，各自為言而不能相通，世人之不復知夫學之有統、道之有歸也。先王之遺文雖在，皆絀而不講，況至於秦為世所大禁哉？漢興，六藝皆得於散絕殘脫之餘，世無復明先王之道，為眾說之所蔽，闇而不明，鬱而不發，而怪奇可喜之論，各師異見，皆自名家者，誕漫於中國，一切不異於周之末世，其弊至於今尚在也。自斯以來，天下學者知折衷於聖人，而能純於道德之美者，揚雄氏而止耳。如向之徒，皆不免為眾說之蔽，而不知有折衷者也。孟子曰：「待文王而後興者，凡民也；豪傑之士，雖無文王猶興。」漢之士，豈特無明先王之道以一之者哉？亦其出於是時者，豪傑之士少，故不能特起於流俗之中、絕學之後也。蓋向之序此書，於今最為近古，雖不能無失，然遠至舜禹，而次及於周秦以來，古人之嘉言善行，亦往往而在也，要在慎取之而已。故臣既惜其不可見者，而校其可見者特詳焉，亦足以知臣之志者豈好辯哉，蓋臣之不得已也。編校書籍臣曾鞏上。

(二) 何良俊序

《說苑》二十卷、《新序》十卷，漢中壘校尉劉向子政所撰，宋集賢校理曾鞏之所序錄者也。觀鞏之序《說苑》，譏子政以不能究知聖人精微之際，又責其著書建言，尤欲有為於世，忘枉己而為之；至論《新序》，則以為秦漢絕學之後，學者知折衷於聖人而能純於道德之美者，揚雄氏而止耳。余謂鞏之文簡嚴質直，大類子政，獨其詆訶過嚴，與奪失實，蓋竊疑之焉。夫自三代而下，言道者莫純於孔子。今考其書，自說《易》而外，其於精微之際，蓋不數數也。故曰「民可使由之，不可使知之」；子貢曰「夫子之言性與天道，不可得而聞也」。今夫朱生於絳，青生於藍，雖踰本色，不可復化，其質定也。金之在鎔，其為鐘鏞，為鼎彝尊罍，皆是也，及其既有成器，則鐘鏞之不可使為鼎彝尊罍，鼎彝尊罍之不可使為鐘鏞者，其質定也。蓋道者渾淪無方，本無定質，苟欲以言而定之者，則道者將必為天下裂。子思談道，最為精微，其言曰「率性之謂道」，此其至善言者；繼之曰「鳶飛戾天，魚躍于淵」，其言適至是則止耳。苟鳶而必求其所以戾于天，則鳶者始膠膠然亂於上矣；苟魚而必求其所以躍于淵，則魚者始膠膠然亂於下矣。故雖以孟子亞聖，其自序以為功者，惟曰「入則孝，出則弟」，守先王之法，以待後之學者，而於精微之際，蓋亦不數數也。孟子固亦以言之長者，道之所以裂也。下是而言道者，世號純儒，莫過董生，然猶泥於機祥；東漢諸人，則誣於緯候；至魏晉，斷滅於虛無，盡矣。即鞏之所推，獨稱揚雄，雄之所陳，有曰「爰清爰靜，游神之庭；惟寂惟漠，守德之宅」。苟折束以聖人之論，其亦真能純於道德之美者非邪？宋元豐間，館閣諸名士一日共商較古今人物失得，王介甫言：「漢元晚節，劉向數言天下事，疑太犯分。」呂晦叔曰：「同姓之卿歟！」眾以為然。昔屈原以楚同姓，傷懷王之信讒，遂入秦不反，雖流放，作〈離騷〉、〈九章〉諸篇，猶拳拳於存君與國，君子以為忠。夫以子政為有非者，然則屈原亦有非邪？

按子政當漢元、成間，弘恭、石顯、王鳳方用事尊顯，皆擅國，士大夫一失其旨意，即斥逐誅死不旋踵。子政數上章刺譏時事，指陳災異徵應，乃至亡國弒君，皆尋常患難時朋友兄弟所不忍容，子政獨斷斷於天子之前不少休，有不啻批其逆鱗者，是亦豈枉己者之為？使肯枉己，則子政以彼其才，稍自貶，其取丞相御史不難，顧不出彼，乃與其所謂三獨夫者，終始相結托，則不用困抑以死。若此者，鞏獨不少貸之哉！夫春秋戰國時，先王之澤未泯，士君子之言語行事，皆有可稱。第以一節見，或少戾於中庸之旨，率不為聖人所錄，一時韓非、呂不韋諸人，雖有論撰，又雜以名法縱橫之說。余謂數千百年之後，凡成學治古文者，欲考見三代放失舊聞，惟子政之書，特為雅馴。今讀《說苑》二十篇、自〈君道〉、〈臣術〉而下，即繼以〈建本〉，極於〈修文〉，終於〈反質〉，蓋庶幾三王承敝易變之道，又豈後代俗儒所得窺其旨要哉？余因刻《說苑》、《新序》二書，懼學者承誤習謬，使子政之心不白於天下，乃為之辯著如此云。嘉靖丁未八月朔東海何良俊撰。

(三) 王謨跋

右劉向《新序》十卷，《隋唐志》俱三十，《通考》只十卷，曾子固序，其略曰：向所集次《新序》三十篇，錄一篇，隋唐之世，尚為全書，今可見者，十篇而已。此書最為近古，雖不能無失，然遠至舜禹，而次及於周秦以來，古人之嘉言善行，往往而在。而惜乎其所闕二十篇，竟無得而考也。謨嘗遍覽唐宋人類書所引《新序》，亦頗有今本所不收者，而其文皆不全，惟《三國志・劉廙傳》注引《新序》云：「趙簡子欲專天下，謂其相曰：『趙有犢犨，晉有鐸鳴，魯有孔丘，吾殺三人者，天下可王也。』於是乃召犢犨、鐸鳴而問政焉，已即殺之。使使者聘孔子於魯，以胖牛肉迎於河上。使者謂船人曰：『孔子即上船，中河必流而殺之。』孔子至，使者致命，進胖牛之肉。孔子仰天而嘆。」下乃云云，具有首尾，而其文踳駁，若未可信，第以胖牛故事語人，未有不茫然者，故亦復識之，以補《史記》、《家語》之闕。若其所引楚共王逐申侯，晉文公遇欒武子，葉公諸梁問樂王鮒，王伯厚已與《說苑》同譏。傳記若此者眾，又不勝辨也。此與《說苑》、《列女傳》俱在漢志劉向所序六十七篇內，但班固原注尚有《世說》，書不傳，而後世所傳《列仙傳》三卷，又不在此數內，今只仍叢書舊本，校刊《新序》、《說苑》，其《列女》、《列仙》二傳，尚當採而續之云。汝上王謨識。

古籍今注新譯叢書書目

中國人的第一次——
絕無僅有的知識豐收、視覺享受
集兩岸學者智慧菁華
推陳出新　字字珠璣　案頭最佳讀物

哲學類

書名	注譯	校閱
新譯尹文子	徐忠良	黃俊郎
新譯淮南子	熊禮匯	侯迺慧
新譯潛夫論	彭丙成	

書名	注譯	校閱
新譯鄧析子	徐忠良	
新譯韓非子	賴炎元 傅武光	
新譯尸子讀本	水渭松	陳滿銘

書名	注譯	校閱
新譯四書讀本	謝冰瑩	
	邱燮友	
	李鍌	
	劉正浩	
	賴炎元	
	陳滿銘	
新譯申鑒讀本	林家驪	周鳳五
	周明初	
新譯老子讀本	余培林	
新譯列子讀本	莊萬壽	
新譯孝經讀本	賴炎元	
	黃俊郎	
新譯易經讀本	郭建勳	黃俊郎
新譯荀子讀本	王忠林	
新譯莊子讀本	黃錦鋐	
新譯新書讀本	饒東原	黃沛榮

書名	注譯	校閱
新譯新語讀本	王毅	黃俊郎
新譯管子讀本	湯孝純	李振興
新譯墨子讀本	李生龍	李振興
新譯論衡讀本	蔡鎮楚	周鳳五
新譯禮記讀本	姜義華	黃俊郎
新譯孔子家語	羊春秋	周鳳五
新譯公孫龍子	丁成泉	黃志民
新譯老子解義	吳怡	
新譯呂氏春秋	朱永嘉	黃志民
	蕭木	
新譯春秋繁露	姜昆武	
新譯晏子春秋	陶梅生	
新譯明夷待訪錄	李廣柏	李振興

【文學類】

書名	注譯	校閱
新譯千家詩	邱燮友、劉正浩	
新譯花間集	朱桓夫	
新譯幽夢影	馮保善	
新譯菜根譚	吳家駒	
新譯搜神記	黃　鈞	陳滿銘
新譯薑齋集	平慧善	
新譯詩品讀本	程章燦	
新譯詩經讀本	滕志賢	
新譯楚辭讀本	傅錫壬	
新譯漢賦讀本	簡宗梧	
新譯人間詞話	馬自毅	高桂惠
新譯文心雕龍	羅立乾	李振興
新譯世說新語	邱燮友、劉正浩	

書名	注譯	校閱
新譯古文觀止	陳滿銘、許錟輝、黃俊郎、謝冰瑩、邱燮友、林明波、左松超、應裕康、黃俊郎、傅武光、黃志民	
新譯江文通集	羅立乾、劉良明	
新譯阮步兵集	林家驪	
新譯明散文選	周明初	
新譯明傳奇選	張宏生	

書名	注譯	校閱
新譯昭明文選	崔富章	劉正浩
	朱宏達	陳滿銘
	周啟成	沈秋雄
	張金泉	黃俊郎
	水渭松	黃志民
	伍方南	周鳳五
		高桂惠
新譯唐傳奇選	束忱	
	張宏生	
新譯曹子建集	曹海東	
新譯陸士衡集	王雲路	
新譯陶淵明集	溫洪隆	
新譯陶庵夢憶	李廣柏	
新譯揚子雲集	葉幼明	周鳳五
新譯嵇中散集	崔富章	
新譯賈長沙集	林家驪	陳滿銘

書名	注譯	校閱
新譯橫渠文存	張金泉	
新譯顧亭林集	劉九洲	
新譯元曲三百首	賴橋本	
	林玫儀	
新譯宋元傳奇選	姚松	
新譯宋詞三百首	汪中	
新譯唐人絕句選	卞孝萱	
	朱崇才	
新譯唐詩三百首	邱燮友	
新譯諸葛丞相集	盧烈紅	
新譯駱賓王文集	黃清泉	
新譯昌黎先生文集	周啟成	
	周維德	
新譯范文正公文集	王興華	
	沈松勤	

歷史類

書名	注譯	校閱
新譯公羊傳	雪　克	
新譯列女傳	黃清泉	陳滿銘
新譯越絕書	劉建國	
新譯燕丹子	曹海東	李振興
新譯戰國策	溫洪隆	陳滿銘
新譯左傳讀本	武秀成	
新譯尚書讀本	吳　璵	
新譯尚書讀本	張持平	
新譯國語讀本	易中天	侯迺慧
新譯新序讀本	葉幼明	黃沛榮
新譯說苑讀本	左松超	
新譯說苑讀本	羅少卿	周鳳五
新譯西京雜記	曹海東	李振興
新譯吳越春秋	黃仁生	李振興
新譯東萊博議	李振興 簡宗梧	

宗教類

書名	注釋	校閱
新譯山海經	楊錫彭	
新譯列仙傳	張金嶺	陳滿銘
新譯抱朴子	李中華	黃志民
新譯金剛經	徐興無	
新譯神仙傳	徐志嘯	
新譯高僧傳	趙　益	
新譯六祖壇經	李中華	
新譯老子想爾注	顧寶田 張忠利	傅武光
新譯周易參同契	劉國樑	
新譯黃帝陰符經	劉連朋	
新譯道門觀心經	王　卡	
新譯養性延命錄	曾召南	
新譯沖虛至德真經	張松輝	周鳳五

教育類

書名	注釋	校閱
新譯三字經	黃沛榮	
新譯幼學瓊林	馬自毅	陳滿銘
新譯顏氏家訓	李振興 黃沛榮 賴明德	

地志類

書名	注譯	校閱
新譯水經注	鞏本棟 王一涓	
新譯大唐西域記	陳　飛	
新譯洛陽伽藍記	劉九洲	侯迺慧
新譯徐霞客遊記	黃　珅	

軍事類

書名	注譯	校閱
新譯司馬法	王雲路	
新譯尉繚子	張金泉	
新譯三略讀本	傅　傑	
新譯六韜讀本	鄔錫非	
新譯吳子讀本	王雲路	
新譯孫子讀本	吳仁傑	
新譯李衛公問對	鄔錫非	

政事類

書名	注譯	校閱
新譯唐六典	朱永嘉	
新譯商君書	貝遠辰	陳滿銘
新譯鹽鐵論	盧烈紅	黃志民
新譯貞觀政要	許道勳	陳滿銘

新譯孝經讀本／賴炎元　黃俊郎注譯
新譯呂氏春秋／朱永嘉　蕭木注譯／黃志民校閱
新譯李衛公問對／鄔錫非注譯
新譯尚書讀本／吳璵注譯
新譯抱朴子／李中華注譯／黃志民校閱
新譯易經讀本／郭建勳注譯／黃俊郎校閱
新譯明夷待訪錄／李廣柏注譯／李振興校閱
新譯東萊博議／李振興　簡宗梧注譯
新譯昌黎先生文集／周啓成　周維德注譯
新譯范文正公文集／王興華　沈松勤注譯
新譯昭明文選／崔富章　朱宏達　周啓成　張金泉　水渭松　伍方南注譯／陳滿銘　沈秋雄　黃俊郎　黃志民　周鳳五　高桂惠校閱
新譯春秋繁露／姜昆武注譯
新譯貞觀政要／許道勳注譯／陳滿銘校閱
新譯洛陽伽藍記／劉九洲注譯／侯迺慧校閱
新譯晏子春秋／陶梅生注譯
新譯唐詩三百首／邱燮友注譯
新譯孫子讀本／吳仁傑注譯
新譯商君書／貝遠辰注譯
新譯尉繚子／張金泉注譯
新譯曹子建集／曹海東注譯
新譯陸士衡集／王雲路注譯
新譯陶淵明集／温洪隆注譯
新譯淮南子／熊禮滙注譯／侯迺慧校閱
新譯國語讀本／易中天注譯／侯迺慧校閱

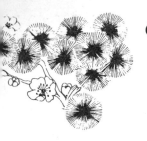

◎新譯荀子讀本／王忠林注譯
◎新譯越絕書／劉建國注譯
◎新譯揚子雲集／葉幼明注譯
◎新譯嵇中散集／崔富章注譯
◎新譯賈長沙集／林家驪注譯
◎新譯搜神記／黃鈞注譯／陳滿銘校閱
◎新譯莊子讀本／黃錦鋐注譯
◎新譯楚辭讀本／傅錫壬注譯
◎新譯新語讀本／王毅注譯／黃俊郎校閱
◎新譯新序讀本／葉幼明注譯／黃沛榮校閱
◎新譯新書讀本／饒東原注譯
◎新譯説苑讀本／羅少卿注譯／周鳳五校閱
◎新譯説苑讀本／左松超注譯
◎新譯管子讀本／湯孝純注譯／李振興校閱
◎新譯墨子讀本／李生龍注譯／李振興校閱
◎新譯橫渠文存／張金泉注譯
◎新譯漢賦讀本／簡宗梧注譯
◎新譯鄧析子／徐忠良注譯
◎新譯諸葛丞相集／盧烈紅注譯
◎新譯論衡讀本／蔡鎮楚注譯／周鳳五校閱
◎新譯潛夫論／彭丙成注譯
◎新譯燕丹子／曹海東注譯／李振興校閱
◎新譯駱賓王文集／黃清泉注譯
◎新譯戰國策／温洪隆注譯／陳滿銘校閱
◎新譯韓非子／賴炎元　傅武光注譯
◎新譯禮記讀本／姜義華注譯
◎新譯薑齋集／平慧善注譯
◎新譯顧亭林集／劉九洲注譯
◎新譯鹽鐵論／盧烈紅注譯／黃志民校閱
◎新譯顏氏家訓／李振興　黃沛榮　賴明德注譯